NOVO REGIME DO DIVÓRCIO

AMADEU COLAÇO
ADVOGADO

NOVO REGIME DO DIVÓRCIO

3.ª EDIÇÃO
REVISTA E ACTUALIZADA

ALMEDINA

NOVO REGIME DO DIVÓRCIO

AUTOR
AMADEU COLAÇO

EDITOR
EDIÇÕES ALMEDINA, SA
Av. Fernão Magalhães, n.° 584, 5.° Andar
3000-174 Coimbra
Tel.: 239 851 904
Fax: 239 851 901
www.almedina.net
editora@almedina.net

PRÉ-IMPRESSÃO | IMPRESSÃO | ACABAMENTO
G.C. – GRÁFICA DE COIMBRA, LDA.
Palheira – Assafarge
3001-453 Coimbra
producao@graficadecoimbra.pt

Novembro, 2009

DEPÓSITO LEGAL
302354/09

Os dados e as opiniões inseridos na presente publicação
são da exclusiva responsabilidade do(s) seu(s) autor(es).

Biblioteca Nacional de Portugal – Catalogação na Publicação

PORTUGAL. Leis, decretos, etc.

Novo regime do divórcio / org. Amadeu Colaço.
3ª ed., rev. e actualiz.
ISBN 978-972-40-4064-6

I – COLAÇO, Amadeu

CDU 347

ABREVIATURAS

Ac.	– Acórdão
AR	– Assembleia da República
B.M.J.	– Boletim do Ministério da Justiça
C.C.	– Código Civil
C.P.	– Código Penal
CIMI	– Código do Imposto Municipal sobre Imóveis
CIMT	– Código do Imposto Municipal sobre as Transmissões Onerosas de Imóveis
C.I.S.	– Código do Imposto do Selo
Col. Jur.	– Colectânea de Jurisprudência
C.P.	– Código Penal
C.P.C.	– Código de Processo Civil
C.R.P.	– Constituição da República Portuguesa
FGADM	– Fundo de Garantia dos Alimentos Devidos a Menores
GAM	– Garantia de Alimentos Devidos a Menores
GRAL	– Gabinete para a Resolução Alternativa de Litígios
IGFSS	– Instituto de Gestão Financeira da Segurança Social
IMT	– Imposto Municipal sobre as Transmissões Onerosas de Imóveis
I.R.S.	– Instituto de Reinserção Social
L.O.F.T.J.	– Lei de Organização e Funcionamento dos Tribunais Judiciais
L.P.C.J.P.	– Lei de Protecção de Crianças e Jovens em Perigo
M.P.	– Ministério Público
OTM	– Organização Tutelar de Menores
R.C.	– Relação de Coimbra
R.E.	– Relação de Évora
R.G.	– Relação de Guimarães

R.L. – Relação de Lisboa
RMMG – Retribuição Mínima Mensal Garantida
R.P. – Relação do Porto
SMF – Sistema de Mediação Familiar
S.T.J. – Supremo Tribunal de Justiça
U.C. – Unidade de Conta

INTRODUÇÃO

A Lei n.° 61/2008, de 31 de Outubro, que entrou em vigor em 1 de Dezembro de 2008, veio introduzir significativas alterações no regime jurídico do divórcio, quer em termos materiais, quer em termos processuais.

Desde logo, e pela sua extrema importância, temos a eliminação do divórcio fundado na violação culposa dos deveres conjugais que pela sua gravidade ou reiteração comprometa a possibilidade vida em comum.

Na exposição de motivos do Projecto de Lei N.° 509/X é invocado "*o facto de a dimensão afectiva se ter tornado tão decisiva para o bem-estar dos indivíduos, que confere à conjugalidade particular relevo*", e ainda a necessidade de "*evitar que o processo de divórcio, já de si emocionalmente doloroso se transforme num litígio persistente e destrutivo com mediação de culpas sempre difícil senão impossível de efectivar*".

Como teremos a oportunidade de analisar com maior profundidade, no divórcio foi eliminada a vertente "divórcio-sanção", assim designada pelo facto de, por um lado, a legitimidade para a respectiva acção apenas então caber ao cônjuge inocente ou menos inocente, e, por outro lado, pelas diversas consequências que então decorriam para o cônjuge declarado o único ou principal culpado pelo divórcio.

No regime da Lei n.° 61/2008 a eventual violação ilícita e culposa dos deveres conjugais apenas poderá vir a ser apreciada no âmbito de uma acção comum, separada da acção de divórcio, para ressarcimento de danos patrimoniais ou não patrimoniais.

Assim, o anterior "divórcio litigioso", que agora se denomina de "divórcio sem o consentimento de um dos cônjuges", ficou restrito aos casos de separação de facto, ausência sem que do ausente haja notícias e alteração das faculdades mentais do outro cônjuge que pela sua gravidade comprometa a possibilidade de vida em comum (cujos prazos foram encurtados), tendo-se ainda acrescentado um novo fundamento, consistente na "ruptura definitiva de vida em comum". Trata-se de uma "cláusula geral" que no presente trabalho tentaremos delimitar.

O divórcio por mútuo consentimento passa a ficar apenas dependente da vontade dos cônjuges em se divorciarem, seguindo o processo judicial, se estes não tiverem chegado a algum dos acordos legalmente exigidos, ou segundo o processo administrativo, caso tenham alcançado todos os acordos.

Quanto aos efeitos do divórcio, para além da eliminação dos decorrentes da declaração do cônjuge único ou principal culpado pelo divórcio, muitas foram as alterações introduzidas, sendo de destacar as seguintes:

A introdução do princípio de que cada cônjuge deve prover à sua subsistência, depois do divórcio; no caso de a contribuição de um dos cônjuges para os encargos da vida familiar exceder manifestamente a parte que lhe pertencia, porque renunciou de forma excessiva à satisfação dos seus interesses, designadamente profissionais, em favor da vida em comum, daí resultando prejuízos patrimoniais importantes, esse cônjuge tornar-se-á credor do outro pelo que haja contribuído para além do que lhe competia, sendo esse crédito apenas exigível no momento da partilha dos bens comuns do casal, a não ser que vigore o regime da separação; acresce que na partilha nenhum dos cônjuges não poderá receber mais do que receberia se o casamento tivesse sido celebrado segundo o regime da comunhão de adquiridos.

De referir ainda que cada cônjuge perde todos os benefícios recebidos ou que haja de receber do outro cônjuge ou de terceiro, em vista do casamento ou em consideração do estado de casado, quer a estipulação seja anterior quer posterior à celebração do casamento, podendo, no entanto, o autor da liberalidade determinar que o benefício reverta para os filhos do casamento.

Outra substancial alteração introduzida pela Lei n.° 61/2008 consiste na substituição do "poder paternal" pelo novo conceito de "responsabilidades parentais", com novas regras e com incidência não apenas no divórcio, como, também, relativamente a qualquer relação pais/menores, quer aqueles se encontrem, ou não, unidos pelo casamento.

O presente trabalho destina-se a juristas e a não juristas.

Sem a pretensão de ser completo ou suficientemente profundo, visa facilitar a compreensão do sentido e alcance das inúmeras alterações agora introduzidas pela Lei n.° 61/2008 são apenas no regime do divórcio, mas igualmente no regime da filiação, com o suscitar de muitas das questões que certamente irão surgir na sua aplicação prática e para as quais desde já nos permitimos de apresentar algumas propostas de solução.

No título I trataremos especificamente do divórcio, começando por analisar a evolução do regime do divórcio desde que este foi introduzido no nosso ordenamento jurídico até à entrada em vigor da Lei n.° 61/2008, quer em termos substantivos, quer em termos processuais, para depois procedermos ao seu confronto com as importantes alterações por esta introduzidas.

Dada a sua extrema importância e pelo facto de extravasar largamente da temática do divórcio, no título II iremos abordar o regime do "poder paternal" no contexto anterior ao da Lei n.° 61/2008, para de seguida analisarmos o novo conceito de "responsabilidades parentais" e respectivo regime.

Não perdendo de vista que a matéria dos alimentos devidos aos ex-cônjuges se situa no âmbito dos efeitos do divórcio, o título III ser-lhe-á especialmente dedicado, dada a sua vastidão, no qual iremos analisar os regimes anteriores ao da Lei n.° 61/2008 e a evolução da jurisprudência a este respeito, para, finalmente, efectuarmos o seu confronto com as alterações agora vindas a lume.

Sendo certo que a Lei n.° 61/2008 não veio introduzir alterações no regime dos alimentos devidos aos menores, propomo-nos abordar esta temática no título IV, não apenas para sublinhar a diferente natureza deste direito face ao novo regime dos alimentos dos ex-cônjuges, como, também, para tratar da importante questão do incumprimento do dever de alimentos devidos aos menores, incluindo a possibilidade do recurso ao Fundo de Garantia de Alimentos devidos a menores.

Dada a natureza do presente trabalho e a enorme incidência prática dos temas nele abordados, o título V será especialmente dedicado a formulários.

TÍTULO I
MODALIDADES DE DIVÓRCIO

CAPÍTULO I
O Divórcio nos Regimes anteriores à Lei n.° 61/2008

Como adiante veremos em revista, nos regimes do divórcio anteriores à Lei n.° 61/2008, embora não em todos, este pôde concretizar-se quer sob a forma de mútuo consentimento, quer sob a forma de divórcio litigioso, sendo que em determinado período histórico, o próprio divórcio se encontrou interdito a pessoas que tivessem casado catolicamente.

Por outra parte, as duas formas de divórcio variaram ao longo do tempo, quer quanto aos seus requisitos, quer em termos processuais, pelo que consideramos oportuno fazermos um breve relance da sua evolução histórica, para, no seu confronto com o regime agora estabelecido pela Lei n.° 61/2008, melhor compreendermos o conteúdo e alcance das muitas e relevantes alterações por esta introduzidas.

SECÇÃO I

Divórcio por mútuo consentimento

1. Divórcio por mútuo consentimento

O divórcio por mútuo consentimento consiste numa modalidade de divórcio na qual ambos os cônjuges requerem[1], em petição conjunta, e sem menção da respectiva causa, a dissolução do seu casamento.

O divórcio por mútuo consentimento possui a vantagem de evitar o desgaste psicológico inerente a uma acção judicial intentada por um dos cônjuges contra o outro, na qual não raras vezes é feita a devassa da vida privada de ambos, para, ao invés, se concretizar na chamada "via amigável", na qual ambos os cônjuges decidem, de comum acordo, pôr termo ao seu casamento, sem necessidade de invocarem o respectivo fundamento.

Tal como referem os Professores Pereira Coelho e Guilherme Moreira, in Curso de Direito da Família, Vol. I, 4.ª edição, Coimbra Editora, a pág. 601 *"Mais que um divórcio sem causa (ou cuja causa seja pura e simplesmente o mútuo consentimento dos cônjuges), o divórcio por mútuo consentimento é verdadeiramente um divórcio por causa não revelada, por causa que a lei permite manter secreta"*.

De seguida iremos passar em breve síntese, as diversas fases pelas quais passou o divórcio por mutuo consentimento no nosso país, desde a sua criação, até à entrada em vigor da Lei n.° 61/2008, quer sob o ponto de vista material, quer sob o ponto de vista processual.

1.1. *No Decreto de 3 de Novembro de 1910*

O decreto de 3 de Novembro de 1910, também designado por "Lei do Divórcio", veio introduzir pela primeira vez o divórcio por mútuo consentimento em Portugal[2] a par do divórcio litigioso.

---

[1] Como adiante teremos a oportunidade de analisar, este requerimento, que inicialmente tinha de ser apresentado junto de um tribunal (seguindo-se um processo judicial), passou, em determinadas circunstâncias, a poder ser apresentado junto das conservatórias do registo civil (seguindo-se um processo a que denominamos de "administrativo").

[2] No entanto, a separação de pessoas e bens por mútuo consentimento só viria a ser admitida pelos Decretos n.os 4343 e 4431, de 30 de Maio de 1918.

Os únicos requisitos legais então exigidos para o divórcio por mútuo consentimento consistiam apenas e tão-somente em ambos os cônjuges possuírem mais de 25 anos de idade e encontrarem-se casados há mais de 2 anos.

1.2. *No Decreto-Lei n.° 30615 de 24.07.1940*

Na sequência da Concordata[3] entre o Estado Português e a Santa Sé, assinada em 7 de Maio de 1940, o decreto-lei 30615 de 25 de Julho de 1940 veio abolir o divórcio relativamente aos casamentos católicos celebrados a partir de 1 de Agosto de 1940, mantendo-o, no entanto, relativamente aos demais casamentos, nos mesmos termos e condições a que até ao momento era possível concretizar-se.

1.3. *No Decreto-Lei n.° 47344 de 25.11.1966*

O Decreto-Lei n.° 47344 de 25.11.1966 veio revogar o anterior Código Civil de 1867 (também designado por "Código do Visconde de Seabra") e em simultâneo aprovou o ainda vigente Código Civil.

Relativamente aos casamentos católicos que tivessem sido celebrados a partir de 1 de Agosto de 1940, manteve a impossibilidade do divórcio.

No que diz respeito aos casamentos civis, foi abolida a possibilidade de o divórcio por mútuo consentimento ser directamente requerido.

De acordo com este regime, caso ambos os cônjuges estivessem de acordo em divorciar-se, teriam para este efeito de requerer, numa primeira fase, a sua separação judicial de pessoas e bens[4], sendo que então esta poderia posteriormente vir a ser convertida em divórcio, a requerimento de qualquer um deles, decorridos que fossem 3 anos sobre a sentença que

---

[3] O art. 24.° da Concordata de 1940 possuía o seguinte teor:

"Artigo 24.°

Em harmonia com as propriedades essenciais do casamento católico, entende-se que, pelo próprio facto da celebração do casamento canónico, os cônjuges renunciarão à faculdade civil de requererem o divórcio, que por isso não poderá ser aplicado pelos tribunais civis aos casamentos católicos".

[4] Embora esta separação judicial de pessoas e bens fosse admitida quanto aos casamentos católicos, por força do art. 1777.° do C.C.

a tivesse decretado, ou a todo o tempo, se entretanto um dos cônjuges tivesse cometido adultério depois da separação.

Para a separação judicial de pessoas e bens por mútuo consentimento mantiveram-se os requisitos de ambos os cônjuges possuírem mais de 25 anos de idade e encontrarem-se casados há mais de 3 anos.

De referir ainda que a conversão da separação judicial de pessoas e bens em divórcio não era automática, pois que o tribunal tinha então o poder de a indeferir.

Com efeito, o artigo 1794.° do C.C. dispunha que *"O tribunal na sentença final pode decretar, em vez do divórcio, a separação judicial de pessoas e bens, mesmo que esta não tenha sido pedida, se entender que as circunstâncias do caso, designadamente*[5] *a viabilidade de uma reconciliação, aconselham a não dissolução do casamento"(o sublinhado é nosso).*

Em suma, neste regime, o divórcio por mútuo consentimento não dependia exclusivamente da vontade dos cônjuges, porquanto dependia, em última instância, da apreciação do Tribunal, que teria de se pronunciar sobre "se as circunstâncias do caso" o aconselhavam, ou não.

1.4. *No Decreto-Lei 261/75 de 27 de Maio*

Na sequência do Protocolo Adicional[6] à Concordata, assinado em 15 de Fevereiro de 1975 entre o Estado Português e a Santa Sé, no qual foi alterado o seu artigo 24.°[7], o D.L. 261/75 passou novamente[8] a admitir o

---

[5] Esta expressão "designadamente" permitia a invocação, pelo juiz, de outras causas, para além da viabilidade de uma reconciliação, com vista ao indeferimento da conversão da separação judicial de pessoas e bens em divórcio.

[6] Este Protocolo Adicional à Concordata de 1940 foi aprovado para ratificação pelo Decreto n.° 187/75, de 4 de Abril.

[7] O artigo 24.° da Concordata passou deste modo a possuir a seguinte redacção:

"Artigo 24.°

«Celebrando o casamento católico, os cônjuges assumem por esse mesmo facto, perante a Igreja, a obrigação de se aterem às normas canónicas que o regulam e, em particular, de respeitarem as suas propriedades essenciais.

A Santa Sé, reafirmando a doutrina da Igreja Católica sobre a indissolubilidade do vínculo matrimonial, recorda aos cônjuges que contraírem o matrimónio canónico o grave dever que lhes incumbe de se não valerem da faculdade civil de requerer o divórcio».

[8] Dizemos "novamente" porque como atrás referimos, com a entrada em vigor da primitiva versão do Código Civil de 1966, aprovada pelo D.L. n.° 47344/66, de 25 de Novembro, o divórcio por mútuo consentimento tinha entretanto sido abolido.

divórcio por mútuo consentimento e o divórcio litigioso, indistintamente do facto de os cônjuges terem, ou não, casado catolicamente.

De referir ainda que a Santa Sé teve o especial cuidado de inserir neste Protocolo o seguinte:

> *"A Santa Sé, reafirmando a doutrina da Igreja Católica sobre a indissolubilidade do vínculo matrimonial, recorda aos cônjuges que contraírem o matrimónio canónico o grave dever que lhes incumbe de se não valerem da faculdade civil de requerer o divórcio".*

Manteve-se a necessidade de os cônjuges requererem previamente a separação judicial de pessoas e bens, que continuou com os mesmos requisitos.

Contudo, foi eliminada a exigência do decurso do prazo de 3 anos sobre o trânsito em julgado da separação judicial de pessoas e bens para que qualquer dos cônjuges pudesse requerer a conversão da separação em divórcio.

1.5. *No Decreto-Lei 605/76 de 24 de Julho*

O decreto-lei 605/76 veio reduzir o prazo de separação de facto indispensável para a apresentação do pedido de divórcio por mútuo consentimento, de 3 para 2 anos, mantendo no entanto a exigência de ambos os cônjuges possuírem a idade mínima de 25 anos.

Em termos processuais, quer para a separação judicial de pessoas e bens, quer para o divórcio por mútuo consentimento, era designada uma **primeira conferência**, na qual podiam intervir os filhos que tivessem mais de 18 anos, bem como os pais dos cônjuges quando o juiz o considerasse conveniente, na qual este devia exortar os cônjuges a desistirem do seu propósito, chamando-lhes a atenção para os efeitos nocivos da separação no que respeitava ao futuro dos filhos.

Se conseguisse que ambos, ou um deles, desistisse do seu propósito, o juiz faria consignar tal facto em acta, que a homologava.

Caso contrário, seria exarado em acta o acordo dos cônjuges quanto à separação, ou divórcio, bem como a confirmação dos acordos relativos: i) ao poder paternal dos filhos menores, se os houvesse e ii) à prestação de alimentos ao cônjuge que deles carecesse, os quais eram homologados[9], sendo então autorizada a separação ou o divórcio provisórios.

---

[9] De notar que na versão que foi dada ao art. 1419.° do C.P.C. por este D.L. 605/76, o requerimento de separação ou divórcio por mútuo consentimento tinha de ser instruído,

Decorridos que fossem 3 meses sobre a autorização da separação ou divórcio provisórios, seria então designado dia para uma **segunda conferência,** na qual, embora para o efeito não fossem notificados, podiam assistir os filhos que tivessem mais de 18 anos, bem como os pais dos cônjuges, e em que o juiz uma vez mais procuraria conciliar os cônjuges.

Se o conseguisse, ou algum deles não mantivesse a sua adesão ao acordo inicial, a separação ou o divórcio provisórios seriam declarados sem efeito.

Persistindo ambos os cônjuges no seu propósito de se separar ou de se divorciar, seria então decretada a separação ou o divórcio definitivos.

1.6. *Na Reforma de 1977*

Na fórmula constante da Reforma de 1977, operada pelo D.L. 496/ /77, de 25 de Novembro, o divórcio por mútuo consentimento passou a poder ser requerido directamente, dispensando-se assim a passagem pela "fase de intermédia" da separação judicial de pessoas e bens.

Elevou-se o prazo mínimo de duração do casamento para que pudesse ser requerida a separação judicial de pessoas e bens ou o divórcio por mútuo consentimento, de 2 para 3 anos.

Por outra parte, eliminou-se a exigência de uma idade mínima dos cônjuges (que, como atrás referimos, era de 25 anos), para estes poderem requerer o divórcio por mútuo consentimento, pois porventura ter-se-á entendido[10] que se os cônjuges tiveram a necessária maturidade para se casarem, também a teriam para se divorciarem.

Passou a constituir requisito para o divórcio por mútuo consentimento o prévio acordo dos cônjuges no que diz respeito às seguintes matérias[11]:

a) Quanto à prestação dos alimentos ao cônjuge que deles carecesse[12];

---

também, com o acordo sobre a atribuição do direito ao arrendamento, embora este não tivesse de ser homologado.

[10] De referir, no entanto, e em abono da verdade, que o preâmbulo do D.L. 496/77 unicamente argumenta, a este respeito, com o facto de apenas o direito belga então exigir uma idade mínima dos cônjuges.

[11] Redacção do art. 1775.°, n.° 2 do C.C., na versão que lhe foi dada pelo D.L. 496/77, de 25 de Novembro.

[12] Quanto a esta questão, ver a evolução da nossa jurisprudência no ponto 16.5. – O art. 2012.° do C.C. determina que se, depois de fixados os alimentos pelo tribunal ou por acordo dos interessados, as circunstâncias determinantes da sua fixação se

b) Quanto ao exercício do poder paternal[13] relativamente aos filhos menores;

c) Quanto ao destino da casa de morada de família;

d) Quanto ao regime provisório a vigorar no período de pendência do respectivo processo relativamente a estas matérias.

Do ponto de vista processual, no período compreendido entre a entrada em vigor do D.L. 496/77 e a do D.L. 163/95, de 13 de Julho, o divórcio por mútuo consentimento tinha de ser requerido por ambos os cônjuges, junto do tribunal[14], seguindo um processo próprio[15], que resumidamente consistia no seguinte:

Recebido o requerimento, o juiz convocava os cônjuges para uma **primeira conferência**, na qual tentaria a sua conciliação.

Caso esta não se revelasse possível, o juiz então advertia os cônjuges de que deveriam renovar o seu pedido de divórcio, após um período de reflexão de três meses, contados desta conferência, e dentro do ano subsequente à mesma, sob pena de o seu pedido ficar sem efeito.

O decurso deste período mínimo de três meses, como condição para a renovação do pedido de divórcio, a par do requisito do período mínimo de 3 anos de casamento, bem como a exigência de realização de duas conferências nas quais o juiz deveria tentar a conciliação dos cônjuges, reflectia a forte preocupação do legislador em evitar que estes tomassem uma decisão precipitada quanto a este aspecto tão relevante para as suas vidas.

Por outra parte, a partir desta **primeira conferência** apenas o dever de coabitação dos cônjuges ficava suspenso, podendo qualquer um deles requerer o arrolamento dos seus bens próprios e dos bens comuns.

De referir ainda que nesta **primeira conferência** o juiz devia apreciar também os acordos relativos i) à prestação de alimentos ao cônjuge que deles carecesse, ii) ao exercício do poder paternal relativamente aos filhos menores e iii) ao destino da casa de morada de família. Caso entendesse que algum deles não acautelava suficientemente os interesses de

---

modificarem, podem os alimentos taxados ser reduzidos ou aumentados, conforme os casos, ou podem outras pessoas ser obrigadas a prestá-los.

[13] A regulação do poder paternal abrange três vertentes: i) a guarda ou o destino dos filhos (que consiste na determinação da residência da criança); ii) o direito de visita e iii) a obrigação de alimentos.

[14] art. 1773.° do C.C, na redacção dada pelo D.L. 496/77, de 25 de Novembro.

[15] Regulado pelos então vigentes arts. 1419.° e seguintes do C.P.C.

qualquer um dos cônjuges ou dos respectivos filhos[16], convidava-os a alterá-los, tendo, inclusive, o poder de os alterar de imediato, relativamente ao período de pendência do processo.

Uma vez apresentado o pedido de renovação do divórcio, nos prazos acima fixados, o juiz então convocava os cônjuges para uma **segunda conferência**, na qual novamente os tentava conciliar, podendo marcar prazo para que estes alterassem o teor de qualquer dos acordos, sob pena de o seu pedido de renovação de divórcio ficar sem efeito.

Não se verificando qualquer problema relativamente aos acordos, e persistindo os cônjuges na sua intenção em se divorciar, o juiz deveria não apenas decretar o divórcio[17], como homologar os acordos.

1.7. *No Decreto-Lei 163/95*

Na sequência do D.L. 131/95, de 6 de Junho, que entretanto tinha para o efeito alterado o C.R.C, o D.L. 163/95, de 13 de Julho[18] veio dispor no sentido de o requerimento do pedido de divórcio por mútuo consentimento ser apresentado junto da conservatória do registo civil, caso os cônjuges não tivessem filhos menores, ou tendo-os, o respectivo poder paternal já se encontrasse judicialmente regulado, sendo que nos demais casos o mesmo devia continuar a ser apresentado em tribunal.

Deste modo, e em termos processuais, o processo de divórcio por mútuo consentimento passou a poder correr sob duas formas perfeitamente distintas:

a) Sob a forma de um **processo administrativo** quando i) os cônjuges não tivessem filhos menores; ii) ou tendo-os, o respectivo poder paternal se encontrasse já judicialmente regulado;

b) Sob a forma de um **processo judicial** quando i) os cônjuges, tendo filhos menores, o respectivo poder paternal não se encontrasse já regulado; ii) ou quando o processo de divórcio se tivesse iniciado como litigioso e,

---

[16] A lei aqui fala genericamente em "filhos", pelo que entendemos que terá de ser tido em conta o interesse, não só dos filhos menores, como os maiores. Atente-se no facto de o interesse dos filhos maiores poderá também ser tido em conta no acordo relativo ao destino da casa de morada de família.

[17] Redacção do art. 1423, n.º 2 do C.P.C, entretanto revogado pelo D.L. 272/2001, de 13 de Outubro.

[18] Redacção que foi dada por este diploma ao n.º 2 do artigo 1773.º do C.C.

no seu decurso, os cônjuges tivessem acordado na sua conversão em mútuo consentimento.

De acordo com a redacção que D.L. 163/95 deu ao artigo 1778.°-A do C.C, ao processo de divórcio por mútuo consentimento decretado pelo conservador do registo civil passaram a ser aplicáveis, com as devidas adaptações, as regras constantes nos artigos 1775.° a 1778.° do C.C., nomeadamente, no que concerne à **primeira** e **segunda conferências**, sendo que as decisões proferidas pelo conservador do registo civil passaram a produzir os mesmos efeitos que os das sentenças judiciais.

1.8. *Na Lei 47/98*

Com a Lei 47/98 foi eliminada a exigência do decurso do prazo mínimo de 3 anos de casamento, pelo que a partir da sua entrada em vigor o divórcio por mutuo consentimento passou a poder ser requerido pelos cônjuges a todo o tempo.

De referir que a exigência de um prazo mínimo de casamento como condição para a apresentação do pedido de divórcio por mútuo consentimento variou ao longo do tempo, do seguinte modo:

- 2 anos no Decreto de 3 de Novembro de 1910;
- 3 anos na versão inicial do Código Civil (para a "fase intermédia" de separação judicial de pessoas e bens);
- 2 anos no D.L.605/76 (para a mesma separação judicial de pessoas e bens);
- 3 anos a partir da Reforma de 1977;

Por parte do legislador este prazo tinha então subjacente a necessidade de, por um lado, permitir aos cônjuges adaptarem-se mutuamente ao seu novo estado de casados, com os problemas e vicissitudes inerentes a todo e qualquer matrimónio, e, por outro lado, evitar que os mesmos não tomassem uma decisão precipitada, e que assim pudessem ponderar minimamente sobre as vantagens e os inconvenientes da enorme alteração que o divórcio implica, quer na suas próprias vidas, quer na vida dos seus filhos.

Esta Lei 47/98 veio pura e simplesmente eliminar a verificação de qualquer prazo mínimo de duração do casamento para que o divórcio por mútuo consentimento pudesse ser requerido.

A este respeito, referem os Professores Pereira Coelho e Guilherme de Oliveira, in ob. Cit., a págs. 602, o seguinte:

> *"Em face daquelas alterações, é legítimo perguntar se o divórcio por mútuo consentimento assenta na suposição da lei de que haja uma causa que permitiria a um dos cônjuges, ou a ambos, requerer o divórcio litigioso nos termos dos arts. 1779.° e 1781.° CCvil, uma causa que os cônjuges apenas "não têm de revelar", ou se o divórcio assenta pura e simplesmente na vontade dos cônjuges de porem termo ao casamento, que ficaria sujeito, sob este aspecto, ao regime geral dos contratos (art. 406.°, n.° 1), sendo este o novo "espírito" desta modalidade de divórcio".*

1.9. *No Decreto-Lei 272/2001*

Com a entrada em vigor do D.L. 272/2001, de 13 de Outubro, passou a ser atribuída à conservatória do registo civil da residência de qualquer dos cônjuges, ou outra por ambos designada[19], a exclusiva competência para os procedimentos da separação e divórcio por mútuo consentimento, excepto nos casos resultantes de acordo obtido no âmbito de processo de separação ou divórcio litigiosos[20].

Com esta alteração alargou-se assim o âmbito do **processo administrativo,** sendo consequentemente reduzido o âmbito de aplicação do **processo judicial**[21], pelo que poderemos afirmar que se assistiu a um novo movimento de "dejudicialização" do divórcio por mútuo consentimento.

---

[19] Vide alínea b) do n.° 1 e n.° 2 do art. 12.° do D.L. 272/2001, de 13 de Outubro.

[20] – De acordo com o n.° 3 do artigo 1407.° do C.P.C, na redacção que lhe foi dada pelo D.L. 329-A/95, de 12 de Dezembro, a convolação de um processo de um processo de divórcio litigioso em mútuo consentimento passou a dar-se na respectiva tentativa de conciliação ou em qualquer outra altura do processo, quando se verificarem os respectivos pressupostos.

– Compreende-se, por uma questão de economia processual, que caso estivesse a decorrer um processo de divórcio litigioso e no seu decurso a vontade dos cônjuges fosse no sentido de o converter em mútuo consentimento, que se aproveitasse aquele processo, evitando-se assim um novo processo junto da conservatória do registo civil.

[21] Não obstante, no caso de existência de menores cujo poder paternal não se encontra já regulado, manteve-se a obrigatoriedade de o Conservador do Registo Civil submeter o acordo dos pais à apreciação do Ministério Público do Tribunal da respectiva circunscrição territorial.

1.9.1. *Processo administrativo*

Com o D.L. 272/2001, havendo acordo dos cônjuges em se divorciarem, seguia-se um **processo administrativo**, que se iniciava com a apresentação de um requerimento assinado por estes ou seus procuradores, dirigido a qualquer conservador do registo civil, instruído com os documentos referidos no artigo 272.° do C.R.C, a saber:

- Certidão de cópia integral do registo de casamento;
- Relação especificada dos bens comuns, com indicação dos respectivos valores;
- Certidão da sentença judicial que tiver regulado o exercício do poder paternal relativamente aos filhos menores, se os houver;
- Acordo sobre a prestação de alimentos ao cônjuge que deles careça;
- Certidão da convenção antenupcial, se a houver;
- Acordo sobre o destino da casa de morada de família;

A todos estes documentos deveria ser acrescentado o acordo sobre o exercício do poder paternal, caso existissem filhos menores e não se encontrasse ainda regulado o seu exercício[22].

Com o D.L. 272/2001 o processo de divórcio por mutuo consentimento passou a ser mais expedito, pois **a segunda conferência** foi abolida, o mesmo sucedendo com a exigência da renovação do pedido de divórcio[23], que foi abolida, e inerentes prazos.

Neste regime, não existindo filhos menores ou existindo-os, e encontrando-se já regulado o exercício do poder paternal, o conservador, uma vez recebido o requerimento do divórcio, convocava os cônjuges para **uma única conferência**, na qual os tenta conciliar.

Mantendo os cônjuges o seu propósito de se divorciar, cabia então ao conservador verificar o preenchimento dos pressupostos legais, podendo, para o efeito, determinar a prática de actos e a produção de prova eventualmente necessária.

De seguida declarava a procedência do pedido, decretava o divórcio e ordenava o seu averbamento, quer no registo do casamento, quer nos assentos de nascimento de cada um dos cônjuges.

---

[22] Vide art. 14.°, n.° 2 do D.L. 272/2001.

[23] O D.L. 272/2001 revogou o art. 1777.° do C.C., que previa a existência de uma segunda conferência, destinada a nova tentativa de conciliação.

Caso os cônjuges tivessem filhos menores cujo exercício do poder paternal não se encontrasse já regulado, o conservador, antes de convocar os cônjuges para a conferência acima referida, enviava o processo ao Ministério Público junto do tribunal judicial de 1.ª instância competente em razão da matéria no âmbito da circunscrição a que pertença a conservatória, para que este em 30 dias se pronunciasse sobre o acordo apresentado[24].

Caso o Ministério Público considerasse que o acordo não acautelava devidamente os interesses dos menores, o Conservador concederia aos cônjuges a possibilidade de, em 10 dias, alterarem o acordo em conformidade, ou apresentarem novo acordo, caso em que este era sujeito a nova apreciação pelo Ministério Público, por idêntico prazo.

Não se conformando os cônjuges com as alterações indicadas pelo Ministério Público e mantendo o seu propósito em se divorciar, o processo seria então remetido ao tribunal da comarca a que pertencesse a conservatória.

Caso o Ministério Público considerasse que o acordo acautelava devidamente os interesses dos menores, ou tendo já os cônjuges alterado o acordo nos termos indicados pelo Ministério Público, deveria então o Conservador convocá-los para a conferência, seguindo-se os demais termos acima indicados.

1.9.2. *Processo judicial*

No âmbito de um processo de divórcio ou separação litigiosos, quer na tentativa de conciliação, quer em qualquer outra fase do processo, os cônjuges podiam acordar no divórcio ou separação por mútuo consentimento[25], quando se verificassem os respectivos pressupostos, seguindo-se, no mesmo processo, com as necessárias adaptações, o disposto nos artigos 1420.° e seguintes do C.P.C.

Se a tentativa de conciliação, prevista no artigo 1407.° do C.P.C, não tivesse ainda tomado lugar, e os cônjuges entretanto tivessem informado o tribunal quanto à sua vontade em se divorciar por mútuo consentimento e juntassem ao processo os acordos a que se refere o n.° 2 do artigo 1775.°, do C.C[26]., este deveria então convocá-los para a **confe-**

[24] Vide art. 14.°, n.° 4 do D.L. 272/2001.

[25] Vide art. 1407.°, n.° 2 do C.P.C.

[26] Acordos relativos i) à prestação de alimentos ao cônjuge que deles careça, ii) ao exercício do poder paternal relativamente aos filhos menores (caso existam) e iii) ao destino da casa de morada de família.

rência a que aludem o artigos 1776.° do C.C. e 1421.°[27] do C.P.C, na qual os tentaria conciliar.

Se esta conferência terminasse por desistência do pedido, por um ou ambos os cônjuges, o juiz fá-la-ia consignar em acta e homologá-la-ia.

Caso contrário, seria exarado em acta o acordo quanto ao divórcio, bem como as decisões tomadas quanto aos acordos acima referidos.

De notar que neste caso cabia ao juiz tomar uma decisão sobre estes acordos, homologando-os, se estes acautelassem suficientemente os interesses de um dos cônjuges ou dos filhos, caso em que também decretaria o divórcio, ou caso tal não se verificasse, convidaria os cônjuges a alterá-los, não cabendo então recurso deste convite[28].

Caso os cônjuges aceitassem adaptar o teor dos acordos em conformidade com o convite do juiz, este deveria então homologá-los e decretar o divórcio; caso contrário, deveria recusar a homologação e indeferir o divórcio. Nesta última hipótese, o artigo 1423.°-A do C.P.C. permite, por uma questão de economia processual, que qualquer dos cônjuges, nos 30 dias subsequentes à conferência, possa pedir a renovação da instância, caso em que o processo retomará o seu carácter litigioso.

Se, porém, a tentativa de conciliação prevista no artigo 1407.° do C.P.C. já tiver ocorrido, o juiz não terá de marcar a referida conferência, bastando-lhe tomar a decisão referida no penúltimo parágrafo.

1.10. *No Decreto-Lei 324/2007*

O D.L. 324/2007, de 28 de Setembro, veio introduzir diversas alterações ao **processo administrativo** de divórcio por mútuo consentimento, das quais se destacam as seguintes:

a) O requerimento no qual o divórcio é pedido deixou de ser instruído com a certidão de casamento[29], bastando ser indicada a data em que o mesmo se realizou e a respectiva conservatória em que se encontra registado, e, se possível, o número do respectivo assento;

---

[27] De referir que não obstante o art. 1421.° do C.P.C. continuar com a epígrafe "Primeira conferência", o certo é que esta é a única conferência, pois que o D.L. 272/2001, ora em análise, aboliu a "Nova conferência", outrora prevista no art. 1423.°

[28] Vide art. 1424.° do C.P.C.

[29] Isto decorre quer da revogação da alínea a) do n.° 1 do art. 272.°, quer do teor do n.° 3 do art. 272.°, ambos do C.R.C na redacção que lhe foi dada pelo D.L. 324/2007.

b) Caso os cônjuges o pretendam, o processo de divórcio por mútuo consentimento poderá também incluir a partilha dos bens comuns do casal;[30]

c) A possibilidade de o conservador ou os oficiais de justiça, a pedido dos cônjuges, elaborarem os acordos:

i) Relativos à partilha;
ii) Relativos à prestação dos alimentos ao cônjuge que deles careça;
iii) Relativos ao destino da casa de morada de família.

Do ponto de vista processual, com a entrada em vigor do D.L. 324/2007 o pedido de divórcio por mútuo consentimento passou a ser instruído apenas com os seguintes documentos[31]:

i) Relação especificada dos bens comuns, com indicação dos respectivos valores, ou, caso os cônjuges optem também por proceder logo à partilha daqueles bens no âmbito do mesmo processo, acordo sobre a partilha[32] ou pedido de elaboração do mesmo;
ii) Certidão da sentença judicial que tiver regulado o exercício do poder paternal relativamente aos filhos menores, se os houver, ou acordo de regulação daquele exercício, caso entretanto não tenha havido a sua regulação judicial[33];

---

[30] Vide arts. 272, n.° 1, alínea b), 272.°-A e 272-B ambos do C.R.C. – Anexo III – O regime do procedimento simplificado de partilha do património conjugal encontra-se regulado na Portaria n.° 1594/2007, de 17 de Dezembro – Anexo V.

[31] Vide art. 271.°, n.° 1 do C.R.C. – Anexo III.

[32] – Do teor do n.° 3 do art. 210-A do C.R.C., aplicável com as devidas adaptações, por força do art. 272-C do mesmo código, decorre que **este procedimento simplificado de partilha simultâneo com o divórcio por mútuo consentimento apenas terá lugar caso exista no acervo dos bens comuns do casal algum bem imóvel ou móvel ou participação social sujeitos a registo.**

– Por outra parte, e de acordo como o n.° 2 do art. 272-A do C.R.C. (Anexo V) constituem pressupostos da partilha do património conjugal quanto aos bens imóveis, móveis ou participações sociais sujeitos a registo, os seguintes:

a) A inexistência de dúvidas quanto à identidade a partilhar;

b) O seu registo definitivo a favor dos cônjuges.

[33] Esta parte final, relativa à necessidade de junção de acordo dos cônjuges quanto ao exercício do poder paternal dos seus filhos menores caso entretanto não tenha havido a sua regulação judicial, embora não conste expressamente da alínea c) do n.° 1 do art. 272.° do C.R.C, decorre do teor do n.° 2 do art. 14.° do D.L. 272/2001, na redacção que lhe foi dada pelo art. 7.° do D.L. 324/2007, de 28 de Setembro.

iii) Acordo sobre a prestação de alimentos ao cônjuge que deles careça;
iv) Certidão da escritura de convenção antenupcial, caso tenha sido celebrada;
v) Acordo sobre o destino da casa de morada de família.

Caso outra coisa não resulte dos documentos apresentados, entende-se que os acordos se destinam tanto ao período de pendência do processo como ao período posterior.

Na sequência da apresentação do pedido de divórcio por mútuo consentimento, os serviços da Conservatória do Registo Civil deverão imediata e oficiosamente consultar a base de dados do registo civil, sendo integrados na base de dados os documentos que se mostrem necessários, de forma a comprovar o casamento dos interessados e a convenção antenupcial declarada pelo conservador, caso tenha sido celebrada, exceptuando os casos em que o regime de bens conste já do próprio do assento de casamento.

No caso de o divórcio por mutuo consentimento ser acompanhado de partilha de bens comuns, e sempre que tal se mostre possível[34], os serviços da Conservatória do Registo Civil deverão, no mesmo momento,[35] comprovar os dados relativos aos bens imóveis (incluindo a sua situação matricial) e outros bens móveis registáveis, por meio de acesso às bases de dados pertinentes.

Havendo lugar à partilha de bens comuns, a sua realização será marcada para a data da **conferência dos cônjuges**, tendente à eventual conciliação[36].

Sendo apresentado acordo sobre o exercício do poder paternal relativo a filhos menores, a marcação da data da **conferência dos cônjuges** e

---

[34] Vide os n.os 2 e 3 do art. 210-E, aplicável por remissão do art. 272.°-C, ambos do C.R.C. (Anexo V).

– Da interpretação "a contrario" desta expressão "sempre que possível", parece decorrer que, caso por qualquer razão não seja possível aos serviços da conservatória do registo civil o acesso relativo aos bens imóveis e/ou bens móveis registáveis, terão então os cônjuges de obter tal documentação e entregá-la na conservatória do registo predial. No mesmo sentido parece decorrer o teor do n.° 5 do art. 5.° da Portaria n.° 1594/2007.

[35] Isto decorre do n.° 1 do art. 5.° da Portaria n.° 1594/2007 (Anexo VII).

[36] Vide n.° 2 do art. 5.° da Portaria 1594/2007 (Anexo VII) e n.° 3 do art. 14.° do D.L. 272/2001, de 13 de Outubro (Anexo VI).

as notificações destes só se verificarão depois da recepção da pronúncia favorável do Ministério Público[37].

Nesta **conferência dos cônjuges**, mantendo estes o seu propósito de se divorciarem, o conservador, após verificar o preenchimento dos pressupostos legais, declara a procedência do pedido de divórcio, decretando-o, e de seguida promove o respectivo registo.

Caso haja lugar à partilha de bens comuns, a sua realização verificar-se-á imediatamente à decretação do divórcio, dependendo, no entanto, de as partes terem previamente renunciado ao recurso desta decisão[38].

No âmbito desta partilha dos bens comuns, o serviço de registo[39] procede aos seguintes actos, pela ordem indicada:

a) À integração em suporte informático do acordo sobre a partilha que os interessados tenham junto ao processo, ou, em alternativa, e no caso de a elaboração do referido acordo ter sido requerida pelos mesmos, à sua realização, conforme a vontade destes, seguida da leitura e explicação do respectivo conteúdo, as quais, no entanto, poderão ser dispensadas pelos interessados;

b) À promoção da liquidação e do pagamento dos impostos relativos à partilha, nos termos declarados pelo contribuinte;

c) À cobrança dos emolumentos e de outros encargos que se mostrem devidos;

d) Ao registo obrigatório e imediato da transmissão dos bens imóveis, ou móveis ou participações sociais sujeitos a registo partilhados;

e) À entrega de certidão gratuita do documento que titula a partilha e dos registos efectuados, bem como dos comprovativos de pagamento das obrigações tributárias, dos emolumentos e dos demais encargos.

---

[37] Vide n.º 5 do art. 5.º da Portaria n.º 1594/2007 (Anexo VII) e n.os 4 a 6 do art. 14.º do D.L. 272/2001 (Anexo VI).

[38] Vide n.º 7 do art. 5.º da Portaria n.º 1594/2007 (Anexo VII).

– Compreende-se a exigência prévia de renúncia ao recurso do decretamento do divórcio, pois que por um lado, a partilha dos bens comuns tem como pressuposto o trânsito em julgado de qualquer divórcio, e, por outro lado, a decisão do conservador do registo civil possui os mesmos efeitos que uma sentença judicial, sendo, pois, passível de recurso para o Tribunal da Relação, a interpor no prazo de 15 dias, conforme decorre da conjugação dos n.os 1 e 2 do art. 274.º com o n.º 1 do art. 288.º, ambos do C.R.C. (Anexo V).

[39] Embora a competência para a realização da partilha caiba ao conservador do registo civil, este poderá delegar num oficial de registos a prática dos actos aqui enumerados – vide n.º 6 do art. 272.º do C.R.C. (Anexo V).

A pedido dos interessados e de acordo com as suas declarações, o funcionário do registo civil poderá ainda praticar os seguintes actos[40]: i) solicitar a alteração da morada fiscal dos mesmos; ii) solicitar a isenção do imposto municipal sobre imóveis relativo a habitação própria permanente; iii) solicitar a inscrição ou a actualização de prédios urbanos na matriz.

SECÇÃO II
Divórcio Litigioso

2. O divórcio litigioso consiste na modalidade de divórcio requerido por um dos cônjuges contra o outro, em acção judicial, na qual é invocada uma causa específica da dissolução do casamento.

De seguida, iremos percorrer, em breve síntese, o regime do divórcio litigioso em Portugal, desde a sua criação, até à entrada em vigor da Lei n.° 61/2008, focando apenas os seus aspectos mais relevantes.

2.1. *No Decreto de 3 de Novembro de 1910*

O divórcio litigioso foi introduzido em Portugal pelo Decreto de 3 de Novembro de 1910, a par do divórcio por mútuo consentimento.

Da análise do teor do seu artigo 4.° podemos constatar que o divórcio litigioso fundava-se quer em causas subjectivas, nas quais se verificava directa ou indirectamente a culpa de um dos cônjuges, vertente daquilo a que a doutrina viria a denominar de **"divórcio-sanção"**[41], quer, também, em causas objectivas e independentes da culpa, sob a vertente de **"divórcio-remédio"** na qual o divórcio é aqui encarado como uma terapêutica jurídica adequada às situações nas quais o casamento deixa de poder fun-

---

[40] Vide n.° 1 do art. 210.°-I, aplicável com as devidas adaptações por força da remissão contida no art. 272.°-C, ambos do C.R.C (Anexo V).

[41] Como refere o Prof. Antunes Varela in ob. Cit., a fls, 401, a ideia de "divórcio-sanção" reflectia não só a legitimidade para a propositura da acção, mas também nas consequências que a decretação do divórcio acarretava para o cônjuge culpado. Adiante, na análise do regime da versão inicial do Código Civil de 1966, veremos em pormenor quais eram essas consequências.

cionar, independentemente da culpa de qualquer dos cônjuges, quer sob a vertente de **"divórcio-consumação"** (ou também designado de **"divórcio--falência"**) relevando aqui, fundamentalmente, uma situação de ruptura objectiva do casamento, que o processo de divórcio se limita a constatar.

Como causas subjectivas constavam então as seguintes:

i) O adultério;
ii) A condenação efectiva de um dos cônjuges a qualquer das penas maiores fixas dos artigos 55.° e 57.° do Código Penal;
iii) As sevícias ou as injúrias graves;
iv) O abandono completo do domicílio conjugal por tempo não inferior a três anos;
v) O vício inveterado do jogo de fortuna ou azar.

Como causas objectivas constavam as seguintes:

i) A ausência, sem que do ausente haja notícias, por tempo não inferior a quatro anos;
ii) A loucura incurável quando decorridos, pelo menos, três anos sobre a sua verificação por sentença passada em julgado, nos termos dos artigos 419.° e seguintes do Código do Processo Civil;
iii) A separação de facto, livremente consentida, por dez anos consecutivos, qualquer que seja o motivo dessa separação;
iv) A doença contagiosa reconhecida como incurável, ou uma doença incurável que importe aberração sexual.

2.2. *No Decreto-Lei n.° 30615 de 24.07.1940*

Na sequência da assinatura da Concordata[42] em 7 de Maio de 1940 entre o Estado Português e a Santa Sé, o Decreto-Lei 30615 veio abolir o divórcio relativamente aos casamentos católicos celebrados a partir de 1 de Agosto de 1940, mantendo, no entanto, a sua possibilidade legal quanto aos casamentos civis.

---

[42] O art. 24.° da Concordata de 1940 possuía o seguinte teor:

"Artigo 24.°

Em harmonia com as propriedades essenciais do casamento católico, entende-se que, pelo próprio facto da celebração do casamento canónico, os cônjuges renunciarão à faculdade civil de requererem o divórcio, que por isso não poderá ser aplicado pelos tribunais civis aos casamentos católicos".

Relativamente aos respectivos fundamentos, o decreto-lei 30615 manteve os constantes do Decreto de 3 de Novembro de 1910.

2.3. *No Decreto-Lei n.° 47344 de 25.11.1966*

Como já atrás referimos, o Decreto-Lei n.° 47344 revogou o Código Civil de 1867 e aprovou o ainda vigente Código Civil.

No que diz respeito aos casamentos católicos, o decreto-lei n.° 47344 manteve a impossibilidade do divórcio.

Relativamente aos casamentos civis, este diploma eliminou todos os fundamentos de natureza objectiva, admitindo apenas fundamentos de natureza subjectiva, nos quais a culpa se encontrava sempre presente[43], pelo que o divórcio passou a ser concebido apenas sob a vertente de **"divórcio-sanção"**[44] – isto é, como uma sanção para o cônjuge que tivesse praticado uma violação ilícita e culposa dos seus deveres conjugais, com as consequências legais que adiante teremos a oportunidade de descrever.

Com efeito, na sua versão inicial, o Código Civil de 1966 contava exclusivamente como fundamentos para o divórcio litigioso os seguintes:

a) O adultério do outro cônjuge;

b) Práticas anticoncepcionais ou de aberração sexual exercidas contra a vontade do requerente;

c) A condenação definitiva do outro cônjuge, por crime doloso, em pena de prisão superior a dois anos, seja qual for a natureza desta;

d) A condenação definitiva pelo crime de lenocínio praticado contra descendente ou irmã do requerente, ou por homicídio doloso, ainda que não consumado, contra o requerente ou qualquer parente deste na linha recta ou até ao terceiro grau da linha colateral;

e) Vida e costumes desonrosos do outro cônjuge;

f) O abandono completo do lar conjugal por parte do outro cônjuge, por tempo superior a três anos;

g) Qualquer outro facto que ofenda gravemente a integridade física ou moral do requerente.

---

[43] Versão inicial do art. 1778.° do C.C.

[44] Como pertinentemente referem os Professores Pereira Coelho e Guilherme Moreira, in ob. cit., a págs. 616, esta versão inicial do Código Civil não consagrava um puro sistema de divórcio-sanção, pois que tais factos só justificavam o pedido de divórcio quando comprometessem a possibilidade de vida em comum dos cônjuges.

2.4. No Decreto-Lei 261/75, de 25 de Maio

Na sequência do Protocolo Adicional à Concordata, assinado em 15 de Fevereiro de 1975 entre o Estado Português e a Santa Sé, no qual, como atrás vimos, procedeu-se à alteração do artigo 24.° da Concordata, o decreto-lei 261/75, de 25 de Maio veio de novo permitir[45] o divórcio litigioso de pessoas casadas catolicamente, em igualdade de condições face às que tivessem casado civilmente.

Relativamente aos cônjuges que então se encontrassem casados catolicamente, os artigos 4.° e 5.° do decreto-lei 261/75 vieram permitir o seguinte:

a) Que estes, dentro dos 2 anos subsequentes, pedissem o divórcio ou a separação de pessoas e bens com fundamento em factos verificados anteriormente;

b) Que em acções pendentes, o pedido de separação de pessoas e bens, pudesse ser alterado para divórcio.

A conversão da separação judicial de pessoas e bens em divórcio passou a ser admitida imediatamente após o respectivo trânsito em julgado. Por outro lado, vedou-se a possibilidade, até então existente, de o juiz indeferi-la caso entendesse que as circunstâncias do caso, designadamente, "a viabilidade de uma reconciliação", aconselhassem à não dissolução do casamento.

No que se refere aos fundamentos para o divórcio litigioso, o D.L. 261/75 manteve os constantes das alíneas a) a f) da versão inicial do artigo 1778.° do Código Civil (que passaram para o seu n.° 1), alterou o teor da alínea g) e introduziu dois novos fundamentos, que passaram a constar das suas alíneas g), h) e i), nos seguintes termos:

g) O decaimento em acção de divórcio ou separação na qual tenham sido feitas imputações ofensivas da honra e dignidade do outro cônjuge;

h) <u>A separação de facto livremente consentida, por 5 anos consecutivos;</u>

i) Qualquer outro facto que ofenda gravemente a integridade física ou moral do requerente.

---

[45] Dizemos "novamente", pois inicialmente, na vigência do primitivo Decreto de 3 de Novembro de 1910 era então possível o divórcio de pessoas casadas quer civil, quer catolicamente, sendo que a partir da entrada em vigor do Decreto decreto-lei 30615, de 27.04.1940 passou a ser interdito o divórcio de pessoas casadas catolicamente.

Nesta nova alínea h) verificamos o afloramento da primeira excepção ao conceito de "divórcio-sanção", constante da versão inicial do Código Civil de 1966, pois que veio a admitir-se aqui, novamente[46], uma "causa objectiva", independente da culpa de qualquer dos cônjuges, ou seja, um caso de "divórcio-consumação", ou "divórcio-falência".

Este novo fundamento, consubstanciado na separação de facto livremente consentida, veio suscitar muita controvérsia, quer na doutrina, quer na jurisprudência, tendo então havido quem entendesse que a mesma pressupunha um acordo e uma deliberação inequívocos dos cônjuges, enquanto outros entendiam poder verificar-se quando espontaneamente provocada por um dos cônjuges e aceite tácita e resignadamente pelo outro, decorresse o número de anos aqui previsto sem que este denunciasse qualquer propósito de pôr termo à separação.

2.5. *No Decreto-Lei 6/76 de 10 de Janeiro*

O decreto-lei 6/76 veio admitir que à previsão do D.L. 261/75 teriam escapado determinadas situações, que postulavam que fossem contempladas de imediato, por razões de justiça e em ordem à legitimação da justiça.

De entre estas situações, vem expressamente referida a situação dos separados judicialmente de pessoas e bens, a quem por morte do outro cônjuge já não era possível requerer-se a sua conversão em divórcio e que haviam de aguardar o prazo internupcial, não obstante há muito haverem contraído nova ligação, da qual já tinham nascido filhos.

Assim, o D.L. 6/76 estipulou que cessaria o impedimento do prazo internupcial se houvesse separação judicial de pessoas e bens de cônjuges casados catolicamente, separação esta decretada há mais de 180 dias ou 300 dias, conforme se tratasse de varão ou mulher, e um dos cônjuges tivesse falecido à data da sua entrada em vigor.

2.6. *No Decreto-Lei 561/76 de 17 de Julho*

O D.L. 561/76 manteve os demais fundamentos para o divórcio litigioso.

---

[46] Pois, como vimos, o Decreto de 3 de Novembro de 1910 admitia diversas "causas objectivas" de divórcio litigioso.

Alterou, no entanto, o teor da alínea h) do n.° 1 do artigo 1778.° do Código Civil, relativa à separação de facto, retirando a expressão "livremente consentida", e aumentou de 5 para 6 anos o prazo mínimo da separação, passando assim esta alínea a possuir a seguinte redacção: "A separação de facto, por seis anos consecutivos".

No preâmbulo deste D.L. 561/76 podem-se constatar as razões subjacentes a esta formalmente pequena, mas, ainda assim, substancial alteração:

> *"Os institutos do divórcio e da separação de pessoas e bens litigiosos permanecem dominados pela ideia de que representam uma* ***espécie de sanção*** *para o cônjuge que, tendo assumido determinados comportamentos, comprometeu irremediavelmente a subsistência da vida conjugal".*
>
> *"O instituto do divórcio e de separação de pessoas e bens tem assumido, paralelamente, natureza de uma solução legal destinada a pôr termo a situações em que o vínculo conjugal, independentemente do comportamento ilícito ou moralmente reprovável de um ou de ambos os cônjuges, se encontra irremediavelmente comprometido na sua subsistência.*
>
> *A experiência mostra que, pelos mais variados motivos, se criam situações em que os cônjuges se desinteressam completamente um pelo outro, rompendo todos os laços afectivos e renunciando, irrevogavelmente, à vida em comum.*
>
> *Nestas situações, de fracasso e frustração matrimoniais, o vínculo conjugal não passa de uma ficção que perdura, unicamente, por desinteresse ou obstinação de um deles relativamente à possibilidade de conseguirem dissolver ou interromper aquele vínculo por mútuo consentimento.*
>
> *Considera-se oportuno, pois, facultar a providência legislativa adequada à satisfação dos legítimos interesses dos cônjuges que, criando situações como as descritas, não dispõem, actualmente, de meios legais para lhes pôr termo e reorganizarem a sua vida familiar.*
>
> *E aqui pesa, como é evidente, o interesse social de ajustar a lei à realidade, pelo que se introduz mais um fundamento para o divórcio ou separação de pessoas e bens litigiosos".*

Com o D.L. 516/76, um dos cônjuges passou a poder lançar mão do divórcio, independentemente da existência, ou não, de qualquer culpa, e mesmo independentemente da vontade do outro[47], bastando, para o efeito,

---

[47] Isto, porque, como atrás vimos, na versão do D.L. 521/75 era exigida que a separação de facto fosse "livremente consentida".

a alegação e a prova da separação de facto por um período de 6 anos consecutivos, pelo que este diploma veio alargar, um pouco mais, a vertente do denominado **"divórcio-consumação"**, ou **"divórcio-falência"**.

2.7. *No Decreto-Lei 605/76, de 24 de Julho*

Em termos processuais, e no que se refere ao divórcio e separação litigiosos, o Decreto-Lei 605/76 veio estabelecer a obrigatoriedade de o juiz designar uma data para uma tentativa de conciliação, na qual, estando presentes ambos os cônjuges, os tentaria conciliar; não se mostrando possível a conciliação, o juiz procurava então obter o acordo dos cônjuges relativamente à questão dos alimentos ao cônjuge que deles carecesse e à regulação do poder paternal dos filhos.

Desde que reunidos os respectivos requisitos, quer na tentativa de conciliação, quer em qualquer outra fase do processo, podiam os cônjuges acordar na convolação deste processo em processo de separação judicial de pessoas e bens ou divórcio por mútuo consentimento.

2.8. *Na Reforma de 1977*

A Reforma de 1977, operada pelo D.L. 496/77, de 25 de Novembro, veio introduzir significativas alterações ao Código Civil de 1966, designadamente, no âmbito do direito da família, consagrando desde logo o princípio de que o casamento se baseia na **igualdade de direitos e deveres dos cônjuges**[48].

De entre os deveres recíprocos a que os cônjuges se encontravam já vinculados na versão inicial do Código Civil, como sejam os de fidelidade, coabitação e assistência, foram agora adicionados os deveres de respeito e de cooperação.

Manteve-se a regra segundo a qual o dever de contribuição para os encargos da vida familiar incumbe a ambos os cônjuges, mas especificou-se que esta contribuição poderá ser concretizada por qualquer deles, pelo trabalho despendido no lar ou na manutenção e educação dos filhos. No entanto, e para o caso de a contribuição por parte de um dos os cônjuges

[48] Vide n.° 1 do art. 1671.° C.C.

exceder a parte que lhe pertence, estabeleceu-se a presunção[49] da renúncia deste cônjuge em exigir do outro a correspondente compensação.

Quanto ao divórcio litigioso, o mesmo passou a passou a conter duas variantes perfeitamente distintas: por um lado, a da violação culposa dos deveres conjugais, e, por outro lado, a da ruptura da vida em comum.

Regressou-se assim, de certa forma, ao "sistema misto" de causas subjectivas, dependentes da culpa, e de causas objectivas, independentes da culpa, que, inicialmente, o Decreto de 3 de Novembro de 1910 consagrava.

Em termos processuais, se antes era já possível às partes procederem em qualquer fase do processo à sua convolação de litigioso para mútuo consentimento, com o D.L. 496/77 passou a ser imposto ao juiz o dever de procurar o acordo com vista a esta convolação, incrementando-se, assim, a procura da resolução do diferendo dos cônjuges com o apelo à via consensual, a qual, para além de menos dolorosa para ambos em termos emocionais, traz também vantagens para os filhos, e em especial, para os filhos menores.

2.8.1. *Divórcio fundado na violação culposa dos deveres conjugais*

Na redacção que foi dada pelo D.L. 496/77 ao n.° 1 do artigo 1779.° do C.C. qualquer dos cônjuges podia requerer o divórcio caso o outro violasse culposamente os deveres conjugais[50] quando esta violação, pela sua gravidade ou reiteração, comprometesse a possibilidade da vida em comum.[51]

Assim, com esta Reforma de 1977 verifica-se o abandono do sistema de causas tipificadas de divórcio, constante da versão primitiva do então artigo 1778.° do C.C, para se acolher um sistema de causa genérica ou indeterminada.

De todo o modo, esta variante de divórcio continua assentar na ideia da culpa de um dos cônjuges, e, consequentemente, no conceito de **"divór-**

---

[49] Como adiante veremos, tratava-se de uma presunção ilidível, isto é, que podia ser afastada pela vontade das partes.

[50] Quanto aos deveres conjugais, temos os deveres recíprocos, constantes do art. 1672.° do C.C., como sejam, i) os de respeito; ii) de fidelidade; iii) de coabitação, iv) de cooperação e v) de assistência, assim como os deveres comuns, essencialmente os que respeitam ao sustento, criação e educação dos filhos, constantes dos arts. 1874.° e 1878.° do C.C.

[51] art. 1779.° do C.C.

cio-sanção", não apenas no que se refere à legitimidade para a interposição da respectiva acção, que continua a caber apenas ao cônjuge ofendido[52], quer pelas consequências decorrentes da declaração do cônjuge único ou principal culpado[53] pelo divórcio, e que eram as seguintes:

a) Quanto à eficácia das liberalidades a favor dos cônjuges[54]:

i) O cônjuge declarado único ou principal culpado perdia todos os benefícios recebidos ou que haja de receber do outro cônjuge ou de terceiro, em vista do casamento ou em consideração do estado de casado, quer a estipulação seja anterior quer posterior à celebração do casamento;

ii) Ao invés, o cônjuge inocente ou que não fosse declarado principal culpado conservava todos os benefícios recebidos ou que houvesse de receber do outro cônjuge ou de terceiro, ainda que tivessem sido estipulados com cláusula de reciprocidade; podendo renunciar a esses benefícios por declaração unilateral de vontade mas, havendo filhos do casamento, a renúncia só seria permitida a favor destes.

b) Quanto à ressarcibilidade dos danos não patrimoniais causados pelo divórcio[55]: o cônjuge declarado único culpado, ou quando houvesse culpa de ambos, ou principal culpado, devia reparar os danos não patrimoniais que tivesse causado ao outro cônjuge pela dissolução do casamento.

c) Quanto ao direito a alimentos: em princípio[56], o cônjuge considerado único culpado, ou quando houvesse culpa de ambos, o cônjuge principal culpado, encontrava-se obrigado a prestar a alimentos ao outro cônjuge;

Quanto à partilha dos bens[57]: o cônjuge declarado único ou principal culpado não podia na partilha receber mais do que receberia se o casamento tivesse sido celebrado segundo o regime da comunhão de adquiridos.

---

[52] Vide n.º 1 do art. 1785.º C.C.

[53] Vide art. 1787.º C.C.

[54] Vide art. 1791.º C.C.

[55] Vide art. 1792.º C.C.

[56] Vide alínea a) do n.º 1 do art. 2016.º C.C.

Dissemos "em princípio", pois o n.º 2 deste art. 2016.º do C.C. previa que, excepcionalmente, por motivos de equidade, e considerando, em particular, a duração do casamento e a colaboração prestada por esse cônjuge à economia do casal, podia o tribunal condenar o cônjuge inocente ou menos culpado a atribuir alimentos ao outro cônjuge.

[57] Vide art. 1790.º C.C.

Assim, se os cônjuges tiverem casado sob o regime da comunhão geral de bens e o cônjuge inocente tivesse levado para o casamento diversos bens, ou na sua constância os tivesse adquirido a título gratuito (por doação ou herança) os mesmos deixavam de constituir bens comuns, tudo se passando como se o casamento tivesse sido celebrado segundo o regime da comunhão de adquiridos.

A lei tinha aqui em vista, por um lado, garantir a protecção do património do cônjuge inocente, que deste modo via assegurados os bens que tivesse levado para o matrimónio ou que na sua constância tivesse adquirido a título gratuito, e, por outro lado, evitar que o cônjuge declarado como único ou principal culpado pelo divórcio viesse a receber na partilha metade desses bens, constituindo assim uma sanção patrimonial para este.

2.8.2. *Divórcio fundado na ruptura da vida em comum*

A segunda vertente do divórcio litigioso, constante da Reforma de 1977, consistia na ruptura da vida em comum, independentemente da existência de culpa do/s cônjuges/s, ruptura essa tipificada no artigo 1781.° do C.C, numa das seguintes três situações:

a) A separação de facto[58] por seis anos consecutivos;

b) A ausência, sem que do ausente haja notícias, por tempo não inferior a quatro anos;

c) A alteração das faculdades mentais[59] do outro cônjuge, quando dure há mais de seis anos e, pela sua gravidade, comprometa a possibilidade da vida em comum.

---

[58] No domínio do Decreto de 3 de Novembro de 1910 a separação de facto livremente consentida por um período de 10 anos consecutivos já constituía uma das "causas objectivas" do divórcio litigioso.

No art. 1782.° define-se a situação de separação de facto por um elemento objectivo (quando não existe a comunhão de vida entre os cônjuges) e por um elemento subjectivo (quando há da parte de ambos, ou de um deles, a vontade de não a restabelecer).

[59] No domínio do Decreto de 3 de Novembro de 1910 a alteração das faculdades mentais do outro cônjuge já havia constituído fundamento para o divórcio litigioso. O D.L. 496/77, tendo reintroduzido esta possibilidade legal, não obstante veio prever o seu afastamento no caso de se presumir que o divórcio venha a agravar consideravelmente o estado mental do réu.

Por outra parte, nos termos do n.° 1 do art. 1792.° e da alínea b) do n.° 1 do art. 2016.°, ambos do C.C., o cônjuge réu desta acção tinha o direito de exigir ao cônjuge requerente, quer alimentos, quer a reparação dos danos não patrimoniais causados pela dissolução do casamento.

O artigo 181.° do D.L. 496/77 veio estabelecer que na contagem dos prazos relativos às situações previstas nas alíneas b) e c) será levado em conta o tempo já decorrido à data da sua entrada em vigor.

Nas situações descritas nas alíneas a) e b) aflorava a ideia de **"divórcio-consumação"** (por outros descrita como **"divórcio-falência"**, e por outros ainda, de **"divórcio-fracasso"**).

Como refere o Prof. Antunes Varela, in Direito da Família, Livraria Petrony, 1982, a págs. 402, "*...O principio clássico subjectivo da culpa foi sendo assim sucessivamente batido pela ideia da ruptura objectiva do casamento como fundamento substancial do divórcio*".

Não obstante a eventual culpa não constituir aqui um dos pressupostos do divórcio, verifica-se, no entanto, que não apenas no caso da separação de facto, como, também, no caso da ausência, o n.° 2 do artigo 1782.° e o artigo 1783.° do C.C. impunham ao juiz o dever de declarar a culpa dos cônjuges, quando a houvesse, da qual decorriam os efeitos previstos no artigo 1787.°, pelo que mesmo nestas específicas situações, ainda se manteve presente a ideia de **"divórcio-sanção"**.

Por outra parte, na situação descrita na alínea c) – a alteração das faculdades mentais do outro cônjuge, quando dure há mais de seis anos e, pela sua gravidade, comprometa a possibilidade da vida em comum – temos a vertente do chamado **"divórcio-remédio"**, sobre a qual o Prof. Antunes Varela, in ob. cit. a págs. 402, refere que "*... o divórcio deixou de ser considerado como uma sanção (contra o cônjuge infractor) e passou a ser olhado como uma terapêutica jurídica adequada às situações anómalas em que a sociedade conjugal não podia funcionar, sem culpa de nenhum dos sujeitos*".

2.9. *Na Lei 47/98, de 10 de Agosto*

A Lei 47/98 veio introduzir as seguintes alterações:

a) Reduziu de 6 para 3 anos consecutivos, o prazo de separação de facto, que constituía um dos requisitos da interposição do direito ao divórcio independente da eventual culpa de qualquer dos cônjuges;

b) Introduziu a possibilidade de o divórcio ser decretado em caso de separação de facto verificada pelo período de 1 ano, contanto que não se verificasse a oposição do cônjuge demandado;

c) Reduziu de 6 para 3 anos, o prazo de duração da alteração das faculdades mentais do outro cônjuge, e que, pela sua gravidade comprometesse a possibilidade de vida em comum;

d) Deixou de constituir causa de indeferimento para o divórcio fundado na alteração das faculdades mentais de um dos cônjuges a situação na qual fosse de presumir que o divórcio agravaria consideravelmente o estado mental do réu.[60];

e) Reduziu de 4 para 2 anos, o período mínimo de ausência de um dos cônjuges, sem que do ausente não haja notícias, para que pudesse ser despoletada a competente acção de divórcio;

---

[60] Isto decorre da eliminação do art. 1784.° do C.C., operada pelo art. 2.° da Lei 47/98.

CAPÍTULO II

O Divórcio no Regime da Lei n.° 61/2008

A Lei n.° 61/2008 veio introduzir significativas alterações ao regime do divórcio, quer em termos substantivos, quer em termos processuais.

Da exposição de motivos do Projecto de Lei n.° 509/X resulta que no plano material a mudança relativamente ao divórcio verifica-se em três planos fundamentais:

Em primeiro lugar, na eliminação da culpa como fundamento do divórcio sem o consentimento do outro cônjuge. Como corolário deste princípio, é eliminado o divórcio por violação culposa dos deveres conjugais, outrora previsto no artigo 1779.° do C.C, ao mesmo tempo que o conceito de "divórcio litigioso" é agora substituído pelo conceito de "divórcio sem consentimento do outro cônjuge", fundado na chamada "ruptura do casamento", prevista no artigo 1781.° do C.C. (e que anteriormente era designada por "ruptura da vida em comum"), artigo este a que foi acrescentada uma nova alínea, tendo por objecto "*quaisquer outros factos que, independentemente da culpa dos cônjuges, mostrem a ruptura definitiva do casamento*".

Em segundo lugar, e tendo como referente fundamental os direitos das crianças e os deveres dos pais, é assumido de forma explícita o conceito de "responsabilidades parentais", afastando-se a designação de "poder paternal".

Por outra parte, assumida a diferenciação clara entre a relação conjugal e a relação paternal, considera-se agora que o exercício das responsabilidades parentais deverá ser estipulado de forma a que a criança possa manter relações afectivas com o pai e com a mãe, bem como ser o alvo de cuidados e protecção por parte de ambos em ordem à salvaguarda do seu interesse superior, pelo que foi alterado o regime supletivo do exercício das responsabilidades parentais e considerado o seu incumprimento como crime.

Em terceiro lugar, e reconhecendo a importância dos contributos para a vida conjugal e familiar dos cuidados com os filhos e do trabalho despendido no lar, consagra-se agora, pela primeira vez, que em situação de dissolução conjugal poderá haver lugar a um crédito de compensação. Como adiante teremos a o oportunidade de analisar em profundidade, na sequência do veto presidencial ao Decreto da AR 232/X, na qual tinha entretanto sido contemplado o direito a esta compensação, o Grupo Parlamentar do Partido Socialista veio apresentar uma proposta de alteração ao n.° 2 do artigo 1676.° do C.C, que foi aprovada, e da qual resultou uma clarificação das situações nas quais poderá haver lugar a esta compensação.

De seguida propomo-nos analisar, de forma sistemática e detalhada, cada uma destas três grandes linhas de alteração legislativa.

SECÇÃO I
Mediação Familiar

Uma importante alteração da Lei n.° 61/2008, consiste, desde logo, na obrigatoriedade de a conservatória do registo civil ou o tribunal, consoante os casos, antes do início do processo de divórcio,[61] informar os cônjuges acerca da existência e dos objectivos dos serviços de mediação familiar[62]. A actividade do sistema de mediação familiar (SMF) encontra-se regulamentada no Despacho N.° 18778/2007 (Anexo X).

---

[61] No caso de divórcio judicial, em bom rigor, devia estar previsto "logo que iniciada a instância", pois em rigor esta inicia-se com a proposição da acção, conforme prevê o n.° 1 do art. 267.° do C.P.C, sendo assim materialmente impossível ao tribunal, antes de iniciado o respectivo processo, informar os cônjuges sobre a existência e os objectivos dos serviços de mediação familiar (a não ser que na plataforma informática do Ministério da Justiça CITIUS a apresentação de uma acção de divórcio fique condicionada à passagem por uma "caixa", na qual o autor da acção é informado a este respeito, e, caso esta seja apresentada directamente em tribunal, aí exista um "placard" para o mesmo efeito. Mas, ainda assim o problema não ficaria resolvido, pois a acção poderá ser enviada por correio).

[62] Ver actual redacção do art. 1774.° do C.C.

3. A mediação

A filosofia subjacente à mediação é a de que as pessoas envolvidas num conflito são as que melhor sabem como resolvê-lo.

A mediação é uma forma de resolução de litígios informal e flexível, de carácter voluntário e confidencial, conduzido por um terceiro imparcial – o mediador – que promove a aproximação entre as partes em litígio e os apoia na tentativa de encontrar um acordo que permita pôr termo ao conflito.

O mediador não impõe às partes a obtenção de um acordo ou o seu conteúdo. A sua função é a de esclarecer as partes acerca dos seus direitos e deveres face à mediação e de as aproximar, facilitando a obtenção de um acordo, sem o impor.

> "*A base da mediação é o tratamento dos clientes como seres humanos, únicos, que devem esclarecer as suas dificuldades melhorando as inter-relações que lhes permitem deter o controlo absoluto de todas as etapas do processo, através de um diálogo esclarecedor que possibilite a negociação e pelo qual eles criem responsavelmente as soluções para não serem escravos de soluções impostas*[63]".

3.1. *O objecto da mediação familiar*

A mediação familiar consiste numa modalidade extrajudicial de resolução de conflitos surgidos no âmbito de relações familiares, na qual as partes, com a sua participação directa e pessoal, auxiliadas pelo mediador de conflitos, visam alcançar um acordo.

O Sistema de Mediação Familiar (SMF) tem competência para mediar conflitos no âmbito de relações familiares, nomeadamente[64] nas seguintes matérias[65]:

i) Regulação, alteração e incumprimento do regime de exercício das responsabilidades parentais;

---

[63] Vide Portal da Justiça.

[64] Embora esta enumeração seja meramente exemplificativa, dada a expressão "nomeadamente", pensamos que nem todas as matérias relativas às relações familiares poderão ser objecto da mediação familiar, mas apenas as que a lei considera na disponibilidade das partes.

São excluídas da mediação, v.g., as questões relativas a maus-tratos infantis, violência doméstica, doenças do foro psiquiátrico e consumo de aditivos.

[65] Vide art. 4.° do Despacho 18778/2007.

ii) Divórcio e separação de pessoas e bens;
iii) Conversão da separação de pessoas e bens em divórcio;
iv) Reconciliação dos cônjuges separados;
v) Atribuição e alteração de alimentos, provisórios ou definitivos;
vi) Privação do direito de uso dos apelidos do outro cônjuge;
vii) Autorização do uso dos apelidos do ex-cônjuge ou da casa de morada de família.

3.2. *Vantagens da mediação familiar*

A mediação familiar apresenta diversas vantagens, das quais se destacam as seguintes:

a) Permite um aumento de eficácia nos acordos alcançados.

Desde logo, porque são as partes quem, conduzidos pelo mediador, dialogam de forma aberta e transparente sobre os seus problemas e acabam por encontrar uma solução. Não há aqui qualquer imposição, nem pressão por parte do mediador relativamente a uma específica solução.

A interiorização pelas partes de uma solução que foi por elas alcançada, e não uma solução imposta por terceiro, aumenta de forma significativa o seu efectivo cumprimento;

b) Permite uma maior protecção dos filhos menores, evitando ver os pais submetidos a um litígio judicial, o que potencia a preservação das relações familiares;

c) Permite uma maior celeridade[66] na resolução dos problemas;

d) Representa uma solução mais económica;

e) Garante a total confidencialidade dos assuntos a resolver;

3.3. *O mediador*

Podem candidatar-se a um procedimento de selecção com vista à integração nas listas de mediadores familiares do SMF as pessoas que satisfaçam os seguintes requisitos:

a) Tenham mais de 25 anos;

b) Estejam no pleno gozo dos seus direitos civis e políticos;

---

[66] Em média tem-se verificado o prazo de um a três meses na duração dos processos de mediação familiar.

c) Tenham licenciatura adequada;

d) Estejam habilitados com um curso de mediação familiar reconhecido pelo Ministério da Justiça;

e) Sejam pessoas idóneas;

f) Tenham o domínio da língua portuguesa.

Os mediadores são pessoas com competência reconhecida pelo Ministério da Justiça, actuam desprovidos de poderes de imposição, de modo neutro e imparcial, esclarecendo as partes acerca dos seus direitos e deveres face à mediação e, uma vez obtido o respectivo consentimento, desenvolvem a mediação no sentido de as apoiar na obtenção de um acordo justo e equitativo que ponha termo ao conflito que as opõe.

Os mediadores encontram-se obrigados aos deveres de imparcialidade, independência, confidencialidade e diligência, devendo solicitar a sua substituição, em qualquer fase do processo de mediação, logo que verifiquem que, por razões legais, éticas ou deontológicas, a sua independência, imparcialidade ou isenção possam ser afectadas.

Nos termos do artigo 9.° do Despacho N.° 18778/2007 a actividade dos mediadores é fiscalizada pela comissão referida no n.° 6 do artigo 33.° da Lei n.° 78/2001 de 13 de Julho.

3.4. *O papel do mediador*

O mediador não é um juiz, porque não impõe um veredicto, nem tem o poder outorgado pela sociedade para decidir por outrem.

Também não é um negociador que toma parte na negociação, com interesse directo nos resultados.

Para o mediador, o importante é que as partes descubram os seus verdadeiros interesses e consigam manter um mínimo de relacionamento para falarem sobre eles.

Também não é um árbitro que emite um parecer ou uma decisão.

O mediador é um terceiro neutro. Conduz, sem decidir. É neutro em tudo quanto dele se espera, em termos de intervenção na decisão.

Na mediação tudo deve ser feito pelas próprias partes.

3.5. *O papel dos advogados*

No site do Instituto de Mediação e Arbitragem de Portugal, www.imap.pt, vem abordado o papel dos advogados na mediação, visão com a qual concordamos em pleno e que transcrevemos:

> "*Muitos profissionais de Direito olham a mediação com desconfiança, pois por desconhecer a sua verdadeira função, pensam que a mesma possa ir contra o seu próprio desempenho profissional. Nada mais longe da realidade.*
>
> *O advogado é o profissional que a sociedade consulta quando se trata de tentar resolver um conflito.*
>
> *Isto continuará sempre assim, pois é ele o indicado para dar aos seus clientes a assessoria acerca do melhor caminho para resolver jurídica e satisfatoriamente o problema.*
>
> *Ao mesmo tempo, assim como o advogado prepara o caso para ser apresentado no Tribunal, também deverá preparar o caso para a negociação, a conciliação, a mediação ou a arbitragem.*
>
> *Cada técnica exige um procedimento específico de apresentação do caso e um tipo especial de preparação do cliente.*
>
> *O advogado deve trabalhar com o seu cliente, explicando a actividade a ser desenvolvida e o que se espera dele na técnica escolhida.*
>
> *No caso da mediação, o cliente deverá participar de forma cooperativa, submeter-se ao trabalho de investigação do mediador e assumir a responsabilidade de procurar, junto da outra parte, as melhores opções.*
>
> *No processo de mediação, os mediados apreendem a importância de trabalhar para a mútua satisfação, a única forma de conseguir uma solução durável.*
>
> *O advogado pode ou não tomar parte nas sessões de mediação, cabendo esta escolha a si e ao seu cliente. Participando, poderá informar, investigar e assessorar o seu cliente sobre o que é mais conveniente para ele. Participando ou não, o advogado fará sempre assessoria, ciente do espírito da mediação, que vela sobre os interesses dos clientes e o seu relacionamento, visando o presente e o futuro.*
>
> *É sua função sugerir, e não impor, soluções alternativas e fazer com que o cliente se capacite do compromisso que vai assumir, da sua transcendência e da repercussão futura, para que possa decidir se essa é a solução que o satisfaz.*
>
> *Ao trabalhar a mediação ao nível da realidade real, o advogado deve incentivar o cliente a confiar no procedimento e fazer com que se sinta à*

vontade, dando-lhe todas as informações necessárias, tendo em mente o sigilo contraído por todos os participantes da mediação.

O advogado pode dar o primeiro passo para a destruição da posição e do discurso cristalizado do cliente, levando-o a descobrir as motivações desse discurso para que falando delas, possam ser alcançadas soluções originais e criativas que satisfaçam essas motivações. Cooperação e não competição, motivações e não discursos fechados e cristalizados, criatividade e não reiteração de soluções-chave, vontade das partes e não decisão de terceiros, cooperação e confiança e não oposição e desconfiança. Em mediação são estes os parâmetros com que o advogado deverá preparar o caso com o cliente".

3.6. ***O Sistema de Mediação Familiar***

O SMF funciona de forma flexível, com vista a tornar a mediação familiar o mais próxima dos cidadãos e com um mínimo de custos.

O SMF assenta na gestão de listas de mediadores familiares, geograficamente referenciados, que se deslocam aos locais onde seja mais prático realizar as sessões de mediação.

Podem ser realizadas mediações em espaços públicos (salas cedidas por municípios, freguesias, centros de arbitragem, etc.) ou privados que se considerem adequados (associações, entidades de apoio social ou, eventualmente, nas casas das partes em conflito).

O seu funcionamento é assegurado pelo Gabinete para a Resolução Alternativa de Litígios (GRAL), ao qual incumbe efectuar o registo e triagem dos pedidos apresentados, designar o mediador responsável e indicar os locais onde se realizam as sessões de mediação[67].

O SMF é actualmente disponibilizado nos concelhos de Almada, Amadora, Barreiro, Braga, Cascais, Coimbra, Leiria, Lisboa, Loures, Mafra, Oeiras, Porto, Seixal, Setúbal e Sintra, sem prejuízo de poder realizar-se nos municípios definidos em despacho do director do GRAL.

A mediação familiar é feita nos citados municípios, independentemente da residência das partes, ou seja, ainda que as partes interessadas na mediação não tenham a sua residência naqueles concelhos.

---

[67] Vide n.° 2 do art. 3.° do Despacho N.° 18778/2007 (Anexo X).

3.7. *O processo de mediação familiar*

O processo de mediação familiar é constituído pelas seguintes fases:

1.ª fase: Para o processo se iniciar bastará que uma das partes em conflito solicite a intervenção do SMF, podendo fazê-lo pela forma que considere mais prática – pessoalmente, por e-mail ou por contacto telefónico para o Gabinete para a Resolução Alternativa de Litígios (GRAL)[68].

2.ª fase: Recebido o contacto, o Gabinete para a Resolução Alternativa de Litígios contacta as partes no sentido de viabilizar a mediação. A sua aplicação responde a duas exigências do Código de Ética do mediador, a saber: i) informar os mediados, pormenorizadamente, em que consiste o processo da mediação e os seus custos; ii) prestar atenção ao problema que desejam resolver pela mediação para avaliar se é possível (ou não) tratar o caso apresentado através deste procedimento.

O n.° 1 do artigo 7.° do Despacho N.° 18778/2007 dispõe que o mediador familiar é um profissional especializado, que actua desprovido de poderes de imposição, de modo neutro e imparcial, esclarecendo as partes dos seus direitos e deveres face à mediação e, uma vez obtido o respectivo consentimento, desenvolve a mediação no sentido de apoiar as partes na obtenção de um acordo justo e equitativo que ponha termo ao conflito que as opõe.

Incumbe, pois, ao mediador familiar, numa primeira reunião, esclarecer previamente as partes acerca dos seus direitos e deveres face á mediação. Constitui aquilo a que genericamente se designa de "pré-mediação".

Os objectivos desta "pré-mediação" são os seguintes:

- Eliminar a adversidade entre as partes;
- Assumir absoluta responsabilidade pelo processo;
- Trabalhar em cooperação com a outra parte;
- Promover o respeito mútuo;
- Escutar atentamente o que cada um deseja;
- Fomentar a confiança mútua;

Na "pré-mediação" deverá ficar esclarecido que:

- O mediador não decide;
- O mediador não sugere soluções;

---

[68] A Lei Orgânica do GRAL foi aprovada pelo D.L. 127/2007, de 27 de Abril.

- O mediador não dá assessoria jurídica nem técnica;
- O mediador conduz o diálogo;
- O mediador promove o respeito;
- Investiga os reais interesses e desejos das partes envolvidas;
- Orienta-as para que procurem informações correctas sobre o que devem decidir;
- Orienta-as para que procurem aconselhamento legal sempre que necessário;
- Investiga para que as partes saibam quais são os reais conflitos;
- Intervém para que assumam juntas a responsabilidade de os resolver;
- Incentiva a criatividade de ambas as partes na busca de opções de solução;
- Aplica técnicas para que avaliem cuidadosamente cada uma das opções e escolham as melhores;
- Auxilia-os a analisar cada uma das opções escolhidas para ver qual ou quais são realizáveis e satisfazem todos os interesses em jogo;
- Avalia o acordo final para ver se é justo, equitativo e durável.

Aceitando ambas as partes submeter-se à mediação, será então por elas assinado o respectivo termo de consentimento e efectuado o pagamento devido pela utilização do sistema[69].

A mediação pode realizar-se independentemente do facto de entretanto existir (ou não) um processo em curso em tribunal ou na conservatória. Caso tal se verifique, poderá ser requerida e determinada a suspensão da instância enquanto se realizar a mediação.

3.ª fase: Uma vez obtido o consentimento de ambas as partes, serão então realizadas as sessões de mediação que se mostrarem necessárias, nas quais as partes, devidamente auxiliadas pelo mediador, tentam alcançar um acordo para pôr termo ao seu litígio.

4.ª fase: Alcançado o acordo, realizar-se-á uma reunião final para a sua assinatura, com a qual termina o processo de mediação familiar.

---

[69] A utilização do sistema de mediação familiar dá lugar ao pagamento de uma taxa, actualmente no valor de 50€ por cada parte, a qual é paga aquando da assinatura do termo de consentimento para a realização da mediação familiar, com excepção dos casos em que as partes beneficiem do apoio judiciário.

Terminando o processo de mediação com um acordo, deverá então este ser submetido a apreciação, por parte de um juiz, ou de um magistrado do Ministério Público, consoante as situações abaixo descritas:

Por um juiz:

a) Nos processos de regulação do exercício das responsabilidades parentais (artigos 147.°-D e 177.°, n.° 1 da Organização Tutelar de Menores e 1905.°, n.° 1 do C.C.);

b) Nos processos divórcio por mútuo consentimento que sigam os seus termos nos tribunais (artigo 1777.°-A C.C);

Por um magistrado do MP – nos processos de divórcio por mútuo consentimento que sigam os seus termos nas Conservatórias do Registo Civil (artigo 1777.°-A do C.C. e artigo 14.° do D.L. n.° 272/2001, de 13 de Outubro).

Caso o juiz venha a considerar que o conteúdo do acordo está conforme com os interesses, quer de cada um dos cônjuges, quer dos seus filhos menores, procede, ele próprio, à homologação do acordo. No caso inverso, sugere às partes a alteração do seu conteúdo, e caso tal não se mostre possível na própria conferência, será então dado às partes o prazo de 10 dias para o fazerem.

Na hipótese de caber ao magistrado do Ministério Público a apreciação do acordo, e caso este considere que o mesmo está conforme com os interesses de cada um dos cônjuges e dos seus filhos menores, reenvia o processo ao Conservador do Registo Civil, o qual deverá então proceder à sua homologação. Caso contrário, o M.P. sugerirá que sejam introduzidas alterações ao teor do acordo, sendo então para o efeito concedido às partes o prazo de 10 dias para o fazerem.

Atento o facto de o mediador ser um técnico altamente especializado, e creditado para este específico efeito pelo Ministério da Justiça, entendemos que será sempre muito pouco provável que os acordos efectuados no âmbito de um processo de mediação não venham a merecer a respectiva homologação por parte do magistrado a quem caiba a sua apreciação.

SECÇÃO II
Divórcio por mútuo consentimento

4. Divórcio por mútuo consentimento

No que diz respeito aos pressupostos legais para o desencadeamento do processo de divórcio por mútuo consentimento, a Lei n.° 61/2008 veio dispensar o acordo prévio dos cônjuges relativo i) aos alimentos devidos ao que deles careça, ii) à regulação do exercício das responsabilidades parentais e ii) ao destino da casa de morada de família.

Assim, agora é apenas exigido o acordo dos cônjuges quanto ao próprio divórcio.

De todo o modo, e como adiante veremos, caso os cônjuges tenham já acordado quanto a todos as referidas matérias, o processo de divórcio seguirá a forma de um **processo administrativo**, junto de uma Conservatória do Registo Civil; caso contrário, seguirá sob a forma de um **processo judicial**.

Por outra parte, no divórcio por mútuo consentimento foi abolida a tentativa de conciliação anteriormente prevista no n.° 3 do artigo 14.° do D.L. 272/2001, de 13 de Outubro.

O anterior acordo relativo ao exercício do "poder paternal" foi substituído pelo acordo relativo ao "exercício das responsabilidades parentais".

Prevê-se que antes do início do processo de divórcio, a conservatória do registo civil ou o tribunal, consoante o caso, devem informar os cônjuges sobre a existência e os objectivos dos serviços de mediação familiar[70].

4.1. *Processo administrativo*

As decisões proferidas pelo conservador do registo civil no processo administrativo de divórcio por mútuo consentimento produzem os mesmos efeitos das sentenças judiciais sobre idêntica matéria.

---

[70] Vide art. 1774.° do C.C.

4.1.1. *Requisitos:*

O processo de divórcio por mútuo consentimento deverá ser apresentado junto de qualquer Conservatória do Registo Civil[71] caso os cônjuges, para além do acordo quanto ao próprio divórcio, tenham também já acordado quanto aos seguintes aspectos[72]:

a) À regulação do exercício das responsabilidades parentais dos filhos menores, quando estes existam e o respectivo exercício não tenha entretanto sido regulado, pois neste caso juntar-se-á certidão do teor da respectiva sentença judicial;
b) À prestação de alimentos ao cônjuge que deles careça;
c) Ao destino da casa de morada de família.

Caso outra coisa não resulte dos documentos apresentados, entende-se que estes acordos se destinam tanto ao período da pendência do processo como ao período posterior, tal como resulta da leitura conjugada dos artigos 1775.°, n.° 2 do C.C. e 272.°, n.° 4 do C.R.C.

4.1.2. *Processo*

Reunidos os requisitos atrás referidos, os cônjuges ou os seus procuradores apresentarão o respectivo requerimento junto de qualquer Conservatória do Registo Civil, acompanhado dos seguintes documentos:

a) Relação especificada dos bens comuns[73], com indicação dos respectivos valores, ou caso os cônjuges optem por proceder à partilha daqueles bens nos termos dos artigos 272-A a 272-C do C.R.C, acordo sobre a partilha dos bens comuns ou pedido de elaboração do mesmo[74];

---

[71] Vide art. 271, n.° 1 do C.R.C.

[72] Vide arts. 1773.°, n.° 2 e 1775.°, n.° 1 do C.C.

[73] No regime supletivo da comunhão de adquiridos, constituem bens comuns: i) o produto do trabalho dos cônjuges; ii) os bens adquiridos pelos cônjuges na constância do matrimónio que não sejam exceptuados por lei (art. 1724.° C.C.); iii) os frutos dos bens comuns e dos bens próprios (art. 1728.° C.C. a contrario); iv) as benfeitorias úteis realizadas nesses bens (art. 1733.°, n.° 2 do C.C.).

No regime da comunhão geral de bens, os bens comuns são i) todos os bens presente ou futuros dos cônjuges, que não sejam exceptuados por lei (art. 1732.° C.C.); ou ii) que não sejam considerados incomunicáveis por estipulação dos nubentes (art. 1733, n.° 1 a contrario); iii) os frutos, bem como as benfeitorias úteis dos bens próprios (art. 1733.°, n.° 2 do C.C. a contrario).

[74] Quanto a esta possibilidade e respectivo procedimento remetemos para o que já referimos no ponto 1.10.

b) Certidão da sentença judicial que tiver regulado o exercício das responsabilidades parentais ou acordo sobre o exercício das responsabilidades parentais quando existam filhos menores e não tenha previamente havido regulação judicial;

c) Acordo sobre a prestação e alimentos ao cônjuge que deles careça;

d) Acordo quanto ao destino da casa de morada de família;

e) Certidão da escritura da convenção antenupcial, caso tenha sido celebrada.

Na sequência da apresentação deste requerimento é imediata e oficiosamente consultada a base de dados do registo civil, sendo integrados na base de dados os documentos que se mostrem necessários, de forma a comprovar o respectivo assento de casamento e a celebração de convenção antenupcial, caso tenha sido celebrada, com excepção dos casos em que o regime de bens conste do assento de casamento[75].

4.1.2.1. *Não existindo filhos menores, ou existindo-os, o exercício das responsabilidades parentais já se encontre judicialmente regulado.*

Nesta hipótese, o conservador convoca os cônjuges, seus parentes ou afins, ou ainda pessoas em cuja presença veja utilidade, para uma **conferência**, na qual verifica o preenchimento dos pressupostos legais e aprecia o teor dos acordos relativos:

i) À partilha dos bens comuns (caso os cônjuges tenham optado por proceder à partilha destes bens nos termos dos artigos 272.°-A a 272.°-C do C.R.C. e logo apresentado o respectivo acordo);
ii) À prestação de alimentos ao cônjuge que deles careça;
iii) Ao destino da casa de morada de família.

Verificados os pressupostos legais, caso o conservador entenda que algum destes acordos não acautela devidamente os interesses de algum dos cônjuges ou dos filhos[76] convidá-los-á a alterá-los, no prazo de 10 dias[77], podendo determinar, para esse efeito, a prática de actos e a produção da prova que eventualmente venha a considerar necessária.

---

[75] Vide art. 272.°, n.° 3 do C.R.C.

[76] O n.° 1 do artigo 1776.° do C.C. refere-se genericamente aos interesses dos "filhos" não se restringindo especificamente aos "filhos menores", pelo que deverá ser tido em conta o interesse de todos os filhos dos cônjuges (quer estes sejam menores ou maiores).

[77] Dispondo o art. 1776, n.° 2 do C.C., que será aplicável, com as devidas adaptações, o disposto nos artigos 1420.°, 1422, n.° 2 e 1424.° do C.P.C, e inexistindo prazo

Deste convite à alteração do teor dos acordos não cabe recurso[78]. Neste prazo de 10 dias, poderão os cônjuges:

a) Juntar ao processo as alterações aos acordos em conformidade com o convite formulado pelo Conservador do Registo Civil;

b) Apresentarem novos acordos;

c) Não se conformarem com as alterações propostas pelo Conservador e manifestarem a manutenção do seu propósito de se divorciarem;

d) Optarem por não juntar ao processo qualquer alteração ao acordo ou novo acordo, nem manifestarem a manutenção do propósito de se divorciarem.

Caso os cônjuges venham juntar ao processo as alterações sugeridas pelo conservador, ou juntar outro acordo que acautele os seus interesses e os dos seus filhos, o conservador, uma vez verificado o preenchimento dos pressupostos legais, deverá homologar os acordos e decretar o divórcio, procedendo-se então ao respectivo registo[79].

Caso os cônjuges juntem novo acordo que o conservador continue a entender que não acautela devidamente os interesses de algum deles ou dos filhos[80], deverá este recusar a homologação dos acordos e remeter o processo ao Tribunal da Comarca a que pertença a conservatória, seguindo-se os termos previstos no artigo 1778.°-A do C.C, com as necessárias adaptações.[81]

O artigo 1778.° do C.C. é omisso relativamente à hipótese de os cônjuges não se conformarem com as alterações indicadas pelo conservador relativamente aos acordos que tenham por objecto i) os alimentos devidos ao cônjuge que deles careça, ou ii) ao destino da casa de morada

---

específico para os cônjuges alterarem os seus acordos em conformidade com o sugerido pelo conservador, será aplicável o prazo geral de 10 dias, previsto no n.° 1 do art. 153.° do C.P.C.

[78] Vide art. 1424.° do C.P.C. aplicável por remissão do art. 1776.°, n.° 2 do C.C.

[79] Mediante averbamento nos respectivos assentos de casamento e de nascimento de cada um dos cônjuges.

[80] Apesar de o art. 1778.° do C.C. não se referir expressamente aos interesses dos filhos, somos da opinião de que no caso de acordos propostos não vierem a acautelar os interesses destes, o conservador também deverá recusar a sua homologação e remeter o processo ao tribunal. Ver a este respeito as nossas anotações ao artigo 1778.° do C.C.

[81] O art. 1778-A do C.C. reporta-se ao processo de divórcio por mútuo consentimento segundo a forma judicial, quando os cônjuges, tendo o propósito de se divorciar, não tenham entretanto conseguido alcançar todos os acordos a que se refere o n.° 1 do artigo 1775.°.

de família, mas, contudo, manifestem a manutenção do seu propósito em se divorciarem.

Salvo melhor opinião, e tendo em conta o estatuído no n.° 1 do artigo 1778.°-A do C.C, parece-nos que a esta situação será de aplicar, por analogia, o disposto no n.° 4 do artigo 1776-A do mesmo código, devendo o processo ser remetido ao tribunal da Comarca a que pertença a Conservatória, seguindo-se os termos previstos no artigo 1778.°-A do C.C., com as necessárias adaptações.

Finalmente, caso os cônjuges, dentro do referido prazo de 10 dias, não venham a juntar ao processo qualquer alteração ao acordo ou novo acordo, nem a manifestar a manutenção do seu propósito de se divorciarem, somos da opinião de que o conservador deverá, então, recusar a homologação dos acordos e indeferir o pedido de divórcio.

Desta decisão poderão os cônjuges recorrer, no prazo de 15 dias contados da respectiva notificação, para o Tribunal da Relação, acompanhada dos documentos que pretendam oferecer, devendo a respectiva petição ser apresentada na Conservatória.

Uma vez autuada a petição com os respectivos documentos, o conservador recorrido deverá proferir, no prazo de 5 dias, despacho destinado a sustentar ou a reparar a sua decisão[82].

4.1.2.2. *Existindo filhos menores e o exercício das responsabilidades parentais ainda não se encontre judicialmente regulado*

Existindo filhos menores e não emancipados e ainda não se encontrando regulado o exercício das responsabilidades parentais, aos documentos referidos em 4.1.2. deverão ainda os cônjuges juntar o acordo a que tenham chegado sobre esta matéria.

Uma vez apresentado o processo na conservatória do registo civil, o mesmo é enviado ao Ministério Público do tribunal judicial de 1.ª instância competente em razão da matéria[83] no âmbito da circunscrição a que pertença a conservatória, para que este, no prazo de 30 dias, se pronuncie sobre o acordo relativo ao exercício das responsabilidades parentais dos filhos menores.

---

[82] Vide arts. 274.° e 288.° do C.R.C.

[83] Nos termos conjugados dos artigos 72.°, 73.°, 74.°, n.° 2, b) e 114.°, b), todos da L.O.F.T.J, aprovada pela Lei n.° 52/2008, de 28 de Agosto, este tribunal será o respectivo Tribunal de Comarca, que poderá possuir um Juízo de competência especializada em matéria de família e menores.

Caso o Ministério Público considere que o acordo de regulação do exercício das responsabilidades parentais acautela devidamente os interesses dos menores, deverá então o conservador do registo civil verificar o preenchimento dos pressupostos legais, analisar os demais acordos, e, caso entenda que também estes acautelam os interesses dos cônjuges e dos filhos, deverá então homologar todos os acordos e decretar o divórcio, procedendo-se subsequentemente ao respectivo registo.

Caso o Ministério Público considere que o acordo de regulação do exercício das responsabilidades parentais não acautela devidamente os interesses dos menores, deverá sugerir uma alteração do seu teor.

O Conservador do Registo Civil convocará então os cônjuges, seus parentes ou afins, ou ainda as pessoas em cuja presença veja utilidade, para uma **conferência**, na qual verificará o preenchimento dos pressupostos legais e apreciará o teor dos acordos juntos ao processo, convidando então os cônjuges a, no prazo de 10 dias, alterarem o teor do acordo sobre o exercício das responsabilidades parentais em conformidade com o indicado pelo Ministério Público, bem como o teor dos demais acordos, caso também entenda que algum destes não acautela devidamente os interesses dos próprios cônjuges ou dos seus filhos.

Relativamente aos acordos tendo por objecto i) a eventual partilha, ii) a prestação de alimentos ao cônjuge que deles careça, ou iii) ao destino da casa de morada de família, observar-se-ão os procedimentos descritos em 4.1.2.1.

Relativamente ao acordo tendo por objecto o exercício das responsabilidades parentais, poderão os cônjuges, no referido prazo de 10 dias, optar pelo seguinte:

a) Juntarem ao processo a alteração ao respectivo acordo em conformidade com o sugerido pelo Ministério Público;

b) Apresentarem novo acordo, caso em que o processo será novamente enviado ao Ministério Público, para que este, no prazo de 30 dias, novamente se pronuncie;

c) Não se conformarem com as alterações indicadas pelo Ministério Público e manifestarem a manutenção do propósito de se divorciarem;

d) Não juntarem ao processo qualquer alteração ao acordo, ou novo acordo e não manifestarem a manutenção do propósito de se divorciarem.

Nas hipóteses previstas nas alíneas a) e b) tendo respectivamente os cônjuges i) alterado o acordo nos termos indicados pelo o Ministério Público, ou ii) o Ministério Público entender que o novo acordo apresentado pelos cônjuges acautela suficientemente os interesses dos menores; deverá o conservador, uma vez verificados os requisitos legais, homologar este acordo bem como os demais acordos, caso entenda que todos eles acautelam devidamente os interesses dos cônjuges e dos seus filhos, e, então, decretar o divórcio, procedendo-se subsequentemente ao respectivo registo.

No caso de os cônjuges não se conformarem com as alterações indicadas pelo Ministério Público e no referido prazo de 10 dias vierem a manifestar a manutenção do seu propósito de se divorciarem, a homologação do acordo deverá então ser recusada e o processo de divórcio ser remetido ao Tribunal da Comarca a que pertença a Conservatória, seguindo-se os termos previstos no artigo 1778.°-A do C.C, com as necessárias adaptações – ver a este respeito o ponto 4.2.

Finalmente, caso os cônjuges não venham juntar ao processo qualquer alteração ao acordo, ou novo acordo, nem venham a manifestar a manutenção do seu propósito de se divorciarem, somos da opinião de que o conservador do registo civil deverá então recusar a homologação do acordo apresentado e indeferir o pedido de divórcio.

4.2. *Processo judicial*

4.2.1. *Requisitos*

De acordo com o n.° 1 do artigo 1778.°-A do C.C. o requerimento de divórcio deverá ser apresentado no tribunal, se os cônjuges não o acompanharem de algum dos acordos previstos no n.° 1 do artigo 1775.° e que são os seguintes:

a) Acordo sobre a partilha, caso os cônjuges optem por proceder à partilha daqueles bens nos termos dos artigos 272.°-A a 272.°-C do Decreto-Lei n.° 324/2007, de 28 de Setembro;

b) Acordo sobre o exercício das responsabilidades parentais quando existam filhos menores não se tendo ainda verificado a sua regulação judicial;

c) Acordo sobre a prestação de alimentos ao cônjuge que deles careça;

d) Acordo sobre o destino da casa de morada de família;

Do acabado de expor resulta que a acção judicial de divórcio por mútuo consentimento poderá ser apresentada sem a junção de nenhum dos referidos acordos, bastando, para o efeito, que os cônjuges aleguem apenas e tão-somente a sua vontade em se divorciarem.

Tendo em conta a remissão genérica do n.° 1 do artigo 1778.°-A do C.C. para "*os acordos previstos no n.° 1 do artigo 1775.°*", coloca-se desde logo a questão de saberemos se será necessário (ou mesmo possível) aos cônjuges seguirem o processo judicial quando tenham já alcançado os acordos referidos nas alíneas b), c) e d) e pretendam, juntamente com o processo de divórcio, proceder à partilha dos seus bens comuns, não tendo no entanto chegado a acordo quanto a esta específica questão, ou não tendo, inclusive, chegado a acordo quanto à especificação dos próprios bens comuns.

Será que nesta situação caberá ao juiz pronunciar-se sobre quais são os bens comuns do casal e sobre a respectiva partilha?

Numa leitura superficial do n.° 3 do artigo 1778.°-A do C.C. poderíamos ser levados a crer que sim, por remeter genericamente para "as questões referidas no n.° 1 do artigo 1775.°", sem ressalvar as questões relativas à relação especificada dos bens comuns nem à partilha, ambas previstas na alínea a) desta última norma.

Todavia, e salvo sempre melhor opinião, pensamos que não.

Isto, fundamentalmente, por duas ordens de razões:

Em primeiro lugar, porque o n.° 3 do artigo 1778.°-A do C.C. limita-se a dispor que "*O juiz fixa as consequências do divórcio nas questões referidas no n.° 1 do artigo 1775.° sobre que os cônjuges não tenham apresentado acordo, como se se tratasse de um divórcio sem consentimento de um dos cônjuges*" (o sublinhado é nosso).

Ora, no divórcio sem consentimento de um dos cônjuges não são dirimidas quaisquer questões relativas à especificação dos bens comuns nem à sua partilha.

Com efeito, este processo apenas tem por objecto a dissolução do casamento, cingindo-se à apreciação dos seus pressupostos, sendo que a partilha constitui, necessariamente, um acto subsequente a esta dissolução, a qual, nos termos do n.° 3 do artigo 1404.° do C.P.C., seguirá sob a forma de processo de inventário, apenso ao de divórcio.

Em segundo lugar, porque teremos de ter em conta que a partilha em conjunto com o divórcio apenas se encontra gizada para o processo administrativo, previsto nos artigos 272.°-A a 272.°-C do C.R.C. e dentro dos específicos condicionalismos legais, previstos no artigo 272.°-A do C.R.C.

Assim sendo, somos da opinião de que quando os cônjuges tenham chegado a acordo relativamente i) ao exercício das responsabilidades parentais quando existam filhos menores e não tenha previamente havido regulação judicial; ii) à prestação de alimentos ao cônjuge que deles careça; e iii) ao destino da casa de morada de família – sem que contudo tenham alcançado acordo quanto à especificação dos bens comuns e/ou à respectiva partilha, deverão apresentar o seu pedido de divorcio por mútuo consentimento junto da Conservatória do Registo Civil e não perante o tribunal.

Mantendo-se a sua divergência quanto a estes aspectos após o divórcio, apenas lhes restará então a interposição da competente acção de inventário.

4.2.2. *Processo*

O processo judicial de divórcio por mutuo consentimento é apresentado por ambos os cônjuges junto do Juízo de Família e Menores do Tribunal de Comarca do respectivo domicílio[84], se na Comarca existir este juízo de competência especializada, ou, caso contrário, no respectivo Tribunal de Comarca, actuando este com competência genérica.

Caso os cônjuges tenham apresentado algum dos acordos relativos i) ao exercício das responsabilidades parentais, ou ii) à prestação de alimentos ao cônjuge que deles careça, ou finalmente, iii) ao destino da casa de morada de família, entende-se que estes acordos se destinam tanto ao período da pendência do processo como ao período posterior[85].

Uma vez recebido o requerimento, o juiz aprecia os acordos que os cônjuges tenham apresentado, podendo, para o efeito, determinar a prática de actos e a produção da prova eventualmente necessária.

Não havendo fundamento para indeferimento liminar, o juiz convocará os cônjuges para a realização de uma **conferência**, podendo ainda convocar parentes ou afins destes ou quaisquer outras pessoas em cuja presença veja utilidade.

O cônjuge que esteja ausente do continente ou da ilha em que tiver lugar a conferência ou que se encontre impossibilitado de comparecer poderá fazer-se representar por procurador com poderes especiais.

Como já tivemos a oportunidade de referir, a Lei n.° 61/2008 eliminou nesta conferência a realização de uma tentativa de conciliação dos cônjuges.

---

84 Vide artigos 26.°, 110.° e 114.° da LOFTJ, aprovada pela Lei n.° 52/2008, de 28 de Agosto.

85 Vide art. 1419.°, n.° 2 do C.P.C.

4.2.2.1. *Procedimento relativo aos acordos que os cônjuges tenham eventualmente junto à acção.*

Como já tivemos a oportunidade de referir, para a interposição desta acção de divórcio por mútuo consentimento bastará aos cônjuges invocar a sua pretensão em divorciarem-se, não sendo, pois, necessário que juntem qualquer dos acordos a que se refere o n.° 1 do artigo 1775.° do C.C.

No entanto, e caso entretanto tenham já alcançado alguns destes acordos, mas não todos (pois que neste caso deverão apresentar o seu pedido de divórcio junto de uma conservatória do registo civil), deverão desde logo juntá-los ao processo.

No que diz respeito aos acordos que cônjuges tiverem junto, caso o Juiz entenda que algum deles não acautela suficientemente os seus próprios interesses ou dos respectivos filhos, convidá-los-á a alterá-los, na própria conferência[86], ou, caso tal não se revele logo possível, a fazê-lo no prazo de 10 dias[87], sendo que deste convite não cabe recurso[88].

Do acabado de expor resulta uma competência exclusiva do Juiz para a apreciação de todos os acordos que os cônjuges tiverem anexado ao processo, ou vierem a fazê-lo posteriormente, incluindo o relativo ao exercício das responsabilidades parentais, que deixou de estar aqui sujeito à apreciação do Magistrado do Ministério Público.

Caso os cônjuges venham a alterar os acordos em conformidade com o convite formulado pelo Juiz, deverá este então homologá-los e decretar o divórcio.

A lei é omissa relativamente à hipótese de, no referido prazo de 10 dias, virem os cônjuges a apresentar novo acordo que, no entender do Juiz continue a não acautelar algum dos referidos interesses, ou à hipótese de não virem a juntar as alterações a que foram por este convidados.

---

[86] Dispõe o n.° 6 do art. 1778.°-A do C.C. que na determinação das consequências do divórcio o juiz deve sempre não só promover, mas também tomar em conta, o acordo dos cônjuges, pelo que entendemos que na conferência deverá mostrar-se flexível aos interesses de ambos os cônjuges, sem prejuízo da protecção de todos os interesses que deve acautelar, nos quais se incluem os dos filhos dos cônjuges.

[87] A lei limita-se a fazer referência ao convite pelo juiz aos cônjuges no sentido da alteração do/s acordo/s. Sucede que os cônjuges poderão não estar preparados para decidir logo na conferência, quanto à aceitação, ou não, de tal convite.

Nesta eventualidade, e salvo sempre melhor opinião, parece-nos que o juiz deverá conceder-lhes o prazo geral, de 10 dias, previsto no n.° 1 do art. 153.° do C.P.C, para se pronunciarem.

[88] Vide art. 1424.° do C.P.C.

Para ambas estas hipóteses somos da opinião de que, salvo se algum dos cônjuges, ou ambos, entretanto vierem a desistir da acção, será de aplicar, por analogia, o disposto no n.° 3 do artigo 1778.°-A do C.C, devendo, em consequência, o Juiz decidir as matérias para as quais não se revelou possível o acordo dos cônjuges, como se se tratasse de um divórcio sem consentimento de um dos cônjuges, podendo, para este efeito, determinar a prática dos actos e a produção da prova que vier a entender necessária.

Isto, pelo seguinte:

Em primeiro lugar, por um argumento de identidade de razões: com efeito, se esta é a solução que o legislador aponta para a hipótese de os cônjuges não terem logo apresentado, na sua acção, qualquer um dos acordos referidos no n.° 1 do artigo 1775.° do C.C., também o deverá ser, no caso de tal impossibilidade vier a materializar-se já na sua pendência.

Em segundo lugar, por uma questão de economia processual: em nosso entender não faria qualquer sentido que o juiz se limitasse a indeferir o pedido de divórcio, pois aqui a única alternativa seria a de um dos cônjuges intentar nova acção judicial, desta vez, seguindo o processo de divórcio por suposta falta de consentimento do outro cônjuge, fundada na ruptura definitiva do casamento[89], o que, para além de não fazer sentido, implicaria uma verdadeira "farsa", pois que nesta hipótese o cônjuge réu estaria também de acordo em se divorciar.

4.2.2.2. *Procedimento relativo aos demais acordos necessários ao divórcio.*

Relativamente às matérias relativas aos acordos que os cônjuges não tenham junto à acção, as quais, como já vimos, poderão ser todas as previstas nas várias alíneas do n.° 1 do artigo 1775.° do C.C., determina o n.° 3 do artigo 1778.°-A do C.C. que compete ao juiz fixar as respectivas con-

---

[89] Muito embora nesta acção o cônjuge autor tivesse sempre o ónus de alegar e provar a existência de uma situação objectiva de ruptura definitiva do casamento, com os inerentes riscos de insucesso, ainda que mitigados pelo facto de estarem ambos de acordo em se divorciar, e, como tal, ser de prever uma "inércia" ou mesmo, a não oposição, por parte do cônjuge réu. Todavia, tal prova seria sempre exigida pelo facto de na acção de divórcio a falta de contestação não ter o efeito cominatório de se considerarem confessados os factos articulados pelo autor, em virtude de estarmos perante um direito indisponível.

sequências do divórcio[90], como se se tratasse de um divórcio sem consentimento de um dos cônjuges, podendo, para este efeito, determinar a prática dos actos e a produção da prova que vier a entender necessária.

Não obstante, na determinação das consequências do divórcio deverá o juiz não apenas promover, como também tomar em conta o acordo a que nesta sede os cônjuges vierem a alcançar, conforme dispõe o n.° 6 do artigo 1778.°-A do C.C.

SECÇÃO III

Divórcio sem o consentimento de um dos cônjuges

5. **Divórcio sem o consentimento de um dos cônjuges**

No domínio do regime anterior ao da Lei n.° 61/2008 tínhamos, por um lado, o divórcio por mútuo consentimento, e, por outro lado, o divórcio litigioso.

Na prática, este sistema mantém-se, pois que o divórcio sem o consentimento de um dos cônjuges não deixa de constituir um divórcio litigioso, pois tem necessariamente subjacente uma acção judicial intentada por um dos cônjuges contra o outro.

Curioso é, aliás, o facto de o legislador ter determinado a eliminação, no Código de Processo Civil, da epígrafe do Capítulo XVII do Título IV do Livro III "Divórcio e separação litigiosos", substituindo-a por "Do divórcio e separação sem consentimento do outro cônjuge", e o mesmo não tenha feito relativamente à Subsecção III da Secção I do Capítulo XII

---

[90] Tais questões são as seguintes:

i) partilha dos bens comuns;

ii) o exercício das responsabilidades parentais;

iii) a prestação de alimentos ao cônjuge que deles careça; e iv) o destino da casa de morada de família;

Muito embora o n.° 3 do art. 1778.°-A do C.C. remeta genericamente para as questões do n.° 1 do art. 1775.°, pensamos, contudo, que não cabe ao tribunal no processo de divórcio fixar as consequências relativas à partilha, porque, por um lado as mesmas decorrem já da própria lei, e por outro lado, o processo de divórcio não conhece das questões relativas à partilha.

do Título II do Livro IV do Código Civil, que se manteve com a epígrafe "Divórcio litigioso".

Vejamos, então, o que foi alterado pela Lei n.° 61/2008.

Como já tivemos a oportunidade de referir, o D.L. 47344 de 25.11.1966, diploma que revogou o Código Civil de 1867 e veio aprovar o ainda vigente código civil, procedeu à eliminação, na modalidade de divórcio litigioso, de todas as causas objectivas, apenas passando a admitir causas subjectivas, dependentes da culpa, exclusiva ou predominante de um dos cônjuges.

Este sistema consistia naquilo a que a doutrina e a jurisprudência desde então têm vindo a designar de "**divórcio sanção**", pelo facto de, por um lado, a legitimidade para a competente acção judicial caber apenas ao cônjuge que se considera inocente, e, por outro lado, aquele que venha a ser declarado como o único culpado, ou o principal culpado pelo divórcio (no caso de ambos serem considerados culpados), ter de acarretar com as diversas consequências que já atrás descrevemos.

Com o D.L. 261/75 verificou-se o regresso das causas objectivas, ainda que de forma mitigada, mediante a reintrodução da separação de facto como fundamento para o divórcio, ainda que à altura esta separação tivesse de ser "livremente consentida" por um período de 5 anos, expressão esta que, entretanto, foi eliminada com o D.L. 561/76, diploma que se limitou a prever a mera situação de "separação de facto" por um período de 6 anos.

Finalmente, com a Reforma de 1977 o divórcio litigioso passou a assumir, até à entrada em vigor da Lei n.° 61/2008, duas vertentes perfeitamente distintas, nos seguintes termos:

Uma fundada em razões subjectivas, na culpa de um ou de ambos os cônjuges, e que se encontrava prevista na cláusula geral do n.° 1 do art. 1779.° do C.C. nos seguintes termos:

> "*Qualquer um dos cônjuges pode requerer o divórcio por violação culposa dos deveres conjugais, quando, pela sua gravidade ou reiteração comprometa a possibilidade de vida em comum*".

Consistia na vertente do **"divórcio-sanção".**

Uma outra vertente, fundada em causas objectivas, não dependentes da culpa dos cônjuges,[91] e que se encontrava prevista no artigo 1781.° do

---

[91] Muito embora, em duas delas, concretamente, na separação de facto e na ausência, o juiz tivesse de apurar a eventual culpa, para que na fixação dos efeitos do divórcio, o cônjuge que tivesse desencadeado a separação de facto ou o que se ausentou, eventual-

C.C, reportando-se às situações de i) separação de facto por um determinado período de tempo, ii) à alteração das faculdades mentais do outro cônjuge, quando perdurando por determinado período de tempo, e, pela sua gravidade, comprometa a possibilidade de vida em comum, e finalmente, iii) à ausência, sem que do ausente haja notícias durante um determinado período de tempo.

De entre estas causas objectivas, tínhamos a distinguir, por um lado, os casos de separação de facto e de ausência, os quais têm vindo a ser considerados, quer pela doutrina, quer pela própria jurisprudência, como casos de "**divórcio-constatação**", ou "**divórcio-fracasso**" ou ainda por "**divórcio-falência**", no sentido de sublinhar o papel do tribunal de limitar-se a decretar uma situação de ruptura do casamento, objectivamente considerada; e por outro lado, o caso de alteração das faculdades mentais do outro cônjuge, considerado pela doutrina e jurisprudência como caso de "**divórcio-remédio**" sendo aqui realçado o divórcio como uma terapêutica jurídica adequada às situações anómalas em que a sociedade conjugal já não podia funcionar, ainda que sem culpa de nenhum dos seus sujeitos[92].

Face à versão inicial do Código Civil de 1966, a Lei n.° 61/2008 vem proceder a uma alteração a que diríamos, de "cento de oitenta graus", em virtude de os fundamentos para o divórcio litigioso (agora designado por "divórcio sem o consentimento de um dos cônjuges") apenas agora se resumirem a causas objectivas, eliminando-se, consequentemente, todas e quaisquer causas de natureza subjectiva, dependentes da culpa, exclusiva ou predominante de um dos cônjuges.

Como corolário desta opção legislativa, no âmbito da respectiva acção judicial nunca o tribunal poderá vir a determinar e a graduar a eventual violação culposa dos deveres conjugais com vista à aplicação de quaisquer sanções patrimoniais ou outras.

Não quer isto dizer que os deveres conjugais não continuem a merecer a tutela do direito.

Tão-somente que tal tutela deixa de se verificar no âmbito da acção de divórcio (o que, no entanto, não deixa de acarretar uma significativa alteração nos efeitos do próprio divórcio, concretamente, pela eliminação

---

mente vir a acarretar as consequências previstas para o cônjuge único culpado ou o principal culpado no divórcio. Vide arts. 1782.°, n.° 2 e 1783.°, ambos do C.C.

[92] Vide Prof. Antunes Varela, in ob. cit, a págs. 402.

dos outrora decorrentes da declaração do cônjuge único ou principal culpado pelo divórcio)[93], para passar a poder ser tutelada em acção judicial separada da acção de divórcio[94].

A violação culposa dos deveres conjugais deixa, pois, de constituir um dos fundamentos para a acção de divórcio, para passar a constituir apenas fundamento de acção de responsabilidade civil, destinada ao ressarcimento do cônjuge lesado.

Como adiante teremos a oportunidade de analisar com maior profundidade, a única indemnização[95] que poderá vir a ser decretada na acção de divórcio, apenas poderá ter por fundamento os danos não patrimoniais eventualmente sofridos pelo cônjuge réu, no específico caso de a acção fundar-se na alteração das faculdades mentais do réu, na qual poderá este deduzir o respectivo pedido indemnizatório[96].

Da análise da exposição de motivos constante do Projecto de Lei n.° 509/X, podemos constatar as razões que motivaram o legislador a afastar a culpa da acção de divórcio:

> "*É o facto de a dimensão afectiva da vida se ter tornado tão decisiva para o bem-estar dos indivíduos que confere à conjugalidade particular relevo. Sendo esta decisiva para a felicidade individual, tolera-se mal o casamento que se tornou fonte persistente de mal-estar. Assim, é a importância do casamento e não a sua desvalorização que se destaca quando se aceita o divórcio. Daqui decorre também que importa evitar que o processo de divórcio, já de si emocionalmente doloroso, pelo que representa de quebra das expectativas iniciais, se transforme num litígio persistente e destrutivo com mediação de culpas sempre difícil senão impossível de efectivar.*
>
> *É neste intuito que se propõe o afastamento do fundamento da culpa para o divórcio sem o consentimento do outro abandonando, de resto, a própria designação de divórcio litigioso*".

A este respeito o Presidente da República teve a oportunidade de se pronunciar, nos pontos 4.° a 8.° e 11.° da mensagem que dirigiu ao Presidente da Assembleia da República em 20.08.2008 (Anexo XIV), e na qual

---

93 Ver a este respeito o ponto 2.8.1.

94 Ver art. 1792.°, n.° 1 do C.C.

95 Trata-se, em nosso entender, de um caso de responsabilidade civil objectiva, independente de culpa, que aliás já se encontrava previsto no n.° 1 do art..1792.° do C.C.

96 Ver art. 1792.°, n.° 2 do C.C.

fundamentou a sua não promulgação do Decreto n.° 232/X da Assembleia da República, nos seguintes termos:

"4. Possuindo inteira liberdade para dispor sobre o regime do casamento, do divórcio e para modular os seus respectivos efeitos, considero que, para não agravar a desprotecção da parte mais fraca, o legislador deveria ponderar em que medida não seria preferível manter-se, ainda que como alternativa residual, o regime do divórcio culposo, a que agora se põe termo de forma absoluta e definitiva.

5. Essa ponderação quanto à manutenção do divórcio por causas subjectivas, fundado na culpa de um dos cônjuges, parece tanto mais necessária quanto o legislador, como é natural e desejável, mantém o conjunto dos deveres conjugais previsto no artigo 1672.° do Código Civil, embora não associando, estranhamente, qualquer sanção, no quadro do processo de divórcio, ao seu incumprimento intencional.

6. Na verdade, é no mínimo singular que um cônjuge que viole sistematicamente os deveres conjugais previstos na lei possa de forma unilateral e sem mais obter o divórcio e, sobretudo, possa retirar daí vantagens aos mais diversos níveis, incluindo patrimonial. Assim, por exemplo, numa situação de violência doméstica, em que o marido agride a mulher ao longo dos anos – uma realidade que não é rara em Portugal –, é possível aquele obter o divórcio independentemente da vontade da vítima de maus tratos. Mais ainda: por força do crédito atribuído pela nova redacção do n.° 2 do artigo 1676.°, o marido, apesar de ter praticado reiteradamente actos de violência conjugal, pode exigir do outro o pagamento de montantes financeiros. Se, por comum acordo do casal, apenas o marido contribuiu financeiramente para as despesas familiares, é possível que, após anos de faltas reiteradas aos deveres de respeito, de fidelidade ou de assistência, ele possua ainda direitos de crédito sobre a sua ex-mulher e que esta, dada a sua opção de vida, terá grandes dificuldades em satisfazer. O novo regime do divórcio não só é completamente alheio ao modelo matrimonial e familiar que escolheram como as contribuições em espécie que a mulher deu para a economia comum são de muito mais difícil contabilização e prova. A este propósito, sempre se coloca o problema de saber à luz de que critérios contabilizarão os nossos tribunais o valor monetário do trabalho desenvolvido por uma mulher no seio do lar. Este conjunto de efeitos a que, na prática, o novo regime poderá conduzir, não deixará, decerto, de suscitar a devida ponderação dos Senhores Deputados.

7. Noutro plano, são retiradas à parte mais frágil ou alvo da violação dos deveres conjugais algumas possibilidades que actualmente detém para salvaguardar o seu «poder negocial», designadamente a alegação da culpa do outro cônjuge ou a recusa no divórcio por mútuo consentimento. Dora-

vante, à mulher vítima de maus-tratos, por exemplo, só restará a via de, após o divórcio, intentar uma acção de responsabilidade contra o seu ex-marido, com todos os custos financeiros e até psicológicos daí inerentes. E, como é óbvio, nessa acção ter-se-á de provar a culpa do ex-cônjuge pelo que, em bom rigor, a culpa não desaparece de todo da vida conjugal: deixa de existir para efeitos de subsistência do vínculo matrimonial mas reemerge no momento do apuramento das responsabilidades, nos termos do disposto no novo artigo 1792.°, mas sempre de um modo claramente desfavorável à parte mais frágil, à parte não culpada pela violação de deveres conjugais ou, enfim, à parte lesada pelo ex-cônjuge.

8. Por outro lado, o novo regime jurídico do divórcio poderá vir a projectar-se sobre a própria vivência conjugal na constância do matrimónio. Assim, por exemplo, um cônjuge economicamente mais débil poderá sujeitar-se a uma violação reiterada de deveres conjugais sob a ameaça de, se assim não proceder, o outro cônjuge requerer o divórcio unilateralmente. Em casos-limite, o novo regime, ao invés de promover a igualdade entre cônjuges, pode perpetuar situações de dependência pessoal e de submissão às mais graves violações aos deveres de respeito, de solidariedade, de coabitação, entre outros.

11. É ainda possível afirmar, com algum grau de certeza, que o desaparecimento da culpa como causa de divórcio não fará diminuir a litigiosidade conjugal e pós-conjugal, existindo boas razões para crer que se irá processar exactamente o inverso, até pelo aumento dos focos de conflito que o legislador proporcionou, quer no que se refere aos aspectos patrimoniais, quer no que se refere às responsabilidades parentais e aos inúmeros conceitos indeterminados que as fundamentam (v.g., «orientações educativas mais relevantes»). Não é de excluir uma diminuição do número de divórcios por mútuo consentimento e um correlativo aumento dos divórcios não consensuais. O aumento da litigância em tribunal poderá levar a grandes demoras no ressarcimento dos danos, de novo em claro prejuízo da parte mais débil".

Não obstante, na reapreciação do referido Decreto da AR n.° 232/X, que teve lugar em 17.09.2008, e da qual resultou a aprovação, pelo Plenário da Assembleia da República, do Decreto da AR n.° 245/X, que deu lugar ao texto final da Lei n.° 61/2008, foi mantida a opção legislativa de eliminação da culpa como fundamento para o divórcio sem o consentimento do outro cônjuge.

5.1. *Acção de divórcio*

5.1.1. *Fundamentos*

Da leitura do artigo 1781.° do C.C. resulta que os fundamentos para o divórcio sem o consentimento de um dos cônjuges passaram a ser apenas os seguintes:

a) A separação de facto por um ano consecutivo[97];

b) A alteração das faculdades mentais do outro cônjuge, quando dure há mais de um ano e, pela sua gravidade, comprometa a possibilidade de vida em comum;

c) A ausência, sem que do ausente haja notícias, por tempo não inferior a um ano;

d) Quaisquer outros factos que, independentemente da culpa dos cônjuges, mostrem a ruptura definitiva do casamento.

Por outra parte, da nova redacção dada ao artigo 1795.°-D do C.C., resulta que decorrido um ano sobre o trânsito em julgado da sentença que tiver decretado a separação judicial de pessoas e bens sem consentimento do outro cônjuge, ou por mútuo consentimento sem que os cônjuges tenham se tenham reconciliado, qualquer deles poderá requerer a conversão da separação em divórcio.

Relativamente ao regime jurídico imediatamente anterior, para além da eliminação da violação culposa dos deveres conjugais, podemos constatar as seguintes alterações:

- Quanto à possibilidade de um dos cônjuges requerer a conversão da separação judicial de pessoas e bens em divórcio, prevista no artigo 1795.°-D do C.C, constatamos a redução do prazo de 2 anos para 1 ano, contado do respectivo trânsito em julgado.
- Quanto aos fundamentos constantes das alíneas a), b) e c) do artigo 1781.°do C.C, constatamos a redução dos prazos que anteriormente eram, respectivamente, de 3 anos consecutivos, de 1 ano, e de tempo não inferior a 2 anos, e que passaram a ser todos eles de apenas 1 ano.

Por outra parte, como consequência da redução do prazo constante da alínea a) para 1 ano, foi eliminado o fundamento constante da anterior alí-

[97] A redução deste prazo de 3 anos para 1 ano encontrava-se consignada quer no Projecto de Lei n.° 509/X do Grupo Parlamentar do Partido Socialista, quer no Projecto de Lei n.° 486/X do Grupo Parlamentar do Bloco de Esquerda, tendo ambos sido aprovados.

nea b) – (A separação de facto por um ano se o divórcio for requerido por um dos cônjuges sem oposição do outro).

Verificamos ainda a introdução de um novo fundamento para o divórcio e que consubstancia uma significativa alteração face ao regime anterior, que se encontra previsto na actual alínea d) do 1781.° do C.C, nos seguintes termos:

> "*Quaisquer outros factos que, independentemente da culpa dos cônjuges, mostrem a ruptura definitiva do casamento*" (o sublinhado é nosso).

No confronto com as demais causas de divórcio sem o consentimento do outro cônjuge, resulta que esta nova causa de divórcio contém cinco elementos:

- Três deles com relevância, a que chamamos de "positiva", no sentido de sublinhar que os mesmos terão forçosamente de verificar-se:
  - i) Têm de se tratar de factos;
  - ii) Estes factos têm de ser outros, que não os constantes das anteriores alíneas do artigo 1781.° do C.C;
  - iii) Os mesmos factos têm de ser reveladores da ruptura definitiva do casamento.
- E dois, com relevância a que chamamos de "neutra", no sentido de sublinhar que o divórcio não se encontra dependente da sua verificação:
  - iv) A eventual culpa de um ou de ambos os cônjuges (a qual, como vemos, poderá, ou não, verificar-se);
  - vi) O decurso de qualquer prazo (pois que as demais causas de divórcio, constantes do artigo 1781.°, prevêem, todas elas, o decurso de um prazo).

Destes cinco elementos, caracterizadores deste novo fundamento de divórcio, o mais difícil de concretizar consiste precisamente no conceito da ruptura definitiva do casamento, que certamente a doutrina, e, principalmente, a jurisprudência, encarregar-se-ão de delimitar com maior precisão.

A ruptura definitiva do casamento é, como vem referido na exposição de motivos do Projecto de Lei n.° 509/X, uma "*cláusula geral*"[98] *que atri-*

[98] Como refere J. Batista Machado in "Introdução ao Direito e ao Discurso Legitimador", Almedina, 1983, a págs.116 "*A cláusula geral contrapõe-se, pois, à regulamentação casuística ou tipificada. Característico da cláusula geral é a sua maior abertura,*

bui relevo a outros factos que mostram claramente a ruptura manifesta do casamento, independentemente da culpa dos cônjuges e do decurso de qualquer prazo.

Tentando aprofundar um pouco mais este conceito, podemos ler na mesma exposição de motivos o seguinte:

> *"Com efeito, e decorrendo do princípio da liberdade, ninguém deve permanecer casado contra sua vontade ou se considerar que houve quebra do laço afectivo. O cônjuge tratado de forma desigual, injusta ou que atente contra a sua dignidade deve poder terminar a relação conjugal mesmo sem a vontade do outro. A invocação da ruptura definitiva da vida em comum deve ser fundamento suficiente para que o divórcio possa ser decretado".*

Numa simples leitura superficial deste parágrafo, poder-se-ia pensar que bastaria um simples acto de vontade de um dos cônjuges, independente da existência de uma situação objectiva de ruptura de casamento, para que pudesse, sem mais, ser interposta uma acção de divórcio sem o consentimento do outro cônjuge. Seria algo como que um "direito de denúncia", ou um "despedimento" (ainda que sem necessidade de invocação da respectiva causa).

Porém, focando um pouco mais este conceito, temos desde logo que para o efeito não bastará uma qualquer ruptura do casamento[99], pois que será necessário tratar-se de uma ruptura definitiva.

Afigurasse-nos que muito embora esta "definitividade" decorra normalmente de um acumular de factos, nos quais, pelas mais variadas razões, os cônjuges, progressivamente vão-se afastando um do outro, o certo é que como atrás referimos, e no confronto com as demais causas do artigo 1781.°, não é aqui exigível o decurso de qualquer prazo.

Assim sendo, parece-nos que a vontade do legislador terá ido no sentido de admitir a invocação de quaisquer factos, ainda que verificados logo

---

que alarga o campo de aplicação, deixando bastante indefinidos os casos em que irá aplicar-se. A norma de regulamentação casuística limita-se a prever e a regular grupos de casos especificados, através da tipificação dos pressupostos da consequência jurídica; ao passo que a cláusula geral não regula tipos de casos especificamente determinados, justamente porque não contém uma hipótese dotada de conotações precisas, uma hipótese tipificadora."

[99] Tendo em conta a estreita e intensa relação, inerente à sociedade conjugal, constata-se, na quase totalidade dos casais, ao longo dos anos de casamento, dissenções e rupturas, as quais nem sempre dão lugar a uma situação de "falência" ou "fracasso" do matrimónio, próprio da ruptura definitiva.

após a celebração do casamento, ou pouco tempo depois, desde que reveladores da existência da ruptura definitiva[100] do casamento.

Voltando à exposição de motivos do Projecto de Lei n.° 509/X temos que a este propósito aí vem referido o seguinte: "*...o exemplo típico, nos sistemas jurídicos europeus, é o da violência doméstica – que pode mostrar imediatamente a inexistência da comunhão de vida própria de um casamento*".

Parece-nos óbvio que a violência doméstica consubstancia uma situação de falência do casamento. Porém, as situações de ruptura definitiva do casamento não se cingem exclusivamente às situações de violência doméstica. Deste modo, teremos de procurar outros elementos caracterizadores da ruptura definitiva do casamento.

Os professores Pereira Coelho e Guilherme Moreira, in ob. cit. a págs. 617 referem a este respeito o seguinte:

> "*Na literatura mais recente distingue-se porém entre o sistema do divórcio-remédio e o divórcio-constatação da ruptura do casamento. Como remédio para uma situação de crise em que a vida matrimonial se tornou intolerável, o divórcio visará sempre libertar dessa situação um cônjuge inocente, embora não se requeira (como no sistema do divórcio-sanção) que tal situação de crise seja imputável ao outro cônjuge a título de culpa. Não se pretende agora castigar um culpado, que até pode não existir, mas simplesmente proteger um inocente: no sistema do divórcio-remédio é sempre um cônjuge inocente que pede o divórcio, com fundamento em comportamento culposo ou, pelo menos, em facto relativo à pessoa do outro cônjuge (loucura incurável, ausência sem notícias, etc.). O princípio da ruptura ("Zerruttungsprinzip"; "divorce-faillite", "divorce-constat") transcende porém, o esquema tradicional. Não se trata agora só, nem principalmente, do comportamento ou de uma condição pessoal do outro cônjuge, mas de uma situação que pode ser devida a qualquer dos cônjuges e até em maior medida ao cônjuge autor. Como quer que seja, o que importa é a existência de uma situação objectivamente considerada e que o divórcio deve pura e simplesmente constatar*". (o sublinhado é nosso).

Daqui resulta um importante contributo para a caracterização da ruptura do casamento, pois constatamos que não releva uma qualquer situação subjectiva, nomeadamente, um mero "capricho" ou "vontade momentânea" de um dos cônjuges em se divorciar do outro.

---

[100] Pense-se, por exemplo, no caso de um dos cônjuges, que logo na lua de mel, desrespeita e maltrata o outro e comete adultério de forma repetida. Será que estes factos não consubstanciam "de per se" uma situação de ruptura definitiva do casamento? Salvo melhor opinião, parece-nos que sim.

Ao invés, o cônjuge que pretenda interpor uma acção com este fundamento terá de alegar e provar a existência de uma situação objectiva e passível de constação, que revele uma situação de ruptura definitiva do casamento (a sua falência ou fracasso).

A importância deste elemento, reside no facto de, face à não exigência de qualquer prazo, afastar-se aqui a possibilidade de um mero e simples acto de vontade por parte de um dos cônjuges, no qual este se limitaria a denunciar, a todo o tempo, o contrato de casamento, invocando apenas para este efeito, a sua vontade em se divorciar.

Ora, se tivesse sido essa a intenção do legislador, por certo que teria dispensado a exigência de uma acção judicial, pois bastar-lhe-ia, para o efeito, exigir uma mera notificação judicial avulsa do outro cônjuge para que o divórcio se concretizasse, o que não sucedeu.

Assim sendo, mesmo na hipótese de um dos cônjuges invocar a simples cessação do afecto pelo outro, terá sempre que alegar e provar factos que sustentem uma situação de ruptura definitiva do casamento, ainda que derivada da cessação do afecto.

De referir que neste mesmo sentido vai a exposição de motivos do Projecto de Lei n.° 509/X, na qual vem expressamente referido o seguinte:

> *"Se o sistema do "divórcio ruptura" pretende reconhecer os casos em que os vínculos matrimoniais se perderam independentemente da causa desse fracasso, não há razão para não admitir a relevância de outros indicadores fidedignos da falência do casamento"*(o sublinhado é nosso).

Somos pois da opinião de que em rigor, a respectiva acção judicial não deixará de possuir o carácter de litígio.

Desde logo, porque a mesma tem subjacente, pelo menos, ao momento da sua interposição, uma situação de inviabilidade de resolução do diferendo existente entre os cônjuges com o recurso ao divórcio por mútuo consentimento, e, como tal, tem necessariamente subjacente um litigio, cuja única saída constitui a via judicial.

Em segundo lugar, porque tal como acima demonstrámos, nesta acção o autor terá de alegar e fazer a prova dos elementos constitutivos do seu direito, no caso, a prova da existência de uma situação de ruptura definitiva do casamento, com a inerente devassa da vida privada.

Note-se que ainda que o cônjuge réu não se dê ao trabalho de apresentar contestação, tal facto não implica o efeito cominatório, previsto no artigo 484.° do C.P.C, consistente em considerarem-se confessados tais factos.

Isto, porque de acordo com a alínea c) do artigo 485.° do C.P.C, não se aplicam os termos previstos no artigo 484.° quando a vontade das partes for ineficaz para produzir o efeito jurídico que pela acção se pretende obter.

Ora, um dos casos nos quais o artigo 354.° do C.C. estabelece que a confissão não faz prova contra o confitente, consiste precisamente nos factos relativos a direitos indisponíveis, sendo certo que todos os direitos relativos ao estado das pessoas, como seja o direito ao divórcio, constituem direitos indisponíveis[101].

Assim sendo, e incidindo o litígio sobre uma situação de ruptura definitiva do casamento, não deixará este de concomitantemente incidir sobre os aspectos íntimos da vida privada do casal, efectuando a sua devassa, com os inerentes custos emocionais.

De todo o modo, não podemos deixar de reconhecer que tais custos são aqui substancialmente minorados, pelo facto de o objecto da acção centrar-se exclusivamente numa alegada situação objectiva de fracasso (ou falência) do casamento, retirando-se daqui a pesada carga emotiva decorrente da imputação, exclusiva ou predominante, da culpa de um dos cônjuges na sua verificação[102].

5.1.1.1. *Elementos caracterizadores da "ruptura definitiva do casamento"*

Posto isto, e ressalvada sempre melhor opinião, permitimo-nos fazer o elenco dos seguintes elementos, que consideramos caracterizadores de uma situação de ruptura definitiva do casamento, prevista na alínea d) do artigo 1781.° do Código Civil:

a) Tem de ser revelada por um ou mais factos;

b) Estes factos terão de ser outros, que não os constantes das demais alíneas do referido artigo;

c) Tais factos terão de ser reveladores da ruptura do casamento;

---

[101] Vide a este respeito, a mero título de exemplo, os Ac. do S.T.J. de 21.04.094 e de 05.07.94.

[102] Os defensores desta solução apontam também como vantagens para o novo sistema, por um lado, o facto de na grande maioria dos divórcios "a culpa não morrer solteira", pois que inúmeras são as vezes em que ambos os cônjuges têm culpa, em maior ou menor grau, no fracasso do casamento; por outro lado, invocam o facto de a culpa ser muitas vezes difícil, senão impossível, de provar, porquanto muitas vezes se reporta a aspectos íntimos da vida privada do casal, não sendo, como tal, passíveis de testemunho por quem quer que seja.

d) Esta ruptura terá de mostrar-se definitiva (e não de mera ruptura esporádica ou temporária);

e) Esta situação terá de consistir numa situação objectiva, passível de ser constatada, não resultando de um simples e mero acto de vontade de um dos cônjuges;

f) Não depende da eventual culpa de qualquer dos cônjuges;

g) Não depende da verificação de qualquer prazo.

5.1.2. *Legitimidade*

A legitimidade para a interposição de uma acção de divórcio sem o consentimento do outro cônjuge varia consoante os respectivos fundamentos.

Assim, podem ser interpostas por qualquer dos cônjuges as acções que tenham por fundamento:

i) Na separação de facto por um ano consecutivo;
Ou
ii) Em quaisquer outros factos que, independentemente da culpa dos cônjuges, mostrem a ruptura definitiva do casamento;

Contudo, a acção fundada na alteração das faculdades mentais do outro cônjuge, quando dure há mais de um ano e, pela sua gravidade, comprometa a possibilidade de vida em comum, apenas poderá ser interposta pelo cônjuge que não sofra de tais alterações.

De igual modo, a acção com fundamento na ausência, sem que do ausente haja notícias, por tempo não inferior a um ano, apenas poderá ser interposta pelo cônjuge não ausente.

Quando o cônjuge que pode pedir o divórcio se encontre interdito[103], a acção de divórcio poderá ser intentada pelo seu representante legal, com autorização do conselho de família[104]; quando o representante legal seja o outro cônjuge, a acção já poderá ser intentada em nome do titular do direito de agir, por qualquer parente deste na linha recta ou até ao terceiro grau da linha colateral, se for igualmente autorizado pelo conselho de família.

---

[103] Sobre a interdição ver arts. 138.° a 151.° do C.C. e arts. 944.° a 958.° do C.P.C; sobre a tutela ver os arts. 1927.° a 1950.° do C.C.

[104] Quanto ao Conselho de Família ver arts. 1951.° a 1960.° do C.C.

O direito ao divórcio não se transmite por morte, mas se o autor falecer na pendência da causa a acção pode ser continuada pelos seus herdeiros para efeitos patrimoniais; para os mesmos efeitos, e no caso de morte do réu, pode a acção prosseguir contra os seus herdeiros.

SECÇÃO IV
Efeitos do divórcio

6. Efeitos do divórcio

Com a eliminação da apreciação da culpa no âmbito do novo processo de divórcio sem o consentimento de um dos cônjuges deixaram de se verificar os efeitos decorrentes da declaração do cônjuge único culpado ou principal culpado pelo divórcio, e que eram os seguintes:

i) Na eficácia das liberalidades a favor dos cônjuges (em que o cônjuge declarado único ou principal culpado perdia todos os benefícios recebidos ou que houvesse de receber do outro cônjuge ou de terceiro, em vista do casamento ou em consideração do estado de casado, quer a estipulação fosse anterior ou posterior á celebração do casamento, e o cônjuge inocente ou não principal culpado conservava todos os benefícios recebidos ou que houvesse de receber do outro cônjuge ou de terceiro, ainda que tivessem sido estipulados com a cláusula de reciprocidade, podendo renunciar a esses benefícios por declaração unilateral de vontade mas, havendo filhos do casamento, tal renúncia só era permitida em favor destes);

ii) Na ressarcibilidade dos danos não patrimoniais causados pelo divórcio (em que o cônjuge declarado único ou principal culpado devia reparar os danos não patrimoniais causados ao outro cônjuge pela dissolução do casamento);

iii) No direito a alimentos (em que apenas o cônjuge inocente ou não principal culpado teria direito a alimentos, salvo nas situações excepcionais em que, por motivos de equidade, considerando, em particular, a duração do casamento e a colaboração prestada à economia do casal pelo cônjuge único culpado ou principal culpado, lhe era atribuído esse direito);

iv) Na partilha dos bens comuns (em que o cônjuge declarado único ou principal culpado não podia, na partilha receber mais do que receberia se o casamento tivesse sido celebrado segundo o regime da comunhão de adquiridos);

v) No dever de assistência durante a separação de facto (se a separação de facto fosse imputável a um dos cônjuges ou a ambos, o dever de assistência apenas incumbia ao único ou principal culpado; excepcionalmente, e por motivos de equidade, considerando em particular a duração do casamento e a colaboração prestada à economia do casal por parte do cônjuge único ou principal culpado, podia ser imposto tal dever ao cônjuge inocente ou menos culpado).

Vejamos agora os quais os efeitos do divórcio ao abrigo da nova Lei n.° 61/2008.

6.1. *Principio geral*

Mantém-se o princípio geral, constante do artigo 1788.° do C.C., que permanece com a seguinte redacção:

> "*O divórcio dissolve o casamento e tem juridicamente os mesmos efeitos da dissolução por morte, salvas as excepções consagradas na lei*".

Estas excepções consagradas na lei, face à dissolução do casamento por morte, são as seguintes:

a) Desde logo, qualquer dos ex-cônjuges poderá celebrar novo casamento, ressalvados os prazos internupciais previstos no artigo 1605.° do C.C.

b) O cônjuge não é chamado à herança do autor da sucessão se encontrar divorciado ou separado judicialmente de pessoas e bens, por sentença que já tenha transitado ou ainda se a sentença de divórcio ou separação judicial de pessoas e bens vier a ser proferida posteriormente àquela data, nos termos do n.° 3 do artigo 1785.° do C.C[105].

c) O cônjuge divorciado apenas poderá conservar os apelidos do outro cônjuge se este der o seu consentimento ou o tribunal o autorizar[106].

d) Com a alteração agora introduzida pela Lei n.° 61/2008 ao artigo 1585.° do C.C, temos que a afinidade passa a cessar quando o casamento é dissolvido pelo divórcio (mantendo-se, no entanto, quando é dissolvido pela morte de um dos cônjuges).

---

[105] Vide art. 2133.°, n.° 3 do C.C.

[106] Vide art. 1677.°-B, n.° 1 in fine do C.C.

6.2. *Impedimento legal de na partilha os cônjuges receberem mais do que receberiam se estivessem casados segundo o regime da comunhão de adquiridos*

Uma importante alteração da Lei n.° 61/2008, consiste no facto de a partir da sua entrada em vigor nenhum dos cônjuges poderá na partilha subsequente ao divórcio receber mais do que receberia se o casamento tivesse sido celebrado segundo o regime da comunhão de adquiridos – artigo 1790.° do C.C.

Como é fácil de ver, esta alteração apenas tem aplicação prática no caso de os cônjuges terem casado sob o regime da comunhão geral de bens, ou sob um regime misto, mais próximo deste do que o da comunhão de adquiridos.

No regime anterior, este impedimento legal aplicava-se apenas ao cônjuge único culpado ou principal culpado pelo divórcio, assumindo, como tal, o carácter de sanção.

As razões que levaram o legislador a proceder a esta alteração encontram-se vertidas na exposição de motivos do Projecto-Lei n.° 509/X, nos seguintes termos:

> *"Segue-se neste ponto o direito alemão, que evita que o divórcio se torne um meio de adquirir bens, para além da justa partilha do que se adquiriu com o esforço comum na constância do matrimónio, e que resulta da partilha segundo a comunhão de adquiridos. Abandona-se o regime actual que aproveita o ensejo de premiar um inocente e castigar um culpado."*

Relativamente às mesmas, permitimo-nos formular as seguintes observações:

Em primeiro lugar, não podemos em rigor afirmar que no regime anterior ao da Lei n.° 61/2008 o divórcio tornava-se "num meio para adquirir bens", pois se os cônjuges livremente optaram pelo regime da comunhão geral, certamente estariam cientes de que em caso de divórcio todos os bens próprios que tivessem levado para o casamento, bem como todos aqueles que viessem a adquirir na sua constância, seriam comuns, e, como tal, assim seriam repartidos em caso de divórcio.

Dizer-se o contrário será, salvo o devido respeito, passar um "atestado de menoridade" a quem tenha optado pelo regime da comunhão geral de bens, o que não é minimamente de aceitar.

Em segundo lugar, ainda que em termos estatísticos o regime da comunhão de adquiridos seja o mais justo em caso de divórcio, pois que na generalidade dos casos a grande fatia do património de um casal constitui-se na constância do matrimónio, com os proventos do trabalho de ambos os cônjuges, nem sempre assim sucede, não obstante tal parecer decorrer da citada exposição de motivos.

Com efeito, por vezes verificam-se situações nas quais um dos cônjuges nada ou quase nada contribui para a economia do casal, quer em dinheiro, quer em trabalho em prol da família, sendo o outro cônjuge quem, pelo seu trabalho e esforço, constrói a quase totalidade do património comum.

Ora, nestes casos, verifica-se aqui um efeito a que chamamos de "perverso" do regime da comunhão de adquiridos, consistente no injusto enriquecimento daquele cônjuge que na constância do matrimónio pouco ou nada contribuiu, de forma directa ou indirecta, para a construção do património comum do casal, e, não obstante, uma vez dissolvido o mesmo, vê tal património ser repartido com o outro a metade.

Dir-se-á, contra este nosso entendimento, que para este tipo de situações temos sempre a "válvula de escape" do direito à compensação, descrito no ponto 6.3.

Contudo, como teremos a oportunidade de verificar, este direito, para além de não decorrer automaticamente de um simples contributo excessivo de um dos cônjuges para a economia familiar, depende, também, de outros requisitos, que nem sempre se verificarão.

Em terceiro lugar, compreendemos e admitimos que o legislador tenha afirmado que com esta opção se pretende evitar "castigar um culpado"; porém, já não compreendemos que ao mesmo tempo se tenha afirmado que no regime anterior era "*premiado um inocente*".

Com efeito, neste regime, tendo os cônjuges casado segundo a comunhão geral de bens e caso o cônjuge inocente tivesse incrementado o património comum, com bens que tivesse levado para o matrimónio ou que tivesse adquirido na sua constância a título gratuito, o que em rigor poderíamos afirmar, seria apenas e tão-somente que como efeito do divórcio tais bens reverteriam para ele, novamente, como bens próprios (não que com o divórcio ele tivesse sido "premiado" pelo facto de ser o cônjuge inocente).

Não obstante, e face à eliminação da apreciação da culpa no divórcio, com a consequente eliminação da declaração do cônjuge único ou principal culpado pelo divórcio, parece-nos que a alternativa à opção legislativa ora consagrada seria a da pura e simplesmente proceder-se à revogação do artigo 1790.° do C.C.

Os críticos desta alternativa legislativa poderiam sempre vir a arguir que esta seria potenciadora de um dos cônjuges poder vir a utilizar o divórcio como meio de enriquecimento, decorrente do facto de todos os bens que o outro cônjuge levou para o casamento, ou que entretanto veio a adquirir a título gratuito, terem passado a constituir bens comuns, sendo que os seus defensores poderiam também vir a replicar que com a mesma estaria respeitada a vontade contratual de ambos os cônjuges, que ao optarem pelo regime da comunhão geral de bens teriam a perfeita consciência de este efeito poderia vir a decorrer em caso de divórcio.

O Presidente da República pronunciou-se quanto a esta alteração, no ponto 12.° da mensagem que dirigiu ao Presidente da Assembleia da República em 20.08.2008 (Anexo XIV) na qual fundamentou a sua não promulgação do Decreto n.° 232/X da Assembleia da República), referindo o seguinte:

> *"12. Por último, é também extremamente controverso, por aquilo que implica de restrição à autonomia privada e à liberdade contratual, o disposto no artigo 1790.°, segundo o qual «em caso de divórcio nenhum dos cônjuges pode, na partilha, receber mais do que receberia se o casamento tivesse sido celebrado segundo o regime da comunhão de adquiridos». A circunstância de, mesmo contra a vontade manifestada por ambos os nubentes no momento do casamento, se impor agora na partilha um regime diverso daquele que foi escolhido (a saber, o da comunhão geral de bens), consubstancia, por assim dizer, uma «revogação retroactiva» de uma opção livre. E, mais do que isso, consubstancia uma limitação que sempre virá beneficiar um dos cônjuges em detrimento do outro, impondo no momento da partilha de bens um regime distinto daquele que foi estabelecido de comum acordo. Por exemplo, o cônjuge violador dos deveres conjugais que deu causa ao divórcio pode prevalecer-se desta disposição, requerendo unilateralmente o divórcio e conseguindo que na partilha o outro receba menos do que aquilo a que teria direito nos termos do regime de bens em que ambos escolheram casar".*

De notar, no entanto, que no regime anterior ao da Lei n.° 61/2008 o impedimento legal de o cônjuge declarado único ou principal culpado receber na partilha mais do que receberia se o casamento tivesse sido celebrado segundo o regime da comunhão de adquiridos, apesar de ter em vista a protecção do cônjuge inocente, constituía, também ele, uma restrição à autonomia privada e à liberdade contratual.

Isto, porque a norma que contemplava esta sanção, constante do então vigente n.° 1 do artigo 1790.° C.C., constituía uma norma imperativa, e não uma norma supletiva, pelo que aos cônjuges era então vedada a possibilidade de acordarem em contrário, ainda que essa fosse a sua vontade.

Os defensores do regime agora consagrado aduzem em seu favor o facto de o casamento não dever consistir numa forma de enriquecimento de qualquer dos cônjuges, pelo que em caso da dissolução de casamento celebrado segundo um regime de maior comunhão que o da comunhão de adquiridos, os cônjuges deverão ver revertidos a seu favor os bens que levaram para o casamento bem como aqueles que na sua constância adquiriram a título gratuito.

Os críticos da nova solução invocam, por um lado, o facto de esta sobrepor-se à vontade contratual inicialmente formulada pelos cônjuges, e, por outro lado, os inconvenientes resultantes da potencial frustração, a todo o momento, das expectativas patrimoniais resultantes de um regime de maior comunhão que o da comunhão de adquiridos, por um simples acto de vontade de qualquer dos cônjuges, visto que o direito ao divórcio constitui um direito potestativo.

Verificamos finalmente que na reapreciação do Decreto da AR n.° 232/X, que teve lugar em 17.09.2008, e da qual resultou a aprovação, pelo Plenário da Assembleia da República, do novo Decreto da AR n.° 245/X, que deu origem ao texto final da Lei n.° 61/2008, foi mantida a referida opção legislativa.

Não obstante o facto de o Presidente da República ter promulgado o Decreto da AR n.° 245/X, no comunicado que emitiu em 21.10.2008 e que colocou no site da Presidência da República (Anexo XV) manteve a sua crítica a esta norma, nos seguintes termos:

> "6. *A profunda injustiça da lei emerge igualmente no caso de o casamento ter sido celebrado no regime da comunhão geral de bens, podendo o cônjuge que não provocou o divórcio ser, na partilha, duramente prejudicado em termos patrimoniais*".

6.3. *Atribuição de compensação ao cônjuge que tenha contribuído de forma manifestamente excessiva para os encargos da vida familiar*

No regime imediatamente anterior ao da Lei n.° 61/2008, o artigo 1676.° do C.C, na versão constante da Reforma de 1977, regulava o dever de contribuir para os encargos da vida familiar nos seguintes termos:

"1. O dever de contribuir para os encargos da vida familiar incumbe a ambos os cônjuges, de harmonia com as possibilidades de cada um, e pode ser cumprido, por qualquer deles, pela afectação dos seus recursos àqueles encargos e pelo trabalho despendido no lar ou na manutenção e educação dos filhos.

2. Se a contribuição de um dos cônjuges para os encargos da vida familiar exceder a parte que lhe pertencia nos termos do número anterior, presume-se a renúncia ao direito de exigir do outro a correspondente compensação.

3. Não sendo prestada a contribuição devida, qualquer dos cônjuges pode exigir que lhe seja directamente entregue a parte dos rendimentos ou proventos do outro que o tribunal fixar".

Resultava do seu n.° 2 que na eventualidade de a contribuição de um dos cônjuges para os encargos da vida familiar exceder a parte que legalmente lhe pertencia (nos termos previstos no n.° 1) presumia-se então que esse cônjuge renunciava ao direito de exigir do outro a correspondente compensação.

Nos termos do artigo 349.° do C.C. uma presunção é uma ilação que a lei ou o julgador tira de um facto conhecido para firmar um facto desconhecido.

No caso, tratava-se de uma presunção legal, pelo que nos termos do n.° 2 do artigo 350.° do C.C, a mesma podia ser ilidida mediante prova em contrário, pois que, no caso, a lei (o citado artigo 1676.° do C.C.) não o proibia.

Tratava-se, pois, de uma presunção ilidível (ou "juris tantum"), ou seja, uma presunção que podia vir a ser afastada pela vontade das partes.

Assim, no regime imediatamente anterior ao da Lei n.° 61/2008 podiam os cônjuges previamente acordar em sentido contrário ao previsto como regra no n.° 2 do artigo 1676.° do C.C, estabelecendo que no caso de contribuição excessiva por parte de um deles para os encargos da vida familiar pudesse haver lugar a compensação, a ser prestada pelo outro cônjuge.

Daqui resulta que no referido regime, o legislador, embora partindo de uma concepção defensora da total solidariedade dos cônjuges no que concerne aos contributos de cada um para os encargos da vida familiar, admitia, no entanto, que estes regulassem este aspecto de forma divergente.

Tanto quanto temos conhecimento, os casos em que tal se terá verificado até ao presente, nos mais de 30 anos de vigência da anterior redacção deste artigo, terão certamente sido escassos, senão mesmo residuais.

O Projecto de Lei n.° 509/X, apresentado na Assembleia da República pelo grupo parlamentar do Partido Socialista, consagrava o direito à compensação de um dos cônjuges, mediante a alteração dos n.os 2 e 3 do artigo 1676.° do C.C, nos seguintes termos:

"2. *Se a contribuição de um dos cônjuges para os encargos da vida familiar exceder manifestamente a parte que lhe pertencia nos termos do número anterior, esse cônjuge torna-se credor do outro pelo que haja contribuído além do que lhe competia*".
3. *O crédito referido no número anterior só é exigível no momento da partilha dos bens do casal, a não ser que vigore o regime da separação*".

Na exposição de motivos deste projecto de Lei 509/X, vinham então apontadas como razões para a atribuição do direito a esta compensação, as seguintes:

a) A necessidade de reconhecer a importância decisiva para as condições de vida e equilíbrio da vida familiar, dos contributos da chamada esfera reprodutiva, isto é, dos cuidados com os filhos e do trabalho doméstico;

b) O reconhecimento da existência de situações em que um dos cônjuges (predominantemente a mulher), para atender aos compromissos familiares, é penalizado na sua progressão profissional, colocando-se em desvantagem no plano financeiro face ao outro cônjuge, pelo que em tais situações, no caso da dissolução conjugal, seria justo "*que o cônjuge mais sacrificado no (des)equilíbrio das renúncias e dos danos, tivesse o direito de ser compensado financeiramente por esse sacrifício excessivo (in, Guilherme Oliveira, (2004), "Dois numa só carne", in Ex aequo, n.° 10)*".

c) Na mesma exposição de motivos vinha expressamente referido que "*este é mais um caso em que se aplica o princípio geral de que os movimentos de enriquecimento ou de empobrecimento que ocorrem, por razões diversas, durante o casamento, não devem deixar de ser compensados no momento em que se acertam as contas finais dos patrimónios*"(o sublinhado é nosso).

As alterações constantes da Proposta de Lei 509/X chegaram a ser objecto de aprovação pela Assembleia da República, fazendo parte do Decreto da AR 232/X.

Entretanto, em 20.08.2008 o Presidente da República vetou o Decreto n.° 232/X da AR, o que implicou, nos termos constitucionais, a sua reapreciação pela Assembleia da República.

De entre outras alterações legislativas, o direito à compensação do cônjuge, na versão consagrada no Decreto n.° 232/X da AR, foi objecto de crítica por parte do Presidente da República.

Com efeito, na mensagem que dirigiu à Assembleia da República em 20.08.2008, e na qual fundamentou a sua não promulgação do Decreto n.° 232/X da AR, o Presidente da República teve então a oportunidade de referir a este respeito, nos seus pontos 9 e 10, o seguinte:

> "*9. Como é do conhecimento dos Senhores Deputados, no regime actualmente vigente – mais precisamente, nos termos do artigo 1676.°, n.° 2 do Código Civil – existe a presunção de que cada um dos cônjuges renuncia ao direito de exigir do outro qualquer compensação por todas as contribuições dadas no quadro da comunhão de vida que o casamento consagra. O novo regime do divórcio, introduzindo uma alteração de paradigma de grande alcance, vem pôr termo a essa presunção, o que implica que as contribuições dadas para os encargos da vida conjugal e familiar são susceptíveis de gerar direitos de crédito sobre o outro cônjuge – ficando todavia em aberto inúmeras questões, nomeadamente a de saber se o crédito de compensação agora criado é renunciável. Além de a vivência conjugal e familiar não estar suficientemente adaptada a uma realidade tão nova e distinta, podendo mesmo gerar-se situações de autêntica «imprevisão» ou absoluta «surpresa» no momento da extinção do casamento, o novo modelo de divórcio corresponde também, até certo ponto, a um novo modelo de casamento, no seio do qual são ou podem ser contabilizadas todas e quaisquer contribuições dadas para a vida em comum.*
>
> *10. Mesmo a admitir-se a adopção deste novo modelo de casamento, não pode deixar de se salientar o paradoxo que emerge desta visão «contabilística» do matrimónio, uma vez que a filosofia global do casamento gizada pelo novo regime do divórcio corresponde a uma concepção do casamento como espaço de afecto. Sempre que um dos cônjuges entenda que desapareceu esse afecto, permite-se agora que unilateralmente ponha termo à relação conjugal, sem qualquer avaliação da culpa ou de eventuais violações de deveres conjugais. Ora, a par desta visão «afectiva» do casamento, pretende-se que a seu lado conviva uma outra, dir-se-ia «contabilística», em que cada um dos cônjuges é estimulado a manter uma «conta-corrente» das suas contribuições, e apenas a prática poderá dizer qual delas irá prevalecer. Existe uma forte probabilidade de aquela «visão contabilística» ser interiorizada pelos cônjuges, gerando-se situações de desconfiança algo desconformes à comunhão de vida que o casamento idealmente deve projectar*".

Outros críticos desta opção legislativa, de que se cita, a título de exemplo, os subscritores da petição "Cidadania – Família – Casamento" apresentada à Assembleia da República em 13 de Maio de 2008, apontavam então, designadamente, "*...que é instituída a espécie de* ***prestação de contas*** *("deve" e "haver")* ***entre marido e mulher*** *a conferir no momento do divórcio (art. 1676.°). o que, introduz o calculismo e o utilitarismo em todo o casamento. A "unidade de vida" deixa de existir. E daqui resulta uma* ***conflituosidade*** *muito complexa. Os que têm mais poder na relação terão cada vez mais poder e os mais fracos serão cada vez mais fracos.*"

No âmbito da reapreciação do Decreto n.° 232/X da AR, o Grupo Parlamentar do Partido Socialista veio apresentar a proposta de alteração 1P, tendo por objecto o teor do n.° 2 do artigo 1676.° do C.C, nos seguintes termos:

> "2. *Se a contribuição de um dos cônjuges para os encargos da vida familiar for consideravelmente superior ao previsto no número anterior, porque renunciou de forma excessiva à satisfação dos seus interesses em favor da vida em comum, designadamente à sua vida profissional, com prejuízos patrimoniais importantes, esse cônjuge tem direito de exigir do outro a correspondente compensação*".

Esta proposta de alteração, aprovada na reunião Plenária da Assembleia da República de 17.09.2008, veio clarificar e delimitar com maior rigor as situações nas quais poderá haver lugar à compensação de um dos cônjuges.

Com efeito, do confronto da versão final, constante do Decreto da Assembleia da República n.° 245/X, que veio a dar lugar à Lei n.° 61/2008, com a versão inicial, constante do Projecto de Lei n.° 509/X, constatamos as seguintes alterações:

A explicitação da causa pela qual poderá haver lugar à compensação, mediante a inserção da seguinte expressão: "*porque renunciou de forma excessiva à satisfação dos seus interesses em favor da vida em comum, designadamente à sua vida profissional*";

A introdução de um novo requisito para que possa haver lugar à compensação: a verificação de "*prejuízos patrimoniais importantes*".

De tudo o exposto, temos agora como elementos constitutivos do direito à compensação de um dos cônjuges, previsto nos n.ºs 2 e 3 do artigo 1676.° do C.C, os seguintes:

i) A verificação de um contributo consideravelmente superior ao previsto no n.° 1 do artigo 1676.° do C.C;

ii) O excesso desse contributo resultar como efeito da renúncia excessiva à satisfação dos interesses do respectivo cônjuge, designadamente, os relativos à sua vida profissional, em favor da vida em comum;

iii) Uma relação de causalidade entre esta renúncia excessiva e a verificação de prejuízos patrimoniais importantes por parte do mesmo cônjuge.

Relativamente ao regime legal imediatamente anterior constatamos, pois, o afastamento da concepção primitiva da total solidariedade de ambos os cônjuges na contribuição para os encargos da vida familiar, afastamento esse, ainda que agora mitigado, pelas expressões "exceder manifestamente" e "prejuízos patrimoniais importantes", contidas na nova redacção do n.° 2 do artigo 1676.° do C.C.

Como é fácil de ver, esta nova disposição legal irá certamente levantar inúmeros e complexos problemas de aplicação prática, quer decorrentes da interpretação deste artigo 1676.° do C.C., com especial incidência, do seu n.° 2, quer pela enorme diversidade de contextos de relações matrimoniais, dos quais por ora apenas permitimo-nos de destacar, a mero título de exemplo, os seguintes:

Desde logo, no que se refere à apreciação do contributo de cada um dos cônjuges para os encargos da vida familiar temos, por um lado, prestações facilmente quantificáveis, como sejam os proventos e rendimentos, e, por outro lado, prestações de facto, como seja, as resultantes do trabalho prestado no lar ou na manutenção ou educação dos filhos, prestações estas a que não pode deixar de vir a ser atribuído, para este específico efeito, um determinado e concreto valor.

Ora, na quantificação destas prestações de facto poder-se-ão levantar diversas questões, quer relativas à sua quantidade (nomeadamente, quanto ao tempo de trabalho prestado por cada um dos cônjuges em prol da família), quer quanto à sua qualidade (como seja, o maior ou menor empenho, ou a maior ou menor dedicação e esforço efectuado por cada um deles, por exemplo, na educação dos filhos), questões essas que serão sempre difíceis de dirimir, não apenas pela sua inerente subjectividade, como, também, dado o seu objecto, pela óbvia dificuldade de prova.

Mesmo quanto às prestações efectuadas em dinheiro por cada um dos cônjuges para os encargos da vida familiar, levantar-se-ão problemas no que se refere à sua prova, pois que no decurso de apenas alguns anos de casamento serão certamente, na ordem dos muitos milhares, as prestações efectuadas, prevendo-se muito difícil, no termo do casamento, apurar o montante com que cada cônjuge contribuiu para tais encargos, pois não se concebe que cada um deles proceda, ao longo do seu casamento, ao registo diário, e respectivo arquivo, dos comprovativos das despesas que efectuou em prol da família.

Por outra parte, e compreendendo-se que em muitos casos, por um dos cônjuges dedicar mais tempo à família do que o outro, possa, por esse facto, vir a ser penalizado, designadamente, na sua progressão profissional, e assim, vir a ser prejudicado face ao outro cônjuge, parece-nos contudo que a prova da ocorrência deste tipo de situações será também difícil de concretizar, desde logo, pela sua subjectividade, a não ser em situações perfeitamente objectivas e concretas, como sejam a da renuncia efectiva a cargos ou a empregos mais atractivos pelo facto de estes implicarem, forçosamente, uma menor disponibilidade de tempo para a vida em comum e acarretarem prejuízos cuja prova será mais fácil de concretizar.

Não obstante todas estas as dificuldades, e outras, que certamente surgirão na aplicação prática deste novo preceito legal, inerentes à quantificação do contributo de cada um dos cônjuges para os encargos da vida familiar, o legislador, acertadamente, começou por fazer depender a atribuição desta compensação à verificação de um contributo consideravelmente superior, o que facilita a sua aplicação prática, e, de certa forma, mas não totalmente, como adiante veremos, evita a constante contabilização, por parte de cada um dos cônjuges, de todos os seus inúmeros contributos para a economia familiar.

Com efeito, parece-nos que tal contabilização deverá ser evitada, no mais possível, desde logo, por contrária à ideia de comunhão de interesses inerente à própria instituição familiar[107].

No mesmo sentido, é de aplaudir a exigência da verificação de um prejuízo patrimonial importante, e não apenas de um qualquer prejuízo, que induziria certamente os cônjuges no sentido da citada contabilização diária das suas contribuições para a economia doméstica, por mais insignificantes que fossem.

De todo o modo, e no que se refere à verificação de um eventual contributo consideravelmente superior, somos da opinião, salvo outra melhor, de que não podemos deixar de atender ao facto de o contributo de que cada

---

[107] Dizemos isto, independentemente do regime de bens que os cônjuges tenham optado, pois que os deveres de cooperação e de assistência consagrados na lei não variam consoante o regime de bens.

um dos cônjuges se encontra obrigado a prestar para os encargos da vida familiar não ter de ser aritmeticamente igual.

Com efeito, e de acordo com o n.° 1 do artigo 1676.° do C.C,*"O dever de contribuir para os encargos da vida familiar incumbe a ambos os cônjuges, de harmonia com as possibilidades de cada um, e pode ser cumprido, por qualquer deles, pela afectação dos seus recursos àqueles encargos e pelo trabalho despendido no lar ou na manutenção e educação dos filhos"* (o sublinhado é nosso).

Relativamente a esta questão subscrevemos na íntegra a posição defendida pelo Prof. Antunes Varela, in Direito da Família, 1982, Livraria Petrony, 1982, que a páginas 290 refere o seguinte:

> *"A obrigação de contribuir para os encargos da vida familiar, que recai sobre ambos os cônjuges, está sujeita ao critério da proporcionalidade, e não à regra basilar da igualdade fixada no artigo 1671.°.*
>
> *A sustentação dos encargos da vida familiar constitui um fim solidário dos cônjuges, cuja definição cabe a ambos conjuntamente, mas cuja satisfação é obtida por via dijuntiva, mediante a contribuição individual de cada um dos cônjuges, que pode ser diferente da contribuição do outro, quer em qualidade (natureza: art. 1676.°, n.° 1), quer em quantidade (valor) – e à qual correspondem, por conseguinte, pretensões de carácter individual.*
>
> *Os cônjuges são, com efeito, obrigados a concorrer individualmente para a satisfação desses encargos comuns, de harmonia com as possibilidades (rendimentos e proventos) de cada um (art. 1676.°), e não em partes iguais (metade por metade)"* (o sublinhado é nosso).

Não obstante, não podemos deixar de referir que esta questão não será líquida na doutrina, desde logo, por nos parecer, salvo melhor opinião, que a posição dos Professores Pereira Coelho e Guilherme Moreira irá no sentido de que a contribuição dos cônjuges para os encargos da vida familiar dever verificar-se em partes aritmeticamente iguais[108], posição que, a confirmar-se, permitimo-nos de discordar, pelas supra referidas razões.

Assim e em nosso entender, o regime actualmente vigente mantém o dever de contribuição dos cônjuges de harmonia com as possibilidades de cada um (de acordo com o critério da proporcionalidade acima referido) bem como a forma pela qual tal contribuição pode ser vir a ser prestada (quer pela afectação dos seus recursos àqueles encargos, quer pelo trabalho despendido no lar ou na manutenção e educação dos filhos).

---

[108] Ver a este respeito ob. cit. a págs. 358.

Como já acima tivemos a oportunidade de verificar, outro elemento constitutivo do direito à compensação consiste na exigência de o excesso do contributo de um dos cônjuges ter de resultar da renúncia excessiva à satisfação dos seus interesses em favor da vida em comum, designadamente, os relativos à sua vida profissional.

Entendemos que na generalidade dos casos, senão quase na sua totalidade, esta relação de causa-efeito será automática, pois que se um dos cônjuges tiver contribuído consideravelmente mais do que legalmente lhe competia, tal facto implicará, em princípio, uma renúncia aos seus interesses pessoais.

Somente em hipóteses, a que diríamos de "académicas" é que tal relação de causa-efeito não existirá, ou seja, hipóteses nas quais se verifique um contributo excessivo por parte de um dos cônjuges, sem que daí resulte uma renúncia aos seus interesses pessoais.

Outra questão que se levanta é a de sabermos quais serão as renúncias excessivas que podem dar lugar a esta compensação.

Desde logo, e tal como a lei expressamente refere, temos as renúncias relativas à vida profissional.

Porém, e atento o facto de a lei enumerar estas renúncias a título de mero exemplo, dada a expressão "designadamente", contida no n.° 2 do artigo 1676.° do C.C, temos como certo que estas não serão as únicas renúncias que o legislador quis contemplar.

Assim sendo, o legislador "manteve a porta aberta" para todas e quaisquer outras situações de renúncia excessiva por parte de um dos cônjuges, desde que estas consubstanciem um contributo consideravelmente superior face ao que legalmente lhe seria exigível e impliquem prejuízos patrimoniais importantes.

De acordo com o n.° 1 do artigo 1676.° do C.C. os contributos com que cada um dos cônjuges poderá trazer para a economia comum do casal, poderão consistir, não apenas na afectação dos seus recursos, como, também, pelo trabalho despendido no lar ou na manutenção e educação dos filhos.

Daí que, como atrás referimos, com a redacção final do artigo 1676.° do C.C. a questão da "contabilização" ou da "conta-corrente" não tenha ficado totalmente arredada.

Desde logo, bem poderá suceder que a economia familiar seja integralmente suportada por um dos cônjuges, quer com os proventos do seu trabalho ou com os seus rendimentos, sendo simultaneamente este o único a despender trabalho no lar ou na educação dos filhos. Em nosso entender, este será um dos casos passíveis de subsunção no n.° 2 do artigo 1676.° do C.C, sendo no entanto sempre necessária a mínima "contabilização" e liquidação dos inerentes prejuízos patrimoniais.

O conceito de "prejuízos patrimoniais importantes" trará também certamente diversos problemas de interpretação e, consequentemente, de aplicação prática.

Em primeiro lugar deparar-se-ão problemas relativos à quantificação dos prejuízos sofridos, pois que muitas das prestações poderão ser efectuadas em espécie, designadamente em trabalho prestado no lar, a que corresponderá um determinado gasto pessoal.

Em segundo lugar, levanta-se a questão de sabermos se o conceito de "prejuízo", agora empregue no n.° 2 do artigo 1676.° do C.C, corresponderá, ou não, ao seu sentido estrito, designadamente consignado no artigo 564.° do C.C e, como tal, compreendendo apenas os danos emergentes, ou ao invés, ao seu sentido lato, no qual, para além dos danos emergentes, cabem também os lucros cessantes.

De notar que aqui o "lucro cessante" consistirá no conjunto de benefícios que um dos cônjuges deixou de obter em virtude da renúncia excessiva dos seus interesses.

Somos levados a crer que o espírito do legislador terá ido no sentido de contemplar não apenas os danos emergentes, como, também, os lucros cessantes.

Desde logo, porque a exposição de motivos do Projecto de Lei n.° 509/X é muito clara a este respeito, designadamente, quando aí vem referido que "*o reconhecimento da existência de situações em que um dos cônjuges (predominantemente a mulher), para atender aos compromissos familiares, é penalizado na sua progressão profissional, colocando-se em desvantagem no plano financeiro face ao outro cônjuge, pelo que em tais situações, no caso da dissolução conjugal, seria justo "que o cônjuge mais sacrificado no (des)equilíbrio das renúncias e dos danos, tivesse o direito de ser compensado financeiramente por esse sacrifício excessivo"*.

A isto acresce o facto de não obstante a versão final deste artigo 1676.° do C.C. não corresponder, no seu todo, à versão do Projecto de Lei n.° 509/X, o certo é que naquela versão é feita expressa referência às renúncias excessivas de "interesses profissionais".

Como será fácil de ver, a questão dos lucros cessantes terá especial acuidade nas situações em que a renuncia de um dos cônjuges tenha consistido v.g., na recusa de um emprego ou de uma promoção, da qual este tenha deixado de auferir importantes vantagens patrimoniais.

Por outra parte, levanta-se ainda a questão de sabermos o que deverá entender-se por prejuízos patrimoniais "importantes".

Qual o grau e extensão dos prejuízos verificados para que possamos designá-los de "importantes" para os efeitos previstos no artigo 1676.° do C.C.?

O conceito de "prejuízos patrimoniais importantes" consiste num conceito indeterminado, cujo conteúdo terá de forçosamente ser determinável, quanto mais não seja, no momento em que se colocar a questão da atribuição da compensação, em última instância, pelos tribunais.

Na sua apreciação, dever-se-á, ter em conta o património do cônjuge que sofreu os prejuízos?

Ou, ao invés, os mesmos deverão ser apreciados tendo exclusivamente em conta aquilo que é considerado pela sociedade em geral como "prejuízos sérios"?

Caberá, pois, à jurisprudência, resolver estas e muitas outras questões que certamente serão levadas a este respeito.

Outra questão que ainda se poderá colocar é a de sabermos, face ao teor do n.° 3 do artigo 1676.° do C.C, que a seguir se transcreve, se no regime da separação de bens haverá, ou não, lugar ao direito a esta compensação.

"*O crédito referido no número anterior só é exigível no momento da partilha dos bens do casal, a não ser que vigore o regime da separação.*

Ressalvado o devido respeito, esta nova redacção do n.° 3 do artigo 1676.° do C.C. não nos parece muito feliz.

Desde logo, porque este n.° 3 começa por tratar do momento a partir do qual o direito à compensação pode vir a ser exigido – só é exigível no momento da partilha dos bens – e não dos regimes de bens nos quais a mesma compensação poderá, ou não, ter lugar, pelo que não faz sentido que logo de seguida se tenha passado a excepcionar um dos regimes de bens, no caso, o regime da separação dos regimes de bens.

As dúvidas permanecem, porquanto a expressão "... *a não ser que vigore o regime da separação*", contida na parte final do n.° 3 do artigo 1676.°, terá, forçosamente, de ter significado e consequências jurídicas, sendo certo que no regime da separação não existe a partilha de bens aí prevista, pois que neste regime nem sequer existem bens comuns.

De todo o modo, e ressalvada sempre melhor opinião, afigurasse-nos que a vontade do legislador terá ido no sentido de atribuir igualmente esta compensação no caso de os cônjuges terem casado segundo o regime da separação.

Em primeiro lugar, porque se a intenção do legislador fosse no sentido de pura e simplesmente eliminar o direito à compensação no caso de os ex-cônjuges terem casado segundo o regime da separação de bens, o n.° 2 deste artigo, eleito pelo legislador para a explicitação dos elementos constitutivos deste direito, poderia desde logo afastá-lo, iniciando-o nos seguintes termos: "A não ser que vigore o regime da separação....".

E o certo é que tal não veio a suceder.

Em segundo lugar, porque os argumentos aduzidos no Projecto de Lei 509-X para a atribuição de uma compensação ao cônjuge que tenha contribuído de forma consideravelmente superior face ao que legalmente lhe competia, colhem, em nosso entender, por maioria de razão, nos casamentos celebrados segundo o regime da separação de bens.

Com efeito, tendo este regime subjacente a inexistência de qualquer solidariedade entre os cônjuges no que tange aos seus patrimónios, que se mantêm próprios, maior acuidade terá o eventual direito à compensação de um deles, verificados os respectivos pressupostos.

Atente-se, de resto, no facto de o dever de contribuir para os encargos da vida familiar, previsto no n.° 1 do artigo 1676.° do C.C. encontrar-se gizado de forma uniforme e independente do respectivo regime de bens.

Não se compreenderia, pois, que quer no regime da comunhão geral, quer no de comunhão de adquiridos (nos quais se verifica uma solidariedade de patrimónios dos cônjuges em maior ou menor grau), pudesse haver lugar a esta compensação, e que no entanto, no regime da separação de bens (no qual os cônjuges prévia ou subsequentemente ao casamento tiveram a especial preocupação de garantir reciprocamente a separação dos seus bens próprios), tal atribuição lhes viesse a ser vedada.

Como já vimos, esta compensação nunca poderia vir a ser atribuída na partilha, pois que no regime da separação de bens não existem sequer bens comuns a partilhar.

Pelo exposto, e ressalvada sempre melhor opinião, parece-nos que o sentido útil a ser dado à expressão "salvo se vigorar o regime da separação", contida na parte final do n.° 3 do artigo 1676.° do C.C, será o de que no regime da separação de bens esta compensação possa vir a ser exigida logo que o divórcio tenha transitado em julgado.

Entendemos que no regime da separação a compensação não poderá ser exigida antes deste momento, porque durante a constância do matrimónio os contributos e as renúncias por parte de cada um variam ao longo do tempo, de acordo com as vicissitudes próprias da vida de qualquer casal, sendo que somente após o seu termo é que poderemos apurar se haverá, ou não, lugar o direito à sua atribuição. Neste sentido, vai, aliás, a expressão, contida no n.° 2 do artigo 1676.° do C.C. "*...porque renunciou...*", apontando para uma situação pretérita ao casamento.

Finalmente, coloca-se a questão, entretanto suscitada pelo Presidente da República, na supracitada mensagem que endereçou à Assembleia da República em 20.08.2008, consistente em sabermos se este crédito a compensação, constituirá, ou não, um direito renunciável.

Ainda que com algumas dúvidas, somos levados a crer que este direito será renunciável.

Desde logo atente-se no facto de o legislador não ter disposto expressamente no sentido da sua irrenunciabilidade, como o fez, no mesmo código, designadamente, no que se refere à capacidade jurídica[109], ao direito de exigir a partilha[110] e ao direito a alimentos[111].

Aceita-se que este argumento não será definitivo, porquanto existem muitos direitos, unanimemente considerados pela doutrina e jurisprudência como sendo irrenunciáveis, sem que para o efeito a lei os tenha expressamente qualificado como tal, como sejam, o direito à vida, o direito à integridade física e à integridade moral.

Sucede, contudo, que estes últimos direitos enquadram-se nos chamados "direitos da personalidade", os quais, pela sua própria natureza, são indisponíveis e invioláveis[112].

A compensação de que ora tratamos não consiste num direito de personalidade, mas num direito de crédito compensatório, visando o simples ressarcimento de um dos cônjuges, mediante a reparação em dinheiro dos importantes prejuízos patrimoniais que sofreu.

Este direito não possui a natureza intrínseca de um direito irrenunciável ou indisponível.

---

[109] De acordo com o artigo 69.° do C.C. "Ninguém pode renunciar, no todo ou em parte, à sua capacidade jurídica".

[110] Dispõe o n.° 2 do artigo 2101.° do C.C. que "Não pode renunciar-se ao direito de partilhar, mas pode convencionar-se que o património se conserve indiviso por certo prazo, que não exceda cinco anos..."

[111] Dispõe expressamente o n.° 1 do artigo 2008.° do C.C. que "O direito a alimentos não pode ser renunciado ou cedido, bem que estes possam deixar de ser pedidos e possam renunciar-se as prestações vencidas".

[112] Veja-se, a título de exemplo, o n.° 1 do artigo 24.° da C.R.P que dispõe expressamente que a vida humana é inviolável; no mesmo sentido, o n.° 1 do artigo 25.° da C.R.P., que dispõe que a integridade moral e física das pessoas é inviolável.

Assim sendo, parece-nos que se a intenção do legislador fosse no sentido de estabelecer a irrenunciabilidade deste direito, certamente que teria tomado a precaução de o referir expressamente, tal como fez, por exemplo, relativamente aos créditos provenientes do direito à indemnização de acidentes de trabalho, os quais, nos termos do artigo 302.° do Código do Trabalho, aprovado pela Lei n.° 99/2003, de 27 de Agosto, são "*inalienáveis, impenhoráveis e irrenunciáveis e gozam das garantias consignadas nos artigos 377.° e seguintes*".

A ser renunciável, como defendemos, o direito à compensação do cônjuge, previsto no n.° 2 do artigo 1676.° do C.C, possui a virtualidade de possibilitar uma maior segurança e certeza jurídicas nas relações de natureza patrimonial dos cônjuges, e, consequentemente, nas demais relações matrimoniais.

Pegando no exemplo paradigmático do cônjuge que, com vista a dedicar-se em exclusivo ao lar e à educação dos filhos, decide abdicar de um determinado emprego, haverá toda a conveniência, se essa for a intenção de ambos, que desde logo estabeleçam que tal facto jamais poderá constituir fundamento àquela compensação.

E qual a forma a ser observada neste acordo? Terá de sê-lo por escrito? Ou por escritura pública?

Não necessitará de qualquer forma especial, atento o princípio geral, consagrado no artigo 219.° do C.C., podendo, inclusive, sê-lo por mera forma verbal.

Todavia, e tendo em conta os referidos princípios de segurança e certeza jurídicas, somos da opinião de que deverá ser observada a forma escrita, de molde a facilitar a prova da sua existência e respectivo âmbito.

Mas este acordo não se esgota na situação que referimos, atento o facto de a renúncia relativa à vida profissional constituir, nos termos do n.° 2 do artigo 1676.° do C.C., um mero exemplo.

Assim sendo, e se essa for a intenção de ambos os cônjuges, estes terão toda a vantagem em formalizar um acordo nos termos do qual renunciam expressa e reciprocamente a este direito de compensação, salvaguardando-se, assim, das "*situações de autêntica «imprevisão» ou absoluta «surpresa» no momento da extinção do casamento*", referidas pelo Presidente da Republicana na sua mensagem à Assembleia da República de 20.08.2008.

Não obstante o facto de o Presidente da República ter promulgado o Decreto da AR n.° 245/X, no comunicado que emitiu em 21.10.2008 e que colocou no site da Presidência da República (Anexo XV) manteve a sua crítica a esta norma, nos seguintes termos:

> *"7 – Para mais, o diploma em causa, incluindo a alteração agora introduzida no artigo 1676.° do Código Civil, padece de graves deficiências técnico-jurídicas e recorre a conceitos indeterminados que suscitam fundadas dúvidas interpretativas, dificultando a sua aplicação pelos tribunais e, pior ainda, aprofundando situações de tensão e conflito na sociedade portuguesa".*

6.4. *No direito a alimentos entre ex-cônjuges*

As significativas alterações ao regime dos alimentos entre os ex-cônjuges encontram-se expostas no capítulo II do título III, para o qual remetemos.

6.5. *Nos benefícios que os cônjuges tenham recebido ou hajam de receber do outro cônjuge ou de terceiro, em vista do casamento ou em consideração do estado de casado*

No regime imediatamente anterior ao da Lei n.° 61/2008 o cônjuge considerado único culpado ou principalmente culpado pelo divórcio perdia todos os benefícios recebidos ou que houvesse de receber do outro cônjuge ou de terceiro, em vista do casamento ou em consideração do estado de casado, quer a estipulação fosse anterior ou posterior á celebração do casamento.

Por outra parte, o cônjuge inocente ou não principal culpado conservava todos os benefícios recebidos ou que houvesse de receber do outro cônjuge ou de terceiro, ainda que tivessem sido estipulados com a cláusula de reciprocidade, podendo renunciar a esses benefícios por declaração unilateral de vontade mas, havendo filhos do casamento, tal renúncia só era permitida em favor destes.

A perda destes benefícios por parte do cônjuge único culpado ou principal culpado pelo divórcio tinha, pois, subjacente, a vontade do legislador em sancionar este cônjuge e, reflexamente, beneficiar o cônjuge inocente ou declarado menos culpado pelo divórcio.

Com a redacção agora dada ao artigo 1791.° do C.C, pela Lei n.° 61/ /2008, cada cônjuge passa a perder todos os benefícios recebidos ou que haja de receber do outro cônjuge ou de terceiro, em vista do casamento ou em consideração do estado de casado, quer a estipulação seja anterior quer posterior à celebração do casamento.

Por outra parte, o autor da liberalidade pode determinar que o benefício reverta para os filhos do casamento.

Desde logo, não compreendemos a razão pela qual não se procedeu à revogação da alínea c) do n.° 1 do artigo 1766.° do C.C, que prevê a caducidade da doação de casados ocorrendo divórcio ou separação de bens por culpa do donatário, se este for considerado único ou principal culpado, tanto mais que no novo regime do divórcio a culpa na violação dos deveres conjugais deixou de ser apreciada na acção de divórcio.

Por outra parte, somos da opinião de que a introdução desta nova regra irá constituir um foco de litigiosidade, quer entre os cônjuges, quer entre terceiros e os cônjuges, que seria a todos os níveis de evitar.

Serão certamente muitas as questões que a este respeito irão levantar-se, desde logo, a de sabermos qual a solução a adoptar no caso de o benefício recebido ter entretanto perecido (por causa imputável ou não imputável ao beneficiário) ou sido por este alienado, a título gratuito ou oneroso.

De acordo como novo regime, todos os benefícios recebidos ou a receber por um dos cônjuges em vista do casamento ou do estado de casado passam agora a estar sujeitos à condição resolutiva consubstanciada no próprio divórcio, passando o doador (que poderá ser o outro cônjuge ou terceiro), em função da verificação deste facto, a ter um verdadeiro "direito de reversão" sobre os mesmos.

Na exposição de motivos do Projecto-Lei 509/X vem apontada como razão desta alteração legislativa o afastamento da intenção de castigar um culpado e beneficiar um inocente.

Ressalvado o devido respeito, se esta era a intenção do legislador, não compreendemos então, porque razão não se optou por uma solução na qual cada um dos cônjuges manteria como seus os benefícios já recebidos em vista do casamento ou em consideração do estado de casado, excepto os recebidos pelo outro cônjuge[113], perdendo apenas aqueles que haja de receber do outro cônjuge ou de terceiro, em vista do casamento ou em consideração do estado de casado.

Esta seria, em nosso entender, a solução que, alcançando o referido objectivo, conferiria uma maior estabilidade e certeza e segurança jurídi-

[113] Avançamos com esta ressalva, porquanto parece-nos curial com a regra da livre revogabilidade das doações entre casados, consignada no n.° 1 do artigo 1765.° do C.C.

cas, sempre desejável em qualquer relação jurídica, e especial na relação matrimonial.

Com efeito, a manutenção dos benefícios já recebidos por parte de terceiros dispensaria o citado "direito de reversão" que a lei agora lhes consagra, e que a nosso ver seria de evitar.

Tal solução traria designadamente a vantagem de evitar o juízo e a inerente tomada de posição de terceiros sobre o divórcio e eventuais causas, mantendo-os distantes dessas questões e evitando potenciais "atritos" entre eles e cada um dos cônjuges.

Esta solução seria, também, curial com a eliminação da apreciação da eventual culpa de um ou de ambos os cônjuges do âmbito do processo de divórcio.

Para além disso, a manutenção dos benefícios recebidos de terceiros permitiria uma maior estabilidade e segurança jurídicas no que se refere ao património de cada um dos cônjuges.

Note-se que tais benefícios poderão constituir uma parte significativa do património dos cônjuges pelo que faria todo o sentido que uma vez recebidos, não pudessem, em caso algum, reverter.

Ressalvado o devido respeito, a solução ora consagrada poderá vir a ter o efeito "perverso" de a eventual reversão de um benefício de valor consideravelmente elevado, constituir, na prática, um impedimento a que o beneficiário desencadeie o divórcio.

Concretizando, atente-se, por exemplo, na hipótese de um dos cônjuges não ter outro rendimento, senão o proveniente de imóveis a ele doados por terceiro, e, em virtude de uma situação de ruptura definitiva do casamento, pretender vir a divorciar-se.

Neste caso, não estará por certo legalmente impedido de o conseguir; contudo, a potencial perda daqueles benefícios poderá, na prática, constituir um efectivo impedimento a tal decisão.

Ao invés, na solução que ora preconizamos, o mesmo cônjuge não teria este constrangimento de ordem prática àquela tomada de decisão.

Por outra parte, somos da opinião de que a perda dos benefícios que os cônjuges houvessem de receber em vista do casamento ou em consideração do estado de casado, agora consagrada, já se justificará, desde logo, pela verificação de uma alteração superveniente dos pressupostos da atribuição de tais benefícios, consubstanciada no próprio divórcio.

Os opositores desta solução sempre poderão arguir no sentido de que com ela os cônjuges vêem frustrada a sua expectativa jurídica em receber tais benefícios. Contudo, sempre se poderá contrapor que a alteração superveniente dos pressupostos da sua atribuição deverá sobrepor-se a esta expectativa.

6.6. *Na reparação de danos*

No regime anterior ao da Lei n.° 61/2008, no âmbito da acção de divórcio o cônjuge declarado único culpado ou principal culpado pelo divórcio[114], e bem assim o que tivesse pedido o divórcio com base na alteração das faculdades mentais do outro cônjuge, quando esta durasse há mais de 3 anos[115], e que pela sua gravidade, comprometesse a possibilidade da vida em comum, podia vir a ser condenado a pagar ao outro cônjuge uma indemnização por danos não patrimoniais por este sofridos, decorrentes da própria dissolução do casamento.

A reparação de danos decorrente da declaração do cônjuge declarado como exclusivo ou principal culpado pelo divórcio consistia numa especial[116] responsabilidade civil subjectiva decorrente do princípio do "**divórcio-sanção**", e a segunda forma de reparação, decorrente da alteração das faculdades mentais do cônjuge réu, constituía um caso de reparação de danos decorrente de responsabilidade civil objectiva, por actos lícitos[117], independente da eventual culpa de qualquer dos cônjuges.

A Lei n.° 61/2008, ao eliminar a apreciação da culpa do âmbito da acção de divórcio, eliminou, como não podia deixar de ser, a especial responsabilidade por danos não patrimoniais, decorrentes da própria dissolução do casamento, responsabilidade essa que, como acabámos de ver, impendia sobre o cônjuge declarado único culpado ou principal culpado pelo divórcio.

---

[114] Ver a este respeito nas nossas anotações ao artigo 1792.° do C.C. alguns exemplos da nossa jurisprudência no que concerne a esta responsabilidade por danos não patrimoniais.

[115] A Lei n.° 61/2008 encurtou este prazo para 1 ano.

[116] Dizemos "especial" pois esta responsabilidade civil decorria da própria dissolução do casamento e não dos concretos factos ilícitos culposos praticados pelo outro cônjuge, cujos danos não patrimoniais podiam ser reparados, já então, nos termos previstos na disposição genérica do art. 496.° do C.C., em acção comum, separada da acção de divórcio.

[117] Por "actos lícitos" pois que esta responsabilidade civil decorre de um direito potestativo que a lei reconhece ao cônjuge são, de se divorciar do outro cônjuge, caso este venha a sofrer de alteração das suas faculdades mentais, pelo período de 1 ano, e que pela sua gravidade comprometa a possibilidade de vida em comum.

Manteve, contudo, no âmbito da acção de divórcio, a reparação dos danos não patrimoniais que venha a sofrer o cônjuge que padeça de alteração de faculdades mentais, decorrentes da própria dissolução do casamento, nos termos que iremos ver de seguida.

6.6.1. *Ressarcibilidade de danos não patrimoniais quando o divórcio tenha por fundamento a alteração das faculdades mentais de um dos cônjuges que dure há mais de um ano e, pela sua gravidade, comprometa a possibilidade de vida em comum*

O n.° 2. do artigo 1792.° do C.C. dispõe que "*O cônjuge que pediu o divórcio com o fundamento da alínea b) do artigo 1781.°*[118]*, deve reparar os danos não patrimoniais causados ao outro cônjuge pela dissolução do casamento; este pedido deve ser deduzido na própria acção de divórcio*".

Outra alteração da Lei n.° 61/2008, consiste no facto de ser agora expressamente exigido que este pedido apenas possa ser formulado na própria acção de divórcio, não podendo sê-lo em acção comum, solução com a qual concordamos, atento o princípio da economia processual, visto que a atribuição desta indemnização não depende da apreciação de qualquer violação culposa dos deveres conjugais por parte de algum dos cônjuges.

6.6.2. *Ressarcibilidade dos demais danos*

Da leitura da nova versão do n.° 1 do artigo 1792.° do C.C. resulta que o cônjuge lesado tem o direito de pedir nos tribunais comuns a reparação dos danos causados pelo outro, decorrentes da violação culposa de um ou mais deveres conjugais, nos termos gerais da responsabilidade civil.

Do exposto resulta que, em rigor, a reparação destes danos não constitui propriamente um dos efeitos do próprio divórcio[119], mas apenas e tão somente os efeitos decorrentes da condenação de um dos cônjuges em acção de responsabilidade civil fundada na violação culposa de um ou mais dos seus deveres conjugais.

---

[118] A redacção dada pela Lei n.° 61/2008 à alínea b) do art. 1781.° do C.C., que prevê um dos fundamentos para o divórcio sem o consentimento do outro cônjuge, é a seguinte: "A alteração das faculdades mentais do outro cônjuge, quando dure há mais de um ano e, pela sua gravidade, comprometa a possibilidade de vida em comum".

[119] Isto, não obstante o facto de este artigo enquadrar-se nua subsecção intitulada "Efeitos do divórcio".

O n.º 1 do artigo 1792.º do C.C. não faz depender a possibilidade de interposição desta acção do prévio trânsito em julgado da própria acção de divórcio, pelo que, salvo melhor opinião, concebemos como possível a interposição simultânea de ambas as acções.

Parece-nos contudo, que poucos serão os casos em que um dos cônjuges irá lançar mão desta acção indemnizatória.

Desde logo, porque a mesma constituirá mais um litigio, para além do litigio decorrente da própria acção de divórcio, com custos emocionais acrescidos, derivados do facto de ser inultrapassável aqui a "lavagem de roupa suja" consistente nos incidentes e episódios da vida do casal que consubstanciam os respectivos fundamentos e da apreciação da culpa[120] na sua verificação.

Por outra parte, porque tais custos não serão apenas emocionais, mas também financeiros, com despesas com advogados e custas judiciais, que nem todas as pessoas terão capacidade de suportar.

Por outra parte ainda, porque não raras são as vezes em que ambos os cônjuges violaram os seus deveres conjugais, tendo ambos culpa, o que, certamente, os dissuadirá de avançar para uma acção judicial que poderá descambar em pedido reconvencional e na condenação do próprio cônjuge que a interpôs.

Por último, porque no âmbito desta acção, caso a mesma se reporte a danos não patrimoniais, não bastará certamente a invocação de uma qualquer violação culposa de um dos deveres conjugais, mas a invocação de uma violação "*que pela sua gravidade mereça a tutela do direito*", tal como exige o artigo 496.º. Ora, a jurisprudência nesta matéria é, como não poderia deixar de o ser, face ao teor desta disposição legal, muito cautelosa no ressarcimento de danos não patrimoniais, sendo, inclusive, na opinião de muitos, excessivamente cautelosa.

Poucas serão, também, em nosso entender, as situações passíveis de arguição de danos patrimoniais, a não ser em casos como os de violência doméstica ou congéneres, em que poderão verificar-se, não apenas danos emergentes, derivados de despesas hospitalares e medicamentosas, como, também, lucros cessantes, derivados de incapacidade temporária para o trabalho.

---

[120] Aqui a apreciação da culpa será indispensável, pois, os termos gerais da responsabilidade civil, para os quais remete o artigo 1792.º do C.C, exigem a verificação da culpa – vide artigo 483.º, n.º 2 do C.C.

De todo o modo, somente o futuro dirá se haverá, ou não, muita litigância decorrente deste tipo de acções.

Não perdendo de vista a ressalva a que acima fizemos referência, vejamos, então, que tipo de danos poderão vir a ser ressarcidos nesta acção comum, separada da acção de divórcio.

6.6.2.1. *Danos não patrimoniais*

No regime jurídico imediatamente anterior ao da Lei n.° 61/2008, a nossa jurisprudência[121] separava, por um lado, os danos não patrimoniais decorrentes da própria dissolução do casamento, previstos no n.° 1 do artigo 1792.°, do C.C, e que eram dirimidos na acção de divórcio, dos demais danos não patrimoniais, previstos nos termos gerais do artigo 496.° do C.C, os quais eram passíveis de ser dirimidos em acção comum, separada da acção de divórcio.

A este respeito, e a título de exemplo, cita-se a seguinte jurisprudência do S.T.J:

Ac. S.T.J. de 07.10.2004

I – O cônjuge declarado único ou principal culpado e, bem assim, o cônjuge que pediu o divórcio com o fundamento na al.c) do art. 1781.°, devem reparar os danos não patrimoniais causados ao outro cônjuge pela dissolução do casamento" (conf. n.° 1 desse preceito), sendo que "o pedido de indemnização deve ser deduzido na própria acção de divórcio" (n.° 2 respectivo).

II – Não basta que o outro cônjuge tenha dado causa ao divórcio, a reparação dos danos não patrimoniais não nasce "ope legis", já que sempre impenderá sobre o cônjuge inocente o ónus de alegar e provar factos (imputáveis ao cônjuge culpado) e causados ao ofendido/inocente, tradutores de danos de ordem moral e/ou espiritual, designadamente, "prejuízos de carácter anímico (incómodos ou desgostos morais), tais como a perda da alegria de viver, a diminuição de prestígio e de reputação pública ou quaisquer outros danos não avaliáveis ou pecuniariamente não quantificáveis.

Isto é danos não patrimoniais previsivelmente advenientes para o cônjuge inocente do facto "dissolução do casamento", se esta vier a ser decretada.

---

[121] Ver nas nossas anotações ao artigo 1792.° do C.C.

III – No fundo, danos de natureza não patrimonial que segundo padrões aferidores de carácter objectivo sejam merecedores da tutela do direito para usar da terminologia contida no n.° 1 do artigo 496.° do C. Civil.

IV – Situação diferente é a dos danos resultantes de factos que constituem o fundamento da dissolução do divórcio, ou seja, danos consubstanciados nos próprios factos que deram causa ao divórcio, pois que a indemnização por tais danos, agora patrimoniais ou não patrimoniais, só pode ser pedida em acção declaratória comum.

Ac. S.T.J. de 11.04.2003

Costuma distinguir-se entre danos não patrimoniais resultantes directamente da própria dissolução do casamento, que são os que cabem na previsão do artigo. 1792.° do CC e a exigir na acção de divórcio, e danos não patrimoniais resultantes dos factos que funcionam como fundamento do divórcio, que, como factos ilícitos danosos, estão submetidos ao regime da responsabilidade civil extracontratual do artigo. 483.° do CC, a exigir em acção comum de indemnização.

Ac. S.T.J. de 08.02.2001

I – O artigo 1792, C.CIV., é expresso no sentido de que o cônjuge declarado culpado deve reparar os danos não patrimoniais causados ao outro cônjuge pela dissolução do casamento, devendo o pedido indemnizatório ser deduzido na própria acção de divórcio.

II – Claro que os danos patrimoniais ou não patrimoniais emergentes dos factos causais, do divórcio também são indemnizáveis, mas através de processo comum e não na própria acção de divórcio.

Ac. S.T.J. de 15.06.1993

I – Os danos não patrimoniais causados pela dissolução do casamento ao cônjuge inocente ou não principal culpado, pelo cônjuge declarado único ou principal culpado do divórcio, são indemnizáveis, devendo o pedido indemnizatório ser deduzido na própria acção de divórcio.

II – Os danos patrimoniais ou não patrimoniais atinentes às causas do divórcio são passíveis de indemnização, mas ao abrigo do artigo 483 do Código Civil de 66 e em acção com processo comum.

Ac. S.T.J. de 09.06.1992

I – A indemnização por danos não patrimoniais; nos termos do artigo 1792 do Código Civil, compreende apenas os danos resultantes da dissolução do casamento.

II – Os danos não patrimoniais resultantes dos factos que serviram de fundamento ao divórcio são também indemnizáveis; nos termos do artigo 483 do Código Civil.

III – Tais danos auferem indemnização a ser pedida em processo comum.

A Lei n.° 61/2008, ao abandonar a apreciação da culpa no âmbito da acção de divórcio, eliminou do n.° 1 do artigo 1792.° do C.C. a ressarcibilidade dos danos não patrimoniais decorrentes da própria dissolução do casamento, de que era beneficiário o cônjuge inocente ou o cônjuge menos culpado, pelo que agora, no âmbito da acção de divórcio apenas são ressarcíveis os danos não patrimoniais do cônjuge que sofra de alteração das faculdades mentais quando esta for a causa de divórcio, situação que já referimos em 6.6.1.

Tal como já referimos, para além destes, apenas são passíveis de vir a ser ressarcidos os danos não patrimoniais que eventualmente um dos cônjuges vier a sofrer em virtude da violação dos deveres conjugais por parte do outro cônjuge.

Porém, em rigor não poderemos dizer que estes últimos constituem um dos efeitos do próprio divórcio, desde logo, porque não podem ser apreciados no âmbito da respectiva acção, mas antes, de uma acção comum, separada desta.

6.6.2.2. *Danos patrimoniais*

No que se refere aos danos patrimoniais, estes são passíveis de ressarcimento, em acção comum, fundada nos termos gerais da responsabilidade civil[122], separada da acção de divórcio, pelo que também não constituem propriamente um dos efeitos do divórcio.

Neste âmbito serão ressarcíveis, não apenas os danos emergentes[123], como os lucros cessantes[124], decorrentes da violação culposa dos deveres conjugais.

---

[122] Vide n.° 1 do art. 483.° do C.C.

[123] Como refere o Prof. Antunes Varela, in "Das Obrigações em Geral", Vol. I, 7.ª Edição, Almedina, a págs. 593, o dano emergente "compreende o prejuízo causado nos bens ou direitos já existentes na titularidade do lesado à data da lesão".

[124] Na mesma ob. cit. o Prof. Antunes Varela refere que o lucro cessante "abrange os benefícios que o lesado deixou de obter por causa do facto ilícito, mas que ainda não tinha direito à data da lesão".

Haverá lugar ao ressarcimento de lucros cessantes, derivados da mera não conservação do casamento?

No âmbito do anterior regime do divórcio, o Prof. Antunes Varela, in "Direito da Família", Livraria Petrony, 1982, pronunciava-se já então no sentido de que não havia lugar ao ressarcimento de quaisquer danos patrimoniais, incluindo os lucros cessantes.

Todavia, neste regime o artigo 1792.° apenas então previa a ressarcibilidade dos danos não patrimoniais, pelo que as actuais circunstâncias são díspares.

Não obstante, somos da opinião de que os lucros cessantes decorrentes da mera dissolução do casamento não são ressarcíveis.

Desde logo, porque o divórcio sem o consentimento de um dos cônjuges constitui um direito potestativo de qualquer dos cônjuges.

Com efeito, o próprio cônjuge que tiver violado de forma culposa os seus deveres conjugais tem o direito de exigir o divórcio, bastando-lhe, designadamente, alegar e provar a existência de uma situação de ruptura objectiva do casamento, ainda que a si imputável.

Acresce, aliás, que esta situação de ruptura objectiva do casamento poderá não ter sequer subjacente qualquer violação de deveres conjugais, podendo decorrer, inclusive, da mera cessação do afecto pelo outro cônjuge.

Assim sendo, em rigor jamais poderemos afirmar que o cônjuge que não lançou mão do divórcio era titular de uma expectativa juridicamente tutelada de manutenção do casamento, expectativa essa ao abrigo da qual pudesse vir a estribar a ressarcibilidade de um lucro cessante.

Coisa bem diversa é no entanto a ressarcibilidade de lucros cessantes decorrentes da violação culposa de um dos deveres conjugais, que aceitamos.

Pense-se, por exemplo, no caso de um dos cônjuges vir a cometer crime de violência doméstica sobre o outro, do qual resulte a incapacidade para o trabalho deste por um determinado período de tempo.

Nesta hipótese, entendemos perfeitamente natural e admissível a ressarcibilidade dos respectivos lucros cessantes, designadamente, dos decorrentes das receitas que o cônjuge vítima deixou de auferir pelo seu trabalho.

6.7. *No destino da casa de morada de família*

Com a Reforma de 1977, o artigo 1793.°, relativo à atribuição da casa de morada de família, passou a dispor nos seguintes termos:

"1. Pode o tribunal dar de arrendamento a qualquer dos cônjuges, a seu pedido, a casa de morada da família, quer esta seja comum quer própria do outro, considerando, nomeadamente, as necessidades de cada um dos cônjuges e o interesse dos filhos do casal.

2. O arrendamento previsto no número anterior fica sujeito às regras do arrendamento para habitação, mas o tribunal pode definir as condições do contrato, ouvidos os cônjuges, e fazer caducar o arrendamento, a requerimento do senhorio, quando circunstâncias supervenientes o justifiquem."

Da segunda parte do n.° 2 deste artigo 1793.° do C.C. já então decorria a possibilidade de o tribunal fazer caducar o contrato de arrendamento, a requerimento do ex-cônjuge senhorio, quando circunstâncias supervenientes o justificassem.

A Lei n.° 61/2008 foi agora um pouco mais longe, ao introduzir um novo n.° 3 a este artigo, com a seguinte redacção:

> "*O regime fixado, quer por homologação do acordo dos cônjuges quer por decisão do tribunal, pode ser alterado nos termos gerais da jurisdição voluntária*".

Desta nova disposição resulta que não apenas a manutenção do arrendamento, como os próprios termos e condições que tiverem sido fixadas, quer pelos cônjuges, quer pelo próprio tribunal[125] (na falta do seu acordo), encontram-se adstritos às circunstâncias vigentes ao momento, pelo que na eventualidade de as mesmas virem a alterar-se supervenientemente, não apenas o arrendamento poderá vir a ser revogado, como os seus termos alterados, nos termos gerais da jurisdição voluntária.

Os termos gerais dos processos de jurisdição voluntária encontram-se previstos nos artigos 1409.° a 1411.° do C.P.C, constituindo, em resumo, nos seguintes:

a) Não é obrigatória a constituição de advogado, salvo na fase de recurso;

b) Quer no respectivo requerimento, quer na sua oposição deve logo ser oferecido o rol de testemunhas e requeridos os outros meios de prova, não podendo ser oferecidas mais do que 3 testemunhas por cada facto nem mais de 8 no total;

c) A oposição é deduzida em 10 dias;

---

125 Vide no art. 1413.° do C.P.C. o processo de atribuição da casa de morada de família.

d) O tribunal pode investigar livremente os factos, coligir provas, ordenar os inquéritos e recolher as informações convenientes, só sendo admitidas as provas que o juiz considere necessárias;

e) As sentenças são proferidas no prazo de 15 dias, sendo que nas providências a tomar o tribunal não está sujeito a critérios de legalidade estrita, devendo antes adoptar em cada caso a solução que considere mais conveniente e oportuna;

f) As resoluções podem vir a ser alteradas, sem prejuízo dos efeitos já produzidos, com fundamento em circunstâncias ocorridas posteriormente à decisão como as anteriores, que não tenham sido alegadas por ignorância ou outro motivo ponderoso;

g) Das resoluções proferidas segundo critérios de conveniência ou oportunidade não é admissível recurso para o Supremo Tribunal de Justiça.

Não obstante o atrás exposto, no específico caso de divórcio por mútuo consentimento, temos que o destino da casa de morada de família deverá ser primordialmente considerado como um pressuposto do próprio divórcio, e não como apenas um dos seus efeitos.

A este respeito, consideramos interessante o teor do acórdão do STJ de 27-04-2004, em cujo sumário vem referido o seguinte:

> "*No divórcio por mútuo consentimento, a questão do destino da casa de morada da família não se apresenta nem pode ser tratada apenas como um dos efeitos do divórcio mas, antes e diferentemente, como condição da admissibilidade dessa modalidade de divórcio, enquanto elemento do complexo de vontades e acordos que nele se interligam e interdependem.*
>
> *Por isso, na medida em que poderia conduzir à frustração do equilíbrio e interesses que foram postos em equação e ponderação pelos cônjuges e pelo próprio juiz (ou Conservador), o acordo obrigatoriamente celebrado no processo sobre a atribuição da casa de morada da família não é modificável por iniciativa e imposição de uma das Partes apenas*".

6.8. *Na afinidade*

A afinidade é o vínculo que liga cada um dos cônjuges aos parentes do outro[126].

---

[126] Vide art. 1584.° do C.C.

Por sua vez, o parentesco é o vínculo que une duas pessoas[127], em consequência de uma delas descender da outra ou de ambas descenderem de um progenitor comum.

No regime anterior ao da Lei n.° 61/2008, a afinidade não cessava com a dissolução do casamento, quer esta dissolução decorresse por morte de um dos cônjuges, quer decorresse do divórcio.

Com a Lei n.° 61/2008 a afinidade passou a cessar quando a dissolução do casamento tenha como causa o divórcio[128].

Um dos efeitos decorrentes da afinidade na linha recta reside no impedimento dirimente relativo, constante da alínea a) do artigo 1602.° do C.C, e que consiste na impossibilidade do casamento de duas pessoas afins na linha recta.

Por este facto, no regime anterior ao da Lei n.° 61/2008, em circunstância alguma um ex-sogro poderia vir a casar-se com uma ex-nora ou uma ex-sogra a casar-se com um ex-genro, pois que este vínculo mantinha-se independentemente da causa da cessação do casamento.

Com a alteração agora introduzida pela Lei n.° 61/2008 ao artigo 1585.° do C.C. quando a dissolução do casamento ocorrer em virtude de divórcio, já um ex-sogro poderá vir a casar com uma ex-nora, ou uma ex-sogra a casar com um ex-genro, ou um ex-padrasto com uma ex-enteada, ou uma ex-madrasta com um ex-enteado.

Na exposição de motivos constante do Projecto de Lei 509/X pode-se ler, a este respeito, o seguinte:

> "*A afinidade cessa com a dissolução do casamento por divórcio; a relevância social e jurídica da permanência destes vínculos, na sequência do divórcio, há muito que se apresentava mais do que duvidosa*".

6.9. *Nas responsabilidades parentais*

O conceito de "poder paternal" foi substituído pelo conceito de "responsabilidades parentais".

Na exposição de motivos constante do Projecto de Lei 509/X vem expressamente referido que nesta mudança de designação está obviamente implícita uma mudança conceptual que se considera relevante.

---

[127] Vide art. 1578.° do C.C.

[128] Ver nova redacção do art. 1585.° do C.C.

Ao substituir uma designação por outra muda-se o centro da atenção: ele passa a estar não naquele que detém o "poder" – o adulto, neste caso – mas naqueles cujos direitos se querem salvaguardar, ou seja, as crianças.

No título II trataremos com maior profundidade estas alterações, que extravasam os meros efeitos do divórcio, pois que as mesmas relevam, não apenas no âmbito do casamento, como independentemente da própria existência de casamento.

No regime imediatamente anterior ao da Lei n.° 61/2008, o artigo 1905.° do C.C., na versão constante da Lei 84/95, dispunha o seguinte, relativamente à regulação do poder paternal em caso de divórcio, separação judicial de pessoas e bens, declaração de nulidade ou anulação do casamento:

> "*1. Nos casos de divórcio, separação judicial de pessoas e bens, declaração de nulidade ou anulação do casamento, o destino do filho, os alimentos a este devidos e forma de os prestar serão regulados por acordo dos pais, sujeito a homologação do tribunal; a homologação será recusada se o acordo não corresponder ao interesse do menor, incluindo o interesse deste em manter com aquele progenitor a quem não seja confiado uma relação de grande proximidade.*
>
> *2. Na falta de acordo, o Tribunal decidirá de harmonia com o interesse do menor, incluindo o de manter uma relação de grande proximidade com o progenitor a quem não seja confiado, podendo a sua guarda caber a qualquer dos pais, ou, quando se verifique alguma das circunstâncias previstas no artigo 1918.°, a terceira pessoa ou estabelecimento de reeducação ou assistência.*"

Ainda neste regime, o artigo 1906.° do C.C, na redacção que lhe foi dada pela Lei 59/99, dispunha o seguinte, relativamente ao exercício do poder paternal em caso de divórcio, separação judicial de pessoas e bens, declaração de nulidade ou anulação do casamento:

> "*1. Desde que obtido o acordo dos pais, o poder paternal é exercido em comum por ambos, decidindo as questões relativas à vida do filho em condições idênticas às que vigoram para tal efeito na constância do matrimónio.*
>
> *2. Na ausência de acordo dos pais, deve o tribunal, através de decisão fundamentada, determinar que o poder paternal seja exercido pelo progenitor a quem o filho for confiado.*
>
> *3. No caso previsto no número anterior, os pais podem acordar que determinados assuntos sejam resolvidos entre ambos ou que a administra-*

ção dos bens do filho seja assumida pelo progenitor a quem o menor tenha sido confiado.

4. Ao progenitor que não exerça o poder paternal assiste o poder de vigiar a educação e as condições de vida do filho."

No que se refere aos específicos efeitos do divórcio, no regime da Lei n.° 61/2008 o exercício das responsabilidades parentais deixou de ficar sujeito à vontade das partes

Com efeito, a Lei n.° 61/2008 vem a este respeito distinguir entre, por um lado, as "questões de particular importância", e, por outro lado, os "actos da vida corrente do menor"[129].

6.9.1. *Quanto às questões de particular importância para a vida do menor*

O actual artigo 1906.°, n.° 1. do C.C. estabelece, como **regra geral**, a de que as responsabilidades parentais relativas às questões de particular importância para a vida do filho são exercidas em comum por ambos os progenitores, nos termos que vigoravam na constância do matrimónio, salvo nos casos de urgência manifesta, em que qualquer dos progenitores pode agir sozinho, devendo prestar informações ao outro logo que possível.

Somente nos casos excepcionais em que o exercício em comum das responsabilidades parentais relativas às questões de particular importância para a vida do menor for julgado contrário aos seus interesses, é que o tribunal deverá, através de decisão fundamentada, determinar que sejam exercidas apenas por um dos progenitores[130].

Na exposição de motivos do Projecto de Lei 509/X vem a este propósito referido o seguinte:

"*Dá-se por assente que o exercício conjunto das responsabilidades parentais mantém os dois progenitores comprometidos com o crescimento do filho; afirma-se que está em causa um interesse público que cabe ao Estado promover, em vez de o deixar ao livre acordo dos pais; reduz-se o âmbito do exercício conjunto ao mínimo – aos assuntos de "particular importância". Caberá à jurisprudência e à doutrina definir este âmbito; espera-se que, ao menos no princípio da aplicação do regime, os assuntos relevantes se resumam a questões existenciais graves e raras, que perten-*

---

[129] No capítulo II do título II procuraremos especificar a que correspondem cada uma destas categorias de questões.

[130] Vide n.° 2 do art. 1906.° do C.C.

çam ao núcleo essencial dos direitos que são reconhecidos às crianças. Pretende-se que o regime seja praticável – como é em vários países europeus – e para que isso aconteça pode ser vantajoso não forçar contactos frequentes entre os progenitores. Assim se poderá superar o argumento tradicional de que os pais divorciados não conseguem exercer em conjunto as responsabilidades parentais". (o sublinhado é nosso).

No ponto 11.1. veremos com maior detalhe o significado e alcance deste conceito de "questões de particular importância".

6.9.2. *Quanto aos actos da vida corrente do menor*

Quanto aos actos da vida corrente do menor, o exercício das responsabilidades parentais cabe ao progenitor com quem ele reside habitualmente, ou ao progenitor com quem ele se encontra temporariamente; porém, este último, ao exercer as suas responsabilidades, não deverá contrariar as orientações educativas mais relevantes, tal como elas são definidas pelo progenitor com quem o filho reside habitualmente[131].

6.9.3. *Na determinação da residência dos filhos menores e dos respectivos direitos de visita*

No regime imediatamente anterior ao da Lei n.° 61/2008, constante da Lei 84/95, a determinação da residência do menor (destino do filho) era regulada por acordo dos pais, sujeito a homologação do tribunal, a qual seria recusada caso não correspondesse ao interesse do menor, incluindo o interesse deste em manter com aquele progenitor a quem não fosse confiado, uma relação de grande proximidade.

De acordo com o regime da Lei n.° 61/2008, na determinação da residência dos filhos menores é tido em conta a promoção da partilha de responsabilidades dos pais e a manutenção da relação do menor com o progenitor com quem este não fique a residir, assim como a promoção das garantias dadas a este no que diz respeito ao acompanhamento e fiscalização da educação do menor e das suas condições de vida, nos termos constantes dos n.os 5 a 7 do actual artigo 1906.°:

"5. *O tribunal determinará a residência do filho e os direitos de visita de acordo com o interesse deste, tendo em atenção todas as circunstâncias*

131 Vide n.° 3 do art. 1906.° do C.C.

relevantes, designadamente o eventual acordo dos pais e a disponibilidade manifestada por cada um deles para promover relações habituais do filho com o outro.

6. Ao progenitor que não exerça, no todo ou em parte, as responsabilidades parentais assiste o direito de ser informado sobre o modo do seu exercício, designadamente sobre a educação e as condições de vida do filho".

7. O tribunal decidirá sempre de harmonia com o interesse do menor, incluindo o de manter uma relação de grande proximidade com os dois progenitores, promovendo e aceitando acordos ou tomando decisões que favoreçam amplas oportunidades de contacto com ambos e de partilha de responsabilidades entre eles".

6.9.4. *Nos alimentos devidos aos filhos menores*

Relativamente aos alimentos devidos ao menor e à forma de os prestar, o actual artigo 1905.° do C.C., mantém a regra[132] de os mesmos serem regulados por acordo dos pais, sujeito a homologação, a qual será recusada se não corresponder ao interesse do menor.

7. **Data da produção dos efeitos do divórcio**

A Lei n.° 61/2008 manteve, no essencial, o artigo 1789.° do C.C., apenas substituindo, no seu n.° 2, a referência a "coabitação" pela referência a "separação de facto", passando, assim, este artigo a possuir a seguinte redacção:

"1. Os efeitos do divórcio produzem-se a partir do trânsito em julgado da respectiva sentença, mas retrotraem-se à data da proposição da acção quanto às relações patrimoniais entre os cônjuges.

2. Se a separação de facto[133] entre os cônjuges estiver provada no processo, qualquer deles pode requerer que os efeitos do divórcio retroajam à data, que a sentença fixará, em que a separação tenha começado.

3. Os efeitos patrimoniais do divórcio só podem ser opostos a terceiros a partir da data do registo da sentença".

---

[132] Regra essa então constante no n.° 1 do art. 1905.° do C.C.

[133] Dispõe o n.° 1 do art. 1782.° do C.C., que "*Entende-se que há separação de facto, para os efeitos da alínea a) do artigo anterior, quando não existe comunhão de vida entre os cônjuges e há da parte de ambos, ou de um deles, o propósito de não a restabelecer*".

TÍTULO II

O anterior poder paternal e as actuais responsabilidades parentais

CAPÍTULO I

O poder paternal no regime anterior à Lei n.° 61/2008

8. **Poder paternal**

8.1. *O anterior conceito de poder paternal*

Tendo em conta que esta temática se encontra intimamente relacionada com o divórcio no caso de os cônjuges terem filhos menores, iremos fazer uma breve abordagem ao conceito de "poder paternal", constante do regime anterior ao da Lei n.° 61/2008, para posteriormente virmos a confrontá-lo com o novo conceito de "responsabilidades parentais", agora introduzido por esta.

O artigo 1877.° do C.C, desde a sua versão inicial até à entrada em vigor da Lei n.° 61/2008, dispunha que "*Os filhos estão sujeitos ao poder paternal até à maioridade ou emancipação*".

Tal como referido na exposição de motivos do Projecto de Lei n.° 509/ /X, no conceito de "poder paternal" o centro da atenção estava naquele que detém o poder, a que correspondia um modelo implícito que apontava para o sentido da posse dos pais em relação à pessoa dos filhos, muito embora fosse já considerado como um poder-dever.

Com efeito, a própria Constituição da República Portuguesa, no seu artigo 36.°, n.° 5 refere que "Os pais têm o direito e o dever de educação e manutenção dos filhos. (o sublinhado é nosso).

A propósito da noção e natureza jurídica do poder paternal, Maria Clara Sottomayor, in "Exercício do poder paternal", Publicações Universidade Católica, Porto, 2003, a págs. 19, já então tomava a seguinte posição, que subscrevemos:

"Para a Teoria Geral do Direito Civil, a função jurídica do poder paternal consiste no suprimento da incapacidade negocial de exercício dos filhos menores de 18 anos, não emancipados. Esta definição do poder paternal refere-se à actividade jurídico-negocial do menor, em relação à qual, os pais, como representantes legais, actuam em nome do menor. Contudo, uma concepção redutora do poder paternal à função de representação dos menores significa uma visão autoritária do poder paternal, demasiado rígida e formalista para aspectos relacionados com a sua conduta pessoa e social. Defendemos, antes, uma concepção personalista do poder paternal, em que a criança, é considerada não apenas como sujeito de direito susceptível de ser titular de relações jurídicas, um expediente técnico-jurídico para participar na actividade jurídico-negocial, mas como pessoa dotada de sentimentos, necessidades e emoções, a quem é reconhecido um espaço de autonomia e de auto-determinação, de acordo com a sua maturidade".

8.2. *O poder paternal na versão inicial do Código Civil de 1966*

Na versão inicial do Código Civil de 1996, o artigo 1879.°, com a epígrafe "Natureza e conteúdo" (do poder paternal) rezava assim:

"1. Compete a ambos os pais a guarda e regência dos filhos menores não emancipados com o fim de os defender, educar e alimentar".

Contudo, a lei então estabelecia poderes especiais do pai e poderes especiais da mãe, nos seguintes termos:

Artigo 1881.°

(Poderes especiais do pai)

1. Compete especialmente ao pai, como chefe da família:

a) Providenciar acerca dos alimentos devidos ao filho e orientar a sua instrução e educação;

b) Prestar-lhe a assistência moral conforme a sua condição, sexo e idade;

c) Emancipá-lo;

d) Defendê-lo e representá-lo, ainda que nascituro;

e) Autorizá-lo a praticar os actos que, por determinação da lei, dependam do consentimento dos pais;

f) Autorizá-lo a exercer profissão, arte ou ofício e a viver sobre si;
g) Administrar os seus bens.
2. Quando ao menor tenha sido aplicada uma medida de prevenção criminal que ainda esteja em execução, é admitido o suprimento judicial de qualquer autorização paternal exigida por lei.

Artigo 1882.°
(Poderes especiais da mãe)

Compete especialmente à mãe:
a) Ser ouvida e participar em tudo o que diga respeito aos interesses do filho;
b) Velar pela sua integridade física e moral;
c) Autorizá-lo a praticar os actos que, por determinação especial da lei, dependam do seu consentimento;
d) Desempenhar relativamente ao filho e aos seus bens as funções pertencentes ao marido, sempre que este se encontre em lugar remoto ou não sabido ou esteja impossibilitado de as exercer por qualquer outro motivo.

Por outra parte, o artigo 1902.° regulava o poder paternal em caso de separação judicial de pessoas e bens, divórcio e declaração de nulidade ou anulação do casamento, nos seguintes termos:

Artigo 1902.°
(Separação de pessoas e bens, divórcio, declaração de nulidade ou anulação do casamento)

1. Nos casos de separação judicial de pessoas e bens, divórcio, declaração de nulidade ou anulação do casamento, ambos os pais conservam em relação ao filho menor o poder paternal; o exercício deste é, porém, regulado por acordo dos pais ou, na falta de acordo, pelo tribunal de menores.
2. O acordo dos pais está sujeito à homologação do tribunal, nos termos da lei de processo.
3. A regulação do exercício do poder paternal abrange o destino do menor, a fixação dos alimentos e a forma de os prestar.

8.3. *O poder paternal na Reforma de 1977*

A Constituição da República Portuguesa de 1976, veio no n.° 3 do seu artigo 36.° estabelecer que *"Os cônjuges têm iguais direitos e deveres quanto à capacidade civil e política e à manutenção e educação dos filhos"*, e, no n.° 5 do mesmo artigo, mais veio acrescentar que *"Os pais têm o direito e o dever de educação dos filhos"*.

Na sequência da Constituição de 1976, a Reforma de 1977, constante do D.L. 496/77, de 25 de Novembro, remeteu para o artigo 1901.° do C.C. a definição do poder paternal na constância do matrimónio, nos seguintes termos:

Artigo 1901.°
(Poder paternal na constância do matrimónio)

1. Na constância do matrimónio o exercício do poder paternal pertence a ambos os pais.

2. Os pais exercem o poder paternal de comum acordo e, se este faltar em questões de particular importância, qualquer deles pode recorrer ao tribunal, que tentará a conciliação; se esta não for possível, o tribunal ouvirá, antes de decidir, o filho maior de catorze anos, salvo quando circunstâncias ponderosas o desaconselhem.

Por outra parte, os artigos 1905.° e 1906.° do C.C. passaram a reger, respectivamente, a regulação do poder paternal em caso de divórcio, separação judicial de pessoas e bens, declaração de nulidade ou anulação do casamento, e o respectivo exercício, nos seguintes termos:

Artigo 1905.°
(Divórcio, separação judicial de pessoas e bens, declaração de nulidade ou anulação do casamento)

1. Nos casos de divórcio, separação judicial de pessoas e bens, declaração de nulidade ou anulação do casamento, o destino do filho, os alimentos a este devidos e a forma de os prestar serão regulados por acordo dos pais, sujeito a homologação do tribunal; a homologação será recusada se o acordo não corresponder ao interesse do menor.

2. Na falta de acordo, o tribunal decidirá de harmonia com o interesse do menor, podendo este ser confiado à guarda de qualquer dos pais ou, quando se verifique alguma das circunstâncias previstas no artigo 1918.°, à guarda de terceira pessoa ou de estabelecimento de educação ou assistência.

3. No caso referido no número anterior será estabelecido um regime de visitas ao progenitor ou progenitores a quem não tenha sido confiada a guarda do filho, a menos que excepcionalmente o interesse deste o desaconselhe.

Artigo 1906.°
(Exercício do poder paternal em caso de divórcio, separação judicial de pessoas e bens, declaração de nulidade ou anulação do casamento.)

1. O poder paternal é exercido pelo progenitor a quem o filho foi confiado.

2. Os pais podem, todavia, acordar, nos termos do n.° 1 do artigo anterior, ou, na falta de acordo, pode o tribunal decidir que a administração dos bens do filho seja exercida pelo progenitor a quem o menor não tenha sido confiado.

3. Ao progenitor que não exerça o poder paternal assiste o poder de vigiar a educação e as condições de vida do filho.

8.4. *O poder paternal na Lei 84/95 de 31 de Agosto*

Lei 84/95 consagrou duas importantes alterações no que se refere ao poder paternal e seu exercício:

Por um lado, teve em vista a promoção da relação dos menores com cada um dos seus ascendentes e irmãos.

Neste contexto, começou por aditar ao Código Civil o artigo 1887.°-A, com o seguinte teor:

"Artigo 1887.°-A

Convívio com irmãos e ascendentes

Os pais não podem injustificadamente privar os filhos do convívio com os irmãos e ascendentes".

Também neste sentido, no artigo 1905.° do C.C. (quer no seu n.° 1, relativo ao acordo dos pais, quer no seu n.° 2, em caso de desacordo dos pais), passou também a ser tido em conta o interesse do menor em manter com aquele progenitor a quem não seja confiado uma relação de grande proximidade, pelo que este artigo passou então a possuir a seguinte redacção:

"Artigo 1905.°

(Divórcio, separação judicial de pessoas e bens, declaração de nulidade ou anulação do casamento)

1. Nos casos de divórcio, separação judicial de pessoas e bens, declaração de nulidade ou anulação do casamento, o destino do filho, os alimentos a este devidos e forma de os prestar serão regulados por acordo dos pais, sujeito a homologação do tribunal; a homologação será recusada se o acordo não corresponder ao interesse do menor, incluindo o interesse deste em manter com aquele progenitor a quem não seja confiado uma relação de grande proximidade.

2. Na falta de acordo, o Tribunal decidirá de harmonia com o interesse do menor, incluindo o de manter uma relação de grande proximidade com o progenitor a quem não seja confiado, podendo a sua guarda caber a qualquer dos pais, ou, quando se verifique alguma das circunstâncias previstas no artigo 1918.°, a terceira pessoa ou estabelecimento de reeducação ou assistência". (o sublinhado é nosso).

Por outro lado, a segunda alteração relevante da Lei 84/95 consistiu na possibilidade de, em caso de divórcio, separação judicial de pessoas e bens, ou declaração de nulidade ou anulação do casamento, os pais poderem acordar no **exercício em comum do poder paternal**, decidindo as questões relativas à vida do filho em condições idênticas às que vigoram para tal efeito na constância do matrimónio, bem como a possibilidade de os pais acordarem que determinados assuntos sejam resolvidos por acordo dos próprios ou que a administração dos bens do filho seja assumida pelo progenitor a quem o menor tenha sido confiado.

Nesta conformidade, o artigo 1906.° do C.C. passou a possuir a seguinte redacção:

"Artigo 1906.°
(Exercício do poder paternal em caso de divórcio, separação judicial de pessoas e bens, declaração de nulidade ou anulação do casamento.)

1. O poder paternal é exercido pelo progenitor a quem o filho foi confiado.

2. Os pais podem, todavia, acordar, nos termos do n.° 1 do artigo anterior, <u>o exercício em comum do poder paternal</u>, decidindo as questões relativas à vida do filho em condições idênticas às que vigoram para tal efeito na constância do matrimónio.

3. Os pais podem ainda acordar, nos termos do n.° 1 do artigo anterior, que determinados assuntos sejam resolvidos por acordo de ambos os pais ou que a administração dos bens do filho seja assumida pelo progenitor a quem o menor tenha sido confiado.

4. Ao progenitor que não exerça o poder paternal assiste o poder de vigiar a educação e as condições de vida do filho". (o sublinhado é nosso).

A este respeito refere Maria Clara Sottomayor, in ob. cit, a págs. 475 o seguinte:

"Essas alterações resultaram de uma proposta preparada pela Associação Portuguesa de Mulheres Juristas e pela Instituição Pai-Mãe-Criança. A principal razão invocada para introduzir no Código Civil o exercício conjunto do poder paternal residia no interesse da criança, entendido como as necessidades afectivas e emocionais da criança, a conviver com ambos os pais após a separação destes, considerando as autoras do projecto que este contacto torna o divórcio menos traumático para as crianças e promove o desenvolvimento psicológico destas. O discurso feminista contra a sobrecarga psicológica e financeira da mulher na educação dos filhos e contra a desresponsabilização do homem foi outra razão apontada para a introdução do exercício conjunto do poder paternal, regra também

de acordo com a reclamação dos homens que exigem igualdade de direitos entre os pais após o divórcio".

Prossegue a mesma autora, in ob. cit. a págs. 476:

"Neste sentido e de acordo com a ratio legis do art. 1906.°, n.° 1, o exercício conjunto do poder paternal é uma solução para casos excepcionais, em que os pais revelam capacidade de cooperação e de separar os seus problemas enquanto cônjuges do seu papel como pais, se respeitam um ao outro como pessoas e confiam um no outro como pais, têm ambos capacidade educativa, uma boa relação afectiva com o filho e a solução escolhida não prejudica o interesse concreto do menor".

Na versão final da Lei 84/95 foi retirada qualquer referência à possibilidade de residência alternada, constante do respectivo projecto.

A este respeito, refere ainda a mesma autora in ob. cit, a fls. 477 o seguinte:

"O exercício conjunto do poder paternal com alternância de residência não está expressamente proibido pela lei mas o teor literal desta e o argumento histórico de interpretação permitem concluir que a intenção do legislador foi apenas de igualizar os direitos e deveres dos pais mas não a de dividir a criança entre as residências de ambos. A lei deve portanto ser interpretada de forma restritiva, no sentido de não serem admitidos acordos de residência alternada. Tem-se entendido que uma solução deste tipo prejudica a formação da personalidade do menor devido à sensação de insegurança, ansiedade, nervosismo e instabilidade que provoca, sobretudo, relativamente a crianças com idade pré-escolar, aquelas que mais necessitam da estabilidade das condições externas para se desenvolverem. Foi também detectado nestas crianças um desejo irrealista de reconciliação dos pais".

8.5. O poder paternal na Lei 59/99, de 30 de Junho

A Lei 59/99 veio introduzir uma nova alteração ao teor do artigo 1906.° do C.C., o qual passou a possuir a seguinte redacção:

"Artigo 1906.°

(Exercício do poder paternal em caso de divórcio, separação judicial de pessoas e bens, declaração de nulidade ou anulação do casamento.)

1. Desde que obtido o acordo dos pais, o poder paternal é exercido em comum por ambos, decidindo as questões relativas à vida do filho em condições idênticas às que vigoram para tal efeito na constância do matrimónio.

2. Na ausência de acordo dos pais, deve o tribunal, através de decisão fundamentada, determinar que o poder paternal seja exercido pelo progenitor a quem o filho for confiado.

3. No caso previsto no número anterior, os pais podem acordar que determinados assuntos sejam resolvidos entre ambos ou que a administração dos bens do filho seja assumida pelo progenitor a quem o menor tenha sido confiado.

4. Ao progenitor que não exerça o poder paternal assiste o poder de vigiar a educação e as condições de vida do filho".

A respeito desta alteração, refere a mesma autora, in ob. cit. a págs. 481 o seguinte:

"O actual art. 1906.°, na redacção da Lei 59/99, nada refere quanto à posição do legislador sobre o princípio regra uma vez que o exercício conjunto do poder paternal está dependente do acordo dos pais, e que o princípio, aplicável nos casos de falta de acordo, continua a ser o exercício do poder paternal a quem o filho foi confiado, esta será sociologicamente a solução maioritária.

Quanto ao dever de fundamentação do juiz no caso de ausência de acordo dos pais, uma vez que a lei não especifica a que critérios deve o juiz recorrer para afastar o exercício conjunto do poder paternal, à semelhança de outras leis, como a francesa ou a norueguesa, que exigem uma fundamentação baseada no interesse da criança e que expressamente consideram o exercício conjunto do poder paternal como o princípio regra, deve entender-se que basta ao juiz alegar a impossibilidade de obter o acordo para decretar o exercício unilateral do poder paternal. A recusa de um dos pais é interpretada como uma presunção iuris et de iure[134] *de que falta, aos pais, capacidade de cooperação para pôr em prática o exercício conjunto do poder paternal".*

A mesma autora refere ainda, in ob. cit. a págs. 483 o seguinte:

"A alteração do art. 1906.°, n.° 1 do Código Civil não reflecte uma preferência do legislador pelo exercício conjunto do poder paternal nem uma presunção legal a ser afastada unicamente em casos excepcionais, em que se demonstre que tal solução prejudica o interesse do menor, mas antes, tal como na lei anterior, a opção é deixada aos pais, respeitando-se assim

---

[134] Presunção inilidível (isto é, que não pode ser afastada).

a autonomia da família. Consequentemente, o tribunal não pode impor o exercício conjunto do poder paternal contra a vontade de um ou de ambos os pais nem o progenitor que a recusa pode ser penalizado numa decisão sobre a guarda dos filhos".

Por fim, conclui a mesma autora in ob, cit. a págs. 485 com o seguinte:

> "*Entendemos, que a alteração do código civil era desnecessária. A nova redacção do artigo 1906.°, n.° 1, abolindo o exercício unilateral do poder paternal como princípio-regra, acaba, afinal, por consagrar a mesma solução da Lei 84/95, na medida em que só admite o exercício conjunto do poder paternal, no caso de haver acordo dos pais".*

CAPÍTULO II

As responsabilidades parentais no regime da Lei n.° 61/2008

9. Motivos para a substituição do conceito de "poder paternal" pelo conceito de "responsabilidades parentais"

Como já referimos, a Lei n.° 61/2008 veio substituir o conceito de "poder paternal" pelo novo conceito de "responsabilidades parentais".

As razões que levaram o legislador a proceder a esta substituição encontram-se plasmadas na exposição de motivos do Projecto Lei 509/X, nos seguintes termos:

> *Em primeiro lugar, a designação anterior supõe um modelo implícito que aponta para o sentido de posse, manifestamente desadequado num tempo em que se reconhece cada vez mais a criança como sujeito de direitos. É certo que em direito de família o poder paternal sempre foi considerado um poder/dever, mas esta é uma especificação técnica que desaparece no uso quotidiano, permitindo-se assim que na linguagem comum se façam entendimentos e conotações antigas e desajustadas.*
>
> *Em segundo lugar, é vital que seja do ponto de vista das crianças e dos seus interesses, e portanto a partir da responsabilidade dos adultos, que se definam as consequências do divórcio. Também assim se evidencia a separação entre relação conjugal e relação parental, assumindo-se que o fim da primeira não pode ser pretexto para a ruptura da segunda. Por outras palavras, o divórcio dos pais não é o divórcio dos filhos e estes devem ser poupados a litígios que ferem os seus interesses, nomeadamente, se forem impedidos de manter as relações afectivas e as lealdades tanto com as suas mães como com os seus pais.*
>
> *Vale a pena sublinhar, por último, que a designação agora proposta acompanha as legislações da maioria dos países europeus que já há muito a consagram.*

De referir que já no domínio do regime anterior ao da Lei n.° 61/2008, Maria Clara Sottomayor, in Exercício do Poder Paternal, Estudos e Monografias, Publicações Universidade Católica, 2003, a págs. 21 referia o seguinte:

> *"Embora não o tenhamos feito na edição anterior, por comodidade, dado o hábito legal e jurisprudencial na utilização da expressão, rejeitamos, agora, a expressão poder paternal, na medida em que a palavra "poder" significa posse, domínio e hierarquia e, nós defendemos, de acordo com a concepção da família actualmente pressuposta pela Constituição e pelo Código Civil, uma família participativa e democrática, baseada na igualdade dos seus membros, e em deveres mútuos de colaboração. A palavra "paternal" refere-se à preponderância do pai que caracteriza a família patriarcal, definida pela posição hierarquicamente superior do chefe masculino, em relação à mulher e aos filhos. A este propósito gostaríamos de recordar a obra de Eliana Guimarães e a forma como intitulou a sua obra "O Poder Maternal", realçando a função social da maternidade na educação dos novos cidadãos, numa época em que a mulher casada e mãe estava legalmente subordinada ao marido. Actualmente, preferimos expressões como "responsabilidade parental" ou "cuidado parental", que exprimem uma ideia de compromisso diário dos pais para com as necessidades físicas, emocionais e intelectuais dos filhos.*
>
> *A linguagem também contém uma norma e faz parte de um conjunto amplo de Direito que abrange para além das leis, os costumes sociais e a cultura. Se a linguagem tem um cariz patriarcal, tal significa que a cultura, apesar da alteração das leis pelos órgãos de soberania, continua a ser patriarcal, e que a sociedade e a família vivem num patriarcado implícito. A mudança social não opera só, nem principalmente, através da lei, e a linguagem é um instrumento de mudança. O abandono da expressão poder paternal não significa qualquer complexo de inferioridade das mulheres mas apenas trazer para a linguagem aquilo que sempre foi a vida quotidiana das mulheres, o cuidado diário e a responsabilidade pelos filhos, valores que devem também ser praticados pelos homens.*
>
> *A natureza jurídica do cuidado ou da responsabilidade parental consiste numa função destinada a promover o desenvolvimento, a educação e a protecção dos filhos menores não emancipados*".

O artigo 3.° da Lei n.° 61/2008 estabelece que a expressão "poder paternal" deve ser substituída por "responsabilidades parentais" em todos os diplomas legais e nas repartições oficiais.

De seguida iremos analisar as alterações introduzidas pela Lei n.° 61/2008 na subsecção IV do capítulo II do título III do livro IV do Código Civil – artigos 1901.° a 1912.°.

10. Responsabilidades parentais na constância do matrimónio

A Lei n.° 61/2008 manteve a regra constante do n.° 1 do artigo 1901.° do C.C. segundo a qual na constância do matrimónio as responsabilidades parentais (outrora designadas por "poder paternal") pertencem a ambos os pais.

No regime anterior ao da Lei n.° 61/2008, o n.° 2 do artigo 1901.° do C.C. estabelecia que na constância do matrimónio os pais exercem o poder paternal de comum acordo e, se este faltar em questões de particular importância, qualquer deles podia recorrer ao tribunal, que tentará a conciliação; se esta não for possível, o tribunal ouviria, antes de decidir, o filho maior de catorze anos, salvo quando circunstâncias ponderosas o desaconselhassem.

A Lei n.° 61/2008 veio suprimir a referência à audição do filho maior de catorze anos, estabelecendo, em caso de frustração da tentativa de conciliação, como regra, a audição do menor, independentemente da idade que este tiver, ressalvados os casos em que circunstâncias poderosas o desaconselhem.

Consequentemente, caberá agora ao tribunal aquilatar da oportunidade e conveniência em ouvir o menor, tendo em conta, naturalmente, a sua maturidade e discernimento para se pronunciar sobre os seus anseios e vontades.

Por outra parte, constatamos, quer no n.° 2 do artigo 1902.° do C.C., quer no seu artigo 1904.°, a substituição da referência a "cônjuge" por "progenitor", o que nos parece correcto, dado aqui tratar-se da relação pais/filhos e não da relação entre cônjuges.

Pela mesma ordem de razões aplaudimos a substituição da epígrafe do artigo 1904.°do C.C. "viuvez" por "morte de um dos progenitores".

11. Responsabilidades parentais em caso de divórcio ou separação judicial de pessoas e bens, declaração de nulidade ou anulação do casamento

No ponto 6.9, relativo aos efeitos do divórcio nas responsabilidades parentais, já tivemos a oportunidade de abordar, ainda que de forma muito sintética, as alterações efectuadas pela Lei n.° 61/2008 aos artigos 1905.° e 1906.° do C.C, para o que remetemos.

Iremos agora debruçarmo-nos com maior profundidade sobre o sentido e alcance destas alterações, bem como as questões que certamente irão levantar-se na sua aplicação prática, designadamente, as relativas às "questões de particular importância" e aos "actos da vida corrente" previstos no artigo 1906.° do C.C, bem como às matérias que em caso de divórcio por mútuo consentimento podem ser objecto do acordo dos pais relativo às responsabilidades parentais.

No regimes anteriores ao da Lei n.° 61/2008, concretamente, a partir da Lei 84/95, e de forma mais explícita, com a Lei 59/99, desde que obtido o acordo dos pais, o poder paternal podia ser exercido em comum por ambos, decidindo estes acerca das questões relativas à vida do filho em condições idênticas às que vigoravam para tal efeito na constância do matrimónio.

A este respeito, Tomé d'Almeida Ramião, in "Organização Tutelar de Menores Anotada e Comentada", Quid Júris, 3.ª edição, a págs. 85, no domínio deste regime, tecia as seguintes considerações, que subscrevemos:

> "*O exercício conjunto do poder paternal constitui, sem dúvida, a melhor opção, desde que haja um bom relacionamento entre os pais e fácil comunicação entre eles, o que pressupõe identidade de estilos de vida e de projectos educativos dos pais, sob pena de constituir motivo de tensão e conflito permanente, visando não arredar o outro progenitor do processo educativo e crescimento do filho e uma participação interessada e responsável de ambos os progenitores, que o filho sairá certamente beneficiado*".
>
> "*O exercício conjunto do poder paternal refere-se apenas ao aspecto jurídico de definir quem tem competência para tomar as decisões relativas à educação da criança, fixando-se, no entanto, a residência habitual da criança com um dos pais*".

Também a este respeito, e igualmente no domínio do regime anterior ao da Lei n.° 61/2008, Maria Clara Sottomayor, in ob. cit., a págs. 476 e 477 referia o seguinte:

> "*... de acordo com a ratio legis do art. 1906.°/1, do C. Civ., o exercício conjunto do poder paternal é uma solução para casos excepcionais em que os pais revelam capacidade de cooperação e de separar os seus problemas enquanto cônjuges do seu papel como pais, se respeitam um ao outro como pessoas e confiam um no outro como pais, têm ambos capacidade educativa, uma boa relação afectiva com o filho e a solução escolhida não prejudica o interesse concreto do menor*".

E a mesma autora, in Regulação do Exercício do Poder Paternal nos Casos de Divórcio, 2.ª Ed. a págs. 91, referia igualmente o seguinte:

> *"No quadro do exercício conjunto do poder paternal a referência a um regime de visitas é imprópria. Em princípio, quando é decretado o exercício conjunto do poder paternal não há lugar à regulamentação do direito de visita. O outro progenitor goza de um direito de se relacionar com a criança livremente, sempre que ambos o desejem".*
>
> *"O exercício conjunto do poder paternal com residência alternada não se confunde com a chamada guarda alternada. Este conceito consiste em a criança passar alternadamente períodos de tempo com cada um dos progenitores, isto é, durante certo período de tempo, alternadamente, a criança ficar à guarda de cada um dos pais, sendo que nesse período cada um deles exerce em exclusivo o exercício do poder paternal.*
>
> *A guarda alternada funciona num quadro de exercício unilateral do poder paternal"* (o sublinhado é nosso).
>
> *"O exercício conjunto do poder paternal com alternância de residência, exige por parte dos pais cooperação constantes, sendo todas as decisões relativas á educação da criança tomadas conjuntamente. No entanto, o efeito traumático da mudança constante mantém-se. Por isso uma tal medida não pode ser aprovada pelo juiz, sem que este tenha em conta, através da observação da criança por peritos, a personalidade, a idade e o temperamento de cada criança, pois pode acontecer que, apesar de os pais estarem de acordo, tal solução não seja do interesse da criança"* – ob. cit. pág. 93 (o sublinhado é nosso).

E ainda a mesma autora, in "Exercício do Poder Paternal, Estudos e Monografias, Publicações Universidade Católica, 2003, a págs. 477, referia então a este propósito, o seguinte:

> *"O exercício conjunto do poder paternal com alternância de residência (de acordo com um ritmo temporal determinado, mensal, semanal, etc.), não está expressamente proibido pela lei mas o teor literal (os pais decidem as questões relativas à vida do filho em condições idênticas às que vigoram para tal efeito na constância do matrimónio, e recorrem ao tribunal em caso de falta de acordo quanto a questões de particular importância) desta e o elemento histórico da interpretação permitem concluir que a intenção do legislador foi apenas a de igualizar os direitos e deveres dos pais mas não a de dividir a criança entre as residências de ambos. A lei deve portanto ser interpretada de forma restritiva, no sentido de não serem admitidos acordos de residência alternada. Tem-se entendido que uma solução deste tipo prejudica a formação da personalidade do menor devido à sen-*

sação de insegurança que provoca, sobretudo, relativamente a crianças com idade pré-escolar, aquelas que necessitam da estabilidade das condições externas para se desenvolverem".

Como já tivemos a oportunidade de referir, nos casos de divórcio ou separação judicial de pessoas e bens, declaração de nulidade ou anulação do casamento, o legislador optou agora por retirar da vontade dos pais[135] a atribuição e o exercício das responsabilidades parentais, impondo, como regra, a de que as responsabilidades relativas às questões de particular importância para a vida do filho serão exercidas em comum por ambos os progenitores, nos termos que vigoravam na constância do matrimónio, admitindo a sua entrega a apenas um dos progenitores, quando o tribunal julgar que tal solução for contrária aos interesses do menor.

Na exposição de motivos do Projecto de Lei 509/X vêm referidas as razões desta opção: "*Ponto nevrálgico é também, no entanto, aquele que se refere às consequências do divórcio sobretudo quando há filhos menores. Tendo como referente fundamental, neste plano, os direitos das crianças e os deveres dos pais, e assumindo a realidade da diferenciação clara entre relação conjugal e relação parental, o exercício das responsabilidades parentais deve ser estipulado de forma a que a criança possa manter relações afectivas profundas com o pai e com a mãe, bem como ser o alvo de cuidados e protecção por parte de ambos em ordem à salvaguarda do seu superior interesse*. (o sublinhado é nosso).

"... *é vital que seja do ponto de vista das crianças e dos seus interesses, e portanto a partir da responsabilidade dos adultos, que se definam as consequências do divórcio. Também assim se evidencia a separação entre relação conjugal e relação parental, assumindo-se que o fim da primeira não pode ser pretexto para a ruptura da segunda. Por outras palavras, o divórcio dos pais não é o divórcio dos filhos e estes devem ser poupados a litígios que ferem os seus interesses, nomeadamente, se forem impedidos de manter as relações afectivas e as lealdades tanto com as suas mães como com os seus pais*".

"*A imposição do exercício conjunto das responsabilidades parentais para as decisões de grande relevância da vida dos filhos decorre ainda do respeito pelo princípio do interesse da criança. Também aqui se acompanha a experiência da jurisprudência e a legislação vigente em países que, por se terem há mais tempo confrontado com o aumento do divórcio, mudaram o regime de exercício das responsabilidades parentais da guarda única para a guarda conjunta. Isso*

---

[135] (Ainda que então tal vontade se encontrasse sujeita a homologação pelo tribunal).

aconteceu por terem sido verificados os efeitos perversos da guarda única, nomeadamente pela tendência de maior afastamento dos pais homens do exercício das suas responsabilidades parentais e correlativa fragilização do relacionamento afectivo com os seus filhos".

A Lei n.° 61/2008, ao substituir o conceito de "poder paternal" pelo conceito de "responsabilidades parentais", por sua vez cindiu estas responsabilidades, entre, por um lado, as responsabilidades relativas às "questões de particular importância" (conferindo, em princípio, o seu exercício a ambos os progenitores), e, por outro lado, as responsabilidades relativas a "actos da vida corrente" (conferindo o seu exercício ao progenitor com quem o menor resida habitualmente, ou ao progenitor com quem ele se encontra temporariamente, não devendo este contrariar as orientações educativas mais relevantes, tal como elas são definidas pelo progenitor com quem o filho reside habitualmente).

Importa, pois, pela sua extrema relevância prática, tentar concretizar quais serão então os "actos de particular importância" e os "actos da vida corrente", como tal designados na nova redacção do artigo 1906.° do C.C.

11.1. *As "questões de particular importância" para a vida do menor, previstas no artigo 1906.° do Código Civil*

11.1.1. *Delimitação do conceito*

A Lei n.° 61/2008 não define o conceito de "questões de particular importância" para a vida do menor, previsto no artigo 1906.° do C.C.

Na exposição de motivos do Projecto de Lei 509/X vem a este propósito referido o seguinte:

> "*Impõem-se o exercício conjunto das responsabilidades parentais, salvo quando o tribunal entender que este regime é contrário aos interesses do filho. O exercício conjunto, porém, refere-se apenas aos "actos de particular importância"; a responsabilidade pelos "actos da vida quotidiana" cabe exclusivamente ao progenitor com quem o filho se encontra. Dá-se por assente que o exercício conjunto das responsabilidades parentais mantém os dois progenitores comprometidos com o crescimento do filho; afirma-se que está em causa um interesse público que cabe ao Estado promover, em vez de o deixar ao livre acordo dos pais; reduz-se o âmbito do exercício conjunto ao mínimo – aos assuntos* de "particular importância.

Caberá à jurisprudência e à doutrina definir este âmbito; espera-se que, ao menos no princípio da aplicação do regime, os assuntos relevantes se resumam a ***questões existenciais graves e raras****, que pertençam ao núcleo essencial dos direitos que são reconhecidos às crianças. Pretende-se que o regime seja praticável – como é em vários países europeus – e para que isso aconteça pode ser vantajoso não forçar contactos frequentes entre os progenitores. Assim se poderá superar o argumento tradicional de que os pais divorciados não conseguem exercer em conjunto as responsabilidades parentais*" (o sublinhado é nosso).

No âmbito do regime anterior ao da Lei n.° 61/2008 o n.° 2 do artigo 1901.° do C.C., relativo ao exercício do poder paternal na constância do matrimónio, estabelecia que o mesmo seria exercido de comum acordo e, se este faltasse em questões de particular importância, qualquer deles podia requerer ao tribunal, que tentaria a conciliação; se esta não fosse possível o tribunal ouviria, antes de decidir, o filho maior de catorze anos, salvo quando circunstâncias ponderosas o desaconselhassem.

Como já tivemos a oportunidade de analisar, com a Lei n.° 61/2008 as únicas alterações a este n.° 2 do artigo 1901.° do C.C, residem na substituição da expressão "poder paternal" pela expressão "responsabilidades parentais", bem como na eliminação da idade mínima de 14 anos para que o filho menor pudesse ser ouvido.

Parece-nos, pois, que haverá aqui algum paralelismo na expressão "questões de particular importância" que tem vindo a ser empregue no artigo 1901.° do C.C. desde a Reforma de 1977, face à mesma expressão, agora empregue na actual redacção do n.° 2 do artigo 1906.° do mesmo código.

O contrário é que seria de estranhar, pois não se compreenderia que a mesma expressão pudesse ter um sentido e alcance diversos no seio de um mesmo diploma legal.

Assim, e independentemente da evolução da nossa jurisprudência na delimitação e no aprofundamento deste conceito, será conveniente indagarmos qual o sentido que tem vindo a ser dado a esta expressão pelos nossos tribunais, na aplicação do n.° 2 do artigo 1901.° do C.C, cujo processo encontra-se previsto no artigo 184.° da OTM[136].

A nossa jurisprudência é escassa nesta matéria, e compreende-se bem porquê: o âmbito de aplicação do n.° 2 do artigo 1901.° consiste no desa-

[136] Ver Anexo IX.

cordo dos pais, ainda na constância do matrimónio, em questões de particular importância dos menores, pelo que verificando-se este desacordo, ou um dos cônjuges se submete à vontade do outro, evitando assim um litígio judicial com elevado potencial para levar a um rompimento do casamento, ou este específico desentendimento enquadra-se já no âmbito mais vasto do desentendimento conjugal, o que na esmagadora maioria dos casos levará ao divórcio ou à separação de facto.

De todo o modo, e dado o seu elevado interesse, citamos a seguinte jurisprudência:

No Ac. Rel. do Porto de 10/05/2006 foi decidido que sendo o ofendido menor de 16 anos, o direito de queixa pode ser exercido indistintamente por cada um dos progenitores.

Daqui poderemos retirar, "a contrario", que o direito de queixa não será, para este tribunal superior, uma questão de particular importância, face ao disposto no n.° 2 do artigo 1901.° e no n.° 1 do artigo 1902.° do C.C.

No Ac. Rel. do Porto de 16/09/2004 foi decidido que a retirada de menores da convivência com a mãe e o seu afastamento para o estrangeiro constitui um acto de particular importância, nos seguintes termos:

> "*Entendemos, todavia, que a própria lei portuguesa não dispensava o consentimento da mãe para remoção dos menores de Inglaterra para Portugal. É que, como refere o n.° 2 do art. 1901.° do Cód. Civil, os pais exercem o poder paternal de comum acordo e, se este faltar em questões de particular importância (como seja a retirada dos menores da convivência com a mãe e o seu afastamento para outro país), deverá ser o tribunal a obter a conciliação ou a decidir. A presunção do art. 1902.°/1 não tem aplicação, quer porque já foi ilidida pelo comportamento da mãe, que manifestou o seu desacordo, quer porque se trata de acto de particular importância, devendo entender-se ser exigível o consentimento de ambos os progenitores*".

No Ac. Rel. do Porto de 20/09/1994 foi decidido que a assinatura de um recibo de quitação por indemnização devida a um menor por acidente de viação de que lhe resultaram graves lesões é um acto de particular importância, carecendo do acordo de ambos os pais, sob pena de anulabilidade do acto.

– No Ac. Rel. de Lisboa de 11/03/1993 foi considerado que a escolha do uso apelido do pai constitui uma questão de particular importância:

"I – Em caso de desacordo dos pais quanto ao uso, pelo filho menor, do apelido do pai, não importa tanto ao tribunal exigir a prova positiva de factos demonstrativos de um interesse concreto, para o menor, nesse uso, mas antes indagar se existem circunstâncias que desaconselhem, do ponto de vista dos interesses do menor, o uso de tal apelido.

II – Não existindo, deve o apelido ser incluído".

Pelo exposto, pensamos enquadrarem-se como questões de particular importância designadamente, as relativas ao núcleo central da vida do menor, designadamente, no que se refere:

a) À segurança do menor – por exemplo, decisões relativas à prática pelo menor de desportos que ponham em risco a sua integridade física; decisões relativas a eventuais viagens do menor para países em conflito, etc.

b) À saúde do menor – por exemplo, decisões relativas a uma intervenção cirúrgica;

c) Aos aspectos fundamentais da educação do menor – por exemplo, decisões relativas à eventual educação religiosa do menor, decisões relativas à opção de frequência em ensino particular face a estabelecimento de ensino público; decisões relativas à opção do ingresso do menor em colégio interno;

d) À administração dos bens do menor;

e) Às deslocações e estadias do menor no estrangeiro;

f) À mudança geográfica da residência do menor.

Na exposição de motivos da Projecto de Lei 509/X refere-se a este respeito o seguinte: "*espera-se que, ao menos no princípio da aplicação do regime, os assuntos relevantes se resumam a questões existenciais graves e raras, que pertençam ao núcleo essencial dos direitos que são reconhecidos às crianças*".

"Pretende-se que o regime seja praticável – como é em vários países europeus – e para que isso aconteça pode ser vantajoso não forçar contactos frequentes entre os progenitores. Assim se poderá superar o argumento tradicional de que os pais divorciados não conseguem exercer em conjunto as responsabilidades parentais".

Parece daqui decorrer que os tribunais deverão fazer uma interpretação restritiva deste conceito, cingindo-o às áreas de verdadeiro interesse fundamental para o menor, de molde a torná-lo exequível, e a evitar que seja ele próprio uma fonte de conflitos entre progenitores.

11.1.2. *Potenciais riscos da imposição legal a ambos os progenitores das responsabilidades parentais relativas às questões de particular importância*

Concordamos integralmente com Maria Clara Sottomayor, quando esta autora, relativamente ao artigo 1906.° do C.C., na redacção que lhe foi dada pela Lei 59/99, de 30 de Julho, (e que previa a possibilidade de o exercício conjunto do poder paternal ser estabelecido por acordo dos pais) referia, in Exercício do Poder Paternal, Estudos e Monografias, Publicações Universidade Católica, 2003, a págs. 484 o seguinte:

> "*Os casos de exercício conjunto do poder paternal que resultam, na prática, são aqueles que ocorrem por força de uma vontade profunda de ambos os pais. A lei sobre a guarda dos filhos nos casos de divórcio não se dirige a estes pais que cooperam e desempenham as suas responsabilidades em relação aos filhos, independentemente do que diga a lei, mas à população divorciada ou separada em conflito por causa dos filhos. A transformação do que é uma excepção, em regra geral, envolvendo a aplicação do princípio do exercício em conjunto do poder paternal relativamente a famílias em conflito, é susceptível de gerar os mesmos problemas criados pela Reforma de 77, que separava o cuidado diário da criança do poder-dever de representação desta. O progenitor que cuida do menor no dia-a-dia e que melhor conhece as suas necessidades e personalidade fica, assim, dependente de obter o acordo do outro para tomar decisões de particular importância relativas à educação, saúde ou deslocações ao estrangeiro do filho menor o que representa uma instrumentalização do menor no conflito entre os pais, impasse e burocratização nas decisões a tomar*".

Esta nova solução legislativa, consubstanciada na imposição do exercício conjunto das responsabilidades parentais relativamente às questões de particular importância para a vida dos menores, aponta para aquilo que será sempre desejável para o superior interesse da criança, e nessa medida, é de louvar, por dirigir os progenitores nesse caminho.

Contém, no entanto, o perigo de transferir o conflito dos pais, subjacente ao fracasso seu casamento, para o campo da sua recíproca relação com os filhos menores.

Tal como referimos, a fim de ser evitada a "instrumentalização" dos filhos no conflito, muitas vezes ainda latente, dos ex-cônjuges, caberá à jurisprudência delimitar este conceito de "questões de particular importância" àquelas questões que pertençam ao núcleo essencial dos direitos que são reconhecidos às crianças.

Outro problema prático decorrente da imposição legal a ambos os progenitores do exercício em comum das responsabilidades parentais relativas às questões de particular importância dos menores prende-se com o facto de subjacente ao divórcio existirem, não raras vezes, situações de violência doméstica entre cônjuges.

Ora a prática revela que nestes casos mantém-se o risco da verificação de novas agressões, mesmo após o divórcio, risco este agora potenciado pela imposição a ambos os progenitores de contactarem com alguma regularidade tendo em vista a definição das matérias relativas às questões de particular importância do menor.

O n.° 2 do artigo 1906.° do C.C. prevê a possibilidade de o exercício destas responsabilidades parentais serem atribuídas a apenas um dos cônjuges, quando o interesse do menor o justifique.

Somos da opinião de que esta norma deveria contemplar, também, de forma expressa, o interesse de qualquer dos progenitores, o que permitiria designadamente, salvaguardar o progenitor que tivesse sido objecto de violência doméstica.

Pensamos todavia, que naqueles casos em que se mantenha um risco potencial de reincidência de violência por parte de ex-cônjuge, designadamente, quando na constância do matrimónio já tenha sido judicialmente verificada uma situação de violência, o juiz deverá lançar mão do "remédio" previsto no n.° 2 do artigo 1906.° do C.C.

A mesma solução deverá ser adoptada nos casos em que se encontre judicialmente reconhecido que o menor nasceu em virtude de violação da sua mãe, pois consideramos inaceitável que esta seja obrigada a reunir-se com o pai do menor para com este decidir em conjunto relativamente às questões de particular importância para o menor.

Em ambas as situações atrás referidas parece-nos evidente que o próprio interesse do menor ficará melhor salvaguardado se o juiz determinar que as responsabilidades parentais relativas às questões de particular importância para a vida do menor sejam atribuídas exclusivamente à progenitora.

Parece-nos que a atribuição em exclusivo do exercício destas responsabilidades deverá também ser adoptada, ao abrigo do mesmo n.° 2 do artigo

1906.° do C.C, quando não se mostre viável, por total falta de diálogo dos progenitores, o estabelecimento por estes das regras relativas às questões de particular importância para a vida do menor, pois consideramos que a manutenção de tal situação será certamente contrária ao interesse do menor.

Consideramos, pois, que o n.° 2 do artigo 1906.° do C.C., para além de constituir uma "válvula de escape" para estas situações, e certamente muitas outras mais, tem em simultâneo a virtualidade de compelir os progenitores a procurar um consenso relativamente às questões de particular importância do menor, que vise o seu superior interesse, sob pena de o juiz ver-se forçado a determinar que tais responsabilidades sejam exercidas por apenas um deles.

Deixa, no entanto por resolver aquelas situações, nas quais um dos progenitores, geralmente a mulher, foi objecto de violência doméstica na constância do matrimónio, sem que contudo tivesse sido reconhecida judicialmente, o que poderá colocá-la em situação de risco em voltar a ser agredida pelo seu ex-cônjuge num dos contactos a que se encontra agora obrigada a efectuar com este, visando a definição das orientações relativas às questões de particular importância para a vida do menor.

Tal como no exemplo acima citado, de falta de total diálogo, pensamos que o diálogo dos ex-cônjuges também aqui não mostrará exequível, pelo que restará ao ex-cônjuge vítima de violência doméstica requerer a regulação do exercício destas responsabilidades parentais, ao abrigo do artigo 174.° e seguintes da OTM.

11.2. *Os "actos da vida corrente" do menor*

Os "actos da vida corrente" a que se reportam os n.os 3 e 4 do artigo 1906.° do C. C. são, por exclusão de partes, todos os que não se reportem às questões de particular importância, previstas nos n.os 1 e 2 do mesmo artigo, constituindo, na prática, a sua esmagadora maioria.

Serão, designadamente, todos os actos relativos à disciplina e acompanhamento diário do menor, incluindo os relativos aos seus contactos sociais e cuidados urgentes, cuja responsabilidade cabe ao progenitor com este reside habitualmente ou com quem este se encontre temporariamente.

O n.° 4 do artigo 1906.° permite ao progenitor a quem cabe o exercício das responsabilidades parentais relativas aos actos da vida corrente exercê-las por si ou delegar em terceiro o seu exercício.

Por outra parte, o progenitor a quem couber o exercício das responsabilidades parentais relativas aos actos da vida corrente do menor poderá exercê-las por si ou delegar o seu exercício[137].

Ressalvado o devido respeito, e ainda que meramente "de jure condendo" permitimo-nos discordar desta possibilidade de delegação em terceiro.

Desde logo, e em primeiro lugar, porque tendo o legislador estabelecido que estas responsabilidades parentais cabem ao progenitor que com quem o menor reside habitualmente (o que se compreende, pois em princípio será este o que melhores condições se encontrará para acompanhar a vida corrente do menor) não se compreende então como em simultâneo este progenitor possa vir a delegá-las em terceiro, o qual, inclusive, poderá nem sequer residir habitualmente com ambos, pois que a lei aqui nem sequer faz depender a delegação de qualquer requisito específico.

Em segundo lugar, a possibilidade de delegação parece-nos contrária ao espírito do legislador, pois que na exposição de motivos do Projecto de Lei 509/X vem expressamente referido que "*....o exercício das responsabilidades parentais deve ser estipulado de forma a que a criança possa manter relações afectivas profundas <u>com o pai e com a mãe</u>, bem como ser o alvo de cuidados e protecção <u>por parte de ambos</u> em ordem à salvaguarda do seu superior interesse*"(o sublinhado é nosso).

De facto, se a intenção expressa do legislador foi a da promoção de relações afectivas profundas da criança com o pai e com a mãe e de uma maior responsabilização e empenhamento pessoal por parte de cada um deles na educação dos menores, com o que concordamos na íntegra, não se compreende, então, porque razão tenha sido aberta a possibilidade de as responsabilidades parentais relativas aos actos da vida corrente do menor poderem vir a ser delegadas em terceiro.

Ressalvada melhor opinião, esta delegação de responsabilidades em terceiro (cujo âmbito poderá, no limite, incluir todas as responsabilidades parentais relativas à vida corrente do menor, pois a lei também não estabelece aqui qualquer limitação) permite, inclusive, o total alheamento do progenitor delegante relativamente ao quotidiano da vida do menor, na medida em que deixará de efectuar o seu acompanhamento permanente.

A lei, em suma, "fecha uma porta", e, simultaneamente, "abre uma janela", pois, por um lado, responsabiliza os progenitores a manter rela-

---

[137] Vide n.° 4 do art. 1906.° do C.C.

ções profundas e afectivas com o menor, e, por outro lado, permite a delegação de tais responsabilidades em terceiro!

Em nosso entender as responsabilidades parentais, para além de serem de sujeito determinado (o pai ou a mãe), possuem, pela sua própria natureza, uma fortíssima natureza "intuitu personae", pelo que, também por esta razão, não deveriam ser passíveis de delegação em terceiro.

Se são as próprias partes, ou o tribunal, que vão determinar qual será o progenitor a quem caberá o exercício das responsabilidades parentais relativas aos actos da vida corrente do menor, será certamente por entenderem que o eleito não terá qualquer incapacidade ou impedimento para as exercer, pelo que, também por esta razão, não compreendemos a possibilidade de este posteriormente vir a delegá-las em terceiro.

Note-se que para a eventualidade do surgimento de um qualquer impedimento superveniente deste progenitor, o artigo 1903.° do C.C. já resolvia o problema, ao dispor que quando um dos pais não possa exercer as responsabilidades parentais por ausência, incapacidade ou outro impedimento decretado pelo tribunal, caberá esse exercício unicamente ao outro progenitor ou, no impedimento deste, a alguém da família de qualquer deles, desde que haja um acordo prévio e com validação legal.

A lei não faz depender esta delegação de qualquer autorização judicial, nem exige forma específica para que a mesma possa ter lugar, pelo que poderá verificar-se por mera forma verbal, conforme a regra geral de liberdade de forma, constante do artigo 219.° do C.C.

Não obstante a lei não ter imposto, de forma expressa, a obrigatoriedade de um dos cônjuges comunicar ao outro a delegação destas responsabilidades parentais, ou de parte delas, a terceiro, entendemos, contudo, que esta obrigação decorrerá da regra geral, constante do n.° 6 do artigo 1906.° do C.C., segundo a qual, ao progenitor que não exerça, no todo ou em parte, as responsabilidades parentais, assiste o direito de ser informado sobre o modo do seu exercício.

12. Exercício das responsabilidades parentais quando o filho é confiado a terceira pessoa

Na versão imediatamente anterior à da Lei n.° 61/2008, o artigo 1907.° reportava-se ao exercício do poder paternal quando o filho era confiado a terceira pessoa ou a estabelecimento de educação e assistência, nos seguintes termos:

"Artigo 1907.°
(Exercício do poder paternal quando o filho é confiado a terceira pessoa ou a estabelecimento de educação ou assistência.)

1. Quando o filho seja confiado a terceira pessoa ou a estabelecimento de educação ou assistência, cabem a estes os poderes e deveres dos pais que forem exigidos pelo adequado desempenho das suas funções.

2. O tribunal decidirá a qual dos progenitores compete o exercício do poder paternal na parte não prejudicada pelo disposto no número anterior."

A Lei n.° 61/2008 veio alterar o teor deste artigo, eliminando a referência à confiança a estabelecimento de educação e assistência, pelo que agora o mesmo apenas se reporta à confiança a terceira pessoa, nos seguintes termos:

Artigo 1907.°
(Exercício das responsabilidades parentais quando o filho é confiado a terceira pessoa)

1. Por acordo ou decisão judicial, ou quando se verifique alguma das circunstâncias previstas no artigo 1918.°, o filho pode ser confiado à guarda de terceira pessoa.

2. Quando o filho seja confiado a terceira pessoa, cabem a esta os poderes e deveres dos pais que forem exigidos pelo adequado desempenho das suas funções.

3. O tribunal decidirá em que termos serão exercidas as responsabilidades parentais na parte não prejudicada pelo disposto no número anterior.

De referir, no entanto, que a confiança a estabelecimento de educação e assistência não foi suprimida na lei, pois continua a encontrar-se prevista no artigo 1918.° do C.C.

Como podemos constatar, os anteriores n.os 1 e 2 do artigo 1907.° do C.C. passaram para os n.os 2 e 3, tendo sido introduzido um novo n.° 1, tendo por objecto as situações nas quais as responsabilidades parentais podem vir a ser confiadas à guarda de terceira pessoa, opção legislativa com a qual concordamos, por clarificadora de todas as referidas situações.

13. **Responsabilidades parentais quando a filiação se encontre estabelecida quanto a ambos os progenitores que vivem em condições análogas às dos cônjuges**

A Lei n.° 61/2008, a nosso ver bem, começou por alterar a sistemática existente, concedendo agora um artigo especifico para as responsabilidades parentais quando a filiação se encontre estabelecida quanto a ambos os progenitores que vivem em condições análogas às dos cônjuges (o actual artigo 1911.°), e outro, para as responsabilidades parentais quando a filiação se encontre estabelecida quanto a progenitores que não vivem em condições análogas às dos cônjuges (o actual artigo 1912.°).

No regime imediatamente anterior ao da Lei n.° 61/2008, o n.° 3 do artigo 1911.° do C.C. estabelecia o seguinte: "*Se os progenitores conviverem maritalmente, o exercício do poder paternal pertence a ambos quando declarem, perante o funcionário do registo civil, ser essa a sua vontade; é aplicável, neste caso, com as necessárias adaptações, o disposto nos artigos 1901.° a 1904.°*".

Neste regime, para que o poder paternal pertencesse a ambos os progenitores era necessária uma declaração de vontade, a ser prestada por estes nesse sentido, perante o funcionário do registo civil.

A Lei n.° 61/2008, e a nosso ver muito bem, vem agora atribuir as responsabilidades parentais e o respectivo exercício, nos mesmos e precisos termos e condições que os previstos para os progenitores unidos pelo casamento[138], pois se aqueles vivem em condições análogas às dos cônjuges devem consequentemente ser responsabilizados nos mesmos termos e condições que as dos pais unidos pelo casamento.

Por outra parte, e no que se refere ao exercício das responsabilidades parentais, a Lei n.° 61/2008 veio, também a nosso ver bem, equiparar os efeitos da cessação da união de facto aos do divórcio ou separação judicial de pessoas e bens[139].

---

[138] A actual redacção do n.° 1 do art. 1911.° do C.C. é a seguinte: "*Quando a filiação se encontre estabelecida relativamente a ambos os progenitores e estes vivam em condições análogas às dos cônjuges, aplica-se ao exercício das responsabilidades parentais o disposto nos artigos 1901.° a 1904.°*".

[139] O n.° 2 do art. 1911.° do C.C. dispõe agora o seguinte: "*No caso de cessação da convivência entre os progenitores, são aplicáveis as disposições dos artigos 1905.° a 1908.°*".

14. Responsabilidades parentais quando a filiação se encontre estabelecida quanto a ambos os progenitores que não vivem em condições análogas às dos cônjuges

No regime imediatamente anterior ao da Lei n.° 61/2008, os n.os 1 e 2 do artigo 1911.° do C.C. estabeleciam que o exercício do poder paternal pertencia ao progenitor que tivesse a guarda do filho, presumindo-se que a mãe tinha a sua guarda, sendo que esta presunção apenas podia ser ilidida judicialmente.

A Lei n.° 61/2008 veio, também em nosso entender bem, abolir esta presunção de o poder paternal (agora designado de "responsabilidades parentais) caber apenas à mãe, e equiparar os efeitos da filiação estabelecida quanto a ambos os progenitores que não vivem em condições análogas às dos cônjuges com os do divórcio ou separação judicial de pessoas e bens[140].

Com efeito, a situação dos progenitores não unidos pelo casamento e que não vivam em economia comum é substancialmente idêntica às dos progenitores divorciados ou separados judicialmente de pessoas e bens, pelo que se justifica a referida equiparação.

No que se refere ao exercício em comum das responsabilidades parentais, o actual n.° 2 do artigo 1912.° do C.C. vem remeter para o disposto nos artigos 1901.° e 1903.° do C.C., equiparando-o ao dos progenitores unidos pelo casamento, solução que nos parece igualmente correcta, por impor uma co-responsabilização de ambos os progenitores na educação e manutenção do menor.

Assim, no caso de filiação estabelecida quanto a progenitores que não vivem em condições análogas às dos cônjuges, temos que:

a) O exercício das responsabilidades parentais pertence a ambos os pais;

b) Os pais exercem as responsabilidades parentais de comum acordo, e se este faltar em questões de particular importância, qualquer deles pode recorrer ao tribunal, que tentará a conciliação; se esta não for possível, o tribunal ouvirá o filho, antes de decidir, salvo quando circunstâncias ponderosas o desaconselhem;

---

[140] É a seguinte a actual redacção do n.° 1 do art. 1912.° do C.C: "*Quando a filiação se encontre estabelecida relativamente a ambos os progenitores e estes não vivam em condições análogas às dos cônjuges, aplica-se ao exercício das responsabilidades parentais o disposto nos artigos 1904.° a 1908.°*".

c) Quando um dos pais não puder exercer as responsabilidades parentais por ausência, incapacidade ou outro impedimento, caberá esse exercício unicamente ao outro progenitor.

15. Matérias que no âmbito do divórcio por mútuo consentimento podem vir a ser objecto do acordo dos pais quanto ao exercício das responsabilidades parentais.

Tendo em conta que a Lei n.° 61/2008 retirou do âmbito da liberdade contratual dos progenitores a atribuição do exercício das responsabilidades parentais relativamente às questões de particular importância para o menor, as quais passam em regra,[141] e de forma imperativa, a competir a ambos de forma conjunta, temos que o acordo relativo às responsabilidades parentais, previsto na alínea b) do n.° 1 do artigo 1775.° do C.C. passou a ficar apenas restrito às seguintes matérias:

a) À definição do progenitor com quem o menor passará a residir;

b) Aos direitos de visita do progenitor com quem o menor não ficará a residir (incluindo-se aqui as estadias em férias e períodos de Natal, passagem do ano e dia de ano novo, Páscoa, dias de aniversário dos progenitores e dos próprios menores)[142];

---

[141] Dizemos "em regra" pois o n.° 2 do artigo 10906.° do C.C. estabelece que *"Quando o exercício em comum das responsabilidades parentais relativas às questões de particular importância para a vida do filho for julgado contrário aos interesses deste, deve o tribunal, através de decisão fundamentada, determinar que essas responsabilidades sejam exercidas por um dos progenitores"*.

[142] A este respeito, citamos o Ac. R.C. de 31.01.2006, cujo sumário possui o seguinte teor:

"1. O direito de visita do progenitor não guardião não representa uma faculdade, um direito subjectivo do parente do menor, mas antes um direito a que estão associados deveres, nomeadamente, o dever de se relacionar com os filhos com regularidade, em ordem a promover o seu desenvolvimento, físico e psíquico, e o dever de colaborar com o progenitor guardião no cuidado dos filhos e na assistência aos mesmos prestada, sendo, nas situações de fraccionamento do poder paternal, a janela ainda aberta para um espaço de realização pessoal do menor que importa, sobremaneira, preservar.

2. A solução de conceder ao menor o direito de visita semanal do pai, afigura-se muito mais conformadora com as exigências do seu crescimento integral, em contraposição com o espaçamento das visitas, de acordo com uma periodi-

c) Ao montante de alimentos devidos ao menor e às regras relativas à repartição das suas despesas não correntes, como sejam, as despesas com os seus eventuais tratamentos médicos, e outras despesas não previsíveis.

De acordo com os n.os 5 e 7 do artigo 1906.° do C.C., o tribunal determinará a residência do filho e os direitos de visita de acordo com o interesse deste, tendo em atenção todas as circunstâncias relevantes, designadamente, o eventual acordo dos pais e a disponibilidade manifestada por cada um deles para promover relações habituais do filho com o outro, decidindo sempre de harmonia com o interesse do menor, incluindo o de manter uma relação de grande proximidade com os dois progenitores, promovendo e aceitando acordos ou tomando decisões que favoreçam amplas oportunidades de contacto com ambos e de partilha de responsabilidades entre eles.

16. **Incumprimento do regime do exercício das responsabilidades parentais**

No que se refere ao incumprimento do regime que tiver sido estabelecido, por acordo ou por decisão judicial, quanto ao exercício das responsabilidades parentais, a Lei n.° 61/2008 veio a introduzir significativas alterações no domínio da sua tutela criminal, respectivamente, no ilícito de subtracção de menor e no ilícito de violação da obrigação de alimentos.

16.1. *Subtracção de menor*

No que se refere ao crime de subtracção de menor constata-se a alteração do teor da parte final da alínea c) do n.° 1 do artigo 249.° do Código Penal, bem como do seu n.° 2, sendo que este artigo que passou a possuir a seguinte redacção:

---

cidade bi-mensal, contrária à ideia da regularidade da presença dos progenitores junto dos filhos.

3. Não tem apoio legal a pretensão de ver condenado o devedor de alimentos destinados a menor a pagar, a esse título, 14 prestações mensais, por forma a incluir nelas as relativas aos meses em que receba os subsídios de férias e de Natal, não obstante os montantes provenientes destas subvenções deverem ser tomados em linha de conta, para o cálculo das possibilidades do obrigado a alimentos".

Artigo 249.º[143]
Subtracção de menor

1 – Quem:

a) Subtrair menor;

b) Por meio de violência ou de ameaça com mal importante determinar menor a fugir; ou

c) **De um modo repetido e injustificado, não cumprir o regime estabelecido para a convivência do menor na regulação do exercício das responsabilidades parentais, ao recusar, atrasar ou dificultar significativamente a sua entrega ou acolhimento;**
é punido com pena de prisão até dois anos ou com pena de multa até 240 dias.

2 – **Nos casos previstos na alínea c) do n.º 1, a pena é especialmente atenuada quando a conduta do agente tiver sido condicionada pelo respeito pela vontade do menor com idade superior a 12 anos.**

3 – O procedimento criminal depende de queixa.

Com efeito, a redacção imediatamente anterior do artigo 249.º do Código Penal, constante da Lei n.º 59/2007, de 4 de Dezembro, era a seguinte:

Artigo 249.º
Subtracção de menor

1 – Quem:

a) Subtrair menor;

b) Por meio de violência ou de ameaça com mal importante determinar menor a fugir; ou

c) Se recusar a entregar menor à pessoa que sobre ele exercer poder paternal ou tutela, ou a quem ele esteja legitimamente confiado;
é punido com pena de prisão de um a cinco anos.

2 – O agente é punido com pena de prisão até dois anos ou com pena de multa até 240 dias, se for ascendente, adoptante ou tiver exercido a tutela sobre o menor.

3 – O procedimento criminal depende de queixa.

---

[143] Para melhor identificação, as alterações agora introduzidas pela Lei n.º 61/2008 encontram-se assinaladas a bold.

Parece-nos correcto que na alínea c) do n.° 1 do artigo 249.° do C.P. o legislador tenha aqui abrangido todas as situações em que se verifique o incumprimento do regime estabelecido para a convivência do menor na regulação do exercício das responsabilidades parentais, concretamente a recusa, o atraso ou o dificultar de forma significativa a sua entrega ou acolhimento do menor.

Com efeito, não raras eram as vezes em que as mães pura e simplesmente se recusavam a entregar o menor naqueles fins-de-semana que eram destinados à sua companhia com o pai, sem que este pudesse, na prática, exercer o seu direito.

Por outra parte, também não raras eram as vezes nas quais os pais, nos primeiros meses após o divórcio, lá iam cumprindo integralmente o regime de vistas aos fins-de-semana, sendo que progressivamente e ao longo do tempo deixavam de o fazer, quase em absoluto, o que era igualmente inaceitável, pelo desligar dos laços afectivos com os menores e com todos os efeitos nefastos dai decorrentes.

Nesta medida, a alteração legislativa agora verificada é de aplaudir.

Não obstante, e no confronto da actual redacção deste artigo para a redacção imediatamente anterior constatamos agora a introdução, no teor da alínea c) do n.° 2 da expressão "injustificado", expressão esta que passou a constituir um dos elementos constitutivos deste ilícito criminal.

De notar que encontramo-nos aqui no domínio do direito penal, no qual a tipificação dos elementos constitutivos de um crime deverá ser efectuada de forma o mais clara e exacta possível, o que, salvo o devido respeito, não se verifica com a introdução desta expressão.

Com efeito, se essa "justificação", que constitui agora um dos elementos deste ilícito criminal, se enquadrasse já numa das causas gerais de exclusão da ilicitude, previstas no artigo 31.° do C. P[144], não faria qualquer sentido a sua repetição nesta norma qualificadora do crime de subtracção de menor.

Assim sendo, cumpre-nos questionar quais serão, então, as situações nas quais se deve agora considerar que existe uma "justificação" para o não

---

[144] Dispõe o n.° 1 do artigo 31.° do C.P. que o facto não é punível quando a sua ilicitude for excluída pela ordem jurídica considerada na sua totalidade. Por sua vez, estabelece o seu n.° 2 que nomeadamente, não é ilícito o facto praticado: Em legítima defesa; b) No exercício de um direito; c) No cumprimento de um dever imposto por lei ou por ordem legítima da autoridade; ou d) Com o consentimento do titular do interesse jurídico lesado.

cumprimento, de forma repetida, do regime estabelecido para a convivência do menor na regulação do exercício das responsabilidades parentais?

No caso do progenitor que não foi buscar o menor nos fins-de--semana que lhe competia, será o seu impedimento, como seja, o derivado de doença?

E quando se trate de uma recusa de entrega do menor ao outro progenitor para que aquele passe com este o fim-de-semana, qual será a "justificação" para a sua não entrega repetida?

Salvo melhor opinião, pensamos que serão somente aqueles casos extremos, nos quais esteja em causa a saúde ou a integridade física do menor...

Caso contrário, o progenitor a quem o menor fica confiado (geralmente a mãe) manterá, como dantes, a possibilidade de retê-lo conforme lhe aprouver, sem que o outro progenitor (geralmente o pai) veja efectivamente assegurado o seu direito de privar com o menor nos fins-de-semana a que tem direito.

Estas e muitas outras serão, sem dúvida, algumas das questões que certamente os tribunais virão esclarecer.

Até lá, as dúvidas e as incertezas serão certamente muitas e geradoras de insegurança jurídica, que seria sempre de evitar, e com especial incidência, no domínio do direito criminal.

Pensamos todavia que teria sido preferível que o legislador tivesse concretizado as situações nas quais será considerado "justificado" a um dos progenitores incumprir de forma repetida o que tiver sido estabelecido na regulação do exercício das responsabilidades parentais para a convivência do menor.

Por outra parte, constatamos a supressão, no âmbito deste ilícito criminal, dos casos de recusa da entrega do menor à pessoa que sobre ele exerce a tutela, ou a quem ele esteja legitimamente confiado (situações outrora especificamente previstas na alínea c) do n.° 2 deste artigo).

Será que a vontade do legislador terá ido no sentido de eliminar a sua tutela criminal? Pensamos que não, porquanto esta conduta não deixará de ser considerada como crime, desde logo, como crime de sequestro, previsto e punido nos termos do artigo 158.° do C.P.

Por outra parte ainda, constatamos, no n.° 1 deste artigo 249.° do C.P, a redução da respectiva moldura penal, que anteriormente era de pena de prisão de 1 a 5 anos, e que agora passou para pena de prisão até 2 anos ou pena de multa até 240 dias, o que poderá compreender-se pelo facto de este ilícito criminal se ter alargado às meras situações de atraso na entrega de menor.

Constatamos ainda que esta nova moldura penal se aplica também aos casos de subtracção de menor e de determinação de menor a fugir, previstos, respectivamente, nas alíneas a) e b) do n.° 1 deste artigo 249.°, pelo que permitimo-nos de questionar acerca das razões que terão levado o legislador a reduzir a moldura penal também para estes dois ilícitos criminais.

Será que no espírito do legislador estas duas condutas possuem agora uma menor relevância social, justificativas de uma inferior tutela criminal?

Não vislumbramos que tal se tenha verificado, pelo que deixamos esta questão em aberto.

16.2. *Violação da obrigação de alimentos*

A segunda alteração da Lei n.° 61/2008 nesta matéria, incidiu sobre o teor do artigo 205.° do Código Penal, que passou a possuir a seguinte redacção:

Artigo 250.°[145]
Violação da obrigação de alimentos

1. Quem, estando legalmente obrigado a prestar alimentos e em condições de o fazer, não cumprir a obrigação **no prazo de dois meses seguintes ao vencimento, é punido com pena de multa até 120 dias.**

2. A prática reiterada do crime referido no número anterior é punível com pena de prisão até um ano ou com pena de multa até 120 dias.

3. Quem, estando legalmente obrigado a prestar alimentos e em condições de o fazer, não cumprir a obrigação, pondo em perigo a satisfação, sem auxílio de terceiro, das necessidades fundamentais de quem a eles tem direito, é punido com pena de prisão até dois anos ou com pena de multa até 240 dias.

4. Quem, com a intenção de não prestar alimentos, se colocar na impossibilidade de o fazer e violar a obrigação a que está sujeito

[145] As alterações introduzidas pela Lei n.° 61/2008 encontram-se assinaladas a bold. O teor dos actuais n.os 5 e 6 corresponde aos anteriores n.os 3 e 4.

criando o perigo previsto no número anterior, é punido com pena de prisão até dois anos ou com pena de multa até 240 dias.

5. O procedimento criminal depende de queixa.

6. Se a obrigação vier a ser cumprida, pode o tribunal dispensar de pena ou declarar extinta, no todo ou em parte, a pena ainda não cumprida".

Na redacção imediatamente anterior à da Lei n.° 61/2008, decorrente da alteração entretanto efectuada pela Lei n.° 59/2007, de 04 de Setembro, o artigo 250.° do C.P. possuía o seguinte teor:

Artigo 250.°

Violação da obrigação de alimentos

1 – Quem, estando legalmente obrigado a prestar alimentos e em condições de o fazer, não cumprir a obrigação, pondo em perigo a satisfação, sem auxílio de terceiro, das necessidades fundamentais de quem a eles tem direito, é punido com pena de prisão até dois anos ou com pena de multa até 240 dias.

2 – Na mesma pena incorre quem, com a intenção de não prestar alimentos, se colocar na impossibilidade de o fazer e violar a obrigação a que está sujeito criando o perigo previsto no número anterior.

3 – O procedimento criminal depende de queixa.

4 – Se a obrigação vier a ser cumprida, pode o tribunal dispensar de pena ou declarar extinta, no todo ou em parte, a pena ainda não cumprida.

Do confronto da sua versão actual para a imediatamente anterior, resultam verificadas as seguintes alterações:

a) No n.° 1 passou a constituir ilícito criminal a mera conduta de quem, estando legalmente obrigado a prestar alimentos e em condições de o fazer, não cumprir esta obrigação no prazo de dois meses seguintes ao vencimento, conduta esta agora punida com pena de multa até 120 dias;

b) A prática reiterada deste novo ilícito, agora previsto no n.° 1, passa a ser punida com a moldura penal de prisão até um ano ou com pena de multa até 120 dias;

c) O ilícito anteriormente previsto no n.° 1 do artigo 250.° do C.P, passou agora para o seu n.° 3, sem quaisquer alterações;

d) Foi acrescentado um novo ilícito criminal, agora previsto no n.° 4 do mesmo artigo, que consiste na conduta de quem, com a intenção de não prestar alimentos, se colocar na impossibilidade de o fazer e violar a obrigação a que está sujeito, criando o perigo previsto no número anterior, conduta essa que passa agora a ser punível com pena de prisão até dois anos ou com pena de multa até 240 dias.

Esta última alteração merece-nos um especial aplauso, pois muitas têm sido as situações nas quais o progenitor obrigado a prestar alimentos se coloca deliberadamente em situação de impossibilidade de o fazer, recorrendo, para este efeito, a vendas simuladas ou outros negócios jurídicos simulados, nos quais se mantém, na prática, em idêntica situação económica, não obstante assim não parecer do ponto de vista estritamente jurídico.

Foi pois em boa hora que o legislador veio tentar erradicar este tipo de situações, com a criminalização desta conduta, que não raras vezes tem posto em causa a subsistência económica dos titulares do direito a alimentos, em especial os ex-cônjuges e os filhos menores, sendo que somente quanto a estes últimos é possível o recurso ao fundo de garantia de alimentos devidos a menores, a que faremos referência no ponto 21.

TÍTULO III
O direito a alimentos dos ex-cônjuges

Pela sua enorme relevância prática vamos analisar a questão da natureza e fixação do direito a alimentos dos ex-cônjuges no regime anterior ao da Lei n.° 61/2008, a fim de subsequentemente efectuarmos o seu confronto com o regime decorrente deste diploma.

CAPÍTULO I
O direito a alimentos dos ex-cônjuges nos regimes anteriores à Lei n.° 61/2008

17. Natureza e fixação do direito a alimentos

Como refere o Prof. Antunes Varela, in ob. Cit, a págs. 427:

> *"Tem sido bastante debatida na literatura jurídica a questão de saber se a prestação de alimentos representa a continuação do dever de assistência, que vincula reciprocamente os cônjuges, ou pelo contrário, a indemnização devida por aquele que ilícita e culposamente violou os seus deveres conjugais.*

Convém, pois, analisarmos a evolução legislativa, e também jurisprudencial, no que se refere à prestação de alimentos em caso de divórcio.

A nível legislativo, no âmbito do actual Código Civil de 1966, apenas temos a analisar o regime constante da sua versão inicial e o da Reforma de 1977, operada pelo D.L. 496/77, de 25 de Novembro.

17.1. *Natureza do direito a alimentos na versão inicial do Código Civil de 1966*

Na versão inicial do Código Civil, constante do D.L. 47334 de 25 de Novembro de 1966, o seu artigo 2016.° previa a prestação de alimentos em caso de separação judicial de pessoas e bens e divórcio, nos seguintes termos:

"Artigo 2016.°
(Separação judicial de pessoas e bens e divórcio)
No caso de separação judicial de pessoas e bens ou de divórcio, têm direito a alimentos:
a) O cônjuge não culpado, se a separação ou divórcio tiver sido decretado por culpa exclusiva de um deles;
b) O cônjuge não considerado principal culpado, quando haja culpa de ambos;
c) Qualquer dos cônjuges, quando ambos sejam igualmente culpados ou haja separação por mútuo consentimento".

Nesta versão inicial do C.C. predomina a ideia sancionatória, na qual o dever de alimentos impende sobre o cônjuge único culpado pelo divórcio, ou o cônjuge principal culpado pelo divórcio, quando ambos sejam considerados culpados.

17.2. *Natureza do direito a alimentos na Reforma de 1977*

A Reforma de 1977, operada pelo D.L. 496/77, de 25 de Novembro, veio introduzir significativas alterações ao artigo 2016.° do C.C, que passou a possuir a seguinte redacção:

"Artigo 2016.°
(Divórcio e separação judicial de pessoas e bens)
1. Têm direito a alimentos, em caso de divórcio:
a) O cônjuge não considerado culpado ou, quando haja culpa de ambos, não considerado principal culpado na sentença de divórcio, se este tiver sido decretado com fundamento no artigo 1779.° ou nas alíneas a) ou b) do artigo 1781.°;
b) O cônjuge réu, se o divórcio tiver sido decretado com fundamento na alínea c) do artigo 1781.°;
c) Qualquer dos cônjuges, se o divórcio tiver sido decretado por mútuo consentimento ou se, tratando-se de divórcio litigioso, ambos forem considerados igualmente culpados.

2. Excepcionalmente, pode o tribunal, por motivos de equidade, conceder alimentos ao cônjuge que a eles não teria direito, nos termos do número anterior, considerando, em particular, a duração do casamento e a colaboração prestada por esse cônjuge à economia do casal.

3. Na fixação do montante dos alimentos deve o tribunal tomar em conta a idade e estado de saúde dos cônjuges, as suas qualificações profissionais e possibilidades de emprego, o tempo que terão de dedicar, eventualmente, à criação de filhos comuns, os seus rendimentos e proventos e, de modo geral, todas as circunstâncias que influam sobre as necessidades do cônjuge que recebe os alimentos e as possibilidades do que os presta.

4. O disposto nos números anteriores é aplicável ao caso de ter sido decretada a separação judicial de pessoas e bens".

No âmbito da Reforma de 1977 o Prof. Antunes Varela, in ob. Cit, a págs. 427 refere o seguinte:

"O carácter indemnizatório da prestação explica que os alimentos onerem, em princípio, o cônjuge culpado ou o cônjuge tido (judicialmente) por principal culpado no divórcio.

Mas só a reminiscência do dever recíproco de assistência explica, por ex., a prestação de alimentos a cargo do mais abonado, no caso de culpas iguais, bem como na imposição de alimentos, embora a título excepcional, ao cônjuge inocente ou menos inocente".

17.3. *Fixação do montante dos alimentos na versão inicial do Código de 1966*

A versão inicial do Código Civil de 1966 não continha nenhuma disposição específica para a fixação do montante de alimentos em caso de separação judicial de pessoas e bens ou divórcio, pelo que nestes casos era aplicável o disposto no seu artigo 2004.°:

"Artigo 2004.°

(Medida dos alimentos)

1. Os alimentos serão proporcionados aos meios daquele que houver de prestá-los e à necessidade daquele que houver de recebê-los.

2. Na fixação dos alimentos atender-se-á, outrossim, à possibilidade de o alimentando prover à sua subsistência."

17.4. *Fixação do montante dos alimentos na Reforma de 1977*

A Reforma de 1977 veio regular especificamente a fixação do montante de alimentos em caso de divórcio e separação judicial de pessoas e bens no n.° 3 do artigo 2016.° do C.C, que passou a possuir a seguinte redacção:

> *"Na fixação do montante dos alimentos deve o tribunal tomar em conta a idade e estado de saúde dos cônjuges, as suas qualificações profissionais e possibilidades de emprego, o tempo que terão de dedicar, eventualmente, à criação de filhos comuns, os seus rendimentos e proventos e, de modo geral, todas as circunstâncias que influam sobre as necessidades do cônjuge que recebe os alimentos e as possibilidades do que os presta".*

17.5. *Fixação do montante de alimentos a ex-cônjuges na jurisprudência*

A nossa jurisprudência evoluiu quanto à forma de fixação do montante de alimentos[146].

Com efeito, começou por considerar v.g. que "Dissolvido o casamento por divorcio, a prestação de alimentos pelo ex-conjuge exclusivamente culpado deve proporcionar ao alimentando uma situação económica tendencialmente idêntica a da constância do matrimónio" (Ac. STJ. De 25.01.1979).

Ainda neste sentido temos, a título de exemplo, o Ac. STJ de 18.06.1985 no qual foi decidido que "Em caso de divórcio com culpa exclusiva do marido, este deve proporcionar à ex-mulher, através de prestação alimentar, uma situação económica tendencialmente idêntica à da constância do matrimónio".

O Ac. STJ de 08.02.2000, invocando a sua jurisprudência uniforme, constante dos Acórdãos de 1968/06/21 in BMJ N.° 178 pág.198; de 1979/01/25 in BMJ N.° 283 pág.310; de 1981/02/17 in BMJ N.° 304 pág. 428; de 1993/02/16; de 1996/11/05; de 1997/04/30; de 1998/02/05; de 1998/06/03, de 1998/11/09. e de 1999/03/25, vai também no mesmo sentido ao decidir nos seguintes termos:

---

[146] Ver a este respeito as nossas anotações ao ex-art. 2016.° do C.C. (AnexoII).

> "I – A prestação de alimentos devida ao cônjuge não tem o mesmo objecto que a prestação alimentar comum.
>
> II – A prestação de alimentos, na vigência da sociedade conjugal, tem por medida o padrão de vida económico-social próprio do casal, visando proporcionar uma situação tendencialmente idêntica à usufruída antes da separação.
>
> III – A obrigação alimentar ao ex-cônjuge é como que um prolongamento do dever recíproco de assistência, expressão da perpetuidade virtual do matrimónio, constituindo uma espécie de perduração dos laços que uniram os cônjuges e que só se quebrarão de maneira definitiva com a morte deles".

E o Ac. STJ de 16.05.2002 vai ainda no mesmo sentido, pois aí é decidido que "Na separação de facto, os alimentos a prestar pelo cônjuge obrigado à prestação compreende ainda o necessário para assegurar o mesmo padrão ou trem da vida, o mesmo nível económico e social que era o seu antes do casamento".

Porém, com já no Ac. S.T.J. de 27.01.2005 podemos constatar uma evolução jurisprudencial, porquanto neste acórdão foi já decidido que "O direito a alimentos do divorciado, ao abrigo do artigo 2016 do Código Civil, tem natureza alimentar, pelo que não nasce por mero efeito da verificação do pressuposto da culpa previsto no n.° 1 do mesmo artigo, nem tem como finalidade assegurar ao requerente o mesmo padrão de vida que usufruía na vigência do casamento.

E também neste novo sentido vai o Ac. STJ de 14.11.2006, no qual foi decidido que "A real necessidade de ajuda alimentar traduz-se no fazer face às naturais exigências de uma vida normal e digna (mesmo que se dê de barato que a prestação de alimentos devida ao cônjuge que dela careça se não mede pelos níveis e trem de vida de outrora)."

CAPÍTULO II

O direito a alimentos dos ex-cônjuges no regime da Lei n.° 61/2008

18. Alterações introduzidas pela Lei n.° 61/2008

A Lei n.° 61/2008 veio introduzir significativas alterações nesta matéria, concretamente as seguintes:

a) É eliminada a apreciação da culpa como factor relevante da atribuição de alimentos entre os ex-cônjuges, porque se quer reduzir a questão ao seu núcleo essencial – a assistência de quem precisa por quem tem necessidades.

Esta nova natureza do direito a alimentos entre ex-cônjuges encontra-se explicitada na nova redacção do n.° 2 do artigo 2016.° do C.C que dispõe que "Qualquer dos cônjuges tem direito a alimentos, independentemente do tipo de divórcio".

b) Afirma-se o princípio de que cada ex-cônjuge deverá prover à sua subsistência[147].

c) Estabelece-se que por razões manifestas de equidade, o direito a alimentos pode ser negado[148].

---

[147] Vide nova redacção do n.° 1 do art. 2016.° do C.C.

[148] Vide nova redacção do n.° 3 do art. 2016.° do C.C.

No regime da Reforma de 1977 o n.° 2 do art. 2016.° do C.C, já dispunha que excepcionalmente, pode o tribunal, por razões de equidade, conceder alimentos ao cônjuge que a eles não teria direito nos termos do número anterior, considerando, em particular, a duração do casamento e a colaboração prestada por esse cônjuge à economia do casal.

A actual redacção do n.° 3 do art. 2016.° do C.C. consagra uma cláusula geral, consubstanciada em "razões de manifesta equidade", não restringindo, na sua apreciação, a apenas à "duração do casamento e à colaboração prestada por esse cônjuge à economia do casal".

A este respeito, na exposição de motivos do Projecto de Lei 509/X é feita a referência a "...*casos especiais, que os julgadores facilmente identificarão, em que o direito a alimentos deve ser negado ao ex-cônjuge necessitado, por ser chocante onerar o outro com a obrigação correspondente*".

d) Afirma-se o princípio de que o credor de alimentos não tem o direito de exigir a manutenção do padrão de vida de que gozou enquanto esteve casado.

Na mesma exposição de motivos vem referido que o casamento que não dura para sempre não pode garantir um certo nível de vida para sempre.

Como já tivemos a oportunidade de referir no anterior ponto 16.5., a recente jurisprudência, designadamente a constante dos Acórdãos do S.T.J. de 27.01.2005 e de 14.11.2006, já claramente vinha a apontar neste sentido, pois que nestes Acórdãos foi decidido, respectivamente, que:

> "O direito a alimentos do divorciado, ao abrigo do artigo 2016 do Código Civil, tem natureza alimentar, pelo que não nasce por mero efeito da verificação do pressuposto da culpa previsto no n.º 1 do mesmo artigo, nem tem como finalidade assegurar ao requerente o mesmo padrão de vida que usufruía na vigência do casamento;

E ainda que:

> "A real necessidade de ajuda alimentar traduz-se no fazer face às naturais exigências de uma vida normal e digna (mesmo que se dê de barato que a prestação de alimentos devida ao cônjuge que dela careça se não mede pelos níveis e trem de vida de outrora)."

e) Quanto à fixação do montante de alimentos, entre ex-cônjuges, aos aspectos que já então eram tidos em conta[149], como sejam os relativos:

- à idade e o estado de saúde dos cônjuges,
- às suas qualificações profissionais e possibilidades de emprego,
- ao tempo que terão de dedicar, eventualmente, à criação de filhos comuns,
- aos seus rendimentos e proventos, e
- de um modo geral, a todas as circunstâncias que influam sobre as necessidades do cônjuge que recebe os alimentos e as possibilida-

[149] Ver anterior n.º 2 do art. 2016.º do C.C.

des do que os presta, a Lei n.° 61/2008 veio ainda acrescentar os seguintes[150]:

i) A duração do casamento;
ii) A colaboração prestada à economia do casal;
iii) Um novo casamento ou união de facto.

f) Estabelece-se a prevalência de qualquer obrigação de alimentos devidos a filhos do devedor de alimentos, relativamente à obrigação emergente do divórcio em favor do ex-cônjuge[151].

No texto da Proposta de Lei n.° 509/X, que chegou a ser aprovada no Plenário da Assembleia da República e no âmbito da qual resultou o Decreto da AR n.° 232/X, era então estipulado, no artigo 2016.°-B do C.C, que a obrigação de alimentos devia ser estabelecida por um período limitado, salvo razões ponderosas, sendo que este período podia ser renovado.

Na sequência da reapreciação do referido Decreto da AR n.° 232/X, por parte da Assembleia da República, face ao seu veto Presidencial, o Partido Comunista Português apresentou a proposta de alteração n.° 2P, consistente na eliminação do referido artigo 2016.°-B do C.C., proposta esta que veio a ser aprovada.

Do exposto parece resultar, em síntese, que em caso de divórcio cada um dos ex-cônjuges deverá em princípio prover à sua subsistência; se a um deles tal não for de todo possível, terá então o direito a receber alimentos do outro cônjuge, em montante que lhe permita garantir um mínimo de vida digna, e sempre de acordo com as reais possibilidades económicas do ex-cônjuge obrigado a prestá-los. No entanto, tal atribuição não se verificará se por manifestas razões de equidade o tribunal assim decidir.

Relativamente à natureza do direito a alimentos dos ex-cônjuges, pensamos que esta assenta, primordialmente, no dever recíproco de assistência dos cônjuges, que aqui prossegue para além do casamento, não obstante este direito possuir agora carácter subsidiário, face à regra de cada um dos ex-cônjuges deverá prover à sua subsistência.

Finalmente, e face à não introdução na Lei n.° 61/2008, do artigo 2016.°-C do C.C., inicialmente previsto no Decreto n.° 232/X da Assem-

---

150 Ver a actual redacção do n.° 1 do art. 2016-A do C.C.

151 Ver n.° 2 do art. 2016-A do C.C.

bleia da República, o direito alimentos não será decretado por período limitado, cessando, de entre outras causas previstas na lei, quando aquele que os presta não possa continuar a prestá-los, ou aquele que os recebe deixar de os necessitar[152].

[152] Vide artigo 2013.° do C.C.

TÍTULO IV

O direito a alimentos dos menores

19. O direito a alimentos dos menores no regime anterior à Lei n.° 61/2008

No regime anterior ao da Lei n.° 61/2008 o direito a alimentos dos menores decorria, desde logo, do próprio conteúdo do poder paternal, conforme já então previa o n.° 1 do artigo 1878.° do C.C:

> "*Compete aos pais, no interesse dos filhos, velar pela segurança e saúde destes, prover ao seu sustento, dirigir a sua educação, representá-los, ainda que nascituros, e administrar os seus bens*".

Relativamente aos filhos menores e não emancipados, já então dispunha o artigo 1879.° do C.C. que:

> "*Os pais ficam desobrigados de prover ao sustento dos filhos e de assumir as despesas relativas à sua segurança, saúde e educação na medida em que os filhos estejam em condições de suportar, pelo produto do seu trabalho ou outros rendimentos, aqueles encargos*".

Relativamente a filhos concebidos fora do casamento, igualmente o artigo 1884.° do C.C, intitulado "*Alimentos à mãe*", dispunha o seguinte:

> "***1.*** *O pai não unido pelo matrimónio à mãe do filho é obrigado, desde a data do estabelecimento da paternidade, a prestar-lhe alimentos relativos ao período da gravidez e ao primeiro ano de vida do filho, sem prejuízo das indemnizações a que por lei ela tenha direito.*
>
> ***2.*** *A mãe pode pedir os alimentos na acção de investigação de paternidade e tem direito a alimentos provisórios se a acção foi proposta antes de decorrido o prazo a que se refere o número anterior, desde que o tribunal considere provável o reconhecimento*".

É claro que esta disposição legal visava, na ausência de matrimónio, proteger a mulher grávida e o menor já concebido, até ao momento do reconhecimento da paternidade, a partir do qual passa a ser aplicável o regime geral, do supracitado n.° 1 do artigo 1878.° do C.C.

20. O direito a alimentos dos menores na jurisprudência

Pela sua extrema importância prática, nomeadamente, no que concerne à sua natureza e aos critérios de fixação do respectivo montante, iremos transcrever alguma da nossa jurisprudência sobre esta matéria, que, como veremos, nem sempre tem vindo a ser uniforme.

Ac. R.G. de 14.01.2008

I) O disposto no n.° 2 do artigo 3.° do Decreto-Lei n.° 164/99, abrange apenas as situações em que a guarda do menor é deferida a algum dos progenitores e não quando é confiado a terceira pessoa.

II) Tendo a menor sido confiada à guarda da avó materna e estando esta a ser sustentada pela filha, emigrada na Suíça, os rendimentos desta têm de ser considerados na capitação do agregado familiar.

No entanto, o valor da capitação tem de ser ponderado em função do padrão económico do país onde o rendimento é gerado e não pela sua expressão quantitativa na ordem económica

Ac. R.L. de 20.12.2007

"Deve ser fixada uma pensão de alimentos a cargo dos pais do menor, apesar da ausência de elementos factuais respeitantes à situação pessoal e profissional destes, sendo mesmo desconhecido o seu paradeiro".

Ac. R.L. de 20.11.2007

"I – O dever de alimentos dos pais relativamente aos seus filhos menores (e maiores dependentes até que os mesmos completem a sua formação profissional, na medida em que seja razoável e pelo tempo normalmente requerido para que aquela formação se complete – art. 1880.° do Código Civil, não é ética e sociologicamente confundível com outras situações em que, por força da Lei e dos costumes, essa obrigação alimentar também existe.

II – Não existindo guarda conjunta, os menores passam muito mais tempo com a mãe do que com o pai e essa circunstância tem como efeito que os encargos daquela são, *ipso facto*, maiores do que os que são suportados pelo pai, isto porque a mãe tem que usar mais tempo seu (tempo da sua vida enquanto ser humano individual) para cuidar dos filhos do que aquele que é gasto pelo pai no cumprimento dessas obrigações para com as crianças que ambos voluntariamente geraram, o que numa sociedade em que imperam as leis do mercado, não pode deixar de ser valorado e contabilizado em termos patrimoniais.

III – É a partir das necessidades dos menores que deve ser formulado o cálculo da prestação mensal de alimentos devida pelos progenitores aos filhos, necessidades essas correspondentes ao nível de vida que aos filhos foi proporcionado pelo casal que os progenitores formaram enquanto viveram juntos, sem prejuízo de se ter em conta que a separação do casal implicará uma diminuição da qualidade de vida de todos os até aí membros de uma única unidade familiar e também os filhos terão que suportar uma parte dessa perda.

IV – Tendo a diminuição da carga horária e, consequentemente, dos rendimentos auferidos pelo progenitor, ficado a dever-se a um acto voluntário do mesmo e, porque esse tempo libertado não foi usado para conviver com os filhos mostra-se contrário aos valores éticos estruturantes da comunidade nacional portuguesa, aos bons costumes e ao próprio fim social e económico dos direitos em conflito (art. 334.° do Código Civil) que os menores sejam prejudicados por esse acto voluntário do seu pai".

Ac. R.P. de 13.11.2007

"As estadias do filho menor na residência do progenitor sem a guarda, por períodos de tempo superiores aos previamente fixados, não devem ser consideradas como causa de redução da obrigação de alimentos".

Ac. R.L. de 05.07.2007

"I – Em acção de regulação do poder paternal, não se logrando colher elementos quanto à capacidade económica do progenitor a quem o menor não foi confiado, isso não significa que sobre este deixe de recair o dever de prestar alimentos.

II – Da ausência de elementos, apenas resultará que o tribunal não poderá ir além da situação de menores recursos, ou seja, do salário mínimo nacional, situação que poderá vir a ser alterada em face de novos elementos, que venham a ser conhecidos.

III – O facto de se ignorar o paradeiro do progenitor, também não deverá obstar à fixação de alimentos, pois que se disso resultar a impossibilidade de serem cobrados, nos termos do art. 189 OTM, essa pagamento poderá ser garantido pelo Estado, nos termos da Lei 75/98 de 19/11 e D.L. 164/99 13/5, através do Fundo de Garantia de Alimentos Devidos a Menores".

Ac. R.L. de 28.06.2007

"I – O Tribunal deve em acção de regulação do exercício do poder paternal fixar os alimentos devidos ao menor.

II – Não obsta a tal fixação o facto de o progenitor responsável pelos alimentos se encontrar desempregado.

III – O critério de proporcionalidade a que alude o artigo 2004.° do Código Civil releva para efeitos de fixação do montante de alimentos, mas não para se excluir o respectivo pagamento".

Ac. R.E. de 20.05.2007

"Na fixação de alimentos a prestar a um filho menor, há que atentar que estão a isso obrigados ambos os progenitores, em função dos respectivos rendimentos, após descontar as despesas e às carências do filho".

Ac. R.L. de 10.05.2007

"I. Tendo o menor ficado a cargo da mãe, a quem passaram a ser exigidos todos os cuidados, tarefas e sacrifícios com a assistência e o acompanhamento diários daquele, sempre se justifica, por regra, que a contribuição do pai seja de montante substancialmente superior à que a mãe inevitavelmente terá de suportar para sustentar aquele.

II. Em todo o caso, aquele não pode ser desonerado do dever de contribuir para a alimentação do filho pelo simples facto de a sua fonte de rendimentos ser diminuta, pois que o progenitor poderá ter de partilhar os parcos ganhos que aufira com a satisfação das suas necessidades e as necessidades do menor, não devendo as do progenitor prevalecer sobre as deste.

III. Por outro lado, sendo a obrigação de alimentos para vigorar para o futuro, é sempre de admitir que a situação financeira do progenitor se venha a alterar em sentido favorável a este melhor poder cumprir a sua obrigação, sendo até de conjecturar que a obrigação imposta incentive o obrigado a lutar pela melhoria da sua condição económica.

IV. Acresce que a não fixação de qualquer prestação alimentar a cargo do progenitor poderá inviabilizar a possibilidade de eventual intervenção do Fundo de Garantia dos Alimentos Devidos a Menores – regulado pela Lei n.° 75/98, de 19/11 e Decreto-Lei n.° 164/99, de 13/5 – uma vez que para o seu accionamento se exige, para além da verificação de outros requisitos, que a pessoa judicialmente obrigada a prestar alimentos não o faça".

Ac. R.L. de 22.03.2007

"I – A situação de necessidade do menor, ao invés do regime geral da obrigação alimentar não é condicionada pela capacidade do menor para o trabalho, pelas suas aptidões profissionais e nível intelectual, face às fortes limitações legais e convencionais do trabalho infantil, não estando condicionada *secundum dignitatem* pela idade, saúde a profissão, grau de educação ou pela titularidade de património próprio improdutivo.

II – Para o efeito de determinação da medida de alimentos as necessidades dos menores estão condicionadas por factores de ordem subjectiva como a idade, a saúde, as necessidades educacionais, o nível socio-económico dos pais, não se medindo a prestação alimentar pelas estritas necessidades vitais do menor (alimentação, vestuário, calçado, alojamento), antes visa assegurar-lhe um nível de vida económico social idêntico ao dos pais, mesmo que estes já se encontrem divorciados, posto que a obrigação de alimentos tem também por escopo uma melhor inserção social dos primeiros".

Ac. R.C. de 16.01.2007

"1. A obrigação de custear as despesas com o sustento, segurança, saúde e educação dos filhos, quando fixada durante a menoridade, mantém-se e prolonga-se com a maioridade, sem que tal assuma a natureza de nova obrigação.

2. A sentença que fixou os alimentos devidos a menores vale como título executivo após a sua maioridade, competindo ao obrigado promover a cessação da obrigação através do incidente previsto no art. 1412.°, n.° 2 do Código de Processo Civil."

Ac. R.L. de 10.01.2007

"I. A fixação de uma pensão de alimentos não é obrigatória nas decisões que regulam o poder paternal, pois não obstante o dever de contribuir com alimentos para o sustento dos filhos menores seja um dever parental, este dever não poderá ser imposto se por um lado o Tribunal nada apurar acerca da vida social e profissional do Requerido e/ou este não tiver quaisquer meios para o cumprir: a decidir-se desta forma, estar-se-ia a ignorar o preceituado no artigo 2004.°, n.° 1 do C.Civil.

II. Se, o Tribunal, nessas circunstâncias fixar tal prestação alimentícia, abrindo caminho para a substituição, pelo Estado, no cumprimento da satisfação da mesma ao abrigo do artigo 1.° da Lei 75/98, de 19 de Novembro, seria à partida, estar a aplicar analogicamente este normativo a situações diversas, o que não nos permite o disposto no artigo 11.° do C.Civil, já que se trata de uma norma excepcional".

Ac. R.E. de 02.11.2006

"I – A medida dos alimentos devidos a filhos menores deve ser fixada em função da capacidade de quem a eles está obrigado e da necessidade do menor que deles carece e não do valor da prestação fixada ou estipulada a favor de outros.

II – A medida concreta da prestação alimentar devida a filhos menores, se bem que fixada em função das necessidades destes e das capacidades de quem está obrigado a prestá-la, não deve limitar-se ao mínimo de subsistência, antes deve reflectir a posição económica e social dos progenitores e proporcionar ao alimentando a participação desse nível económico e social".

Ac. R.P. de 04.05.2006

"I – Na fixação de alimentos há que ter em conta não só as necessidades primárias do alimentando, mas também as exigências decorrentes do nível e posição social correspondente à sua situação familiar.

II – Tratando-se de filhos, cumpre aos pais proporcionar-lhes um nível de vida honroso, para que aqueles se sintam felizes tanto quanto possível, atenuando dessa forma o desgosto que inevitavelmente sofreram com a separação dos pais".

Ac. R.P. de 14.11.2005

"Em obediência aos princípios que regem a *integração dos negócios jurídicos* deve considerar-se que, num processo de cobrança coerciva de alimentos, em processo de regulação/alteração do poder paternal, onde se alcançou acordo homologado por sentença, não obstante existir omissão de declaração negocial, se mantém uma cláusula, já anteriormente acordada, segundo a qual o valor das prestações pecuniárias, a cargo de um dos progenitores, seria actualizado, anual e automaticamente, de harmonia com os preços no consumidor, publicados pelo Instituto Nacional de Estatística (INE)".

Ac. R.L. de 10.03.2005

"1 – De acordo com as normas constantes do D.L. 272/2001, de 12 de Outubro, a competência inicial para a instauração de acções de alimentos com base no art. 1880.° do C. Civil pertence às Conservatórias de Registo Civil.

2 – Havendo, porém, oposição, a competência para conhecer do mérito de tais acções passa a ser do tribunal de família, ex vi art. 82.°, n.° 1, al. e) da Lei 3/99, de 13 de Janeiro".

Ac. R.P. de 23.06.2005

"Tem que haver condenação em prestação alimentar e falta de cumprimento dessa obrigação sem que seja possível forçar-se o devedor através da dedução das quantias em dívida no vencimento, ordenado ou salário ou noutras prestações, para que seja exigível ao Estado que assegure o cumprimento da obrigação alimentar".

Ac. R.C. de 12.10.2004

"I – O escopo fundamental a ter em conta na decisão sobre o destino do menor é o interesse deste último, ou seja, saber qual das pessoas a quem legalmente o menor pode ser confiado estará em melhores condições de realizar tal desiderato, nomeadamente em termos de assegurar melhor o desenvolvimento da sua personalidade, particularmente a nível físico, psicológico, afectivo, moral e social.

II – É hoje inquestionável, a nível das diversas ciências que estudam o desenvolvimento das crianças, que os irmãos devem crescer juntos, sendo isso importante para o seu desenvolvimento harmonioso, formação das suas personalidades e para o seu equilíbrio afectivo-psicológico".

III – O dever de contribuir para o sustento dos filhos menores constitui uma obrigação dos pais, assumindo estes a posição de devedores e aqueles a de credores, tendo origem na relação biológica da filiação.

Ac. R.L. de 09.03.2004

"Nos termos do art. 2006.° do CC, se na data da sentença não tiverem sido fixados os alimentos, quer pelo tribunal, quer por acordo das partes, os mesmos são devidos desde a propositura da acção, ainda que a situação de carência seja anterior. Se já tiverem sido fixados (judicialmente ou por acordo), os alimentos são devidos desde o momento em que o devedor se constituiu em mora.

Fixados alimentos provisórios numa acção de regulação do exercício poder paternal, quer por acordo dos pais, quer por decisão do tribunal, sendo atribuídos na sentença final alimentos definitivos em quantia superior, estes serão também devidos desde a data da propositura da acção, deduzindo-se a quantia já paga a título de alimentos provisórios".

Ac. R.C. de 02.12.2003

"I – Os alimentos não podem ser fixados em montante desproporcionado com os meios de quem se obriga, mesmo que desse modo se não consiga eliminar por completo a situação de carência da pessoa (vg. o menor) a que a prestação é creditada.

II – Face a isso, se o montante da pensão alimentícia entretanto fixado ao pai – que foi diminuído devido a circunstâncias supervenientes que motivaram uma acentuada diminuição dos seus rendimentos disponíveis – for manifestamente insuficiente para cobrir as necessidades básicas de subsistência do filho (credor), deverá recair sobre o Estado, numa assunção da obrigação constitucional consagrada no artigo 63.°, o dever de suprir tal situação de carência do menor (já que a situação económica da sua mãe é ainda mais débil do que a daquele seu progenitor), o que poderá ser feito ou concretizado através do Fundo de Garantia dos Alimentos Devidos a Menores (criado pelo D.L. n.° 164/99 de 13/5)".

Ac. R.L. de 23.10.2003

"Na regulação do exercício do poder paternal, para além de dever se determinar a confiança e o destino do menor, deverão sempre fixar-se os alimentos e a forma de os prestar independentemente de ser precária a situação económica do progenitor a quem o menor não fique confiado.

Apesar disso, o progenitor poderá ter de partilhar os parcos ganhos que aufira com a satisfação das necessidades do menor. E sendo a obrigação de alimentos para vigorar para o futuro, é sempre de admitir que a situação financeira do progenitor se venha a alterar em sentido favorável.

Além disso, a não fixação de qualquer prestação alimentar a cargo do progenitor poderá inviabilizar a possibilidade de eventual intervenção do Fundo de Garantia dos Alimentos Devidos a Menores, uma vez que para o seu accionamento se exige, para além da verificação de outros requisitos, que a pessoa judicialmente obrigada a prestar alimentos não o faça".

Ac. R.P. de 02.11.1999

"I – Por força do disposto nos artigos 2003 e 2004 n.1 do Código Civil deve tomar-se em consideração a soma das verbas necessárias ao alimentando, as quais deverão ser suportadas pelos obrigados a prestá-las de forma proporcional às respectivas disponibilidades líquidas mensais.

II – Ascendendo a 317.166$00 mensais os montantes necessários para alimentos de dois filhos cujos pais estão divorciados, sendo ela professora de ensino secundário e ele médico, e vivendo eles com aquela, que tem a disponibilidade mensal líquida de 146.000$00, e o pai dos mesmos 206.172$00, a fixação dos alimentos deve estabelecer-se na proporção de 41% para aquela e 59% para este".

Ac. R.L. de 17.10.1991

"I – Na fixação dos alimentos devidos aos menores deve ter-se em conta as suas necessidades decorrentes do seu sustento, habitação, vestuário, instrução e educação e tendo em atenção a idade, o estado de saúde, a ocupação, etc, do alimentando.

II – Os progenitores devem proporcionar aos filhos um nível de vida semelhante ao seu".

Ac. R.P. de 27.05.1991

"1 – Mostrando-se que as condições económicas do obrigado a prestação alimentar a favor de um filho menor não sofreram alterações posteriormente a fixação do montante de tal prestação e que se mantêm nas mesmas condições a situação económica da mãe do menor, não se justifica a diminuição pretendida pelo pai daquela prestação, ex vi do art. 2012. do C. Civil.

2 – O pedido de diminuição do montante de tal prestação deve ser rejeitado liminarmente se se evidenciar que se traduz em mera reacção inconformada com a fixação anterior decidida definitivamente".

Ac. R.L. de 10.05.1991

"Na fixação da pensão alimentícia e no equacionar das necessidades de uma criança, tem de atender-se ao nível de vida dos pais da mesma, já que estes devem proporcionar aos filhos um teor de vida semelhante ao seu.

Considerando que, para além da inflação, a própria evolução etária do menor acarreta alteração de gastos com este, justifica-se um regime diferenciado no montante das pensões desde a propositura da acção".

Ac. R.L. de 30.04.1991

"I – Deve atender-se para a fixação do montante dos alimentos a prestar ao menor, entregue à mãe, ao montante dos rendimentos de ambos os pais e às despesas que cada um deles tem de suportar.

II – Tendo o pai e mãe do alimentando passado, em 1990, a auferir mais 12% de aumento no vencimento é de atender a este aumento a partir de 1990/01/01, aumentando proporcionalmente o montante mensal da pensão".

21. **O direito a alimentos dos menores no regime da Lei n.° 61/2008**

Contrariamente ao que sucedeu relativamente aos alimentos devidos aos ex-cônjuges, a Lei n.° 61/2008 não veio introduzir qualquer alteração no regime dos alimentos devidos aos menores, pelo que tudo quanto expusemos relativamente a este direito no anterior ponto 19 mantém-se válido.

22. **Garantia de Alimentos devidos a menores**

A Lei n.° 75/98, de 19 de Novembro (Anexo XI) veio instituir um sistema de garantia de alimentos devidos a menores, que abreviadamente passamos a designar de GAM.

Esta lei encontra-se regulamentada pelo D.L. 164/99, de 13 de Maio (Anexo XII).

22.1. *Condições para acesso ao sistema de garantia de alimentos devidos a menores*

A Lei 75/98 estabelece como condições cumulativas para o acesso a este sistema as seguintes:

a) A pessoa judicialmente obrigada a prestar alimentos a um menor residente em território nacional não satisfizer as quantias em dívida pelas formas previstas no artigo 189.° da OTM.

O artigo 189.° da OTM reporta-se ao incidente de incumprimento de alimentos, possuindo o seguinte teor:

Artigo 189.°

(Meios de tornar efectiva a prestação de alimentos)

1 – Quando a pessoa judicialmente obrigada a prestar alimentos não satisfizer as quantias em dívida dentro de dez dias depois do vencimento, observar-se-á o seguinte:

a) Se for funcionário público, ser-lhe-ão deduzidas as respectivas quantias no vencimento, sob requisição do tribunal dirigida à entidade competente;

b) Se for empregado ou assalariado, ser-lhe-ão deduzidas no ordenado ou salário[153], sendo para o efeito notificada a respectiva entidade patronal, que ficará na situação de fiel depositária[154];

c) Se for pessoa que receba rendas, pensões, subsídios, comissões, percentagens, emolumentos, gratificações, comparticipações ou rendimen-

---

[153] A este respeito, importa citar a seguinte jurisprudência:

Ac. R.P. 16.07.2007

Quando esteja em causa a realização coactiva da prestação alimentar em que o progenitor tenha sido condenado para com o filho menor, deve atender-se como valor de referência necessário a assegurar a auto-sobrevivência do devedor ao valor do rendimento social de inserção, que no subsistema de solidariedade social se assume como o mínimo dos mínimos compatível com a dignidade da pessoa humana.

Ac. R.P. 04.12.2006

I – Havendo incumprimento do dever de prestar alimentos a filho menor, não deve ser responsabilizado pelo pagamento das pensões vencidas o Fundo de Garantia de Alimentos Devidos a Menores – FGADM – enquanto não estiver demonstrado que o pagamento em falta, pelo devedor, não pode ser obtido pelos meios previstos no art. 189.° da OTM.

II – O crédito de alimentos está excluído do limite de impenhorabilidade previsto no art. 824.°, n.° 2, do Código de Processo Civil – na redacção introduzida pelo D.L. 38/2003, de 8.3.

[154] Ver a minuta n.° 9.

tos semelhantes, a dedução será feita nessas prestações quando tiverem de ser pagas ou creditadas, fazendo-se para tal as requisições ou notificações necessárias e ficando os notificados na situação de fiéis depositários.

2 – As quantias deduzidas abrangerão também os alimentos que se forem vencendo e serão directamente entregues a quem deva recebê-las.

b) O menor não tenha rendimento líquido superior ao salário mínimo nacional[155] nem beneficie dessa medida de rendimentos de outrem a cuja guarda se encontre[156].

22.2. *Critérios para a fixação das prestações e seu montante máximo*

Estas prestações são atribuídas pelo próprio tribunal que apreciou o incumprimento da obrigação alimentar.

Para a fixação do respectivo montante, que por cada devedor não poderá exceder o montante de 4 Unidades de Conta (UC),[157] o tribunal atenderá à capacidade económica do agregado familiar, ao montante da prestação de alimentos fixada e às necessidades específicas do menor.

---

[155] Actualmente o salário mínimo nacional designa-se por "retribuição mínima mensal garantida" (RMMG), prevista no art. 266.° do Código do Trabalho.

De acordo com D.L. 397/2007, de 31 de Dezembro a RMMG para o ano de 2008 corresponde a €426.

[156] Entende-se que o menor não beneficia de rendimentos de outrem a cuja guarda se encontre, superiores à RMMG, quando a capitação de rendimentos do respectivo agregado familiar não seja superior à RMMG.

[157] – A **unidade de conta** (UC), é utilizada como valor de referência com vista à fixação das custas judiciais, tendo correspondido a 1/4 do valor da retribuição mínima mensal garantida (RMMG).

– De acordo com a aplicação conjugada dos artigos 5.° e 6.° do Decreto-Lei n.° 212/89, de 30 de Junho, na redacção que lhe foi dada pelo Decreto-Lei n.° 323/2001, de 17 de Dezembro) a unidade de conta era actualizada trienalmente, pelo que com o Decreto-Lei n.° 238/2005, de 30 de Dezembro (que fixou em 385,90 € a remuneração mínima mensal garantida para o ano de 2006), a UC para o triénio 2007/2009 passou a ser de 96€.

– Entretanto, o D.L. 34/2008, de 26 de Fevereiro, veio aprovar o novo Regulamento das Custas Judiciais, estabelecendo que a primeira actualização anual da unidade de conta é efectuada em 2009, nos termos do n.° 2 do art. 5.° deste Regulamento. Este art. 5.°, n.° 2 dispõe que a UC é actualizada anual e automaticamente de acordo com o indexante dos apoios sociais (IAS), devendo atender-se, para o efeito, ao valor de UC respeitante ao ano anterior.

22.3. *Duração do cumprimento das prestações*

As prestações de alimentos são asseguradas pelo Estado, que para o efeito constituiu o Fundo de Garantia de Alimentos Devidos a Menores (FGADM), gerido pelo Instituto de Gestão Financeira da Segurança Social (IGFSS), a quem compete proceder aos respectivos pagamentos, por ordem do tribunal competente, através dos centros regionais da segurança social da área da residência do menor.

O montante fixado pelo tribunal perdura enquanto se verificarem as circunstâncias subjacentes à sua concessão e até que cesse a obrigação a que o devedor está obrigado.

Consequentemente, a pessoa que receber as prestações terá de proceder anualmente à prova da manutenção dos pressupostos subjacentes à sua atribuição, sem o que a mesma cessará; por outra parte, o representante legal do menor ou a pessoa à guarda de quem se encontre tem a obrigação de comunicar ao tribunal, ou à entidade responsável pelo pagamento das prestações alimentares, a cessação ou qualquer alteração da situação de incumprimento ou da situação do menor.

22.4. *Procedimento destinado à atribuição de alimentos pelo Fundo de Garantia dos Alimentos devidos a Menores*

O requerimento destinado à atribuição de alimentos pelo FGADM deverá ser apresentado pelo Ministério Público ou por aqueles a quem a prestação de alimentos deveria ter sido entregue[158], nos próprios autos por onde correu o processo de incumprimento da obrigação alimentar, apresentando os meios de prova da verificação dos pressupostos da atribuição desta prestação.

Aqueles que omitam factos relevantes para esta concessão ficam sujeitos a procedimento criminal por crime de burla, sendo que dos quantitativos que forem indevidamente recebidos cabe restituição, acrescida de juros de mora no caso de incumprimento doloso do referido dever de informação.

Se for considerada justificada e urgente a pretensão do requerente, o juiz, após diligências de prova, proferirá decisão provisória e ordenará a

---

[158] Ver a minuta n.° 10.

realização de outras diligências que entenda indispensáveis e a inquérito sobre as necessidades do menor, podendo, para o efeito, solicitar a colaboração dos centros regionais da segurança social e de outros serviços e de entidades públicas ou privadas que conheçam as necessidades e a situação sócio-económica do menor e da sua família, após o que decidirá.

Esta decisão será notificada ao M.P., ao representante legal do menor ou à pessoa a cuja guarda ele se encontre e respectivos advogados, e ao IGFSS, devendo este último imediatamente comunicar a decisão ao Centro Regional da Segurança Social da área de residência do menor, o qual inicia o pagamento das prestações por conta do FGADM no mês seguinte ao da notificação da decisão do tribunal.

De referir ainda que o FGADM fica sub-rogado em todos os direitos do menor a quem sejam atribuídas prestações, com vista à garantia do respectivo reembolso, pelo que o IGFSS notifica o devedor para, no prazo de 40 dias a contar da data do pagamento da primeira prestação, efectuar o reembolso, sendo que decorrido este prazo sem que tal se verifique, o IGFSS pode, desde logo, requerer execução judicial para o reembolso das quantias pagas, nos termos da lei de processo civil, salvo se se verificar existir manifesta e objectiva impossibilidade de pagamento[159].

23. *Jurisprudência relativa à atribuição de prestações pelo Fundo de Garantia dos Alimentos devidos a Menores*

Ac. R.E. de 17.04.2008

"I – A obrigação imposta ao FGADM, embora pressupondo o incumprimento da obrigação alimentícia por parte do progenitor, não visa substituir o devedor / progenitor nesse pagamento, mas sim assegurar os alimentos de que o menor precise, "tendo em vista o seu desenvolvimento integral".

II – Ora, esta função de protecção do Estado "só é realizada se a prestação que vem pagar cumpra aquela finalidade (...), se adequada no seu valor para esse efeito, o que desde logo, pode implicar que deva ser supe-

---

[159] Considera-se que se verifica "manifesta e objectiva impossibilidade de pagamento" por parte do devedor quando este se encontre numa situação de ausência ou de insuficiência de recursos que lhe permitam pagar a prestação de alimentos, nomeadamente por razões de saúde ou por se encontrar desempregado.

rior ao valor dos alimentos fixados a cargo do devedor, por estes terem sido fixados, desde logo, de acordo com as suas possibilidades.

III – Nada obsta pois a que se fixe uma prestação superior à originariamente imposta ao progenitor faltoso, desde que não exceda o valor de 4 UC, por devedor – único limite legal imposto à prestação".

Ac. R.L. de 13.03.2008

"I – O Fundo de Garantia de Alimentos Devidos a Menores apenas assegura o pagamento das prestações de alimentos devidas a menores, em substituição do devedor originário, a partir do momento em que ocorre a notificação da decisão do tribunal, não tendo aplicação, no caso, a regra inserta no artigo 2006.° do Código Civil, segundo o qual os alimentos são devidos desde a proposição da acção.

II – Este entendimento é o que melhor interpreta o sentido e o alcance desta nova *prestação social*, que constitui apenas um paliativo para minorar as dificuldades de subsistência de crianças cujo progenitor, vinculado ao pagamento de prestação de alimentos, não cumpre essa obrigação, colocando-as numa situação de privação socialmente inaceitável.

III – O Estado substitui-se ao devedor, não para pagar as prestações em dívida por este, mas para assegurar os alimentos de que o menor carece, através das prestações fixadas nos termos dos novos diplomas. A dívida anterior serve apenas de pressuposto legitimador da intervenção, subsidiária, do Estado, para satisfazer uma necessidade actual do menor".

Ac. R.L. de 06.03.2008

"1 – O Fundo de Garantia de Alimentos devidos a Menores, enquanto mecanismo de garantia de alimentos a suportar pelo Estado, em substituição do devedor, está obrigado a propiciar uma prestação a forfait de um montante, por regra equivalente ao que já fora fixado judicialmente no incidente de incumprimento do exercício do poder paternal, mas que pode ser menor.

2 – Este dever de prestar do Estado não depende apenas da falta de pagamento voluntário das quantias em dívida por alimentos judicialmente declarada. Exige-se ainda a sua não satisfação pelas formas previstas no artigo 189.° da OTM e ainda a verificação cumulativa dos vários requisitos enunciados no n.° 2 do artigo 3.° do D.L. 164/99, cuja verificação o juiz comprovará.

3 – O Fundo de Garantia pode, pois, ser condenado a satisfazer integralmente ao menor (credor de alimentos) os direitos de crédito de que este dispõe contra o obrigado a alimentos ou pode satisfazer parcialmente esses direitos, atendendo ao limite máximo das prestações fixado pelo n.° 1 do artigo 2.° da Lei 75/98.

4 – As prestações em dívida são, portanto, exigíveis ao Fundo de Garantia, a partir da prolação da decisão na primeira instância, ou no incidente de incumprimento do exercício do poder paternal, mais concretamente a partir do mês seguinte ao da notificação da decisão do tribunal ao Instituto de Gestão Financeira da Segurança Social, tratando-se de uma decisão provisória, em caso de processo de urgência devidamente motivada.

5 – Posto que o Fundo de Garantia entregue as prestações pecuniárias à pessoa a cuja guarda o menor se encontra, ele fica titular do mesmo direito de crédito que pertencia ao menor, sendo-lhe, pois, lícito exigir do devedor de alimentos uma prestação igual ou equivalente àquela com que tiver sido satisfeito o interesse do menor".

Ac. R.P. de 10.03.2008

"I – Para ocorrer a intervenção do FGADM é necessária a existência de um devedor e que não tenha sido cobrada a prestação de alimentos.

II – Esta obrigação e sub-rogação legal do Fundo é independente de terem sido ou não accionados os familiares que estão vinculados à prestação de alimentos".

Ac. R.C. de 12.02.2008

"I – A responsabilidade do FGADM reveste a natureza de uma obrigação própria, autónoma ou independente, subsidiária ou residual e actual, que visa, sobretudo, acudir às necessidades presentes e futuras do menor e que são causadas pelo não cumprimento de anterior obrigação da pessoa por ela vinculada judicialmente.

II – A lei faz depender o dever de o Estado (através do FGADM) de prestar alimentos da verificação cumulativa dos seguintes requisitos ou pressupostos: a) existência de sentença judicial que condene pessoa a prestar alimentos (devidos) a menor, fixando o montante dessa prestação; b) que haja incumprimento (total ou parcial) dessa obrigação; c) que o obrigado tenha a sua residência no território nacional; d) que os rendimentos líquidos do menor não sejam superiores ao salário mínimo nacional; e) que o menor não beneficie, na mesma quantidade, de rendimentos de outrem a cuja guarda se encontre.

III – É pressuposto legal para que o FGADM assuma a obrigação de pagar alimentos a menor o reconhecimento da impossibilidade ou da inviabilidade (no momento) da cobrança coerciva dos alimentos devidos a esse menor pelo seu progenitor a eles obrigado.

IV – Esse reconhecimento é normalmente feito na sequência do incidente do incumprimento previsto no artigo 189.° da OTM.

V – Porém, nada impede que no próprio processo de regulação do exercício do poder paternal, reconhecida que seja logo aí a impossibilidade manifesta do progenitor poder cumprir a obrigação alimentar a que aí ficou adstrito a favor de seu filho menor, se imponha logo nessa mesma sentença, reguladora desse exercício, ao Fundo a obrigação de prestar alimentos ao menor, e independentemente da referida sentença não ter ainda transitado em julgado".

Ac. R.L. de 31.01.2008

"I – Não pode afirmar-se haver uma igualdade ou paridade entre o dever paternal e o dever do Estado, quanto a alimentos.

II – A prestação a pagar pelo Fundo de Garantia de Alimentos Devidos a Menores está sujeita, pelo que ao seu montante máximo respeita, à dupla baliza definida pelo montante da incumprida pensão de alimentos, e pelo montante máximo de 4UC, estabelecido no art. 3.°, n.° 3, da Lei n.° 75/98, de 19 de Novembro.

III – A responsabilidade do Fundo inicia-se com a procedência do respectivo incidente de fixação, referindo-se ao pagamento das prestações fixadas no mês seguinte ao da notificação da decisão do Tribunal".

Ac. R.G. de 14.01.2008

"I – O disposto no n.° 2 do artigo 3.° do Decreto-Lei n.° 164/99, abrange apenas as situações em que a guarda do menor é deferida a algum dos progenitores e não quando é confiado a terceira pessoa.

II – Tendo a menor sido confiada à guarda da avó materna e estando esta a ser sustentada pela filha, emigrada na Suíça, os rendimentos desta têm de ser considerados na capitação do agregado familiar.

III – No entanto, o valor da capitação tem de ser ponderado em função do padrão económico do país onde o rendimento é gerado e não pela sua expressão quantitativa na ordem económica interna".

Ac. R.L. de 13.12.2007

"I – O Fundo de Garantia de Alimentos Devidos a Menores assume, em caso de incumprimento do devedor, substituindo-se-lhe, o valor que o tribunal fixar (Lei n.° 75/98, de 19 de Novembro).

II – Estamos face ao mesmo crédito de alimentos, colocando-se o Fundo, por sub-rogação *ex lege*, na respectiva titularidade que pertencia ao credor primitivo.

III – No entanto a intervenção do Fundo não tem natureza meramente substitutiva da prestação imposta ao obrigado e, por isso, impõe-se considerar os condicionalismos que a lei reconhece para a sua atribuição.

IV – Se a lei admite que nenhuma prestação seja atribuída porque no momento presente, ou seja, no momento em que a prestação é requerida ao Fundo nos respectivos autos de incumprimento (artigo 3.° da Lei n.° 75/98) o menor dela não carece à luz dos critérios consagrados no artigo 1.° da referida lei, então, por maioria de razão, não é de excluir interpretação que exclua o pagamento das prestações vencidas desde o incumprimento por parte do obrigado a alimentos.

V – Daí que, atento o referido regime legal, deva considerar-se que o Fundo se responsabiliza apenas pelas prestações vencidas a partir da data em que foi requerida a sua intervenção, já não daquelas que se venceram anteriormente".

Ac. R.L. de 15.11.2007

"O Fundo de Garantia de Alimentos Devidos a Menores garante, nos termos da lei face ao incumprimento, não apenas as prestações vincendas após notificação do Tribunal mas ainda as prestações vencidas, não se mostrando afastada a regra constante do artigo 2006.° do Código Civil nem pela Lei n.° 75/98, de 19 de Novembro nem pelo Decreto-Lei n.° 164/99, de 13 de Maio."

Ac. R.L. de 25.10.2007

"I – A finalidade da criação do regime do Fundo é o de assegurar/garantir os alimentos devidos a menores e não o de substituir a obrigação alimentícia que recai sobre o obrigado a alimentos.

II – A decisão que impõe o pagamento de prestação ao menor é nova e autónoma, podendo ser diferente da que foi fixada ao devedor de alimentos.

III – A nova prestação não pode ser superior á que foi fixada ao devedor de alimentos, não parecendo curial face ao regime sub-rogatório, que o obrigado faltoso venha a pagar ao Fundo mais do que pagaria se não tivesse faltado ao seu compromisso.

IV – Obrigar-se o devedor a pagar ao Fundo mais do que pagaria se não tivesse incumprido, pode-se considerar como uma forma de penalização desse mesmo incumprimento, situação que a lei, seguramente, não teve em vista."

Ac. R.L. de 25.09.07

"I – A legislação que instituiu o regime de responsabilização do Fundo por Alimentos devidos a Menores (Lei n.° 75/98, de 19-XI, e Decreto-Lei n.° 164/99, de 13-V) é aplicável aos débitos acumulados pelo obrigado a alimentos, no período anterior à data da decisão de responsabilização do Estado

II – No âmbito da Lei 75/98, o FGADM assume uma posição de garante legal do devedor principal, ao qual, de momento, não há possibilidades efectivas de exigir o pagamento coercivo, sendo, por tal, responsável pelo incumprimento deste, substituindo-se a este nesse cumprimento.

III – Daí que, muito embora agindo autonomamente, a sua obrigação garantística nasce no momento em que o devedor principal entra em situação de incumprimento, pois a prestação de alimentos a cargo do Fundo pressupõe a existência de uma prestação de alimentos, não paga, voluntária ou coercivamente, pelo respectivo devedor principal, que só subsiste enquanto esta e o seu não cumprimento subsistirem".

Ac. R.C. de 10.07.2007

"É pressuposto necessário, etapa prévia indispensável para a intervenção subsidiária, de natureza garantística, do Fundo de Alimentos Devidos a Menores, que a pessoa visada, para além de estar vinculada, por lei, à obrigação de alimentos, tenha ainda sido, judicialmente, condenada a prestá-los ao menor, em consequência de uma antecedente decisão, mesmo que não transitada em julgado".

Ac. R.P. de 18.06.2007

"A prestação a cargo do Fundo de Garantia de Alimentos Devidos a Menores (FGADM) visa assegurar "condições de subsistência mínimas" às crianças, podendo o montante fixado – com o limite máximo de 4 UCs por devedor – não ter correspondência no *quantum* da obrigação fixada ao devedor dos alimentos".

Ac. R.E. de 10.05.2007

"I – A Lei 75/98 de 19/11 e o D.L. 164/99 de 13/05 não contêm norma expressa que sufrague o entendimento de que os alimentos apenas são devidos pelo FGADM desde o mês seguinte ao da notificação da decisão, pois que o art. 4.°, n.° 5, deste último diploma legal apenas se reporta ao momento do início do pagamento e não ao momento do início da obrigação;

II – Cabe ao juiz interpretar e colmatar aquele vazio, justificando-se recorrer aos lugares paralelos constantes de outras disposições legais que regulam problemas normativos ou institutos afins (rendimento social de inserção, abono de família e obrigação de alimentos definida no C. Civil), os quais apontam no sentido de que as prestações em apreço são devidas desde a data da formulação do requerimento onde se peticiona o pagamento das mesmas;

III – Não parece curial que o conteúdo e alcance dos direitos sociais dos cidadãos de protecção do Estado fiquem à mercê de contingências processuais e na dependência da conduta do devedor;

IV – A interpretação das leis ordinárias deve conformar-se com os princípios constitucionais, nomeadamente com o princípio da igualdade expresso no art. 13.° da Lei Fundamental, sendo que a interpretação segundo a qual a prestação substitutiva por parte do Estado só é devida desde o mês seguinte ao da notificação da decisão do tribunal conduz a uma violação daquele princípio, por desigualdade de tratamento "fundada"na maior ou menor celeridade da instância judicial;

V – A prestação substitutiva a cargo do Fundo de Garantia de Alimentos Devidos a Menores é devida desde a data da formulação do requerimento a solicitar a sua fixação (art. 2006.° do C. Civil).

VI – Só deste modo se assegura de forma efectiva a protecção objectivamente visada na lei, e só assim se garante que não haja fraude à lei por parte de quem quer que seja. Com efeito só esta tese impede e desincentiva os eventuais abusos do devedor (FGADM) no retardamento do processo e os possíveis abusos dos progenitores do credor (menor) – impedindo ou limitando os efeitos do seu eventual mancomunamento quer na fixação do montante da pensão, quer no incumprimento respectivo".

Ac. R.E. de 19.04.2007

"As prestações de alimentos são devidas desde a data da propositura do respectivo pedido contra o Fundo de Garantia de Alimentos Devidos a Menores, embora o respectivo pagamento só se inicie no mês seguinte ao da notificação da decisão que fixe a prestação mensal".

Ac. R.P. de 08.03.2007

"I – As prestações de alimentos a efectuar, nos termos previstos na Lei n.° 75/98, de 19 de Novembro, e no D.L. n.° 164/99, de 13 de Maio, pelo FGADM (Fundo de Garantia dos Alimentos Devidos a Menores), são devidas desde a data da propositura do respectivo pedido contra o Estado, considerando a analogia ou identidade de razão com a situação prevista no art. 2006.° do CC.

II – O art. 4.°, n.° 5 do D.L. n.° 164/99, de 13 de Maio, apenas fixa a data do início do pagamento das prestações, revestindo um carácter essencialmente burocrático e não balizando o momento em que, sob o ponto de vista substancial, nasce a obrigação do Fundo.

III – A correspondente obrigação a cargo do Fundo constitui uma prestação actual, independente ou autónoma da anteriormente fixada, consistindo esta apenas num dos elementos a ponderar na fixação daquela".

Ac. R.E. de 25.01.2007

"I – O Fundo de Garantia de Alimentos Devidos a Menores tem uma obrigação meramente subsidiária, pois só será responsabilizado quando se verifique o incumprimento de pensão alimentar por quem a ela está originariamente obrigado como ainda que seja impossível obtê-la coercivamente.

II – O Fundo não será responsabilizado se a capitação do rendimento líquido for superior ao salário mínimo nacional, entendendo-se por "rendimento líquido", o rendimento bruto subtraído das deduções específicas das categorias de rendimento".

Ac. R.E. de 18.01.2007

"1.° A Lei 75/98 de 19/11 e o D.L. 164/99 de 13/05 não contêm norma expressa que sufrague o entendimento de que os alimentos apenas são devidos pelo FGADM desde o mês seguinte ao da notificação da decisão, pois que o art. 4.°, n.° 5, deste último diploma legal apenas se reporta ao momento do início do pagamento e não ao momento do início da obrigação;

2.° Cabe ao juiz interpretar e colmatar aquele vazio, justificando-se recorrer aos lugares paralelos constantes de outras disposições legais que regulam problemas normativos ou institutos afins (rendimento social de inserção, abono de família e obrigação de alimentos definida no C. Civil), os quais apontam no sentido de que as prestações em apreço são devidas desde a data da formulação do requerimento onde se peticiona o pagamento das mesmas;

3.° Não parece curial que o conteúdo e alcance dos direitos sociais dos cidadãos de protecção do Estado fiquem à mercê de contingências processuais e na dependência da conduta do devedor;

4.° A interpretação das leis ordinárias deve conformar-se com os princípios constitucionais, nomeadamente com o princípio da igualdade expresso no art. 13.° da Lei Fundamental, sendo que a interpretação segundo a qual a prestação substitutiva por parte do Estado só é devida desde o mês seguinte ao da notificação da decisão do tribunal conduz a uma violação daquele princípio, por desigualdade de tratamento "fundada"na maior ou menor celeridade da instância judicial;

5.° A prestação substitutiva é, assim, devida desde a data da formulação do requerimento a solicitar a sua fixação (art. 2006.° do C. Civil)".

Ac. R.P. de 04.12.2006

"I – Havendo incumprimento do dever de prestar alimentos a filho menor, não deve ser responsabilizado pelo pagamento das pensões vencidas o Fundo de Garantia de Alimentos Devidos a Menores – FGADM – enquanto não estiver demonstrado que o pagamento em falta, pelo devedor, não pode ser obtido pelos meios previstos no art. 189.° da OTM.

II – O crédito de alimentos está excluído do limite de impenhorabilidade previsto no art. 824.°, n.° 2, do Código de Processo Civil – na redacção introduzida pelo D.L. 38/2003, de 8.3".

Ac. R.E. de 26.10.2006

"I – A responsabilidade do Fundo de Garantia dos Alimentos Devidos a Menores abrange o pagamento das prestações que se venceram a partir do requerimento em que se pede a substituição do devedor pelo Estado no referido pagamento;

II – Importa não confundir a fixação do momento em que a obrigação do Fundo de Garantia dos Alimentos Devidos a Menores deve ser cumprida com a questão de saber desde quando é a referida prestação devida;

III – O artigo 4.°, n.° 5 do Decreto-Lei n.° 164/99, de 13 de Maio, fixa apenas o tempo de cumprimento da obrigação em que e o Fundo de Garantia dos Alimentos Devidos a Menores foi condenado;

IV – A interpretação no sentido de que o Fundo de Garantia dos Alimentos Devidos a Menores apenas responde pelas prestações que se vencerem um mês após a notificação da decisão judicial, como sustenta o agravante, atenta contra a razão de ser dos aludidos diplomas, ignora a unidade do sistema jurídico e não tem no texto da lei um mínimo de correspondência verbal".

Ac. R.E. de 12.10.2006

"O FGADM não está obrigado a alimentos após aquele a quem os prestava ter atingido a maioridade".

Ac. R.P. de 25.09.2006

"O Estado, através do Fundo de Garantia dos Alimentos Devidos a Menores, não pretendeu garantir a totalidade da prestação do obrigado a alimentos, substituir-se-lhe completamente, mas apenas acudir a uma situação de necessidade do menor, garantir-lhe aquele mínimo necessário sendo a prestação a cargo do FGADM devida no mês seguinte ao da notificação da decisão do tribunal, nos termos do disposto mo art.4.°, n.° 5, D.L. n.° 164/99 de 13 de Maio".

Ac. R.C. de 03.05.2006

"I – O FGADM garante o pagamento das prestações de alimentos a menores apenas a partir do momento em que é chamado a substituir o devedor, o qual ocorre na sequência do incidente de incumprimento do devedor originário, tramitado nos termos do artigo 3.° da Lei n.° 75/98.

II – O dever do Estado reveste natureza subsidiária e autónoma, limitando-se à garantia dos alimentos devidos a menores e assegurando o pagamento das prestações mensais atribuídas pelo tribunal enquanto subsistirem as circunstâncias que motivaram a sua concessão, desde o momento em que é desencadeada esta decisão e até que cesse a obrigação do devedor".

Ac. R.C. de 12.04.2005

"1. A Lei n.° 75/98 de 19 de Novembro que criou Fundo de Garantia de Alimentos devidos a menores e o D.L. n.° 164/99 de 13 de Maio que a regulamenta surgem-nos como a primeira tentativa de concretizar na prática a intenção programática fixada nos artigos 2.°, 63.°, n.° 3 e 69.°, n.° 2 da Lei Fundamental quanto à efectiva protecção de crianças em situação de carência.

2. Em situações de falta ou diminuição de meios de subsistência por parte de um menor, o Estado tem o dever de criar os pressupostos materiais indispensáveis ao exercício do direito a alimentos.

3. A criação do Fundo de Garantia de Alimentos devidos a Menores insere-se no escopo de concretização na prática do imperativo constitucional nesta matéria.

4. A intervenção daquela entidade só tem lugar quando a carência do beneficiário a alimentos é feita sentir em juízo através do requerimento que vai desencadear o processo em ordem à fixação de uma prestação mensal a cargo do Fundo que se pretende adequada a colmatar as necessidades do menor.

5. O facto de o artigo 4.° do D.L. n.° 164/99 de 13 de Maio estatuir de "o Centro Regional de Segurança Social inicia o pagamento das prestações por conta do Fundo, no mês seguinte ao da notificação da decisão do Tribunal, suporta perfeitamente que na respectiva interpretação nos orientemos pelo o disposto no "lugar paralelo" a que se reporta o artigo 2006.° do Código Civil, no sentido de que as alimentos são devidos desde a propositura da acção ou estando já fixados pelo Tribunal, desde que o devedor se constituiu em mora.

6. Nesta conformidade o pagamento das prestações alimentares por parte do Fundo de Garantia muito embora só se inicie com a notificação da decisão do Tribunal, reporta-se ao momento em que foi formulado o pedido visando conseguir aquele Apoio".

Ac. R.C. de 05.04.2005

"I – Do cotejo entre o disposto no artigo 3.° do D.L. 164/99, de 13/05, e o artigo 189.° da OTM poder-se-á concluir que o pressuposto, para que o Fundo de Garantia dos Alimentos Devidos a Menores pague uma prestação alimentícia a um menor, resultante de a pessoa judicialmente obrigada a prestar alimentos não satisfaça as quantias devidas, ocorrerá quando não for possível obter as quantias em dívida através dos descontos previstos no artigo 189.° da OTM.

II – Mas nada justifica que seja preciso verificar essa impossibilidade em incidente processual interposto para tal efeito".

Ac. R.G. de 07.06.2004

"I – Não obsta à fixação de prestação substitutiva de alimentos, a pagar pelo Fundo de Garantia dos Alimentos Devidos a Menores, o facto de a menor não se encontrar à guarda e cuidados da sua progenitora.

II – Beneficiária da prestação de alimentos é a menor e a sua fixação a cargo do Fundo apenas depende da verificação dos pressupostos enunciados no artigo 1.° da Lei n.° 75/98, de 19 de Novembro e artigo 3.°, e n.° 1 do D.L. n.° 164/99, de 13 de Maio".

Ac. R.C. de 25.05.2004

"I – A intervenção do FGADM reveste natureza subsidiária, visto que é seu pressuposto legitimador a não realização coactiva da prestação alimentícia já fixada.

II – Significa isto que o dito Fundo é apenas um substituto do devedor dos alimentos, pelo que a sua prestação não pode exceder a fixada para o dito (o montante da prestação de alimentos fixado ao devedor dos alimentos funciona como limite máximo para a prestação a cargo do FGADM)".

Ac. R.P. de 22.05.2004

"Os alimentos devidos a menores, a pagar pelo Fundo de Garantia de Alimentos, não têm a ver com os alimentos em que os progenitores foram condenados e não pagaram, designadamente não terão de colmatar a dívida acumulada pelas pensões já vencidas".

Ac. R.G. de 31.03.2004

"A Intervenção do Fundo de Garantia tem natureza subsidiária, sendo seu pressuposto a não realização coactiva da prestação já fixada através das formas previstas no art. 189.° da OTM. Na fixação da prestação a suportar pelo referido Fundo de Garantia podem ser abrangidas as prestações já vencidas e não pagas pela pessoa judicialmente obrigada a prestar alimentos".

Ac. S.T.J. de 27.01.2004

"I – Não há paridade entre o dever paternal e o dever do Estado, quanto a alimentos.

II – Embora o Fundo de Garantia dos Alimentos a devidos a Menores fique sub-rogado, nos termos previstos no artigo. 6, n.º. 3, da Lei 75/98, de 19-11 e no artigo. 5, n.º. 1, do dec-lei 164/99, de 3 de Maio, em todos os direitos dos menores a quem sejam atribuídas prestações, com vista à garantia do respectivo reembolso, a verdade é que a entidade sub-rogada, quando procede ao pagamento de prestação de alimentos, em conformidade com as disposições legais citadas, fá-lo no cumprimento de uma obrigação própria e não alheia.

III – A obrigação de garantia das referidas prestações respeita apenas a crianças e a menores.

IV – Tal obrigação de garantia daquelas prestações cessa com a maioridade e não se estende às despesas educacionais de maiores, que se encontrem na situação do artigo. 1880.º do C.C".

Ac. S.T.J. de 22.05.2003

"O conceito de agregado familiar ínsito na Lei 75/98, de 19 de Novembro e respectivo diploma regulamentador, D.L. 164/99, de 13 de Maio abrange a comunidade constituída pelo menor alimentando, sua mãe (a cuja guarda foi confiado) e o companheiro desta, em união de facto, para efeitos de cálculo da capitação de rendimentos do respectivo agregado".

Ac. R.G. de 11.05.2003

"I – Nos termos do disposto no artigo 4.º, n.º 5 D.L. n.º 164/99, o montante de alimentos em que for condenado o Fundo de Garantia de Alimentos Devidos a Menores deve ser pago no mês seguinte à notificação da decisão – artigo 4.º, n.º 5 D.L. n.º 164/99

II – O montante a ser pago não apenas é avaliado segundo critérios diversos da prestação a cargo do progenitor devedor de alimentos, como constitui uma prestação nova, não conduzindo a que o Estado se substitua ao devedor, mas tão só a que o Estado assegure a sua obrigação programática de defesa da infância.

III – Olhando quer à letra da lei, quer à intencionalidade legislativa, quer ao espírito do tempo em que a lei foi publicada, deve concluir-se que a condenação do Fundo de Garantia não abrange as prestações objecto de condenação desse Fundo a contar da data da propositura da acção ou do pedido de pagamento ao abrigo do regime legal que instituiu o Fundo, mas apenas após o mês seguinte à data da notificação da decisão".

TÍTULO V
Formulários

MINUTA N.° 1

Requerimento de divórcio por mutuo consentimento (quando os cônjuges estejam de acordo em se divorciar mas não tenham alcançado todos os acordos previstos no n.° 1 do artigo 1775.° do C.C.)

Exm.° Senhor Dr. Juiz de Direito do
do Juízo de Família e Menores do
Tribunal de Comarca de ....

(A)........................, (....profissão...), titular do BI n.° ...., emitido em ...., pelos SIC de ...., contribuinte fiscal n.° ...., e mulher (B)...................................., (....profissão...), titular do BI n.° ...., emitido em ...., pelos SIC de ...., contribuinte fiscal n.° ...., ambos residentes na Rua ...., vêm, ao abrigo do n.° 1 do artigo 1419.° do C.P.C, requerer **divórcio por mútuo consentimento**, o que fazem nos termos e com os seguintes fundamentos:

1.°

Os requerentes contrairiam casamento civil sem convenção antenupcial em ....;
conforme provam pela certidão que juntam (Doc.1).

2.°

Deste casamento nasceu o menor (C)........................., cuja certidão de nascimento igualmente juntam (Doc.2).

3.º

Depois de muito terem meditado, chegaram os requerentes à conclusão de que não devem manter a vida em comum, pelo que decidiram requerer a dissolução do seu casamento.

4.º

Os seus bens comuns são os constantes da relação que se anexa (Doc.3).

5.º

Os requerentes não conseguiram chegar a acordo relativamente a todas as matérias previstas no n.º 1 do artigo 1775.º do C.C.

Com efeito,

6.ª

Foi possível aos requerentes chegar a acordo quanto ao destino da casa de morada de família, nos termos do documento que juntam (Doc.4).

7.º

Tendo ainda acordado em prescindir reciprocamente de alimentos.

Porém,

8.º

Até ao presente não conseguiram chegar a acordo relativamente à regulação do exercício das responsabilidades parentais do menor (C) ......

9.º

Estão reunidas as condições de que os artigos 1773.º, n.º 2, e artigo 1778.º-A, ambos do C.C, na redacção que lhes foi dada pela Lei n.º 61/ /2008, fazem depender a interposição da presente acção de divórcio por mútuo consentimento.

Para tanto,

Requerem a V. Ex.ª, que D. e a A. a presente acção, seja marcada a conferência a que se refere o artigo 1420.º do C.P.C, seguindo-se os demais termos até final.

Valor: 30.000,01€ (trinta mil euros e um cêntimo)[160].

---

[160] Nos termos do n.º 1 do art. 312 do C.P.C. "As acções sobre o estado das pessoas ou sobre interesses imateriais consideram-se sempre do valor equivalente à alçada da Relação e mais €0,01".

Por outra parte, o n.º 1 do art. 24.º da L.O.T.J, na redacção que lhe foi dada pelo D.L. 303/2007, de 24 de Agosto, dispõe que "Em matéria cível, a alçada dos tribunais da Relação é de €30.000 e a dos tribunais de 1.ª instância é de €5.000".

Junta: Prova do pagamento da taxa de justiça[161], 4 docs, 2 procurações e duplicados legais.

O Advogado do requerente	O Advogado da requerente
______________________	______________________

[161] A alínea a) do n.° 3 do art. 29.° do C.C.J. previa o não pagamento da taxa de justiça inicial e subsequente nas acções sobre o estado das pessoas, salvo nos recursos. Sucede que o D.L. 34/2008, de 26 de Fevereiro, veio revogar o C.C.J. e aprovar o novo Regulamento das Custas Processuais, que entrará em vigor a partir de 1 de Janeiro de 2009, o qual não prevê esta isenção.

MINUTA N.º 2

Requerimento de divórcio por mutuo consentimento (quando os cônjuges tenham chegado a todos os acordos previstos no n.º 1 do artigo 1775.º do C.C.)

Exm.º Senhor
Conservador do Registo Civil de ....

(A) ...., ...(profissão)......, NIF ...., residente na Rua ...., e sua mulher,

(B) ...., ...(profissão)......, NIF ...., residente na Rua ...., designam a Conservatória do Registo Civil de ...., como a competente para o seu processo de divórcio e em consequência apresentam um requerimento para

PROCESSO DE DIVÓRCIO POR MÚTUO CONSENTIMENTO

O que fazem nos termos conjugados do n.º 1 do artigo 1775.º do Código Civil e artigo 14.º do D.L. 272/2001, de 13 de Outubro, com os seguintes fundamentos:

1. Os requerentes contraíram casamento civil em ...... de ... de ..., sem convenção antenupcial, conforme se pode constatar do assento de casamento n.º ...., do ano de ...., da Conservatória do Registo Civil de ...., logo, conforme disposto no artigo 1717.º do Código Civil, sob o regime da comunhão de adquiridos.

2. Desde casamento nasceram os menores a seguir indicados:

(C) ...., nascido em .... de ......, conforme assento de nascimento n.º .... da Conservatória do Registo Civil de ....;

(D) ...., nascido em ...... de ......, conforme assento de nascimento n.º .... da Conservatória do Registo Civil de ....;

Pelo que se verifica quanto aos mesmos menores o pressuposto para a regulação do exercício das respectivas responsabilidades parentais, prevista na alínea b) do n.º 1 do artigo 1775.º do Código Civil.

3. Depois de muito meditarem, chegaram os cônjuges à conclusão de que não devem manter a vida em comum, pelo que decidiram requerer a dissolução do seu casamento.

4. Destinaram a casa de morada de família nos termos constantes do acordo que se junta. – doc. 1.

5. Regularam o exercício das responsabilidades parentais dos menores nos termos do acordo que se junta. – doc.2.

6. Os bens comuns são os constantes da relação que igualmente se junta. – doc.3.

7. Prescindem reciprocamente de alimentos.

Estão assim preenchidas as condições que a lei estabelece para que seja decretado o divórcio por mútuo consentimento, que neste processo vêm requerer.

Para tanto,

Requerem a V. Ex.ª que se digne marcar o dia e hora para a realização da conferência a que alude o n.º 2 do artigo 1776.º do Código Civil.

Os requerentes desde já renunciam ao prazo legal de recurso[162] da decisão, nos termos do artigo 681.º, n.º 2 do Código de Processo Civil, aplicável ex-vi por força do artigo 231.º do Código do Registo Civil.

Juntam: 2 procurações forenses, 3 documentos e duplicados legais.

O requerente	A requerente:
____________________	____________________
O advogado do requerente	O advogado da requerente
____________________	____________________

[162] Muito embora não seja obrigatória, a prática mostrou-nos ser conveniente apresentar a renuncia prévia a este recurso, com vista a tornar mais rápida a obtenção da respectiva certidão, tendo em vista, designadamente, a subsequente partilha de bens comuns.

MINUTA N.° 3

Relação de bens comuns

(A) ...., (profissão), residente na Rua ...., e sua mulher, (B) ...., (profissão), residente na Rua ...., acordam, para os efeitos do disposto na alínea a) do n.° 1 do artigo 1775 do Código Civil, no n.° 2 do artigo 14 do D.L. n.° 272/2001 de 13 de Outubro e na alínea b) do n.° 1 do artigo 272 do Código do Registo Civil, em estabilizar na presente data as suas relações patrimoniais, o que fazem nos termos seguintes:

ACTIVO

I – BENS IMÓVEIS COMUNS

Verba n.° 1

Fracção autónoma designada pelas letras "....", do prédio urbano sujeito ao regime da propriedade horizontal, sito na Rua ...., freguesia de ...., concelho de ...., descrito na Conservatória do Registo Predial de .... sob o n.° .... e inscrito na respectiva matriz sob o artigo n.° ...., a que atribuem o valor de .... euros.

II – BENS MÓVEIS COMUNS

Verba n.° 2

Uma quota no valor nominal de .... Euros no capital social da sociedade "............................", pessoa colectiva n.° ...., matriculada na Conservatória do Registo Comercial de .... sob o n.° ...., a que atribuem o valor de .... Euros.

TOTAL DO ACTIVO: ....,00 Euros

PASSIVO

Verba n.° 1

Deve o casal ao Banco .... o montante de .... euros, correspondente à soma de dois mútuos destinados, respectivamente, à aquisição de habitação e a um mútuo complementar a este.

Verba n.° 2

Deve o casal ao Banco .... o montante de .... euros, correspondente a crédito individual para fins diversos.

TOTAL DO PASSIVO: ....,00 Euros

(Local e data)

__________________________ __________________________

MINUTA N.º 4

Acordo sobre o destino da casa demorada de família (casa que constitui bem próprio de um dos cônjuges e permanecerá morada deste)

Entre ...., ...(profissão)...., residente na Rua ...., e sua mulher ...., ... (profissão) ...., residente na Rua ....,para os efeitos do disposto na alínea d) do n.º 1 do artigo 1775 do Código Civil e no n.º 2 do artigo 14 do D.L. n.º 272/2001 de 13 de Outubro é acordado o seguinte:

1. A casa de morada de família é a fracção autónoma designada pelas letras "..", a que corresponde ao ... andar .... do prédio urbano sito na Rua ...., freguesia de ...., concelho de ...., descrito na Conservatória do Registo Predial de ...., sob o n.º .... e inscrito na respectiva matriz predial sob o artigo n.º ...., o qual constitui bem próprio do cônjuge marido, ora primeiro contraente nos termos da alínea a) do n.º 1 do artigo 1722 do Código Civil, por a ter adquirido anteriormente ao casamento, destina-se à sua habitação.

2. Para os efeitos previstos no n.º 2 do artigo 1775.º do C.C. estabelece-se que o regime previsto no número anterior vigorará no período de pendência do presente processo.

(Local e data)

________________________ ________________________

MINUTA N.° 5

Acordo sobre o destino da casa demorada de família (casa que constitui bem próprio de um dos cônjuges e passa a morada do outro cônjuge e dos menores, por usufruto a constituir a favor de ambos)

Entre ...., ...(profissão)...., residente na Rua ...., adiante abreviadamente designado por primeiro contraente, e sua mulher ...., ...(profissão)...., residente na Rua ...., adiante abreviadamente designada por segunda contraente, para os efeitos do disposto na alínea d) do n.° 1 do artigo 1775 do Código Civil e no n.° 2 do artigo 14 do D.L. n.° 272/2001 de 13 de Outubro é acordado o seguinte:

1. A casa de morada de família é a fracção autónoma designada pelas letras "..", a que corresponde ao ... andar .... do prédio urbano sito na Rua ...., freguesia de ...., concelho de ...., descrito na Conservatória do Registo Predial de ...., sob o n.° .... e inscrito na respectiva matriz predial sob o artigo n.° ...., constituindo um bem próprio do cônjuge marido, ora primeiro contraente.

2. A referida casa fica destinada à habitação da segunda contraente e dos menores .... e ...., filhos dos primeiro e segunda contraentes, comprometendo-se o primeiro contraente a constituir o direito ao usufruto[163] da mesma habitação, a título gratuito, a favor da primeira contraente e dos menores .... e ...., o qual vigorará até ao dia ....

3. Para efeitos do disposto no n.° 2 do artigo 1775.° do Código Civil, declaram os contraentes que o presente acordo entra em vigor na presente data, pelo que, sem prejuízo do estabelecido no anterior n.° 2, fica desde

---

[163] Relativamente ao simples comodato, a constituição de usufruto possui a vantagem de ser oponível a terceiros, designadamente, credores ou adquirentes do imóvel.

Contudo, tem a desvantagem dos custos inerentes ao pagamento do respectivo imposto de selo e registo na competente conservatória do registo predial.

já atribuída a casa de morada de família à segunda contraente, nos termos acima expostos.

(Local e data)

O Primeiro Contraente: A Segunda Contraente:

____________________ ____________________

MINUTA N.º 6

Acordo sobre o destino da casa demorada de família (casa arrendada por um dos cônjuges e que passará a constituir morada do outro cônjuge e dos menores com a transmissão do respectivo direito a arrendamento a favor do outro cônjuge)

Entre ...., ...(profissão)...., residente na Rua ...., adiante abreviadamente designado por primeiro contraente, e sua mulher ...., ...(profissão)...., residente na Rua ...., adiante abreviadamente designada por segunda contraente, para os efeitos do disposto na alínea d) do n.º 1 do artigo 1775 do Código Civil e no n.º 2 do artigo 14 do D.L. n.º 272/2001 de 13 de Outubro é acordado o seguinte:

1. A casa de morada de família é a fracção autónoma designada pelas letras "..", a que corresponde ao ... andar .... do prédio urbano sito na Rua ...., freguesia de ...., concelho de ...., descrito na Conservatória do Registo Predial de ...., sob o n.º .... e inscrito na respectiva matriz predial sob o artigo n.º ...., a qual se encontra arrendada ao cônjuge marido, ora primeiro contraente, por contrato por este celebrado em ...., em que é senhorio ...., com residência na Rua ...., ao qual no presente é paga a renda mensal de .... euros.

2. A casa de morada de família, no endereço acima indicado, destina-se à habitação da segunda contraente e dos menores .... e ...., filhos de ambos os contraentes, pelo que nos termos dos artigos 1105.º, n.º 1 e 1793.º ambos do Código Civil, é acordada a transmissão, a favor da segunda contraente, da posição contratual actualmente detida pelo primeiro contraente no arrendamento referido no número anterior.

(Local e data)

O Primeiro Contraente: A Segunda Contraente:

____________________ ____________________

MINUTA N.º 7

Acordo sobre o exercício das responsabilidades parentais (no qual os menores ficam a residir com a mãe)

(A) ...., titular do BI n.º ...., emitido em .... pelos SIC de ...., NIF n.º ...., residente Rua ...., e mulher (B) ...., titular do BI n.º ...., emitido em .... pelos SIC de ...., NIF n.º ...., residente na Rua ...., acordam, para os efeitos do disposto na alínea b) do n.º 1 do artigo 1775.º do Código Civil e do artigo 1419.º, n.º 1, alínea c) do Código de Processo Civil, em regular o exercício das responsabilidades parentais dos seus filhos menores (C) ....e (D)................................, nos seguintes termos e condições:

CLÁUSULA PRIMEIRA
(Exercício das responsabilidades parentais)

1. As responsabilidades parentais relativas às questões de particular importância para a vida dos menores são exercidas em comum por ambos os progenitores, nos termos que vigoravam na constância do matrimónio, salvo nos casos de urgência manifesta, em que qualquer dos progenitores poderá agir sozinho, devendo prestar informações ao outro logo que possível.

2. O exercício das responsabilidades parentais relativas aos actos da vida corrente dos menores cabe à mãe, com a qual estes ficam a residir habitualmente, ou ao pai, quando com ele se encontrarem temporariamente; porém, o pai, ao exercer as suas responsabilidades, não deverá contrariar as orientações educativas mais relevantes, tal como elas são definidas pela mãe.

CLÁUSULA SEGUNDA
(Alimentos)

1. O pai pagará, a título de alimentos devidos aos dois menores, a quantia de ....€ (................ euros), valor que creditará numa conta aberta em nome da mãe, na agência de .... do Banco ...., com o número ...., até ao dia 5 do mês a que disser respeito.

2. A quantia referida no n.° 1 será anualmente actualizada, em Janeiro, em função da variação da taxa de inflação, incluindo a habitação, a publicar pelo Instituto Nacional de Estatística.

3. O pai suportará ainda metade das despesas médicas e medicamentosas, na parte não comparticipada pela Segurança Social, que a mãe venha a efectuar com os filhos, mediante a apresentação dos respectivos documentos comprovativos.

CLÁUSULA TERCEIRA
(Visitas e Fins-de-Semana)

1. O pai privará com os menores sempre que lhe aprouver, mediante acordo prévio com a mãe, e sem prejuízo das horas de descanso dos menores e dos respectivos afazeres escolares.

2. Os menores passarão os fins-de-semana de forma alternada com a mãe e com o pai, devendo este buscá-los e levá-los à casa da mãe, respectivamente, à sexta-feira, pelas 19:00 horas e até às 20:00 horas de domingo.

CLÁUSULA QUARTA
(Natal, Carnaval e Páscoa)

Os menores passarão, de forma alternada, com cada um dos pais, mediante acordo destes, e nas seguintes ocasiões:

a) No Natal, quando os menores ficarem no dia 24 de Dezembro na companhia da mãe, passarão o dia de Natal com o pai, o mesmo se verificando na situação inversa;

b) Quando os menores ficarem no dia 31 de Dezembro na companhia da mãe, passarão o dia 1 de Janeiro subsequente na companhia do pai, o mesmo se verificando na situação inversa;

c) No dia de Carnaval e no Domingo de Páscoa, quando os menores almoçarem com a mãe jantarão com o pai, o mesmo se verificando na situação inversa.

CLÁUSULA QUINTA
(Aniversários)

1. Os menores passarão com o pai o dia do aniversário deste e o dia do pai, e com a mãe o dia do aniversário desta e o dia da mãe.

2. No dia do aniversário de cada um dos menores, estes tomarão uma refeição com cada um dos pais, mediante acordo entre ambos.

CLÁUSULA SEXTA
(Férias)

1. Os menores passarão com o pai um mês das suas férias escolares, repartido por um ou mais períodos, em datas a acordar com a mãe.

2. Em caso de coincidência dos períodos de férias dos pais, os menores passarão metade desses períodos com cada um deles.

4. O pai comunicará à mãe qual o seu período de férias, até ao dia 15 de Março de cada ano.

CLÁUSULA SÉTIMA
(Comunicações)

1. Quaisquer comunicações a serem efectuadas entre os pais ao abrigo do presente acordo deverão ser feitas por meio de protocolo ou por carta registada com aviso de recepção, para as moradas acima indicadas.

2. Qualquer alteração de morada de cada um dos pais apenas poderá ser considerada depois de comunicada nos termos atrás previstos.

(local e data)

O Pai: ____________________ A Mãe: ____________________

MINUTA N.º 8

Acordo sobre o exercício das responsabilidades parentais (no qual os menores ficam a residir com o pai)

(A) ...., titular do BI n.º ...., emitido em .... pelos SIC de ...., NIF n.º ...., residente Rua ...., e mulher (B) ...., titular do BI n.º ...., emitido em .... pelos SIC de ...., NIF n.º ...., residente na Rua ...., acordam, para os efeitos do disposto na alínea b) do n.º 1 do artigo 1775.º do Código Civil e do artigo 1419.º, n.º 1, alínea c) do Código de Processo Civil, em regular o exercício das responsabilidades parentais dos seus filhos menores (C) ....e (D)..............................., nos seguintes termos e condições:

CLÁUSULA PRIMEIRA (Exercício das responsabilidades parentais)

1. As responsabilidades parentais relativas às questões de particular importância para a vida dos menores são exercidas em comum por ambos os progenitores, nos termos que vigoravam na constância do matrimónio, salvo nos casos de urgência manifesta, em que qualquer dos progenitores pode agir sozinho, devendo prestar informações ao outro logo que possível.

2. O exercício das responsabilidades parentais relativas aos actos da vida corrente dos menores cabem ao pai, com o qual estes ficam a residir habitualmente, ou à mãe, quando com ela se encontrarem temporariamente; porém, a mãe, ao exercer as suas responsabilidades, não deve contrariar as orientações educativas mais relevantes, tal como elas são definidas pelo pai.

CLÁUSULA SEGUNDA (Alimentos)

1. A mãe pagará, a título de alimentos devidos aos dois menores, a quantia de ....€ (................ euros), valor que creditará numa conta aberta em nome do pai, na agência de .... do Banco ...., com o número ...., até ao dia 5 do mês a que respeita.

2. A quantia referida no n.° 1 será anualmente actualizada, em Janeiro, em função da variação da taxa de inflação, incluindo a habitação, a publicar pelo Instituto Nacional de Estatística.

3. A mãe suportará ainda metade das despesas médicas e medicamentosas, na parte não comparticipada pela Segurança Social, que o pai venha a efectuar com os filhos, mediante a apresentação dos respectivos documentos comprovativos.

CLÁUSULA TERCEIRA
(Visitas e Fins-de-Semana)

1. Sem prejuízo das horas de descanso dos menores e dos respectivos afazeres escolares, a mãe poderá com os menores sempre que lhe aprouver, podendo durante os dias da semana, levá-los a jantar uma vez, bastando para o efeito avisar o pai no dia anterior e ir buscá-los à escola, entregando-os na casa do pai até às 22 horas.

2. Os menores passarão os fins-de-semana de forma alternada com a mãe e com o pai, devendo esta buscá-los e levá-los à casa do pai, respectivamente, à sexta-feira, pelas 19:00 horas e até às 20:00 horas de domingo.

CLÁUSULA QUARTA
(Natal, Carnaval e Páscoa)

Os menores passarão, de forma alternada, com cada um dos pais, mediante acordo destes, e nas seguintes ocasiões:

a) No Natal, quando os menores ficarem no dia 24 de Dezembro na companhia da mãe, passarão o dia de Natal com o pai, o mesmo se verificando na situação inversa;

b) Quando os menores ficarem no dia 31 de Dezembro na companhia da mãe, passarão o dia 1 de Janeiro subsequente na companhia do pai, o mesmo se verificando na situação inversa;

c) No dia de Carnaval e no Domingo de Páscoa, quando os menores almoçarem com a mãe jantarão com o pai, o mesmo se verificando na situação inversa.

CLÁUSULA QUINTA
(Aniversários)

1. Os menores passarão com o pai o dia do aniversário deste e o dia do pai, e com a mãe o dia do aniversário desta e o dia da mãe.

2. No dia do aniversário de cada um dos menores, estes tomarão uma refeição com cada um dos pais, mediante acordo entre ambos.

CLÁUSULA SEXTA
(Férias)

1. Os menores passarão com a mãe um mês das suas férias escolares, repartido por um ou mais períodos, em datas a acordar com o pai.

2. Em caso de coincidência dos períodos de férias dos pais, os menores passarão metade desses períodos com cada um deles.

4. A mãe comunicará ao pai qual o seu período de férias, até ao dia 15 de Março de cada ano.

CLÁUSULA SÉTIMA
(Comunicações)

1. Quaisquer comunicações a serem efectuadas entre os pais ao abrigo do presente acordo deverão ser feitas por meio de protocolo ou por carta registada com aviso de recepção, para as moradas acima indicadas.

2. Qualquer alteração de morada de cada um dos pais apenas poderá ser considerada depois de comunicada nos termos atrás previstos.

(local e data)

O Pai: A Mãe:

_________________________ _________________________

MINUTA N.º 9

Incidente de incumprimento de alimentos destinado ao desconto no vencimento do devedor das quantias em dívida para alimentos de menor

Exm.º Senhor Dr. Juiz de Direito do
.....º Juízo do Tribunal de Família e Menores da
Comarca de............................

Proc.º, n.º ....

(A) ...., residente na Rua ...., ...-......., requerente nos autos acima identificados, vem aos presentes autos de regulação do exercício das responsabilidades parentais, ao abrigo da alínea b) do n.º 1 do artigo 189.º da Organização Tutelar de Menores, aprovada pelo D.L. 314/78, de 27 de Outubro, **apresentar incidente de incumprimento de alimentos**, o que faz nos termos e com os seguintes fundamentos:

1.º

Conforme se alcança dos presentes autos de regulação do exercício das responsabilidades parentais, o requerido (B) ...., ficou obrigado a entregar à requerente a quantia mensal de ....€ a título de alimentos, para o menor (C) ...., filho de ambos.

2.º

Ficou igualmente determinado que esse pagamento seria efectuado até ao dia ..... de cada mês, a remeter à requerente, por transferência bancária para a sua conta n.º ...., da agência de .... do Banco (X)...................................

3.º

Sucede, porém, que desde o mês de .... de .... e até ao presente, o requerido deixou de proceder á entrega de qualquer quantia por conta da sua obrigação de alimentos, encontrando-se assim, em dívida, a este título, pelo montante de .... Euros.

4.º

O requerido trabalha na firma …………, com sede em ……….., na Rua ……………………, na qual aufere o vencimento mensal líquido de ……… euros, conforme decorre de documento junto pelo próprio aos presentes autos.

Nestes termos e nos mais de direito, requer-se a V. Ex.ª se digne ordenar o imediato desconto no vencimento do requerido de todas as prestações vencidas e vincendas, notificando-se para este efeito a sua entidade patronal para proceder ao respectivo depósito na conta bancária da requerente com o n.º …………, da agência de ………., do Banco ……………………

O Advogado com procuração nos autos,

MINUTA N.º 10

Requerimento destinado à atribuição de alimentos pelo Fundo de Garantia dos Alimentos Devidos a Menores

Exm.º Senhor Dr. Juiz de Direito do
.....º Juízo do Tribunal de Família e Menores de
....

Proc.º, n.º ....

(A)..................................., residente na Rua ....,
........-......., requerente nos autos acima identificados, vem ao abrigo do disposto nos artigos 1.º a 3.º, n.º 1 da Lei n.º 75/98, de 19 de Novembro, e artigos 3.º e 4.º do D.L. n.º 164/99, de 13 de Maio, requerer a **fixação da prestação de alimentos a cargo do Fundo de Garantia de Alimentos Devidos a Menores**, o que faz nos termos e com os seguintes fundamentos:

1.º

Conforme se alcança dos presentes autos de regulação do exercício das responsabilidades parentais, o requerido (B) ...., ficou obrigado a entregar à requerente a quantia mensal de ....€ a título de alimentos, para o menor (C) ...., filho de ambos.

2.º

Ficou igualmente determinado que esse pagamento seria efectuado até ao dia ..... de cada mês, a remeter à requerente, por transferência bancária, para a conta n.º ...., da agência de .... do Banco (X)....................................

3.º

Sucede porém, que a partir do mês de .... de .... o requerido deixou por completo de liquidar tais prestações, estando assim em dívida as prestações referentes aos meses de .... de........... e seguintes, até ao presente, no total de ....€.

4.º

Em face deste incumprimento, e tendo em conta que o único rendimento do requerido consistia no seu vencimento, em .... a requerente intentou nos presentes autos o incidente previsto na alínea b) do n.º 1 do artigo 189.º da Organização Tutelar de Menores, aprovada pelo D.L. 314/78, de 27 de Outubro, visando o desconto directo das quantias então em dívida no salário do requerido.

5.º

Contudo, não foi possível proceder ao referido desconto, visto ter-se apurado que a partir do mês de .... de ...... o requerido deixou de trabalhar na empresa ...., sita em ...., na Rua ...., na qual prestava serviço.

6.º

Apesar das várias diligências entretanto efectuadas nesse sentido, não foi possível saber se no presente o mesmo trabalha, ou não.

Com efeito,

7.º

De tais diligências, designadamente, através de contactos efectuados pela requerente junto de parentes do requerido, concretamente do seu irmão (D) ...., residente em ...., na Rua ...., apurou-se que o mesmo encontrar-se-á no estrangeiro, em parte incerta.

Pelo que,

8.º

A requerente não pôde ver satisfeita a prestação de alimentos acima identificada nos termos do artigo 189.º da O.T.M.

9.º

Sucede que o menor (C) ...., que actualmente possui .... anos de idade, encontra-se a frequentar ....º ano de escolaridade e não tem qualquer espécie de rendimentos.

10.º

É pois a requerente quem tem vindo a suportar com todas as suas despesas, designadamente, de alimentação, vestuário e educação, auferindo apenas o rendimento mensal de .... €, da sua actividade profissional de ...., conforme prova pelo seu último recibo de vencimento que junta, (Doc.1).

11.°

A requerente não tem qualquer outro rendimento, como prova pela sua última declaração de IRS, que igualmente junta (Doc.2).

12.°

A requerente vive apenas com o referido menor, seu filho, pagando ....€ euros mensais relativos à prestação do empréstimo para a aquisição da casa de morada de família (Doc. 3), que constitui seu bem próprio, suportando ainda em água, luz e gás a média mensal de .... euros (Doc. 4 a 6).

13.°

A requerente, só com o menor, não gasta menos de ....€ mensais, visto que tem de o calçar, vestir, alimentar, e comprar diverso material e livros escolares.

14.°

É pois, com enormes dificuldades que a requerente e o menor conseguem sobreviver, o que seria impossível não fora algumas pequenas poupanças que tinha efectuado, ao longo de muitos anos de trabalho, poupanças estas porém, que estão na eminência de se esgotar.

15.°

A capitalização de rendimentos do agregado familiar, composto da requerente e do menor (C)............................, é, pois, muito inferior à retribuição mínima mensal garantida, que, de acordo com o D.L. ...., é no presente de ....€ mensais.

16.°

Encontram-se pois, totalmente preenchidos os requisitos legais de que o artigo 1.° da Lei 75/98 e o artigo 3.° do D.L. 164/99 fazem depender a atribuição das prestações de alimentos por parte do Fundo de Garantia dos Alimentos Devidos a Menores.

Nestes termos e nos mais de direito, requer-se a V. Ex.ª se digne fixar o montante da prestação de alimentos a cargo do Fundo de Garantia dos Alimentos Devidos a Menores, no valor correspondente à prestação fixada, ou seja, ... Euros mensais, com efeitos a partir do mês de .... de ...., notificando-se o Instituto de Gestão Financeira da Segurança Social, para que providencie junto do Centro Regional da Segurança Social da área da residência da requerente e do menor, com vista a iniciar o respectivo pagamento.

Tento em conta a manifesta urgência na prestação ora requerida, consubstanciada na factualidade acima descrita, mais se requer a V. Ex.ª, ao abrigo do disposto no n.° 2 do artigo 3.° da Lei n.° 75/98, que logo que efectuadas as diligências de prova consideradas necessárias seja proferida decisão provisória.

Subsequentemente, e após a realização das restantes diligências e respectivo inquérito, seja então proferida decisão definitiva.

Prova:

Testemunhal:

1. (E) ...., (estado civil), (profissão), (morada completa).

2. (F) ...., (estado civil), (profissão), (morada completa).

Documental: 7 documentos.

Junta: 7 documentos e duplicados legais.

O Advogado com procuração nos autos,

ANEXO I

Exposição de motivos do Projecto de Lei n.° 509/X

Alterações ao Regime Jurídico do Divórcio

I. Liberdade de escolha e igualdade de direitos e de deveres entre cônjuges, afectividade no centro da relação, plena comunhão de vida, cooperação e apoio mútuo na educação dos filhos, quando os houver, eis os fundamentos do casamento nas nossas sociedades.

Um prolongamento lógico deste enunciado de princípios é a aceitação do divórcio e a gestão responsabilizada e colectivamente assumida das suas consequências. Com efeito, e decorrendo do princípio da liberdade, ninguém deve permanecer casado contra sua vontade ou se considerar que houve quebra do laço afectivo. O cônjuge tratado de forma desigual, injusta ou que atente contra a sua dignidade deve poder terminar a relação conjugal mesmo sem a vontade do outro. A invocação da ruptura definitiva da vida em comum deve ser fundamento suficiente para que o divórcio possa ser decretado.

Ponto nevrálgico é também, no entanto, aquele que se refere às consequências do divórcio sobretudo quando há filhos menores. Tendo como referente fundamental, neste plano, os direitos das crianças e os deveres dos pais, e assumindo a realidade da diferenciação clara entre relação conjugal e relação parental, o exercício das responsabilidades parentais deve ser estipulado de forma a que a criança possa manter relações afectivas profundas com o pai e com a mãe, bem como ser o alvo de cuidados e protecção por parte de ambos em ordem à salvaguarda do seu superior interesse.

Os princípios atrás enunciados parecem hoje verdades simples e universalmente adquiridas. Não o são, contudo, quer quando nos comparamos com outras sociedades, quer quando pensamos na história portuguesa do século XX. Como é sabido existem ainda muitas sociedades em que não há liberdade de escolha do cônjuge e o estatuto de inferioridade das mulheres no casamento dá lugar a sérias violações dos direitos humanos.

Quanto ao caso português, em 1910, com as Leis da Família, Portugal assumiu pioneirismo ao ser depois da Noruega, em 1909, o segundo país Europeu a consagrar o divórcio por mútuo consentimento, no âmbito mais vasto da legislação que consagrou a separação entre a Igreja e o Estado e o casamento civil obrigatório. Mas, como é sabido, anos mais tarde verificam-se recuos relativamente aos princípios então aplicados. Entre 1940 e 1975, e através da assinatura da Concordata com a Santa Sé, estendeu-se à lei civil o direito canónico e a indissolubilidade do casamento situação que impediu o divórcio para os casamentos católicos mal sucedidos.

Mas a modernidade assenta na ideia transformadora da capacidade de cada indivíduo e na procura da realização pessoal traduzidas, no plano do casamento, na valorização das relações afectivas em detrimento das imposições institucionais e na aposta no bem-estar individual como condição necessária para o bem-estar familiar. Esse reencontro de Portugal com a modernidade só foi possível, no plano legislativo, a partir do 25 de Abril de 1974, com o Decreto-Lei n.° 261/75, de 27 de Maio, consequente ao Protocolo Adicional à Concordata que tornou possível o divórcio para os casamentos católicos e, mais tarde, com a revisão do Código Civil pelo Decreto-Lei n.° 496/77 de 25 de Novembro. Em 1995, 1998 e em 2001 foram realizados alguns ajustamentos para adequar a arquitectura legal à realidade da vida social e às profundas transformações que se iam verificando não só em Portugal mas por toda a Europa e, de forma genérica, nas sociedades desenvolvidas. Mas tal como na maioria dos países da União Europeia, que têm conhecido vastas reformas no plano do direito de família, impõe-se agora mudança mais ampla também em Portugal.

O projecto de lei que se apresenta pretende retomar o espírito renovador, aberto e moderno que marcou há quase cem anos a I República, adequando a lei do Divórcio ao século XXI, às realidades das sociedades modernas.

O projecto, elaborado a partir de trabalho para o efeito realizado pelos Professores Guilherme de Oliveira e Anália Torres, procura convergir com a legislação mais recente e com a que vigora na maioria dos países Europeus, como pode ser conferido na publicação *Principles of European Family Law Regarding Divorce and Maintenance Between Former Spouses*, livro que é produto da actividade da CEFL, *Comission on European Family Law* em que Portugal também participa. Assume-se esta mudança em três planos fundamentais. Em primeiro lugar, elimina-se a culpa como fundamento do divórcio sem o consentimento do outro, tal como ocorre na maioria das legislações da União Europeia e alargam-se os fundamentos objectivos da ruptura conjugal. O abandono do fundamento da culpa é, aliás, ponto de convergência na legislação europeia como se pode ler na obra atrás citada: "A eliminação a qualquer referência à culpa é consistente com a evolução da lei e da prática nos sistemas legais europeus analisados. Em muitos desses sistemas a culpa foi abandonada. Mesmo os poucos que, de forma parcial, a mantém muitas vezes na prática evoluíram na direcção do divórcio sem culpa. De qualquer dos modos é difícil atribuir culpa apenas a um dos cônjuges" (in Boele-Woelki et al. (2004), *Principles of European Family Law Regarding Divorce and Maintenance Between Former Spouses*, Commission on European Family Law, Antwerp-Oxford, Intersentia, p.55).

Em segundo lugar, assume-se de forma explícita o conceito de responsabilidades parentais como referência central, afastando assim claramente a designação hoje desajustada de "poder paternal", ao mesmo tempo que se define a mudança no sistema supletivo do exercício das responsabilidades parentais considerando ainda o seu incumprimento como crime. Finalmente, e reconhecida a importância dos contributos para a vida conjugal e familiar dos cuidados com os filhos e do trabalho despendido no lar, consagra-se pela primeira vez na lei e em situação de dissolução conjugal, que poderá haver lugar a um crédito de compensação em situação de desigualdade manifesta desses contributos.

Na parte II desta exposição de motivos enunciam-se de forma mais técnica as alterações principais. Olhar-se-á agora, um pouco mais de perto, para as transformações sociais que fundamentam as propostas apresentadas.

1. As realidades das sociedades modernas a que se faz referência são resultantes de mudanças rápidas e por isso mesmo susceptíveis de produzir perplexidade e interrogações. No caso português razão acrescida há para essas dúvidas. Se na maior parte dos países europeus o conjunto de transformações que afectam directamente a forma de encarar e de viver o casamento e a família se iniciam a partir dos anos 60 do século XX, em Portugal tais processos só foram ganhando visibilidade de forma mais notória a partir do princípio dos 80. O divórcio só começou a aumentar de forma mais significativa em Portugal depois de 1975 pelas razões já referidas. Depois de um momento de números elevados que correspondeu à regularização das situações anteriores à lei. A evolução é a seguinte: em 1970, 508; 1980, 5843; 1990, 9216; 2000, 19104; 2006, 23935 (INE, Estatísticas Demográficas).

Trata-se então aqui de processos de transformação mais tardios, partilhados com outros países do Sul da Europa, que não deixam no entanto de se orientar no sentido das tendências mais gerais. Com efeito, quando se estuda mais de perto estas realidades conclui-se, talvez ao contrário das visões de senso comum, que os portugueses se aproximam muito, nas suas práticas e nas suas representações, dos outros europeus. Podemos identificar estas posições, no plano da vida conjugal, como parte integrante de três grandes movimentos que foram ocorrendo no decurso do século XX e, mais particularmente, nos seus últimos quarenta anos: sentimentalização, individualização e secularização.

1.1. Para identificar o processo da sentimentalização basta analisar diacronicamente as práticas da vida conjugal e familiar nas últimas décadas para inevitavelmente concluir que os afectos estão no centro da relação conjugal e na relação pais-filhos. Não excluindo a existência de outras dimensões importantes da conjugalidade e da vida familiar, como a dimensão contratual, a económica e a patrimonial, que obviamente também é necessário ter em consideração, é no entanto inegável ser a dimensão afectiva o núcleo fundador e central da vida conjugal. Quanto às relações familiares entre pais e filhos foi ficando cada vez mais claro que o bem-estar psico-emocional dos últimos passou a estar em primeiro plano.

Prova do que se afirma e sinal evidente de sentimentalização são os resultados de um Inquérito aos Europeus mostrando que a família, em primeiro lugar, logo seguida dos amigos e do lazer, são as suas principais prioridades quando respondem ao que é importante na vida de cada um. Curiosamente, e também talvez ao contrário de algumas expectativas, não se verificam diferenças significativas entre países quanto a esta priorização, facto que traduz, por certo, um verdadeiro consenso valorativo no plano Europeu.

É o facto de a dimensão afectiva da vida se ter tornado tão decisiva para o bem-estar dos indivíduos que confere à conjugalidade particular relevo. Sendo esta decisiva para a felicidade individual, tolera-se mal o casamento que se tornou fonte persistente de mal-estar. Assim, é a importância do casamento e não a sua desvalorização que se destaca quando se aceita o divórcio. Daqui decorre também que importa evitar que o processo de divórcio, já de si emocionalmente doloroso, pelo que representa de quebra das expectativas iniciais, se transforme num litígio persistente e destrutivo com medição de culpas sempre difícil senão impossível de efectivar.

É neste intuito que se propõe o afastamento do fundamento da culpa para o divórcio sem o consentimento do outro abandonando, de resto, a própria designação de divórcio litigioso. Isso mesmo aconteceu já na maioria das legislações europeias visto que, como é expressamente assumido "(eliminar qualquer referência à culpa) evita indesejável investigação quanto ao estado do casamento pela autoridade competente e respeita melhor a integridade e autonomia dos cônjuges" (in Boele-Woelki, K. et al, p. 55).

Não pode significar esta elisão que se desprotejam situações de injustiça ou desigualdade. Nas consequências do divórcio está prevista a reparação de danos bem como a existência de créditos de compensação quando houver manifesta desigualdade de contributos dos cônjuges para os encargos da vida familiar. É decisivo, com efeito, observar rigor no domínio das consequências, quer relativamente aos filhos, quer nas situações de maior fragilidade e desigualdade entre cônjuges. Demonstração dessa necessidade de ao eliminar a culpa evitar a desprotecção é, aliás, o facto de este projecto consagrar, de forma muito inovadora relativamente à legislação anterior, que a violação dos direitos humanos, designadamente a violência doméstica, constituírem fundamento para requerer o divórcio. Não é nesta situação, aliás, necessário esperar pelo período de um ano de ruptura de facto, para o requerer, na medida em que se considera que esse tipo de violações persistentes evidencia de forma óbvia a ruptura da vida em comum.

Aliás, afastar o litígio e evitar arrastamentos ainda mais dolorosos das situações de divórcio é justamente o que os portugueses pela sua prática têm demonstrado fazer. Na verdade, os divórcios litigiosos têm vindo a diminuir drasticamente: de 38% em 1980, para 14% em 2000 e para uns residuais 6% em 2005.

1.2. A individualização significa a liberdade de assumir para si, aceitando também para os outros, a escolha de modos próprios de encarar e viver a vida privada Como tendência valorativa que se afirma desde o século XIX, a gradual afirmação dos direitos dos indivíduos na esfera familiar aparece já como elemento central do que Durkheim considera ser a família conjugal moderna. Para reforçar este ponto de vista escrevia o autor, já nessa viragem do século XIX para o XX, que no tipo de família que então se começava a afirmar "os indivíduos são mais importantes do que as coisas": ele valorizava assim no casamento o bem-estar individual e familiar em detrimento das lógicas patrimoniais. Mas o percurso dos processos de individualização ao longo do século XX vem ainda introduzir novos elementos. A afirmação da igualdade entre homens e mulheres é outro sinal da individualização que se reflecte de forma directa no casamento e o transforma numa ligação entre iguais.

Maior liberdade na vida privada, mais margem de manobra individual quanto à condução da vida conjugal e familiar, maior afirmação dos direitos individuais numa relação entre pares centrada fundamentalmente nas lógicas afectivas, são adquiridos da modernidade. É claro que o novo modelo traz também problemas novos. A maior ocorrência do divórcio é um deles, mas também se pode falar de forma genérica de aumento do risco, da incerteza, das tensões ou dos conflitos de lealdade. São as contrapartidas cujos efeitos importa atenuar, sobretudo quando as partes em conflito estão em situações de clara assimetria.

Vários são os indicadores revelando que as transformações referidas, designadamente os processos de sentimentalização e de individualização, ocorrem também na sociedade portuguesa. A aceitação do divórcio é praticamente generalizada. Num inquérito a nível nacional, aplicado em 1999, 83% consideram que quando há problemas na vida do casal se justifica o divórcio ou que este é a solução para um mau casamento e só 14% concordavam com a ideia da indissolubilidade do casamento. Já em 2002 essas posições aparecem reforçadas em respostas a outro inquérito, em que apenas 4% afirmam que "é melhor ter um mau casamento do que não estar casado/a" e 79% concordam com a ideia segundo a qual "quando um casal não consegue resolver os seus problemas o divórcio é a melhor solução". Mas mais significativo ainda é o facto de, no último inquérito referido, o qual foi aplicado em 15 países Europeus, Portugal ser aquele em que tanto mulheres como homens assumem esta posição de forma mais inequívoca, à frente de países como a França, a Alemanha, a Grã-Bretanha ou a Suécia, entre outros.

A tendência cada vez mais acentuada de os divorciados voltarem à conjugalidade, sob qualquer das suas formas, mostra, por seu turno, que maiores taxas de divórcio não significam obrigatoriamente desvalorizar o casamento, mas antes, pelo contrário, que se considera este demasiado importante na vida de cada um para que seja mal vivido. Os números também aqui são eloquentes.

Resultados do Inquérito Social Europeu, já atrás referido, revelam, com efeito, que estar divorciado tende a ser uma situação transitória, havendo na maioria dos países, para um mesmo ano, mais pessoas casadas que alguma vez se tinham divorciado, do que divorciados. Para Portugal as Estatísticas Demográficas do INE, Instituto Nacional de Estatística mostram também o aumento constante e progressivo do número dos divorciados que se voltam a casar: eles passam de 13% dos casamentos que se realizaram em 2000 (8428 em 63752) a 20% (9842 em 47857) dos que se realizaram em 2006. Registe-se aliás que enquanto os casamentos de 2000 para 2006 descem, os recasamentos pelo contrário sobem. Este é outro dos indicadores reveladores do que tem vindo a ser defendido: o divórcio não representou por certo nestes casos o descrédito do casamento em si mesmo, e muito menos da importância da família, mas antes o sinal do fracasso de uma relação conjugal específica. Colocar obstáculos ao divórcio quando ele constitui decisão de acordo mútuo, ou pelo menos vontade expressa de um dos envolvidos, é levantar obstáculos e impedir a concretização legal de outros projectos de vida.

1.3. Quanto à secularização também em Portugal os seus efeitos se fazem sentir. O que está em causa não é necessariamente o abandono das referências religiosas, mas antes uma retracção destas para esferas mais íntimas e assumindo dimensões menos consequenciais em outros aspectos da vida. No plano das práticas são visíveis outros indicadores de secularização. A descida dos casamentos católicos é um deles. De 90,7 em 1960, foram descendo para 86,6% em 1970, 74,6% em 1981%, 72,0% em 1991, 66,4% em 1999 e finalmente para 52% em 2006 de acordo com os dados das Estatísticas Demográficas do INE para 2006.

2. O projecto que se apresenta propõe o desaparecimento da designação "poder paternal" substituindo-a de forma sistemática pelo conceito de "responsabilidades parentais". Na mudança de designação está obviamente implícita uma mudança conceptual que se considera relevante. Ao substituir uma designação por outra muda-se o centro da atenção: ele passa a estar não naquele que detém o "poder" – o adulto, neste caso – mas naqueles cujos direitos se querem salvaguardar, ou seja, as crianças.

Esta mudança pareceu essencial por vários motivos. Em primeiro lugar, a designação anterior supõe um modelo implícito que aponta para o sentido de posse, manifestamente desadequado num tempo em que se reconhece cada vez mais a criança como sujeito de direitos. É certo que em direito de família o poder paternal sempre foi considerado um poder/dever, mas esta é uma especificação técnica que desaparece no uso quotidiano, permitindo-se assim que na linguagem comum se façam entendimentos e conotações antigas e desajustadas.

Em segundo lugar, é vital que seja do ponto de vista das crianças e dos seus interesses, e portanto a partir da responsabilidade dos adultos, que se definam as consequências do divórcio. Também assim se evidencia a separação entre relação conjugal e relação parental, assumindo-se que o fim da primeira não pode ser pretexto para a ruptura da segunda. Por outras palavras, o divórcio dos pais não é o divórcio dos filhos e estes devem ser poupados a litígios que ferem os seus interesses, nomeadamente, se forem impedidos de manter as relações afectivas e as lealdades tanto com as suas mães como com os seus pais.

Vale a pena sublinhar, por último, que a designação agora proposta acompanha as legislações da maioria dos países europeus que já há muito a consagram.

Acresce ainda que neste projecto se introduz um novo artigo prevendo punição para o incumprimento do exercício das responsabilidades parentais que passa a ser considerado crime de desobediência. Novamente assim se pretende sublinhar que o Estado deve, através dos vários meios ao seu alcance, assegurar a defesa dos direitos das crianças, parte habitualmente silenciosa neste tipo de diferendos entre adultos, sempre que estes não cumpram o que ficar estipulado.

A imposição do exercício conjunto das responsabilidades parentais para as decisões de grande relevância da vida dos filhos decorre ainda do respeito pelo princípio do interesse da criança. Também aqui se acompanha a experiência da jurisprudência e a legislação vigente em países que, por se terem há mais tempo confrontado com o aumento do divórcio, mudaram o regime de exercício das responsabilidades parentais da guarda única para a guarda conjunta. Isso aconteceu por terem sido verificados os efeitos perversos da guarda única, nomeadamente pela tendência de maior afastamento dos pais homens do exercício das suas responsabilidades parentais e correlativa fragilização do relacionamento afectivo com os seus filhos.

3. As mudanças legislativas que agora se propõem constituem regras gerais e abstractas que se aplicam, como é sabido, a indivíduos em diferentes contextos e realidades. A direitos iguais correspondem muitas vezes diferentes condições sociais do seu exercício, reservando-se por isso, como sempre acontece em termos de direito, um papel muito relevante de compreensão e de adaptação da lei aos seus aplicadores.

Trinta nos depois da entrada em vigor da Reforma do Código Civil de 1977 é hoje ainda evidente que à igualdade de direitos entre homens e mulheres no casamento, aí consagrada, não corresponde a igualdade de facto. Inúmeros são os indicadores que nos revelam essa desigualdade, obviamente não exclusiva da situação portuguesa. Limitamo-nos aqui apenas a sublinhar um desses indicadores que evidencia a desigualdade de contributos entre homens e mulheres para a vida familiar. De acordo com o Relatório do Desenvolvimento Humano 2007/2008 das Nações Unidas, Portugal é dos países, entre os de desenvolvimento humano elevado, com maior assimetria em desfavor das mulheres em horas de trabalho dentro e fora do mercado: elas despendem, com efeito, mais de uma hora e meia por dia do que os homens.

Estes diferenciais de tempo já tinham sido também detectados em duas pesquisas realizadas em Portugal, que, realizadas por equipas separadas, chegaram às mesmas conclusões: somando as horas de trabalho pago com as dos cuidados com a família, as mulheres portuguesas contribuem directamente com mais horas de trabalho do que os homens. Outros dados revelavam ainda que 70% das mulheres no nosso país contribuíam financeiramente de forma decisiva para o orçamento familiar. Por último, são também as mães portuguesas aquelas que mais horas trabalhavam para o mercado de trabalho em toda a União Europeia a quinze. Está longe, da realidade portuguesa assim, o modelo de divisão do trabalho familiar que atribui ao homem papel exclusivo de provedor da família e à mulher o de ser apenas cuidadora do lar e dos filhos. Mas insista-se em que o trabalho realizado pelas mulheres no contexto familiar, hoje acumulado com o trabalho que desempenham no exterior, não é valorizado no contexto do casamento e permanece ainda mais invisível quando surge o divórcio.

Ora, o reconhecimento da importância decisiva para as condições de vida e equilíbrio da vida familiar dos contributos da chamada esfera reprodutiva, isto é, dos cuidados com os filhos e do trabalho doméstico, é uma aquisição civilizacional recente que carece ainda de ser verdadeiramente incorporada, quer na realidade quotidiana, quer na percepção política e jurídica. Se muitas vezes no plano dos princípios se está pronto a considerar a maternidade e a paternidade como valores sociais eminentes (art. 68.° da Constituição) é necessário promover a sua plena concretização.

É por ter em consideração esta falta de reconhecimento e as assimetrias que lhes estão implícitas, que o projecto apresentado estabelece, nas consequências do divórcio, a possibilidade de atribuição de créditos de compensação, sempre que se verificar assimetria entre os cônjuges nos contributos para os encargos da vida familiar.

Com efeito, sabe-se que as carreiras profissionais femininas são muitas vezes penalizadas na sua progressão porque as mulheres, para atender aos compromissos familiares, renunciam por vezes a desenvolver outras actividades no plano profissional que possam pôr em causa esses compromissos. Ora quando tais renúncias existem, e por desigualdades de género não são geralmente esperadas nem praticadas no que respeita aos homens, acabam, a prazo, por colocar as mulheres em desvantagem no plano financeiro. Admite-se por isso que no caso da dissolução conjugal seria justo "que o cônjuge mais sacrificado no (des)equilíbrio das renúncias e dos danos, tivesse o direito de ser compensado financeiramente por esse sacrifício excessivo" (in, Guilherme Oliveira, (2004), "Dois numa só carne", in *Ex aequo*, n.° 10.)

Ainda neste plano, vale a pena lembrar que devido ao facto de ser às mulheres que a guarda das crianças na situação de divórcio é atribuída com muito mais frequência, as situações de perda e desequilíbrio financeiro atingem também as condições de vida dos filhos. Estas ainda se podem agravar em caso de incumprimento de assunção das responsabilidades parentais, nomeadamente quando há recusa ou atraso na prestação de alimentos. Procurar formas de aumentar o envolvimento e o protagonismo dos pais, homens, na prestação de cuidados e apoio aos seus filhos, igualmente na sequência do divórcio, é por certo assegurar melhor os direitos das crianças a manter as relações de afecto tanto com as mães como com os pais, além de assegurar também a partilha mais igualitária das tarefas entre os sexos com benefício de todos os envolvidos.

4. O divórcio aumentou nos últimos quarenta anos nas nossas sociedades por várias razões, entre as quais podemos destacar três fundamentais. Em primeiro lugar, é necessário ter em conta as recomposições sociais e económicas que se traduziram, num primeiro momento, na desruralização das sociedades e no crescimento das classes médias. Para a grande maioria, nos diferentes sectores sociais, os aspectos estritamente patrimoniais passaram a desempenhar papel de menor relevo na família e no casamento. A lógica tradicional em que a família, em torno da figura do patriarca, decidia o casamento dos filhos – a família fundava o casamento – transforma-se no modelo de família conjugal moderna a partir do qual se define que é casamento que funda a família. Sociedades mais organizadas em torno do assalariamento dependem menos do património familiar para tomar decisões em torno da conjugalidade, têm mais liberdade para decidir. Foi uma mudança que se foi operando no decurso do século XX e que se aprofundou, afirmando novos contornos, nos seus últimos 40 anos.

Em segundo lugar, mudou a própria forma de encarar o casamento. Dada a centralidade dos afectos para o bem-estar dos indivíduos, passou a considerar-se que em caso de persistente desentendimento no casamento os indivíduos não seriam obrigados a manter a qualquer preço a instituição. Assume-se, aliás, ser difícil construir a harmonia familiar sobre o sacrifico e o mal-estar de algum dos seus membros. Aceitar o divórcio passou a ser sinal, não de facilitismo, mas de valorização de uma conjugalidade feliz e conseguida. Voltar a casar ou à conjugalidade é, de resto, a prática da maioria dos divorciados nas nossas sociedades.

Em terceiro lugar, passou a depender-se menos do casamento como modo de vida. A entrada progressiva das mulheres para o mercado de trabalho, fenómeno mais visível em Portugal desde o início dos anos 80, permite menor dependência do casamento como modo de vida, para ambos os cônjuges, e maior autonomia para acabar com situações persistentemente indesejáveis.

O aumento do divórcio faz parte, como se sublinhou no início, de um movimento mais vasto de transformações sociais que foi sendo acompanhado nas sociedades desenvolvidas por mudanças no plano legislativo. Maior liberdade e menos constrangimentos neste plano da vida privada, não deixaram, em contrapartida, também de fazer surgir novos problemas e tensões que o legislador foi procurando acautelar.

Sendo a ruptura conjugal, com muita frequência, um processo emocionalmente doloroso, a tendência tem sido também, ao nível legislativo, e nos países europeus que nos vão servindo de referência, para retirar a carga estigmatizadora e punitiva que uma lógica de identificação da culpa só pode agravar. Privilegia-se o mútuo acordo na ruptura conjugal. Incentiva-se ainda o recurso a formas de dirimir o conflito através da mediação familiar como solução de proximidade e no sentido de evitar arrastamentos judiciais penosos e desgastantes. Sempre que a modalidade do mutuo acordo seja impossível e não haja consentimento de uma das partes, a lei procura assentar em causas objectivas a demonstração da ruptura da vida em comum e a vontade de não a continuar.

Exige-se em contrapartida sempre, com acordo ou sem ele, rigor e equilíbrio na gestão das consequências do divórcio, sobretudo quando há crianças envolvidas ou situações de assimetria e fragilidade de uma das partes. Os direitos das crianças serão o referente aquando da regulação do exercício das responsabilidades parentais. Procura-se acautelar o não agravamento de situações de desigualdade e assimetria entre cônjuges, protegendo os mais fragilizados.

Foram estes os principais critérios genéricos que estiveram na base do projecto que agora se propõe. Explicitam-se de seguida de forma mais pormenorizada as mudanças propostas.

II. Destacaremos agora, brevemente, as alterações mais importantes relativamente ao regime vigente:

1. Mediação Familiar

Estimula-se a divulgação dos serviços de mediação familiar impondo uma obrigação de informação aos cônjuges, por parte das conservatórias e dos tribunais.

2. Divórcio por mútuo consentimento

Elimina-se a necessidade de fazer uma tentativa de conciliação nos processos de divórcio por mútuo consentimento; se havia motivos para duvidar da eficácia da exigência legal, essas dúvidas parecem mais consistentes quando os cônjuges estão de acordo da dissolução do casamento.

Os cônjuges não terão de alcançar "acordos complementares" como requisito do divórcio, como hoje acontece; a dissolução do casamento depende apenas do mútuo acordo sobre o próprio divórcio. Mas, faltando algum dos "acordos complementares", o pedido de divórcio tem de ser apresentado no tribunal para que, além de determinar a dissolução com base no mútuo consentimento, o juiz decida as questões sobre que os cônjuges não conseguiram entender-se, como se se tratasse de um divórcio sem consentimento de um dos cônjuges.

3. Divórcio sem o consentimento de um dos cônjuges

Elimina-se a modalidade de divórcio por violação culposa dos deveres conjugais – a clássica forma de divórcio-sanção – que tem sido sistematicamente abandonada nos países europeus por ser, em si mesma, fonte de agravamento de conflitos anteriores, com prejuízo para os ex-cônjuges e para os filhos; o divórcio não deve ser uma sanção. O cônjuge que quiser divorciar-se e não conseguir atingir um acordo para a dissolução, terá de seguir o caminho do chamado "divórcio ruptura", por "causas objectivas", designadamente a separação de facto. E nesta modalidade de divórcio, ao contrário do que hoje acontece, o juiz nunca procurará determinar e graduar a culpa, para aplicar sanções patrimoniais; afastam-se agora também estas sanções patrimoniais acessórias. As discussões sobre culpa, e também sobre danos provocados por actos ilícitos, ficam alheias ao processo de divórcio.

Encurtam-se para um ano os prazos de relevância dos fundamentos do divórcio sem consentimento de um dos cônjuges.

Se o sistema do "divórcio ruptura" pretende reconhecer os casos em que os vínculos matrimoniais se perderam independentemente da causa desse fracasso, não há razão para não admitir a relevância de outros indicadores fidedignos da falência do casamento. Por isso, acrescenta-se uma cláusula geral que atribui relevo a outros factos que mostram claramente a ruptura manifesta do casamento, independentemente da culpa dos cônjuges e do decurso de qualquer prazo. O exemplo típico, nos sistemas jurídicos europeus, é o da violência doméstica – que pode mostrar imediatamente a inexistência da comunhão de vida própria de um casamento.

4. Efeitos patrimoniais

Em caso de divórcio, a partilha far-se-á como se os cônjuges tivessem estado casados em comunhão de adquiridos, ainda que o regime convencionado tivesse sido a comunhão geral, ou um outro regime misto mais próximo da comunhão geral do que da comunhão de adquiridos; a partilha continuará a seguir o regime convencionado no caso de dissolução por morte. Segue-se, neste ponto, o direito alemão, que evita que o divórcio se torne um meio de adquirir bens, para além da justa partilha do que se adquiriu com o esforço comum na constância do matrimónio, e que resulta da partilha segundo a comunhão de adquiridos. Abandona-se o regime actual que aproveita o ensejo para premiar um inocente e castigar um culpado.

Afirma-se o princípio de que o cônjuge que contribui manifestamente mais do que era devido para os encargos da vida familiar adquire um crédito de compensação que deve ser satisfeito no momento da partilha. Este é apenas mais um caso em que se aplica o princípio geral de que os movimentos de enriquecimento ou de empobrecimento que ocorrem, por razões diversas, durante o casamento, não devem deixar de ser compensados no momento em que se acertam as contas finais dos patrimónios.

Em caso de divórcio, qualquer dos cônjuges perde os benefícios que recebeu ou havia de receber em consideração do estado de casado, apenas porque a razão dos benefícios era a constância do casamento. Também aqui se afasta a intenção de castigar um culpado e beneficiar um inocente.

Os pedidos de reparação de danos serão, em qualquer caso, julgados nos termos gerais da responsabilidade civil, nas acções próprias; este é um corolário da retirada da apreciação da culpa do âmbito das acções de divórcio.

5. Responsabilidades parentais

Impõem-se o exercício conjunto das responsabilidades parentais, salvo quando o tribunal entender que este regime é contrário aos interesses do filho. O exercício conjunto, porém, refere-se apenas aos "actos de particular importância"; a responsabilidade pelos "actos da vida quotidiana" cabe exclusivamente ao progenitor com quem o filho se encontra. Dá-se por assente que o exercício conjunto das responsabilidades parentais mantém os dois progenitores comprometidos com o crescimento do filho; afirma-se que está em causa um interesse público que cabe ao Estado promover, em vez de o deixar ao livre acordo dos pais; reduz-se o âmbito do exercício conjunto ao mínimo – aos assuntos de "particular importância". Caberá à jurisprudência e à doutrina definir este âmbito; espera-se que, ao menos no princípio da aplicação do regime, os assuntos relevantes se resumam a questões existenciais graves e raras, que pertençam ao núcleo essencial dos direitos que são reconhecidos às crianças. Pretende-se que o regime seja praticável – como é em vários países europeus – e para que isso aconteça pode ser vantajoso não forçar contactos frequentes entre os progenitores. Assim se poderá superar o argumento tradicional de que os pais divorciados não conseguem exercer em conjunto as responsabilidades parentais.

Na determinação da residência do filho, valoriza-se a disponibilidade manifestada por cada um dos progenitores para promover relações habituais do filho com o outro progenitor.

O incumprimento do regime sobre o exercício das responsabilidades parentais – homologado pela autoridade competente com base num acordo dos pais ou determinado pelo tribunal – passa a constituir um crime de desobediência, nos termos da lei penal. Pretende-se diminuir a ligeireza com que se desprezam as decisões dos tribunais e se alteram os hábitos e as expectativas dos filhos, nesta matéria.

6. Alimentos entre ex-cônjuges

Afirma-se o princípio de que cada ex-cônjuge deve prover à sua subsistência, e de que a obrigação de alimentos tem um carácter temporário, embora possa ser renovada periodicamente.

Elimina-se a apreciação da culpa como factor relevante da atribuição de alimentos, porque se quer reduzir a questão ao seu núcleo essencial – a assistência de quem precisa por quem tem possibilidades. Mas prevê-se que, em casos especiais que os julgadores facilmente identificarão, o direito de alimentos seja negado ao ex-cônjuge necessitado, por ser chocante onerar o outro com a obrigação correspondente.

Afirma-se o princípio de que o credor de alimentos não tem o direito de manter o padrão de vida de que gozou enquanto esteve casado. O casamento que não durar para sempre não pode garantir um certo nível de vida para sempre.

Estabelece-se a prevalência de qualquer obrigação de alimentos relativamente a filhos do devedor de alimentos, relativamente à obrigação emergente do divórcio em favor do ex-cônjuge.

7. Afinidade

A afinidade cessa com a dissolução do casamento por divórcio; a relevância social e jurídica da permanência destes vínculos, na sequência do divórcio, há muito que se apresentava mais do que duvidosa.

Assim, nos termos constitucionais, legais e regimentais aplicáveis, os Deputados do Partido Socialista abaixo-assinados apresentam o seguinte projecto de lei:

ANEXO II

Exposição de motivos do Projecto de Lei n.° 486/X

Altera o prazo de Separação de Facto para efeitos da Obtenção do Divórcio

O actual regime jurídico do divórcio no nosso país, embora tendo sofrido alterações significativas nos últimos 30 anos, continua a não responder a uma realidade social, que tem sofrido grandes mutações.

O casamento à luz do Direito é um contrato, um contrato jurídico, que para se celebrar necessita da vontade expressa de duas pessoas. Não é um contrato "vulgar", é um contrato que, dependendo da vontade expressa de duas pessoas, envolve afectos e projectos de vida em comum.

O Bloco de Esquerda agendou, na 2.ª sessão da X Legislatura um Projecto-Lei que visava criar o regime jurídico do divórcio a pedido de um dos cônjuges.

Mantemos a mesma opinião, hoje aperfeiçoada por todos os contributos dados na altura (Maio de 2007) quer no âmbito da Assembleia da República, quer no grande debate que se travou na sociedade.

Do debate realizado uma conclusão pode ser retirada: foi praticamente unânime a conclusão de que o actual prazo de 3 anos para requerer o divórcio com base na ruptura da vida em comum (artigo 1781.° do Código de Processo Civil) era exagerado e desadequado da realidade social. Não se justifica "obrigar" um casal a estar separado de facto durante três anos para poder requerer o divórcio, tendo em conta os naturais prejuízos que daí advêm a nível pessoal, patrimonial e mesmo familiar.

Em Maio de 2007 o Partido Socialista assumiu o compromisso de alterar a Lei neste aspecto. Assumiu mesmo por escrito, através de declaração de voto de seis senhores e senhoras deputadas.

Passado um ano esse compromisso não foi cumprido.

O Bloco de Esquerda, mantendo a sua posição anterior, considera que esta modalidade de divórcio, que nunca propôs fosse eliminada, deve ser alterada, passando o prazo para um ano quando for um cônjuge a requerer e 6 meses quando o outro não se opuser.

Consideramos estar a contribuir para uma alteração que corresponderá de uma forma mais adequada à realidade social dos dias de hoje, assim como consideramos fundamental cumprir, na letra da Lei, aquilo que consensualmente resultou do debate anterior.m

Assim sendo, e ao abrigo das disposições constitucionais e regimentais aplicáveis, as Deputadas e os Deputados do Bloco de Esquerda apresentam o seguinte projecto de lei:

ARTIGO ÚNICO
Alterações ao Código Civil

Os artigos 1781.° e 1785.° do Código Civil passam a ter a seguinte redacção:

"Artigo 1781.°
(...)

(...):

a) A separação de facto por um ano consecutivo.

b) A separação de facto por seis meses se o divórcio for requerido por um dos cônjuges sem oposição do outro;

c) (...);

d) (...)."

Artigo 1785.°
(...)

1 – (...).

2 – O divórcio pode ser requerido por qualquer dos cônjuges com o fundamento da alínea a) do artigo 1781.°; com os fundamentos das alíneas c) e d) do mesmo artigo, só pode ser requerido pelo cônjuge que invoca a ausência ou a alteração das faculdades mentais do outro.

3 – (...)."

Assembleia da República,
19 de Março de 2008

As Deputadas e os Deputados
do Bloco de Esquerda

ANEXO III

Lei n.° 61/2008 de 31 de Outubro

Altera o regime jurídico do divórcio

A Assembleia da República decreta, nos termos da alínea c) do artigo 161.° da Constituição, o seguinte:

ARTIGO 1.°
Alteração ao Código Civil

Os artigos 1585.°, 1676.°, 1773.°, 1774.°, 1775.°, 1776.°, 1778.°, 1778.°-A, 1779.°, 1781.°, 1785.°, 1789.°, 1790.°, 1791.°, 1792.°, 1793.°, 1795.°-D, 1901.°, 1902.°, 1903.°, 1904.°, 1905.°, 1906.°, 1907.°, 1908.°, 1910.°, 1911.°, 1912.° e 2016.°, do Código Civil aprovado pelo Decreto-Lei n.° 47 344, de 25 de Novembro de 1966, com as alterações introduzidas pelos Decretos-Leis n.ºs 67/75, de 19 de Fevereiro, 261/75, de 27 de Maio, 561/76, de 17 de Julho, 605/76, de 24 de Julho, 293/77, de 20 de Julho, 496/77, de 25 de Novembro, 200-C/80, de 24 de Junho, 236/80, de 18 de Julho, 328/81, de 4 de Dezembro, 262/83, de 16 de Junho, 225/84, de 6 de Julho, e 190/85, de 24 de Junho, pela Lei n.° 46/85, de 20 de Setembro, pelos Decretos-Leis n.ºs 381-B/85, de 28 de Setembro, e 379/86, de 11 de Novembro, pela Lei n.° 24/89, de 1 de Agosto, pelos Decretos-Leis n.ºs 321-B/90, de 15 de Outubro, 257/91, de 18 de Julho, 423/91, de 30 de Outubro, 185/93, de 22 de Maio, 227/94, de 8 de Setembro, 267/94, de 25 de Outubro, e 163/95, de 13 de Julho, pela Lei n.° 84/95, de 31 de Agosto, pelos Decretos-Leis n.ºs 329-A/95, de 12 de Dezembro, 14/96, de 6 de Março, 68/96, de 31 de Maio, 35/97, de 31 de Janeiro, e 120/98, de 8 de Maio, pelas Leis n.ºs 21/98, de 12 de Maio, e 47/98, de 10 de Agosto, pelo Decreto-Lei n.° 343/98, de 6 de Novembro, pela Lei n.° 16/2001, de 22 de Junho, pelos Decretos-Leis n.ºs 272/2001, de 13 de Outubro, 273/2001, de 13 de Outubro, 323/2001, de 17 de Dezembro, e 38/2003, de 8 de Março, pela Lei n.° 31/2003, de 22 de Agosto, pelo Decreto-Lei n.° 199/2003, de 10 de Setembro, pela Lei n.° 6/2006, de 27 de Fevereiro, e pelo Decreto-Lei n.° 263-A/2007, de 23 de Julho, 324/2007, de 28 de Setembro, e 116/2008, de 4 de Julho, passam a ter a seguinte redacção:

Anotações:

– Os artigos alterados encontram-se incorporados no texto actualizado do Livro IV do Código Civil e assinalados em bold (Anexo IV)

ARTIGO 2.°

Aditamento ao Código Civil

São aditados ao Código Civil, os artigos 1776.°-A e 2016.°-A, com a seguinte redacção:

Anotações:

– Os artigos aditados encontram-se incorporados no texto actualizado do Livro IV do Código Civil e assinalados em bold (Anexo IV)

ARTIGO 3.°

Alteração de epígrafes e designação

1. São alteradas respectivamente para "Responsabilidades parentais" e "Exercício das responsabilidades parentais" as epígrafes da secção II e da sua subsecção IV, do capítulo II do título III do livro IV do Código Civil.

2. A expressão "poder paternal" deve ser substituída por "responsabilidades parentais" em todas as disposições da secção II do capítulo II do título III do livro IV do Código Civil.

ARTIGO 4.°

Alteração ao Código de Processo Civil

1. A epígrafe do capítulo XVII do título IV do livro III é alterada, passando a ter a seguinte redacção: "Do divórcio e separação sem consentimento do outro cônjuge".

2. A epígrafe do artigo 1421.° do Código do Processo Civil passa a ter a seguinte redacção: «Conferência».

Anotações:

1. As alterações resultantes deste artigo encontram-se incorporadas no Anexo VI.

ARTIGO 5.º

Alteração ao Código do Registo Civil

O artigo 272.º do Código do Registo Civil, aprovado pelo Decreto-Lei n.º 131/95, de 6 de Junho, com as alterações introduzidas pelos Decretos-Leis n.ºs 224-A/96, de 26 de Novembro, 36/97, de 31 de Janeiro, 120/98, de 8 de Maio, 375-A/99, de 20 de Setembro, 228/2001, de 20 de Agosto, 273/2001, de 13 de Outubro, 323/2001, de 17 de Dezembro, 113/2002, de 20 de Abril, 194/2003, de 23 de Agosto, e 53/2004, de 18 de Março, pela Lei n.º 29/2007, de 2 de Agosto e pelo Decreto-Lei n.º 324/2007, de 28 de Setembro, passa a ter a seguinte redacção:

Anotações:

1. O artigo alterado encontra-se assinalado a bold no texto do Código do Registo Civil (Anexo V).

ARTIGO 6.º

Alteração ao Decreto-Lei n.º 272/2001, de 13 de Outubro

Os artigos 12.º e 14.º do Decreto-Lei n.º 272/2001, de 13 de Outubro, alterado pelo Decreto-Lei n.º 324/2007, de 28 de Setembro, passam a ter a seguinte redacção:

Anotações:

– Os artigos alterados encontram-se assinalados a bold no texto do Decreto-Lei n.º 272/2001, de 13 de Outubro (Anexo VIII).

ARTIGO 7.º

Alteração ao Código Penal

Os artigos 249.º e 250.º do Código Penal, aprovado pelo Decreto-Lei n.º 400/82, de 23 de Setembro, e alterado pela Lei n.º 6/84, de 11 de Maio, pelos Decretos-Leis n.ºs 101.º-A/88, de 26 de Março, 132/93, de 23 de Abril, e 48/95, de 15 de Março, pelas Leis n.ºs 90/97, de 30 de Julho, 65/98, de 2 de Setembro, 7/2000, de 27 de Maio, 77/2001, de 13 de Julho, 97/2001, 98/2001, 99/2001, e 100/2001, de 25 de Agosto, e 108/2001, de 28 de Novembro, pelos Decretos-Leis n.ºs 323/2001, de 17 de Dezembro, e 38/2003, de 8 de Março, pelas Leis n.ºs 52/2003, de 22 de Agosto, e 100/2003, de 15 de Novembro, pelo Decreto-Lei n.º 53/2004, de 18 de Março, e pelas Leis n.ºs 11/2004, de 27 de Março, 31/2004, de 22 de Julho, 5/2006, de 23 de Fevereiro, 16/2007, de 17 de Abril e 59/2007, de 4 de Setembro, passam a ter a seguinte redacção:

Artigo 249.°
(...)

1 – (...)

a) (...);

b) (...);

c) De um modo repetido e injustificado, não cumprir o regime estabelecido para a convivência do menor na regulação do exercício das responsabilidades parentais, ao recusar, atrasar ou dificultar significativamente a sua entrega ou acolhimento;

é punido com pena de prisão até dois anos ou com pena de multa até 240 dias.

2. – Nos casos previstos na alínea c) do n.° 1, a pena é especialmente atenuada quando a conduta do agente tiver sido condicionada pelo respeito pela vontade do menor com idade superior a 12 anos.

3 – (...).

Artigo 250.°
[...]

1 – Quem, estando legalmente obrigado a prestar alimentos e em condições de o fazer, não cumprir a obrigação no prazo de dois meses seguintes ao vencimento, é punido com pena de multa até 120 dias.

2 – A prática reiterada do crime referido no número anterior é punível com pena de prisão até um ano ou com pena de multa até 120 dias.

3 – [Anterior n.° 1].

4 – Quem, com a intenção de não prestar alimentos, se colocar na impossibilidade de o fazer e violar a obrigação a que está sujeito criando o perigo previsto no número anterior, é punido com pena de prisão até dois anos ou com pena de multa até 240 dias.

5 – [Anterior n.° 3].

6 – [Anterior n.° 4].

ARTIGO 8.°
Norma revogatória

São revogados o artigo 1780.°, o n.° 2 do artigo 1782.°, os artigos 1783.°, 1786.° e 1787.° e os n.os 3 e 4 do artigo 1795.°-D do Código Civil e o artigo 1417.°-? e o n.° 1 do artigo 1422.° do Código de Processo Civil.

ARTIGO 9.°
Norma Transitória

O presente regime não se aplica aos processos pendentes em tribunal.

ARTIGO 10.º
Entrada em vigor

O presente diploma entra em vigor 30 dias após a sua publicação.

Aprovada em 17 de Setembro de 2008.

O Presidente da Assembleia da República, *Jaime Gama*.

Promulgada em 21 de Outubro de 2008.

Publique-se.

O Presidente da República, ANÍBAL CAVACO SILVA.

Referendada em 22 de Outubro de 2008.

O Primeiro-Ministro, *José Sócrates Carvalho Pinto de Sousa*.

ANEXO IV

Republicação do Livro IV do Código Civil

LIVRO IV[164]

Direito da Família

TÍTULO I

Disposições gerais

ARTIGO 1576.°
(Fontes das relações jurídicas familiares)

São fontes das relações jurídicas familiares o casamento, o parentesco, a afinidade e a adopção.

ARTIGO 1577.°
(Noção de casamento)

Casamento é o contrato celebrado entre duas pessoas de sexo diferente que pretendem constituir família mediante uma plena comunhão de vida, nos termos das disposições deste Código.

Anotações:

1. Contém as alterações introduzidas pelos seguintes diplomas:
– D.L. n.° 496/77, de 25 de Novembro

---

[164] O teor das alterações introduzidas pela Lei n.° 61/2008, de 31 de Agosto encontra-se assinalado a bold.

2. Versões anteriores deste artigo:
– 1.ª versão: D.L. n.° 47344/66, de 25 de Novembro

ARTIGO 1578.°
(Noção de parentesco)

Parentesco é o vínculo que une duas pessoas, em consequência de uma delas descender da outra ou de ambas procederem de um progenitor comum.

ARTIGO 1579.°
(Elementos do parentesco)

O parentesco determina-se pelas gerações que vinculam os parentes um ao outro: cada geração forma um grau, e a série dos graus constitui a linha de parentesco.

ARTIGO 1580.°
(Linhas de parentesco)

1. A linha diz-se recta, quando um dos parentes descende do outro; diz-se colateral, quando nenhum dos parentes descende do outro, mas ambos procedem de um progenitor comum.

2. A linha recta é descendente ou ascendente: descendente, quando se considera como partindo do ascendente para o que dele procede; ascendente, quando se considera como partindo deste para o progenitor.

ARTIGO 1581.°
(Cômputo dos graus)

1. Na linha recta há tantos graus quantas as pessoas que formam a linha de parentesco, excluindo o progenitor.

2. Na linha colateral os graus contam-se pela mesma forma, subindo por um dos ramos e descendo pelo outro, mas sem contar o progenitor comum.

ARTIGO 1582.°
(Limites do parentesco)

Salvo disposição da lei em contrário, os efeitos do parentesco produzem-se em qualquer grau na linha recta e até ao sexto grau na colateral.

ARTIGO 1583.
(Parentesco legítimo e ilegítimo)

(Revogado pelo Decreto-Lei n.° 496/77, de 25 de Novembro).

Anotações:

1. Contém as alterações introduzidas pelos seguintes diplomas:
- D.L. n.° 496/77, de 25 de Novembro

2. Versões anteriores deste artigo:
- 1.ª versão: D.L. n.° 47344/66, de 25 de Novembro

ARTIGO 1584.°
(Noção de afinidade)

Afinidade é o vínculo que liga cada um dos cônjuges aos parentes do outro.

Anotações:

1. Contém as alterações introduzidas pelos seguintes diplomas:
- D.L. n.° 496/77, de 25 de Novembro

2. Versões anteriores deste artigo:
- 1.ª versão: D.L. n.° 47344/66, de 25 de Novembro

ARTIGO 1585.°
(Elementos e cessação da afinidade)

A afinidade determina-se pelos mesmos graus e linhas que definem o parentesco e não cessa pela dissolução do casamento por morte.

Anotações:

1. Contém as alterações introduzidas pelos seguintes diplomas:
- Lei n.° 61/2008, de 31 de Outubro
- Versões anteriores deste artigo:
- 1.ª versão: D.L. n.° 47344/66, de 25 de Novembro, cujo teor era o seguinte:

"ARTIGO 1585.°
(Elementos e cessação da afinidade)
A afinidade determina-se pelos mesmos graus e linhas que definem o parentesco e não cessa pela dissolução do casamento".

3. Da alteração agora introduzida pela Lei n.° 61/2008, de 31 de Outubro, resulta que a afinidade cessa quando a causa da dissolução do casamento for o divórcio.

Um dos efeitos decorrentes da afinidade resulta do impedimento dirimente relativo previsto na alínea c) do artigo 1602.° do C.C., que consiste no obstáculo ao casamento de duas pessoas afins na linha recta, v.g. o casamento do ex-sogro com a ex-nora.

Da referida alteração resulta que quando a dissolução do casamento decorra do divórcio, já um ex-sogro poderá casar com uma ex-nora, ou uma ex-sogra casar com um ex-genro, ou um ex-padrasto com uma ex-enteada, ou uma ex-madrasta com um ex-enteado.

ARTIGO 1586.°
(Noção de adopção)

Adopção é o vínculo que, à semelhança da filiação natural, mas independentemente dos laços do sangue, se estabelece legalmente entre duas pessoas nos termos dos artigos 1973.° e seguintes.

TÍTULO II
Do casamento

CAPÍTULO I
Modalidades do casamento

ARTIGO 1587.°
(Casamentos católico e civil)

1. O casamento é católico ou civil.
2. A lei civil reconhece valor e eficácia de casamento ao matrimónio católico nos termos das disposições seguintes.

ARTIGO 1588.°
(Efeitos do casamento católico)

O casamento católico rege-se, quando aos efeitos civis, pelas normas comuns deste código, salvo disposição em contrário.

ARTIGO1589.°
(Dualidade de casamentos)

1. O casamento católico contraído por pessoas já ligadas entre si por casa-

mento civil não dissolvido é averbado ao assento, independentemente do processo preliminar de casamento.

2. Não é permitido o casamento civil de duas pessoas unidas por matrimónio católico anterior.

Anotações:

1. Contém as alterações introduzidas pelos seguintes diplomas
- D.L. n.° 35/97, de 31 de Janeiro
- D.L. n.° 324/2007, de 28 de Setembro

2. Versões anteriores deste artigo
- 1.ª versão: D.L. n.° 47344/66, de 25 de Novembro
- 2.ª versão: D.L. n.° 35/97, de 31 de Janeiro

ARTIGO 1590.°
(Casamentos urgentes)

O casamento urgente que for celebrado sem a presença de ministro da Igreja Católica ou de funcionário do registo civil é havido por católico ou civil segundo a intenção das partes, manifestada expressamente ou deduzida das formalidades adoptadas, das crenças dos nubentes ou de quaisquer outros elementos.

CAPÍTULO II
Promessa de casamento

ARTIGO 1591.°
(Ineficácia da promessa)

O contrato pelo qual, a título de esponsais, desposórios ou qualquer outro, duas pessoas de sexo diferente se comprometem a contrair matrimónio não dá direito a exigir a celebração do casamento, nem a reclamar, na falta de cumprimento, outras indemnizações que não sejam as previstas no artigo 1594.°, mesmo quando resultantes de cláusula penal.

ARTIGO 1592.°
(Restituições, nos casos de incapacidade e de retractação)

1. No caso de o casamento deixar de celebrar-se por incapacidade ou retractação de algum dos promitentes, cada um deles é obrigado a restituir os donativos que o outro ou terceiro lhe tenha feito em virtude da promessa e na expectativa do casamento, segundo os termos prescritos para a nulidade ou anulabilidade do negócio jurídico.

2. A obrigação de restituir abrange as cartas e retratos pessoais do outro contraente, mas não as coisas que hajam sido consumidas antes da retractação ou da verificação da incapacidade.

ARTIGO 1593.°
(Restituições no caso de morte)

1. Se o casamento não se efectuar em razão da morte de algum dos promitentes, o promitente sobrevivo pode conservar os donativos do falecido, mas, nesse caso, perderá o direito de exigir os que, por sua parte, lhe tenha feito.

2. O mesmo promitente pode reter a correspondência e os retratos pessoais do falecido e exigir a restituição dos que este haja recebido da sua parte.

ARTIGO 1594.°
(Indemnizações)

1. Se algum dos contraentes romper a promessa sem justo motivo ou, por culpa sua, der lugar a que o outro se retracte, deve indemnizar o esposado inocente, bem como os pais deste ou terceiros que tenham agido em nome dos pais, quer das despesas feitas, quer das obrigações contraídas na previsão do casamento.

2. Igual indemnização é devida, quando o casamento não se realize por motivo de incapacidade de algum dos contraentes, se ele ou os seus representantes houverem procedido com dolo.

3. A indemnização é fixada segundo o prudente arbítrio do tribunal, devendo atender-se, no seu cálculo, não só à medida em que as despesas e obrigações se mostrem razoáveis, perante as circunstâncias do caso e a condição dos contraentes, mas também às vantagens que, independentemente do casamento, umas e outras possam ainda proporcionar.

ARTIGO 1595.°
(Caducidade das acções)

O direito de exigir a restituição dos donativos ou a indemnização caduca no prazo de um ano, contado da data do rompimento da promessa ou da morte do promitente.

CAPÍTULO III
Pressupostos da celebração do casamento

SECÇÃO I
Casamento católico

ARTIGO 1596.°
(Capacidade civil)

O casamento católico só pode ser celebrado por quem tiver a capacidade matrimonial exigida na lei civil.

ARTIGO 1597.°
(Processo preliminar)

1. A capacidade dos nubentes para contrair matrimónio é comprovada por meio do processo preliminar de casamento, organizado nas conservatórias a requerimento dos nubentes ou do pároco respectivo.

2. O consentimento dos pais ou tutor, relativo ao nubente menor, pode ser prestado na presença de duas testemunhas perante o pároco, o qual levantará auto de ocorrência, assinando-o com todos os intervenientes.

Anotações:

1. Contém as alterações introduzidas pelos seguintes diplomas:

– D.L. n.° 324/2007, de 28 de Setembro

2. Versões anteriores deste artigo:

– 1.ª versão: D.L. n.° 47344/66, de 25 de Novembro

ARTIGO 1598.°
(Certificado da capacidade matrimonial)

1. Verificada no despacho final do processo preliminar de casamento a inexistência de impedimento à realização do casamento, o funcionário do registo civil extrai dele o certificado da capacidade matrimonial, que é remetido ao pároco e sem o qual o casamento não pode ser celebrado.

2. Se, depois de expedido o certificado, o funcionário tiver conhecimento de algum impedimento, comunica-o imediatamente ao pároco, a fim de se sobrestar na celebração até ao julgamento respectivo.

Anotações:

1. Contém as alterações introduzidas pelos seguintes diplomas:

– D.L. n.º 324/2007, de 28 de Setembro
2. Versões anteriores deste artigo:
– 1.ª versão: D.L. n.º 47344/66, de 25 de Novembro

ARTIGO 1599.º
(Dispensa do processo preliminar de casamento)

1. O casamento in articulo mortis, na iminência de parto ou cuja celebração imediata seja expressamente autorizada pelo ordinário próprio, por grave motivo de ordem moral, pode celebrar-se independentemente do processo preliminar de casamento e de passagem do certificado previsto no artigo anterior.

2. A dispensa do processo preliminar de casamento não altera as exigências da lei civil quanto à capacidade matrimonial dos nubentes, continuando estes sujeitos às sanções estabelecidas na mesma lei.

Anotações:
1. Contém as alterações introduzidas pelos seguintes diplomas:
– D.L. n.º 261/75, de 27 de Maio
– D.L. n.º 496/77, de 25 de Novembro
– D.L. n.º 324/2007, de 28 de Setembro
2. Versões anteriores deste artigo:
– 1.ª versão: D.L. n.º 47344/66, de 25 de Novembro
– 2.ª versão: D.L. n.º 261/75, de 27 de Maio
– 3.ª versão: D.L. n.º 496/77, de 25 de Novembro

SECÇÃO II
Casamento civil

SUBSECÇÃO I
Impedimentos matrimoniais

ARTIGO 1600.º
(Regra geral)

Têm capacidade para contrair casamento todos aqueles em quem se não verifique algum dos impedimentos matrimoniais previstos na lei.

ARTIGO 1601.°
(Impedimentos dirimentes absolutos)

São impedimentos dirimentes, obstando ao casamento da pessoa a quem respeitam com qualquer outra:

a) A idade inferior a dezasseis anos;

b) A demência notória, mesmo durante os intervalos lúcidos, e a interdição ou inabilitação por anomalia psíquica;

c) O casamento anterior não dissolvido, católico ou civil, ainda que o respectivo assento não tenha sido lavrado no registo do estado civil.

Anotações:

1. Contém as alterações introduzidas pelos seguintes diplomas:

- D.L. n.° 496/77, de 25 de Novembro

2. Versões anteriores deste artigo:

- 1.ª versão: D.L. n.° 47344/66, de 25 de Novembro

ARTIGO 1602.°
(Impedimentos dirimentes relativos)

São também dirimentes, obstando ao casamento entre si das pessoas a quem respeitam, os impedimentos seguintes:

a) O parentesco na linha recta;

b) O parentesco no segundo grau da linha colateral;

c) A afinidade na linha recta;

d) A condenação anterior de um dos nubentes, como autor ou cúmplice, por homicídio doloso, ainda que não consumado, contra o cônjuge do outro.

Anotações:

1. Contém as alterações introduzidas pelos seguintes diplomas:

- D.L. n.° 496/77, de 25 de Novembro

2. Versões anteriores deste artigo

- 1.ª versão: D.L. n.° 47344/66, de 25 de Novembro

ARTIGO 1603.°
(Prova da maternidade ou paternidade)

1. A prova da maternidade ou paternidade para efeitos do disposto nas alíneas a), b) e c) do artigo anterior é sempre admitida no processo preliminar de casamento, mas o reconhecimento do parentesco, quer neste processo, quer na acção de declaração de nulidade ou anulação do casamento, não produz qualquer outro efeito e não vale sequer como começo de prova em acção de investigação de maternidade ou paternidade.

2. Fica salvo o recurso aos meios ordinários para o efeito de se fazer declarar a inexistência do impedimento em acção proposta contra as pessoas que teriam legitimidade para requerer a declaração de nulidade ou anulação do casamento, com base no impedimento reconhecido.

Anotações:

1. Contém as alterações introduzidas pelos seguintes diplomas:
- D.L. n.º 496/77, de 25 de Novembro
- D.L. n.º 324/2007, de 28 de Setembro

2. Versões anteriores deste artigo:
- 1.ª versão: D.L. n.º 47344/66, de 25 de Novembro
- 2.ª versão: D.L. n.º 496/77, de 25 de Novembro

ARTIGO 1604.º
(Impedimentos impedientes)

São impedimentos impedientes, além de outros designados em leis especiais:

a) A falta de autorização dos pais ou do tutor para o casamento do nubente menor, quando não suprida pelo conservador do registo civil;

b) O prazo internupcial;

c) O parentesco no terceiro grau da linha colateral;

d) O vínculo de tutela, curatela ou administração legal de bens;

e) O vínculo de adopção restrita;

f) A pronúncia do nubente pelo crime de homicídio doloso, ainda que não consumado, contra o cônjuge do outro, enquanto não houver despronúncia ou absolvição por decisão passada em julgado.

Anotações:

1. Contém as alterações introduzidas pelos seguintes diplomas
- D.L. n.º 496/77, de 25 de Novembro
- D.L. n.º 163/95, de 13 de Julho

2. Versões anteriores deste artigo:
- 1.ª versão: D.L. n.º 47344/66, de 25 de Novembro
- 2.ª versão: D.L. n.º 496/77, de 25 de Novembro

ARTIGO 1605.º
(Prazo internupcial)

1. O impedimento do prazo internupcial obsta ao casamento daquele cujo matrimónio anterior foi dissolvido, declarado nulo ou anulado, enquanto não

decorrerem sobre a dissolução, declaração de nulidade ou anulação, cento e oitenta ou trezentos dias, conforme se trate de homem ou mulher.

2. É, porém, lícito à mulher contrair novas núpcias passados cento e oitenta dias se obtiver declaração judicial de que não está grávida ou tiver tido algum filho depois da dissolução, declaração de nulidade ou anulação do casamento anterior; se os cônjuges estavam separados judicialmente de pessoas e bens e o casamento se dissolver por morte do marido, pode ainda a mulher celebrar segundo casamento decorridos cento e oitenta dias sobre a data em que transitou em julgado a sentença de separação, se obtiver declaração judicial de que não está grávida ou tiver tido algum filho depois daquela data.

3. Sendo o casamento católico declarado nulo ou dissolvido por dispensa, o prazo conta-se a partir do registo da decisão proferida pelas autoridades eclesiásticas; no caso de divórcio ou anulação do casamento civil, o prazo conta-se a partir do trânsito em julgado da respectiva sentença.

4. Cessa o impedimento do prazo internupcial se os prazos referidos nos números anteriores já tiverem decorrido desde a data, fixada na sentença de divórcio, em que findou a coabitação dos cônjuges ou, no caso de conversão da separação judicial de pessoas e bens em divórcio, desde a data em que transitou em julgado a sentença que decretou a separação.

5. O impedimento cessa ainda se o casamento se dissolver por morte de um dos cônjuges, estando estes separados judicialmente de pessoas e bens, quando já tenham decorrido, desde a data do trânsito em julgado da sentença, os prazos fixados nos números anteriores.

Anotações:

1. Contém as alterações introduzidas pelos seguintes diplomas:
- D.L. n.° 261/75, de 27 de Maio
- D.L. n.° 561/76, de 17 de Julho
- D.L. n.° 496/77, de 25 de Novembro

2. Versões anteriores deste artigo:
- 1.ª versão: D.L. n.° 47344/66, de 25 de Novembro
- 2.ª versão: D.L. n.° 261/75, de 27 de Maio
- 3.ª versão: D.L. n.° 561/76, de 17 de Julho

ARTIGO 1606.°
(Parentesco na linha colateral)

(Revogado pelo Decreto-Lei n.° 496/77, de 25 de Novembro).

Anotações:

1. Contém as alterações introduzidas pelos seguintes diplomas:
- D.L. n.° 496/77, de 25 de Novembro

2. Versões anteriores deste artigo:
– 1.ª versão: D.L. n.° 47344/66, de 25 de Novembro

ARTIGO 1607.°
(Vínculo de adopção)

O impedimento do vínculo de adopção restrita obsta ao casamento:

a) Do adoptante, ou seus parentes na linha recta, com o adoptado ou seus descendentes;

b) Do adoptado com o que foi cônjuge do adoptante;

c) Do adoptante com o que foi cônjuge do adoptado;

d) Dos filhos adoptivos da mesma pessoa, entre si.

Anotações:

1. Contém as alterações introduzidas pelos seguintes diplomas:
– D.L. n.° 496/77, de 25 de Novembro

2. Versões anteriores deste artigo:
– 1.ª versão: D.L. n.° 47344/66, de 25 de Novembro

ARTIGO 1608.°
(Vínculo de tutela, curatela ou administração legal de bens)

O vínculo de tutela, curatela ou administração legal de bens impede o casamento do incapaz com o tutor, curador ou administrador, ou seus parentes ou afins na linha recta, irmãos, cunhados ou sobrinhos, enquanto não tiver decorrido um ano sobre o termo da incapacidade e não estiverem aprovadas as respectivas contas, se houver lugar a elas.

ARTIGO 1609.°
(Dispensa)

1. São susceptíveis de dispensa os impedimentos seguintes:

a) O parentesco no terceiro grau da linha colateral;

b) O vínculo de tutela, curatela ou administração legal de bens, se as respectivas contas estiverem já aprovadas;

c) O vínculo de adopção restrita.

2. A dispensa compete ao conservador do registo civil, que a concederá quando haja motivos sérios que justifiquem a celebração do casamento.

3. Se algum dos nubentes for menor, o conservador ouvirá, sempre que possível, os pais ou o tutor.

Anotações:

1. Contém as alterações introduzidas pelos seguintes diplomas:
- D.L. n.º 496/77, de 25 de Novembro
- D.L. n.º 163/95, de 13 de Julho

2. Versões anteriores deste artigo:
- 1.ª versão: D.L. n.º 47344/66, de 25 de Novembro
- 2.ª versão: D.L. n.º 496/77, de 25 de Novembro

SUBSECÇÃO II
Processo preliminar de casamento

ARTIGO 1610.º
Necessidade e fim do processo preliminar de casamento

A celebração do casamento é precedida de um processo, regulado na lei do registo civil e destinado à verificação da inexistência de impedimentos.

Anotações:

1. Contém as alterações introduzidas pelos seguintes diplomas:
- D.L. n.º 324/2007, de 28 de Setembro

2. Versões anteriores deste artigo:
- 1.ª versão: D.L. n.º 47344/66, de 25 de Novembro

ARTIGO 1611.º
(Declaração de impedimentos)

1. Até ao momento da celebração do casamento, qualquer pessoa pode declarar os impedimentos de que tenha conhecimento.

2. A declaração é obrigatória para o Ministério Público e para os funcionários do registo civil logo que tenham conhecimento do impedimento.

3. Feita a declaração, o casamento só será celebrado se o impedimento cessar, for dispensado nos termos do artigo 1609.º ou for julgado improcedente por decisão judicial com trânsito em julgado.

Anotações:

1. Contém as alterações introduzidas pelos seguintes diplomas:
- D.L. n.º 163/95, de 13 de Julho

2. Versões anteriores deste artigo:
- 1.ª versão: D.L. n.º 47344/66, de 25 de Novembro

ARTIGO 1612.°
(Autorização dos pais ou do tutor)

1. A autorização para o casamento de menor de dezoito anos e maior de dezasseis deve ser concedida pelos progenitores que exerçam o poder paternal, ou pelo tutor.

2. Pode o conservador do registo civil suprir a autorização a que se refere o número anterior se razões ponderosas justificarem a celebração do casamento e o menor tiver suficiente maturidade física e psíquica.

Anotações:

1. Contém as alterações introduzidas pelos seguintes diplomas
- D.L. n.° 496/77, de 25 de Novembro
- D.L. n.° 163/95, de 13 de Julho

2. Versões anteriores deste artigo:
- 1.ª versão: D.L. n.° 47344/66, de 25 de Novembro
- 2.ª versão: D.L. n.° 496/77, de 25 de Novembro

ARTIGO 1613.°
(Despacho final)

Findo o processo preliminar de casamento e os processos judiciais a que este der causa, cabe ao funcionário do registo civil proferir despacho final, no qual autoriza os nubentes a celebrar casamento ou manda arquivar o processo.

Anotações:

1. Contém as alterações introduzidas pelos seguintes diplomas:
- D.L. n.° 324/2007, de 28 de Setembro

2. Versões anteriores deste artigo:
-1.ª versão: D.L. n.° 47344/66, de 25 de Novembro

ARTIGO 1614.°
(Prazo para a celebração do casamento)

Autorizada a realização do casamento, este deve celebrar-se dentro dos seis meses seguintes.

Anotações:

1. Contém as alterações introduzidas pelos seguintes diplomas:
- D.L. n.° 324/2007, de 28 de Setembro

2. Versões anteriores deste artigo:
- 1.ª versão: D.L. n.° 47344/66, de 25 de Novembro

CAPÍTULO IV
Celebração do casamento civil

SECÇÃO I
Disposições gerais

ARTIGO 1615.º
Publicidade e forma

A celebração do casamento é pública e está sujeita, segundo a vontade dos nubentes:

a) À forma fixada neste Código e nas leis do registo civil;

b) À forma religiosa, nos termos de legislação especial.

Anotações:

1. Contém as alterações introduzidas pelos seguintes diplomas:

- Lei n.º 16/2001, de 22 de Junho

2. Versões anteriores deste artigo:

- 1.ª versão: D.L. n.º 47344/66, de 25 de Novembro

ARTIGO 1616.º
(Pessoas que devem intervir)

É indispensável para a celebração do casamento a presença:

a) Dos contraentes, ou de um deles e do procurador do outro;

b) Do funcionário do registo civil ou, nos casos de casamento civil sob forma religiosa, do ministro do culto, devidamente credenciado;

c) De duas testemunhas, nos casos em que é exigida por lei especial.

Anotações:

1. Contém as alterações introduzidas pelos seguintes diplomas:

- D.L. n.º 35/97, de 31 de Janeiro
- D.L. n.º 324/2007, de 28 de Setembro

2. Versões anteriores deste artigo:

- 1.ª versão: D.L. n.º 47344/66, de 25 de Novembro
- 2.ª versão: D.L. n.º 35/97, de 31 de Janeiro

ARTIGO 1617.º
(Actualidade do mútuo consenso)

A vontade dos nubentes só é relevante quando manifestada no próprio acto da celebração do casamento.

ARTIGO 1618.º
(Aceitação dos efeitos do casamento)

1. A vontade de contrair casamento importa aceitação de todos os efeitos legais do matrimónio, sem prejuízo das legítimas estipulações dos esposos em convenção antenupcial.

2. Consideram-se não escritas as cláusulas pelas quais os nubentes, em convenção antenupcial, no momento da celebração do casamento ou em outro acto, pretendam modificar os efeitos do casamento, ou submetê-lo a condição, a termo ou à preexistência de algum facto.

ARTIGO 1619.º
(Carácter pessoal do mútuo consenso)

A vontade de contrair casamento é estritamente pessoal em relação a cada um dos nubentes.

ARTIGO 1620.º
(Casamento por procuração)

1. É lícito a um dos nubentes fazer-se representar por procurador na celebração do casamento.

2. A procuração deve conter poderes especiais para o acto, a designação expressa do outro nubente e a indicação da modalidade do casamento.

ARTIGO 1621.º
(Revogação e caducidade da procuração)

1. Cessam todos os efeitos da procuração pela revogação dela, pela morte do constituinte ou do procurador, ou pela interdição ou inabilitação de qualquer deles em consequência de anomalia psíquica.

2. O constituinte pode revogar a todo o tempo a procuração, mas é responsável pelo prejuízo que causar se, por culpa sua, o não fizer a tempo de evitar a celebração do casamento.

SECÇÃO II

Casamentos urgentes

ARTIGO 1622.°
(Celebração)

1. Quando haja fundado receio de morte próxima de algum dos nubentes, ou iminência de parto, é permitida a celebração do casamento independentemente do respectivo processo preliminar e sem a intervenção do funcionário do registo civil.

2. Do casamento urgente é redigida uma acta, nas condições previstas na lei do registo civil.

3. (Revogado.)

Anotações:

1. Contém as alterações introduzidas pelos seguintes diplomas:
- D.L. n.° 324/2007, de 28 de Setembro

2. Versões anteriores deste artigo:
- 1.ª versão: D.L. n.° 47344/66, de 25 de Novembro

ARTIGO 1623.°
(Homologação do casamento)

1. Lavrada a acta, o funcionário competente decide se o casamento deve ser homologado.

2. Se não tiver já corrido, o processo preliminar de casamento é organizado oficiosamente e a decisão sobre a homologação é proferida no despacho final deste processo.

Anotações:

1. Contém as alterações introduzidas pelos seguintes diplomas:
- D.L. n.° 324/2007, de 28 de Setembro

2. Versões anteriores deste artigo:
- 1.ª versão: D.L. n.° 47344/66, de 25 de Novembro

ARTIGO 1624.
(Causas justificativas da não homologação)

1. O casamento não pode ser homologado:

a) Se não se verificarem os requisitos exigidos por lei, ou não tiverem sido observadas as formalidades prescritas para a celebração do casamento urgente;

b) Se houver indícios sérios de serem supostos ou falsos esses requisitos ou formalidades;

c) Se existir algum impedimento dirimente;

d) Se o casamento tiver sido considerado como católico pelas autoridades eclesiásticas e, como tal, se encontrar transcrito.

2. *(Revogado pelo D.L. 324/07 de 28.9)*

3. Do despacho que recusar a homologação podem os cônjuges ou seus herdeiros, bem como o Ministério Público, recorrer para o tribunal, a fim de ser declarada a validade do casamento.

Anotações:

1. Contém as alterações introduzidas pelos seguintes diplomas:

– D.L. n.° 324/2007, de 28 de Setembro

2. Versões anteriores deste artigo:

– 1.ª versão: D.L. n.° 47344/66, de 25 de Novembro

CAPÍTULO V

Invalidade do casamento

SECÇÃO I

Casamento católico

ARTIGO 1625.°
(Competência dos tribunais eclesiásticos)

O conhecimento das causas respeitantes à nulidade do casamento católico e à dispensa do casamento rato e não consumado é reservado aos tribunais e repartições eclesiásticas competentes.

ARTIGO 1626.°
(Processo)

1. A decisão relativa à nulidade e à dispensa pontifícia do casamento rato e não consumado, tomada pela autoridade eclesiástica competente e verificada pelo órgão eclesiástico de controlo superior, é notificada às partes, produzindo efeitos civis, a requerimento de qualquer uma delas, após revisão e confirmação, nos termos da lei processual, pelo competente tribunal do Estado, que determina o seu averbamento no registo civil.

2. O requerimento referido no número anterior pode ser apresentado à autoridade eclesiástica onde o processo canónico iniciou os seus termos, a qual, no

prazo de 20 dias após o seu recebimento, o remete, por carta registada com aviso de recepção, ao tribunal indicado pela parte requerente, notificando em seguida esta, no prazo máximo de 10 dias, da devolução do aviso de recepção.

3. Os tribunais eclesiásticos e as repartições eclesiásticas competentes podem requisitar aos tribunais judiciais a citação ou notificação das partes, peritos ou testemunhas, bem como diligências de carácter probatório ou de outra natureza, só podendo o pedido ser recusado caso se verifique algum dos fundamentos que, nos termos da lei processual, legitimam a recusa de cumprimento das cartas rogatórias.

Anotações:

1. Contém as alterações introduzidas pelos seguintes diplomas:

– D.L. n.° 100/2009, de 11 de Maio

2. Versões anteriores deste artigo:

– 1.ª versão: DL. n.° 47344/66, de 25 de Novembro

3. Nos termos do respectivo artigo 3.° o D.L. n.° 100/2009 é aplicável aos processos relativos à nulidade e à dispensa pontifícia do casamento rato e não consumado que, à data da sua entrada em vigor, se encontrem pendentes.

SECÇÃO II
Casamento civil

SUBSECÇÃO I
Disposição geral

ARTIGO 1627.°
(Regra de validade)

É válido o casamento civil relativamente ao qual não se verifique alguma das causas de inexistência jurídica, ou de anulabilidade, especificadas na lei.

SUBSECÇÃO II
Inexistência do casamento

ARTIGO 1628.°
(Casamentos inexistentes)

É juridicamente inexistente:

a) O casamento celebrado perante quem não tinha competência funcional para o acto, salvo tratando-se de casamento urgente;

b) O casamento urgente que não tenha sido homologado;

c) O casamento em cuja celebração tenha faltado a declaração da vontade de um ou ambos os nubentes, ou do procurador de um deles;

d) O casamento contraído por intermédio de procurador, quando celebrado depois de terem cessado os efeitos da procuração, ou quando esta não tenha sido outorgada por quem nela figura como constituinte, ou quando seja nula por falta de concessão de poderes especiais para o acto ou de designação expressa do outro contraente;

e) O casamento contraído por duas pessoas do mesmo sexo.

ARTIGO 1629.°
(Funcionários de facto)

Não se considera, porém, juridicamente inexistente o casamento celebrado perante quem, sem ter competência funcional para o acto, exercia publicamente as correspondentes funções, salvo se ambos os nubentes, no momento da celebração, conheciam a falta daquela competência.

ARTIGO 1630.°
(Regime da inexistência)

1. O casamento juridicamente inexistente não produz qualquer efeito jurídico e nem sequer é havido como putativo.

2. A inexistência pode ser invocada por qualquer pessoa, a todo o tempo, independentemente de declaração judicial.

SUBSECÇÃO III
Anulabilidade do casamento

DIVISÃO I
Disposições gerais

ARTIGO 1631.°
(Causas de anulabilidade)

É anulável o casamento:

a) Contraído com algum impedimento dirimente;

b) Celebrado, por parte de um ou de ambos os nubentes, com falta de vontade ou com a vontade viciada por erro ou coacção;

c) Celebrado sem a presença das testemunhas, quando exigida por lei.

Anotações:

1. Contém as alterações introduzidas pelos seguintes diplomas:

– D.L. n.° 35/97, de 31 de Janeiro

2. Versões anteriores deste artigo:

– 1.ª versão: D.L. n.° 47344/66, de 25 de Novembro

ARTIGO 1632.°

(Necessidade da acção de anulação)

A anulabilidade do casamento não é invocável para nenhum efeito, judicial ou extrajudicial, enquanto não for reconhecida por sentença em acção especialmente intentada para esse fim.

ARTIGO 1633.°

(Validação do casamento)

1. Considera-se sanada a anulabilidade e válido o casamento desde o momento da celebração, se antes de transitar em julgado a sentença de anulação ocorrer algum dos seguintes factos:

a) Ser o casamento de menor não núbil confirmado por este, perante o funcionário do registo civil e duas testemunhas, depois de atingir a maioridade;

b) Ser o casamento do interdito ou inabilitado por anomalia psíquica confirmado por ele, nos termos da alínea precedente, depois de lhe ser levantada a interdição ou inabilitação ou, tratando-se de demência notória, depois de o demente fazer verificar judicialmente o seu estado de sanidade mental;

c) Ser declarado nulo ou anulado o primeiro casamento do bígamo;

d) Ser a falta de testemunhas devida a circunstâncias atendíveis, como tais reconhecidas pelo conservador, desde que não haja dúvidas sobre a celebração do acto.

2. Não é aplicável ao casamento o disposto no n.° 2 do artigo 287.°

Anotações:

1. Contém as alterações introduzidas pelos seguintes diplomas:

– D.L. n.° 496/77, de 25 de Novembro

– D.L. n.° 324/2007, de 28 de Setembro

2. Versões anteriores deste artigo:

– 1.ª versão: D.L. n.° 47344/66, de 25 de Novembro

– 2.ª versão: D.L. n.° 496/77, de 25 de Novembro

DIVISÃO II
Falta ou vícios da vontade

ARTIGO 1634.°
(Presunção da vontade)

A declaração da vontade, no acto da celebração, constitui presunção não só de que os nubentes quiseram contrair o matrimónio, mas de que a sua vontade não está viciada por erro ou coacção.

ARTIGO 1635.°
(Anulabilidade por falta de vontade)

O casamento é anulável por falta de vontade:

a) Quando o nubente, no momento da celebração, não tinha a consciência do acto que praticava, por incapacidade acidental ou outra causa;

b) Quando o nubente estava em erro acerca da identidade física do outro contraente;

c) Quando a declaração da vontade tenha sido extorquida por coacção física;

d) Quando tenha sido simulado.

ARTIGO 1636.°
(Erro que vicia a vontade)

O erro que vicia a vontade só é relevante para efeitos de anulação quando recaia sobre qualidades essenciais da pessoa do outro cônjuge, seja desculpável e se mostre que sem ele, razoavelmente, o casamento não teria sido celebrado.

Anotações:

1. Contém as alterações introduzidas pelos seguintes diplomas:

– D.L. n.° 496/77, de 25 de Novembro

2. Versões anteriores deste artigo:

– 1.ª versão: D.L. n.° 47344/66, de 25 de Novembro

ARTIGO 1637.°
(Desculpabilidade e essencialidade do erro)

(Revogado pelo Decreto-Lei n.° 496/77, de 25 de Novembro).

Anotações:

1. Contém as alterações introduzidas pelos seguintes diplomas:

– D.L. n.° 496/77, de 25 de Novembro

2. Versões anteriores deste artigo:

– 1.ª versão: D.L. n.° 47344/66, de 25 de Novembro

ARTIGO 1638.°

(Coacção moral)

1. É anulável o casamento celebrado sob coacção moral, contanto que seja grave o mal com que o nubente é ilicitamente ameaçado, e justificado o receio da sua consumação.

2. É equiparada à ameaça ilícita o facto de alguém, consciente e ilicitamente, extorquir ao nubente a declaração da vontade mediante a promessa de o libertar de um mal fortuito ou causado por outrem.

DIVISÃO III

Legitimidade

ARTIGO 1639.°

(Anulação fundada em impedimento dirimente)

1. Têm legitimidade para intentar a acção de anulação fundada em impedimento dirimente, ou para prosseguir nela, os cônjuges, ou qualquer parente deles na linha recta ou até ao quarto grau da linha colateral, bem como os herdeiros e adoptantes dos cônjuges, e o Ministério Público.

2. Além das pessoas mencionadas no número precedente, podem ainda intentar a acção, ou prosseguir nela, o tutor ou curador, no caso de menoridade, interdição ou inabilitação por anomalia psíquica, e o primeiro cônjuge do infractor, no caso de bigamia.

ARTIGO 1640.°

(Anulação fundada na falta de vontade)

1. A anulação por simulação pode ser requerida pelos próprios cônjuges ou por quaisquer pessoas prejudicadas com o casamento.

2. Nos restantes casos de falta de vontade, a acção de anulação só pode ser proposta pelo cônjuge cuja vontade faltou; mas podem prosseguir nela os seus parentes, afins na linha recta, herdeiros ou adoptantes, se o autor falecer na pendência da causa.

Anotações:

1. Contém as alterações introduzidas pelos seguintes diplomas
- D.L. n.º 496/77, de 25 de Novembro

2. Versões anteriores deste artigo:
- 1.ª versão: D.L. n.º 47344/66, de 25 de Novembro

ARTIGO 1641.º
(Anulação fundada em vícios da vontade)

A acção de anulação fundada em vícios da vontade só pode ser intentada pelo cônjuge que foi vítima do erro ou da coacção; mas podem prosseguir na acção os seus parentes, afins na linha recta, herdeiros ou adoptantes, se o autor falecer na pendência da causa.

Anotações:

1. Contém as alterações introduzidas pelos seguintes diplomas:
- D.L. n.º 496/77, de 25 de Novembro

2. Versões anteriores deste artigo:
- 1.ª versão: D.L. n.º 47344/66, de 25 de Novembro

ARTIGO 1642.º
(Anulação fundada na falta de testemunhas)

A acção de anulação por falta de testemunhas só pode ser proposta pelo Ministério Público.

DIVISÃO IV
Prazos

ARTIGO 1643.º
(Anulação fundada em impedimento dirimente)

1. A acção de anulação fundada em impedimento dirimente deve ser instaurada:

a) Nos casos de menoridade, interdição ou inabilitação por anomalia psíquica ou demência notória, quando proposta pelo próprio incapaz, até seis meses depois de ter atingido a maioridade, de lhe ter sido levantada a interdição ou inabilitação ou de a demência ter cessado; quando proposta por outra pessoa, dentro dos três anos seguintes à celebração do casamento, mas nunca depois da maioridade, do levantamento da incapacidade ou da cessação da demência;

b) No caso de condenação por homicídio contra o cônjuge de um dos nubentes, no prazo de três anos a contar da celebração do casamento;

c) Nos outros casos, até seis meses depois da dissolução do casamento.

2. O Ministério Público só pode propor a acção até à dissolução do casamento.

3. Sem prejuízo do prazo fixado na alínea c) do n.° 1, a acção de anulação fundada na existência de casamento anterior não dissolvido não pode ser instaurada, nem prosseguir, enquanto estiver pendente acção de declaração de nulidade ou anulação do primeiro casamento do bígamo.

Anotações:

1. Contém as alterações introduzidas pelos seguintes diplomas:

– D.L. n.° 496/77, de 25 de Novembro

2. Versões anteriores deste artigo:

– 1.ª versão: D.L. n.° 47344/66, de 25 de Novembro

ARTIGO 1644.°

(Anulação fundada na falta de vontade)

A acção de anulação por falta de vontade de um ou ambos os nubentes só pode ser instaurada dentro dos três anos subsequentes à celebração do casamento ou, se este era ignorado do requerente, nos seis meses seguintes ao momento em que dele teve conhecimento.

ARTIGO 1645.°

(Anulação fundada em vícios da vontade)

A acção de anulação fundada em vícios da vontade caduca, se não for instaurada dentro dos seis meses subsequentes à cessação do vício.

ARTIGO 1646.°

(Anulação fundada na falta de testemunhas)

A acção de anulação por falta de testemunhas só pode ser intentada dentro do ano posterior à celebração do casamento.

CAPÍTULO VI
Casamento putativo

ARTIGO 1647.°

(Efeitos do casamento declarado nulo ou anulado)

1. O casamento civil anulado, quando contraído de boa fé por ambos os cônjuges, produz os seus efeitos em relação a estes e a terceiros até ao trânsito em julgado da respectiva sentença.

2. Se apenas um dos cônjuges o tiver contraído de boa fé, só esse cônjuge pode arrogar-se os benefícios do estado matrimonial e opô-los a terceiros, desde que, relativamente a estes, se trate de mero reflexo das relações havidas entre os cônjuges.

3. O casamento católico declarado nulo pelos tribunais e repartições eclesiásticas produz os seus efeitos, nos termos dos números anteriores, até ao averbamento da decisão, desde que esteja transcrito no registo civil.

ARTIGO 1648.º
(Boa fé)

1. Considera-se de boa fé o cônjuge que tiver contraído o casamento na ignorância desculpável do vício causador da nulidade ou anulabilidade, ou cuja declaração de vontade tenha sido extorquida por coacção física ou moral.

2. É da exclusiva competência dos tribunais do Estado o conhecimento judicial da boa fé.

3. A boa fé dos cônjuges presume-se.

CAPÍTULO VII
Sanções especiais

ARTIGO 1649.º
(Casamento de menores)

1. O menor que casar sem ter obtido autorização dos pais ou do tutor, ou o respectivo suprimento judicial, continua a ser considerado menor quanto à administração de bens que leve para o casal ou que posteriormente lhe advenham por título gratuito até à maioridade, mas dos rendimentos desses bens ser-lhe-ão arbitrados os alimentos necessários ao seu estado.

2. Os bens subtraídos à administração do menor são administrados pelos pais, tutor ou administrador legal, não podendo em caso algum ser entregues à administração do outro cônjuge durante a menoridade do seu consorte; além disso, não respondem, nem antes nem depois da dissolução do casamento, por dívidas contraídas por um ou ambos os cônjuges no mesmo período.

3. *(Revogado pelo Decreto-Lei n.º 496/77, de 25 de Novembro).*

Anotações:

1. Contém as alterações introduzidas pelos seguintes diplomas:
- D.L. n.º 496/77, de 25 de Novembro

2. Versões anteriores deste artigo
- 1.ª versão: D.L. n.º 47344/66, de 25 de Novembro

ARTIGO 1650.°
(Casamento com impedimento impediente)

1. Aquele que contrair novo casamento sem respeitar o prazo internupcial perde todos os bens que tenha recebido por doação ou testamento do seu primeiro cônjuge.

2. A infracção do disposto nas alíneas c), d) e e) do artigo 1604.° importa, respectivamente, para o tio ou tia, para o tutor, curador ou administrador, ou seus parentes ou afins na linha recta, irmãos, cunhados ou sobrinhos, e para o adoptante, seu cônjuge ou parentes na linha recta, a incapacidade para receberem do seu consorte qualquer benefício por doação ou testamento.

Anotações:

1. Contém as alterações introduzidas pelos seguintes diplomas:
– D.L. n.° 496/77, de 25 de Novembro

2. Versões anteriores deste artigo:
– 1.ª versão: D.L. n.° 47344/66, de 25 de Novembro

CAPÍTULO VIII
Registo do casamento

SECÇÃO I
Disposições gerais

ARTIGO 1651.°
(Casamentos sujeitos a registo)

1. É obrigatório o registo:

a) Dos casamentos celebrados em Portugal por qualquer das formas previstas na lei portuguesa;

b) Dos casamentos de português ou portugueses celebrados no estrangeiro;

c) Dos casamentos dos estrangeiros que, depois de o celebrarem, adquiram a nacionalidade portuguesa.

2. São admitidos a registo, a requerimento de quem mostre legítimo interesse no assento, quaisquer outros casamentos que não contrariem os princípios fundamentais da ordem pública internacional do Estado português.

ARTIGO 1652.°
(Forma do registo)

O registo do casamento consiste no assento, que é lavrado por inscrição ou transcrição, na conformidade das leis do registo.

ARTIGO 1653.°
(Prova do casamento para efeitos de registo)

1. No processo destinado a suprir a omissão ou perda de registo de casamento presume-se a existência deste, sempre que as pessoas vivam ou tenham vivido na posse do estado de casado.

2. Existe posse de estado quando se verifiquem, cumulativamente, as seguintes condições:

a) Viverem as pessoas como casadas;

b) Serem reputadas como tais nas relações sociais, especialmente nas respectivas famílias.

Anotações:

1. Contém as alterações introduzidas pelos seguintes diplomas:
- D.L. n.° 273/2001, de 13 de Outubro
- Rectif. n.° 20-AS/2001, de 30 de Novembro

2. Versões anteriores deste artigo:
- 1.ª versão: D.L. n.° 47344/66, de 25 de Novembro
- 2.ª versão: D.L. n.° 273/2001, de 13 de Outubro

SECÇÃO II
Registo por transcrição

SUBSECÇÃO I
Disposição geral

ARTIGO 1654.°
(Casos de transcrição)

(Revogado pelo D.L. 324/07, de 28.9)

Anotações:

1. Contém as alterações introduzidas pelos seguintes diplomas:
- Lei n.° 16/2001, de 22 de Junho
- D.L. n.° 324/2007, de 28 de Setembro

2. Versões anteriores deste artigo:
- 1.ª versão: D.L. n.° 47344/66, de 25 de Novembro
- 2.ª versão: Lei n.° 16/2001, de 22 de Junho

SUBSECÇÃO II
Transcrição dos casamentos católicos celebrados em Portugal

ARTIGO 1655.°
(Remessa do duplicado ou certidão do assento)

(Revogado pelo D.L. 324/07 de 28.9)

Anotações:

1. Contém as alterações introduzidas pelos seguintes diplomas:
- D.L. n.° 324/2007, de 28 de Setembro

2. Versões anteriores deste artigo:
- 1.ª versão: D.L. n.° 47344/66, de 25 de Novembro

ARTIGO 1656.°
(Dispensa da remessa de duplicado)

(Revogado pelo D.L. 324/07 de 28.9)

Anotações:

1. Contém as alterações introduzidas pelos seguintes diplomas:
- D.L. n.° 261/75, de 27 de Maio
- D.L. n.° 324/2007, de 28 de Setembro

2. Versões anteriores deste artigo:
- 1.ª versão: D.L. n.° 47344/66, de 25 de Novembro
- 2.ª versão: D.L. n.° 261/75, de 27 de Maio

ARTIGO 1657.°
(Recusa da transcrição)

(Revogado pelo D.L. 324/07 de 28.9)

Anotações:

1. Contém as alterações introduzidas pelos seguintes diplomas:
- D.L. n.° 496/77, de 25 de Novembro
- D.L. n.° 324/2007, de 28 de Setembro

2. Versões anteriores deste artigo:
– 1.ª versão: D.L. n.º 47344/66, de 25 de Novembro
– 2.ª versão: D.L. n.º 496/77, de 25 de Novembro

ARTIGO 1658.º
(Transcrição na falta de processo preliminar)

Se o casamento católico não houver sido precedido do processo de publicações, a transcrição só se efectua depois de organizado esse processo.

Anotações:
1. Contém as alterações introduzidas pelos seguintes diplomas:
– D.L. n.º 324/2007, de 28 de Setembro
2. Versões anteriores deste artigo
– 1.ª versão: D.L. n.º 47344/66, de 25 de Novembro

ARTIGO 1659.º
(Realização da transcrição)

(Revogado pelo D.L. 324/07 de 28.9)

Anotações:
1. Contém as alterações introduzidas pelos seguintes diplomas:
– D.L. n.º 273/2001, de 13 de Outubro
– D.L. n.º 324/2007, de 28 de Setembro
2. Versões anteriores deste artigo:
– 1.ª versão: D.L. n.º 47344/66, de 25 de Novembro
– 2.ª versão: D.L. n.º 273/2001, de 13 de Outubro

ARTIGO 1660.º
(Efectivação da transcrição, depois de recusada)

(Revogado pelo D.L. 324/07 de 28.9)

Anotações:
1. Contém as alterações introduzidas pelos seguintes diplomas:
– D.L. n.º 324/2007, de 28 de Setembro
2. Versões anteriores deste artigo:
– 1.ª versão: D.L. n.º 47344/66, de 25 de Novembro

ARTIGO 1661.°
(Sanação e convalidação do casamento)

(Revogado pelo D.L. 324/07 de 28.9)

Anotações:
1. Contém as alterações introduzidas pelos seguintes diplomas:
– D.L. n.° 324/2007, de 28 de Setembro
2. Versões anteriores deste artigo:
– 1.ª versão: D.L. n.° 47344/66, de 25 de Novembro

SUBSECÇÃO III
Transcrição dos casamentos civis urgentes

ARTIGO 1662.°
(Conteúdo do assento)

(Revogado pelo D.L. 324/07 de 28.9)

Anotações:
1. Contém as alterações introduzidas pelos seguintes diplomas:
– D.L. n.° 324/2007, de 28 de Setembro
2. Versões anteriores deste artigo:
– 1.ª versão: D.L. n.° 47344/66, de 25 de Novembro

ARTIGO 1663.°
(Transcrição)

(Revogado pelo D.L. 324/07 de 28.9)

Anotações:
1. Contém as alterações introduzidas pelos seguintes diplomas:
– D.L. n.° 324/2007, de 28 de Setembro
2. Versões anteriores deste artigo:
– 1.ª versão: D.L. n.° 47344/66, de 25 de Novembro

SUBSECÇÃO IV
Transcrição dos casamentos de portugueses no estrangeiro

ARTIGO 1664.°
(Registo consular)

(Revogado pelo D.L. 324/07 de 28.9)

Anotações:

1. Contém as alterações introduzidas pelos seguintes diplomas:
– D.L. n.° 324/2007, de 28 de Setembro
2. Versões anteriores deste artigo:
– 1.ª versão: D.L. n.° 47344/66, de 25 de Novembro

ARTIGO 1665.°
(Forma do registo)

(Revogado pelo D.L. 324/07 de 28.9)

Anotações:

1. Contém as alterações introduzidas pelos seguintes diplomas:
– D.L. n.° 324/2007, de 28 de Setembro
2. Versões anteriores deste artigo:
– 1.ª versão: D.L. n.° 47344/66, de 25 de Novembro

ARTIGO 1666.°
(Processo preliminar)

(Revogado pelo D.L. 324/07 de 28.9)

Anotações:

1. Contém as alterações introduzidas pelos seguintes diplomas:
– D.L. n.° 324/2007, de 28 de Setembro
2. Versões anteriores deste artigo:
– 1.ª versão: D.L. n.° 47344/66, de 25 de Novembro

ARTIGO 1667.°
(Recusa da transcrição)

(Revogado pelo D.L. 324/07 de 28.9)

Anotações:

1. Contém as alterações introduzidas pelos seguintes diplomas:
- D.L. n.° 324/2007, de 28 de Setembro

2. Versões anteriores deste artigo:
- 1.ª versão: D.L. n.° 47344/66, de 25 de Novembro

SUBSECÇÃO V
Transcrição dos casamentos admitidos a registo

ARTIGO 1668.°
(Processo de transcrição)

(Revogado pelo D.L. 324/07 de 28.9)

Anotações:

1. Contém as alterações introduzidas pelos seguintes diplomas:
- D.L. n.° 324/2007, de 28 de Setembro

2. Versões anteriores deste artigo:
- 1.ª versão: D.L. n.° 47344/66, de 25 de Novembro

SECÇÃO III
Efeitos do registo

ARTIGO 1669.°
(Atendibilidade do casamento)

O casamento cujo registo é obrigatório não pode ser invocado, seja pelos cônjuges ou seus herdeiros, seja por terceiro, enquanto não for lavrado o respectivo assento, sem prejuízo das excepções previstas neste código.

ARTIGO 1670.°
(Efeito retroactivo do registo)

1. Efectuado o registo, e ainda que venha a perder-se, os efeitos civis do casamento retrotraem-se à data da sua celebração.

2. Ficam, porém, ressalvados os direitos de terceiro que sejam compatíveis com os direitos e deveres de natureza pessoal dos cônjuges e dos filhos, a não ser que, tratando-se de registo por transcrição, esta tenha sido feita dentro dos sete dias subsequentes à celebração.

Anotações:

1. Contém as alterações introduzidas pelos seguintes diplomas:
- Lei n.° 16/2001, de 22 de Junho

2. Versões anteriores deste artigo:
- 1.ª versão: D.L. n.° 47344/66, de 25 de Novembro

CAPÍTULO IX
Efeitos do casamento quanto às pessoas e aos bens dos cônjuges

SECÇÃO I
Disposições gerais

ARTIGO 1671.°
(Igualdade dos cônjuges)

1. O casamento baseia-se na igualdade de direitos e deveres dos cônjuges.

2. A direcção da família pertence a ambos os cônjuges, que devem acordar sobre a orientação da vida em comum tendo em conta o bem da família e os interesses de um e outro.

Anotações:

1. Contém as alterações introduzidas pelos seguintes diplomas:
- D.L. n.° 496/77, de 25 de Novembro

2. Versões anteriores deste artigo:
- 1.ª versão: D.L. n.° 47344/66, de 25 de Novembro

ARTIGO 1672.°
(Deveres dos cônjuges)

Os cônjuges estão reciprocamente vinculados pelos deveres de respeito, fidelidade, coabitação, cooperação e assistência.

Anotações:

1. Contém as alterações introduzidas pelos seguintes diplomas:
- D.L. n.° 496/77, de 25 de Novembro

2. Versões anteriores deste artigo:
- 1.ª versão: D.L. n.º 47344/66, de 25 de Novembro

ARTIGO 1673.º
(Residência da família)

1. Os cônjuges devem escolher de comum acordo a residência da família, atendendo, nomeadamente, às exigências da sua vida profissional e aos interesses dos filhos e procurando salvaguardar a unidade da vida familiar.

2. Salvo motivos ponderosos em contrário, os cônjuges devem adoptar a residência da família.

3. Na falta de acordo sobre a fixação ou alteração da residência da família, decidirá o tribunal a requerimento de qualquer dos cônjuges.

Anotações:
1. Contém as alterações introduzidas pelos seguintes diplomas:
- D.L. n.º 496/77, de 25 de Novembro

2. Versões anteriores deste artigo:
- 1.ª versão: D.L. n.º 47344/66, de 25 de Novembro

ARTIGO 1674.º
(Dever de cooperação)

O dever de cooperação importa para os cônjuges a obrigação de socorro e auxílio mútuos e a de assumirem em conjunto as responsabilidades inerentes à vida da família que fundaram.

Anotações:
1. Contém as alterações introduzidas pelos seguintes diplomas:
- D.L. n.º 496/77, de 25 de Novembro

2. Versões anteriores deste artigo:
- 1.ª versão: D.L. n.º 47344/66, de 25 de Novembro

ARTIGO 1675.º
(Dever de assistência)

1. O dever de assistência compreende a obrigação de prestar alimentos e a de contribuir para os encargos da vida familiar.

2. O dever de assistência mantém-se durante a separação de facto se esta não for imputável a qualquer dos cônjuges.

3. Se a separação de facto for imputável a um dos cônjuges, ou a ambos, o dever de assistência só incumbe, em princípio, ao único ou principal culpado; o

tribunal pode, todavia, excepcionalmente e por motivos de equidade, impor esse dever ao cônjuge inocente ou menos culpado, considerando, em particular, a duração do casamento e a colaboração que o outro cônjuge tenha prestado à economia do casal.

Anotações:

1. Contém as alterações introduzidas pelos seguintes diplomas:
- D.L. n.° 496/77, de 25 de Novembro

2. Versões anteriores deste artigo:
- 1.ª versão: D.L. n.° 47344/66, de 25 de Novembro

ARTIGO 1676.°

(Dever de contribuir para os encargos da vida familiar)

1. O dever de contribuir para os encargos da vida familiar incumbe a ambos os cônjuges, de harmonia com as possibilidades de cada um, e pode ser cumprido, por qualquer deles, pela afectação dos seus recursos àqueles encargos e pelo trabalho despendido no lar ou na manutenção e educação dos filhos.

2. Se a contribuição de um dos cônjuges para os encargos da vida familiar for consideravelmente superior ao previsto no número anterior, porque renunciou de forma excessiva à satisfação dos seus interesses em favor da vida em comum, designadamente à sua vida profissional, com prejuízos patrimoniais importantes, esse cônjuge tem direito de exigir do outro a correspondente compensação.

3. **O crédito referido no número anterior só é exigível no momento da partilha dos bens do casal, a não ser que vigore o regime da separação.**

4. Não sendo prestada a contribuição devida, qualquer dos cônjuges pode exigir que lhe seja directamente entregue a parte dos rendimentos ou proventos do outro que o tribunal fixar.

Anotações:

1. Contém as alterações introduzidas pelos seguintes diplomas:
- D.L. n.° 496/77, de 25 de Novembro
- Lei n.° 61/2008, de 31 de Outubro
- Versões anteriores deste artigo:
- 1.ª versão: D.L. n.° 47344/66, de 25 de Novembro
- 2.ª versão: – D.L. n.° 496/77, de 25 de Novembro, cujo teor era o seguinte:

"ARTIGO 1676.°

(Dever de contribuir para os encargos da vida familiar)

1. O dever de contribuir para os encargos da vida familiar incumbe a ambos os cônjuges, de harmonia com as possibilidades de cada um, e pode ser cumprido, por qualquer deles, pela afectação dos seus recursos àqueles encargos e pelo trabalho despendido no lar ou na manutenção e educação dos filhos.

2. Se a contribuição de um dos cônjuges para os encargos da vida familiar exceder a parte que lhe pertencia nos termos do número anterior, presume-se a renúncia ao direito de exigir do outro a correspondente compensação.

3. Não sendo prestada a contribuição devida, qualquer dos cônjuges pode exigir que lhe seja directamente entregue a parte dos rendimentos ou proventos do outro que o tribunal fixar."

3. A actual redacção do n.° 2 deste artigo 1676.° constitui uma relevante alteração na forma como passa a ser concebida a contribuição de cada um dos cônjuges para os encargos da vida familiar.

Ver a este respeito o ponto 6.3.

4. No regime anterior, tal dever incumbia a ambos os cônjuges, de harmonia com as possibilidades de cada um, podendo ser cumprido, por qualquer deles, pela afectação dos seus recursos àqueles encargos e pelo trabalho despendido no lar ou na manutenção e educação dos filhos, sendo que caso tal contribuição por parte de um excedesse a parte que lhe pertencia, presumia-se, então, a sua renúncia em exigir ao outro a correspondente compensação.

5. Ainda no anterior regime, a presunção na renúncia em exigir a compensação por parte do cônjuge que tivesse contribuído para além da parte que lhe pertencia, nos termos acabados de referir, consistia numa presunção ilidível, face ao disposto no artigo 350.°, n.° 2 do C.C[165]., pelo que o cônjuge que tivesse contribuído para além do que lhe cabia poderia provar ter acordado com o outro na não renúncia a este direito, e, consequentemente, exigir a compensação aí prevista.

6. No caso previsto no n.° 4 deste artigo 1676.° o cônjuge que pretenda lhe seja directamente entregue a parte dos rendimentos ou proventos do outro terá de lançar mão do processo previsto no artigo 1416.° do C.P.C.

ARTIGO 1677.°
(Direito ao nome)

1. Cada um dos cônjuges conserva os seus próprios apelidos, mas pode acrescentar-lhes apelidos do outro até ao máximo de dois.

---

165 Dispõe o n.° 2 do art. 350.° do C.C. que "as presunções legais podem, todavia, ser ilididas mediante prova em contrário, excepto nos caso em que a lei o proibir".

2. A faculdade conferida na segunda parte do número anterior não pode ser exercida por aquele que conserve apelidos do cônjuge de anterior casamento.

Anotações:

1. Contém as alterações introduzidas pelos seguintes diplomas:
- D.L. n.º 496/77, de 25 de Novembro

2. Versões anteriores deste artigo:
- 1.ª versão: D.L. n.º 47344/66, de 25 de Novembro

ARTIGO 1677.º-A
(Viuvez e segundas núpcias)

O cônjuge que tenha acrescentado ao seu nome apelidos do outro conserva-os em caso de viuvez e, se o declarar até à celebração do novo casamento, mesmo depois das segundas núpcias.

Anotações:

1. Aditado pelo seguinte diploma: Decreto-Lei n.º 496/77, de 25 de Novembro.

ARTIGO 1677.º-B
(Divórcio e separação judicial de pessoas e bens)

1. Decretada a separação judicial de pessoas e bens, cada um dos cônjuges conserva os apelidos do outro que tenha adoptado; no caso de divórcio, pode conservá-los se o ex-cônjuge der o seu consentimento ou o tribunal o autorizar, tendo em atenção os motivos invocados.

2. O consentimento do ex-cônjuge pode ser prestado por documento autêntico ou autenticado, termo lavrado em juízo ou declaração perante o funcionário do registo civil.

3. O pedido de autorização judicial do uso dos apelidos do ex-cônjuge pode ser deduzido no processo de divórcio ou em processo próprio, mesmo depois de o divórcio ter sido decretado.

Anotações:

1. Aditado pelo seguinte diploma: Decreto-Lei n.º 496/77, de 25 de Novembro

ARTIGO 1677.º-C
(Privação judicial do uso do nome)

1. Falecido um dos cônjuges ou decretada a separação judicial de pessoas e bens ou o divórcio, o cônjuge que conserve apelidos do outro pode ser privado

pelo tribunal do direito de os usar quando esse uso lese gravemente os interesses morais do outro cônjuge ou da sua família.

2. Têm legitimidade para o pedido de privação do uso do nome, no caso de separação judicial de pessoas e bens ou divórcio, o outro cônjuge ou ex-cônjuge, e, no caso de viuvez, os descendentes, ascendentes e irmãos do cônjuge falecido.

Anotações:

1. Aditado pelo seguinte diploma: Decreto-Lei n.° 496/77, de 25 de Novembro

ARTIGO 1677.°-D
(Exercício de profissão ou outra actividade)

Cada um dos cônjuges pode exercer qualquer profissão ou actividade sem o consentimento do outro.

Anotações:

1. Aditado pelo seguinte diploma: Decreto-Lei n.° 496/77, de 25 de Novembro.

ARTIGO 1678.°
(Administração dos bens do casal)

1. Cada um do cônjuges tem a administração dos seus bens próprios.
2. Cada um dos cônjuges tem ainda a administração:

a) Dos proventos que receba pelo seu trabalho;

b) Dos seus direitos de autor;

c) Dos bens comuns por ele levados para o casamento ou adquiridos a título gratuito depois do casamento, bem como dos sub-rogados em lugar deles;

d) Dos bens que tenham sido doados ou deixados a ambos os cônjuges com exclusão da administração do outro cônjuge, salvo se se tratar de bens doados ou deixados por conta da legítima desse outro cônjuge;

e) Dos bens móveis, próprios do outro cônjuge ou comuns, por ele exclusivamente utilizados como instrumento de trabalho;

f) Dos bens próprios do outro cônjuge, se este se encontrar impossibilitado de exercer a administração por se achar em lugar remoto ou não sabido ou por qualquer outro motivo, e desde que não tenha sido conferida procuração bastante para administração desses bens;

g) Dos bens próprios do outro cônjuge se este lhe conferir por mandato esse poder.

3. Fora dos casos previstos no número anterior, cada um dos cônjuges tem legitimidade para a prática de actos de administração ordinária relativamente aos

bens comuns do casal; os restantes actos de administração só podem ser praticados com o consentimento de ambos os cônjuges.

Anotações:

1. Contém as alterações introduzidas pelos seguintes diplomas:
- D.L. n.° 496/77, de 25 de Novembro

2. Versões anteriores deste artigo:
- 1.ª versão: D.L. n.° 47344/66, de 25 de Novembro

ARTIGO 1679.°
(Providências administrativas)

O cônjuge que não tem a administração dos bens não está inibido de tomar providências a ela respeitantes, se o outro se encontrar, por qualquer causa, impossibilitado de o fazer, e do retardamento das providências puderem resultar prejuízos.

ARTIGO 1680.°
(Depósitos bancários)

Qualquer que seja o regime de bens, pode cada um dos cônjuges fazer depósitos bancários em seu nome exclusivo e movimentá-los livremente.

Anotações:

1. Contém as alterações introduzidas pelos seguintes diplomas:
- D.L. n.° 496/77, de 25 de Novembro

2. Versões anteriores deste artigo:
- 1.ª versão: D.L. n.° 47344/66, de 25 de Novembro

ARTIGO 1681.°
(Exercício da administração)

1. O cônjuge que administrar bens comuns ou próprios do outro cônjuge, ao abrigo do disposto nas alíneas a) a f) do n.° 2 do artigo 1678.°, não é obrigado a prestar contas da sua administração, mas responde pelos actos intencionalmente praticados em prejuízo do casal ou do outro cônjuge.

2. Quando a administração, por um dos cônjuges, dos bens comuns ou próprios do outro se fundar em mandato, são aplicáveis as regras deste contrato, mas, salvo se outra coisa tiver sido estipulada, o cônjuge administrador só tem de prestar contas e entregar o respectivo saldo, se o houver, relativamente a actos praticados durante os últimos cinco anos.

3. Se um dos cônjuges entrar na administração dos bens próprios do outro ou de bens comuns cuja administração lhe não caiba, sem mandato escrito mas

com conhecimento e sem oposição expressa do outro cônjuge, é aplicável o disposto no número anterior; havendo oposição, o cônjuge administrador responde como possuidor de má fé.

Anotações:

1. Contém as alterações introduzidas pelos seguintes diplomas:
- D.L. n.° 496/77, de 25 de Novembro

2. Versões anteriores deste artigo:
- 1.ª versão: D.L. n.° 47344/66, de 25 de Novembro

ARTIGO 1682.°
(Alienação ou oneração de móveis)

1. A alienação ou oneração de móveis comuns cuja administração caiba aos dois cônjuges carece do consentimento de ambos, salvo se se tratar de acto de administração ordinária.

2. Cada um dos cônjuges tem legitimidade para alienar ou onerar, por acto entre vivos, os móveis próprios ou comuns de que tenha a administração, nos termos do n.° 1 do artigo 1678.° e das alíneas a) a f) do n.° 2 do mesmo artigo, ressalvado o disposto nos números seguintes.

3. Carece do consentimento de ambos os cônjuges a alienação ou oneração:

a) De móveis utilizados conjuntamente por ambos os cônjuges na vida do lar ou como instrumento comum de trabalho;

b) De móveis pertencentes exclusivamente ao cônjuge que os não administra, salvo tratando-se de acto de administração ordinária.

4. Quando um dos cônjuges, sem consentimento do outro, alienar ou onerar, por negócio gratuito, móveis comuns de que tem a administração, será o valor dos bens alheados ou a diminuição de valor dos onerados levado em conta na sua meação, salvo tratando-se de doação remuneratória ou de donativo conforme aos usos sociais.

Anotações:

1. Contém as alterações introduzidas pelos seguintes diplomas:
- D.L. n.° 496/77, de 25 de Novembro

2. Versões anteriores deste artigo:
- 1.ª versão: D.L. n.° 47344/66, de 25 de Novembro

ARTIGO 1682.°-A
(Alienação ou oneração de imóveis e de estabelecimento comercial)

1. Carece do consentimento de ambos os cônjuges, salvo se entre eles vigorar o regime de separação de bens:

a) A alienação, oneração, arrendamento ou constituição de outros direitos pessoais de gozo sobre imóveis próprios ou comuns;

b) A alienação, oneração ou locação de estabelecimento comercial, próprio ou comum.

2. A alienação, oneração, arrendamento ou constituição de outros direitos pessoais de gozo sobre a casa de morada da família carece sempre do consentimento de ambos os cônjuges.

Anotações:

1. Aditado pelo seguinte diploma: Decreto-Lei n.° 496/77, de 25 de Novembro

ARTIGO 1682.°-B
(Disposição do direito ao arrendamento)

Relativamente à casa de morada de família, carecem do consentimento de ambos os cônjuges:

a) A resolução, a oposição à renovação ou a denúncia do contrato de arrendamento pelo arrendatário;

b) A revogação do arrendamento por mútuo consentimento;

c) A cessão da posição de arrendatário;

d) O subarrendamento ou o empréstimo, total ou parcial.

Anotações:

1. Contém as alterações introduzidas pelos seguintes diplomas:

– Lei n.° 6/2006, de 27 de Fevereiro

2. Versões anteriores deste artigo:

– 1.ª versão: D.L. n.° 496/77, de 25 de Novembro

ARTIGO 1683.°
(Aceitação de doações e sucessões. Repúdio da herança ou do legado)

1. Os cônjuges não necessitam do consentimento um do outro para aceitar doações, heranças ou legados.

2. O repúdio da herança ou legado só pode ser feito com o consentimento de ambos os cônjuges, a menos que vigore o regime da separação de bens.

ARTIGO 1684.°
(Forma do consentimento conjugal e seu suprimento)

1. O consentimento conjugal, nos casos em que é legalmente exigido, deve ser especial para cada um dos actos.

2. A forma do consentimento é a exigida para a procuração.

3. O consentimento pode ser judicialmente suprido, havendo injusta recusa, ou impossibilidade, por qualquer causa, de o prestar.

Anotações:

1. Contém as alterações introduzidas pelos seguintes diplomas:
- D.L. n.° 496/77, de 25 de Novembro

2. Versões anteriores deste artigo:
- 1.ª versão: D.L. n.° 47344/66, de 25 de Novembro

ARTIGO 1685.°
(Disposições para depois da morte)

1. Cada um dos cônjuges tem a faculdade de dispor, para depois da morte, dos bens próprios e da sua meação nos bens comuns, sem prejuízo das restrições impostas por lei em favor dos herdeiros legitimários.

2. A disposição que tenha por objecto coisa certa e determinada do património comum apenas dá ao contemplado o direito de exigir o respectivo valor em dinheiro.

3. Pode, porém, ser exigida a coisa em espécie:

a) Se esta, por qualquer título, se tiver tornado propriedade exclusiva do disponente à data da sua morte;

b) Se a disposição tiver sido previamente autorizada pelo outro cônjuge por forma autêntica ou no próprio testamento;

c) Se a disposição tiver sido feita por um dos cônjuges em benefício do outro.

ARTIGO 1686.°
(Exercício do comércio)

(Revogado pelo Decreto-Lei n.° 496/77, de 25 de Novembro).

Anotações:

1. Contém as alterações introduzidas pelos seguintes diplomas:
- D.L. n.° 496/77, de 25 de Novembro

2. Versões anteriores deste artigo:
- 1.ª versão: D.L. n.° 47344/66, de 25 de Novembro

ARTIGO 1687.°
(Sanções)

1. Os actos praticados contra o disposto nos n.os 1 e 3 do artigo 1682.°, nos artigos 1682.°-A e 1682.°-B e no n.° 2 do artigo 1683.° são anuláveis a requeri-

mento do cônjuge que não deu o consentimento ou dos seus herdeiros, ressalvado o disposto nos n.os 3 e 4 deste artigo.

2. O direito de anulação pode ser exercido nos seis meses subsequentes à data em que o requerente teve conhecimento do acto, mas nunca depois de decorridos três anos sobre a sua celebração.

3. Em caso de alienação ou oneração de móvel não sujeito a registo feita apenas por um dos cônjuges, quando é exigido o consentimento de ambos, a anulabilidade não poderá ser oposta ao adquirente de boa fé.

4. À alienação ou oneração de bens próprios do outro cônjuge, feita sem legitimidade, são aplicáveis as regras relativas à alienação de coisa alheia.

Anotações:

1. Contém as alterações introduzidas pelos seguintes diplomas:
- D.L. n.° 496/77, de 25 de Novembro

2. Versões anteriores deste artigo:
- 1.ª versão: D.L. n.° 47344/66, de 25 de Novembro

ARTIGO 1688.°
(Cessação de relações pessoais e patrimoniais entre os cônjuges)

As relações pessoais e patrimoniais entre os cônjuges cessam pela dissolução, declaração de nulidade ou anulação do casamento, sem prejuízo das disposições deste Código relativas a alimentos; havendo separação judicial de pessoas e bens, é aplicável o disposto no artigo 1795.°-A.

Anotações:

1. Contém as alterações introduzidas pelos seguintes diplomas:
- D.L. n.° 496/77, de 25 de Novembro

2. Versões anteriores deste artigo:
- 1.ª versão: D.L. n.° 47344/66, de 25 de Novembro

ARTIGO 1689.°
(Partilha do casal. Pagamento de dívidas)

1. Cessando as relações patrimoniais entre os cônjuges, estes ou os seus herdeiros recebem os seus bens próprios e a sua meação no património comum, conferindo cada um deles o que dever a este património.

2. Havendo passivo a liquidar, são pagas em primeiro lugar as dívidas comunicáveis até ao valor do património comum, e só depois as restantes.

3. Os créditos de cada um dos cônjuges sobre o outro são pagos pela meação do cônjuge devedor no património comum; mas, não existindo bens comuns, ou sendo estes insuficientes, respondem os bens próprios do cônjuge devedor.

SECÇÃO II

Dívidas dos cônjuges

ARTIGO 1690.°
(Legitimidade para contrair dívidas)

1. Tanto o marido como a mulher têm legitimidade para contrair dívidas sem o consentimento do outro cônjuge.

2. Para a determinação da responsabilidade dos cônjuges, as dívidas por eles contraídas têm a data do facto que lhes deu origem.

ARTIGO 1691.°
(Dívidas que responsabilizam ambos os cônjuges)

1. São da responsabilidade de ambos os cônjuges:

a) As dívidas contraídas, antes ou depois da celebração do casamento, pelos dois cônjuges, ou por um deles com o consentimento do outro;

b) As dívidas contraídas por qualquer dos cônjuges, antes ou depois da celebração do casamento, para ocorrer aos encargos normais da vida familiar;

c) As dívidas contraídas na constância do matrimónio pelo cônjuge administrador, em proveito comum do casal e nos limites dos seus poderes de administração;

d) As dívidas contraídas por qualquer dos cônjuges no exercício do comércio, salvo se se provar que não foram contraídas em proveito comum do casal ou se vigorar entre os cônjuges o regime de separação de bens;

e) As dívidas consideradas comunicáveis nos termos do n.° 2 do artigo 1693.°

2. No regime da comunhão geral de bens, são ainda comunicáveis as dívidas contraídas antes do casamento por qualquer dos cônjuges, em proveito comum do casal.

3. O proveito comum do casal não se presume, excepto nos casos em que a lei o declarar.

4. *(Revogado pelo Decreto-Lei n.° 496/77, de 25 de Novembro).*

Anotações:

1. Contém as alterações introduzidas pelos seguintes diplomas:

– D.L. n.° 496/77, de 25 de Novembro

2. Versões anteriores deste artigo:

– 1.ª versão: D.L. n.° 47344/66, de 25 de Novembro

ARTIGO 1692.°
(Dívidas da responsabilidade de um dos cônjuges)

São de exclusiva responsabilidade do cônjuge a que respeitam:

a) As dívidas contraídas, antes ou depois da celebração do casamento, por cada um dos cônjuges sem o consentimento do outro, fora dos casos indicados nas alíneas b) e c) do n.° 1 do artigo anterior;

b) As dívidas provenientes de crimes e as indemnizações, restituições, custas judiciais ou multas devidas por factos imputáveis a cada um dos cônjuges, salvo se esses factos, implicando responsabilidade meramente civil, estiverem abrangidos pelo disposto nos n.os 1 ou 2 do artigo anterior;

c) As dívidas cuja incomunicabilidade resulta do disposto no n.° 2 do artigo 1694.°

Anotações:

1. Contém as alterações introduzidas pelos seguintes diplomas:

– D.L. n.° 496/77, de 25 de Novembro

2. Versões anteriores deste artigo:

– 1.ª versão: D.L. n.° 47344/66, de 25 de Novembro

ARTIGO 1693.°
(Dívidas que oneram doações, heranças ou legados)

1. As dívidas que onerem doações, heranças ou legados são da exclusiva responsabilidade do cônjuge aceitante, ainda que a aceitação tenha sido efectuada com o consentimento do outro.

2. Porém, se por força do regime de bens adoptado, os bens doados, herdados ou legados ingressarem no património comum, a responsabilidade pelas dívidas é comum, sem prejuízo do direito que tem o cônjuge do aceitante de impugnar o seu cumprimento com o fundamento de que o valor dos bens não é suficiente para a satisfação dos encargos.

ARTIGO 1694.°
(Dívidas que oneram bens certos e determinados)

1. As dívidas que onerem bens comuns são sempre da responsabilidade comum dos cônjuges, quer se tenham vencido antes, quer depois da comunicação dos bens.

2. As dívidas que onerem bens próprios de um dos cônjuges são da sua exclusiva responsabilidade, salvo se tiverem como causa a percepção dos respectivos rendimentos e estes, por força do regime aplicável, forem considerados comuns.

ARTIGO 1695.°
(Bens que respondem pelas dívidas da responsabilidade de ambos os cônjuges)

1. Pelas dívidas que são da responsabilidade de ambos os cônjuges respondem os bens comuns do casal, e, na falta ou insuficiência deles, solidariamente, os bens próprios de qualquer dos cônjuges.

2. No regime da separação de bens, a responsabilidade dos cônjuges não é solidária.

ARTIGO 1696.°
(Bens que respondem pelas dívidas da exclusiva responsabilidade de um dos cônjuges)

1. Pelas dívidas da exclusiva responsabilidade de um dos cônjuges respondem os bens próprios do cônjuge devedor e, subsidiariamente, a sua meação nos bens comuns.

2. Respondem, todavia, ao mesmo tempo que os bens próprios do cônjuge devedor:

a) Os bens por ele levados para o casal ou posteriormente adquiridos a título gratuito, bem como os respectivos rendimentos;

b) O produto do trabalho e os direitos de autor do cônjuge devedor;

c) Os bens sub-rogados no lugar dos referidos na alínea a).

Anotações:

1. Contém as alterações introduzidas pelos seguintes diplomas:
- D.L. n.° 496/77, de 25 de Novembro
- D.L. n.° 329-A/95, de 12 de Dezembro

2. Versões anteriores deste artigo:
- 1.ª versão: D.L. n.° 47344/66, de 25 de Novembro
- 2.ª versão: D.L. n.° 496/77, de 25 de Novembro

ARTIGO 1697.°
(Compensações devidas pelo pagamento de dívidas do casal)

1. Quando por dívidas da responsabilidade de ambos os cônjuges tenham respondido bens de um só deles, este torna-se credor do outro pelo que haja satisfeito além do que lhe competia satisfazer; mas este crédito só é exigível no momento da partilha dos bens do casal, a não ser que vigore o regime da separação.

2. Sempre que por dívidas da exclusiva responsabilidade de um só dos cônjuges tenham respondido bens comuns, é a respectiva importância levada a crédito do património comum no momento da partilha.

SECÇÃO III
Convenções antenupciais

ARTIGO 1698.°
(Liberdade de convenção)

Os esposos podem fixar livremente, em convenção antenupcial, o regime de bens do casamento, quer escolhendo um dos regimes previstos neste código, quer estipulando o que a esse respeito lhes aprouver, dentro dos limites da lei.

ARTIGO 1699.°
(Restrições ao princípio da liberdade)

1. Não podem ser objecto de convenção antenupcial:

a) A regulamentação da sucessão hereditária dos cônjuges ou de terceiro, salvo o disposto nos artigos seguintes;

b) A alteração dos direitos ou deveres, quer paternais, quer conjugais;

c) A alteração das regras sobre administração dos bens do casal;

d) A estipulação da comunicabilidade dos bens enumerados no artigo 1733.°

2. Se o casamento for celebrado por quem tenha filhos, ainda que maiores ou emancipados, não poderá ser convencionado o regime da comunhão geral nem estipulada a comunicabilidade dos bens referidos no n.° 1 do artigo 1722.°

Anotações:

1. Contém as alterações introduzidas pelos seguintes diplomas:
- D.L. n.° 496/77, de 25 de Novembro

2. Versões anteriores deste artigo:
- 1.ª versão: D.L. n.° 47344/66, de 25 de Novembro

ARTIGO 1700.°
(Disposições por morte consideradas lícitas)

1. A convenção antenupcial pode conter:

a) A instituição de herdeiro ou a nomeação de legatário em favor de qualquer dos esposados, feita pelo outro esposado ou por terceiro nos termos prescritos nos lugares respectivos;

b) A instituição de herdeiro ou a nomeação de legatário em favor de terceiro, feita por qualquer dos esposados.

2. São também admitidas na convenção antenupcial cláusulas de reversão ou fideicomissárias relativas às liberalidades aí efectuadas, sem prejuízo das limitações a que genericamente estão sujeitas essas cláusulas.

ARTIGO 1701.°
(Irrevogabilidade dos pactos sucessórios)

1. A instituição contratual de herdeiro e a nomeação de legatário, feitas na convenção antenupcial em favor de qualquer dos esposados, quer pelo outro esposado, quer por terceiro, não podem ser unilateralmente revogadas depois da aceitação, nem é lícito ao doador prejudicar o donatário por actos gratuitos de disposição; mas podem essas liberalidades, quando feitas por terceiro, ser revogadas a todo o tempo por mútuo acordo dos contraentes.

2. Precedendo, em qualquer dos casos, autorização do donatário, prestada por escrito, ou o respectivo suprimento judicial, pode o doador alienar os bens doados com fundamento em grave necessidade, própria ou dos membros da família a seu cargo.

3. Sempre que a doação seja afectada nos termos do número anterior, o donatário concorrerá à sucessão do doador como legatário do valor que os bens doados teriam ao tempo da morte deste, devendo ser pago com preferência a todos os demais legatários do doador.

ARTIGO 1702.°
(Regime da instituição contratual)

1. Quando a instituição contratual em favor de qualquer dos esposados tiver por objecto uma quota de herança, o cálculo dessa quota será feito conferindo-se os bens de que o doador haja disposto gratuitamente depois da doação.

2. Se a instituição tiver por objecto a totalidade da herança, pode o doador dispor gratuitamente, em vida ou por morte, de uma terça parte dela, calculada nos termos do número anterior.

3. É lícito ao doador, no acto da doação, renunciar no todo ou em parte ao direito de dispor da terça parte da herança.

ARTIGO 1703.°
(Caducidade dos pactos sucessórios)

1. A instituição e o legado contratuais em favor de qualquer dos esposados caducam não só nos casos previstos no artigo 1760.°, mas ainda no caso de o donatário falecer antes do doador.

2. Se, porém, a doação por morte for feita por terceiro, não caduca pelo predecesso do donatário, quando ao doador sobrevivam descendentes legítimos daquele, nascidos do casamento, os quais serão chamados a suceder nos bens doados, em lugar do donatário.

ARTIGO 1704.°
(Disposições de esposados a favor de terceiro, com carácter testamentário)

A instituição de herdeiro e a nomeação de legatário feitas por algum dos esposados na convenção antenupcial em favor de pessoas indeterminadas, ou em favor de pessoa certa e determinada que não intervenha no acto como aceitante, têm valor meramente testamentário, e não produzem qualquer efeito se a convenção caducar.

ARTIGO 1705.°
(Disposições por morte a favor de terceiro, com carácter contratual)

1. À instituição de herdeiro e à nomeação de legatário feitas por qualquer dos esposados em favor de pessoa certa e determinada que intervenha como aceitante na convenção antenupcial é aplicável o disposto nos artigos 1701.° e 1702.°, sem prejuízo da sua ineficácia se a convenção caducar.
2. Pode, todavia, a instituição ou nomeação ser livremente revogada, se o disponente a tiver feito com reserva dessa faculdade.
3. A irrevogabilidade da disposição não a isenta do regime geral de revogação das doações por ingratidão do donatário nem da redução por inoficiosidade.
4. As liberalidades a que este artigo se refere caducam, se o donatário falecer antes do doador.

ARTIGO 1706.°
(Correspectividade das disposições por morte a favor de terceiros)

1. Se ambos os esposados instituírem terceiros seus herdeiros, ou fizerem legados em seu benefício, e ficar consignado na convenção antenupcial o carácter correspectivo das duas disposições, a invalidade ou revogação de uma das disposições produz a ineficácia da outra.
2. Desde que uma das disposições comece a produzir os seus efeitos, a outra já não pode ser revogada ou alterada, excepto se o beneficiário da primeira renunciar a ela, restituindo quanto por força dela haja recebido.

ARTIGO 1707.°
(Revogabilidade das cláusulas de reversão ou fideicomissárias)

As cláusulas de reversão ou fideicomissárias previstas no n.° 2 do artigo 1700.° são revogáveis livremente e a todo o tempo pelo autor da liberalidade.

ARTIGO 1708.°
(Capacidade para celebrar convenções antenupciais)

1. Têm capacidade para celebrar convenções antenupciais aqueles que têm capacidade para contrair casamento.

2. Aos menores, bem como aos interditos ou inabilitados, só é permitido celebrar convenções antenupciais com autorização dos respectivos representantes legais.

ARTIGO 1709.°
(Anulabilidade por falta de autorização)

A anulabilidade da convenção antenupcial por falta de autorização só pode ser invocada pelo incapaz, pelos seus herdeiros ou por aqueles a quem competir concedê-la, dentro do prazo de um ano a contar da celebração do casamento, considerando-se a anulabilidade sanada se o casamento vier a ser celebrado depois de findar a incapacidade.

ARTIGO 1710.°
(Forma das convenções antenupciais)

As convenções antenupciais são válidas se forem celebradas por declaração prestada perante funcionário do registo civil ou por escritura pública.

Anotações:

1. Contém as alterações introduzidas pelos seguintes diplomas:
- D.L. n.° 163/95, de 13 de Julho.
- D.L. n.° 324/2007, de 28 de Setembro.

2. Versões anteriores deste artigo:
- 1.ª versão: D.L. n.° 47344/66, de 25 de Novembro.
- 2.ª versão: D.L. n.° 163/95, de 13 de Julho.

ARTIGO 1711.°
(Publicidade das convenções antenupciais)

1. As convenções antenupciais só produzem efeitos em relação a terceiros depois de registadas.

2. Os herdeiros dos cônjuges e dos demais outorgantes da escritura não são considerados terceiros.

3. O registo da convenção não dispensa o registo predial relativo aos factos a ele sujeitos.

ARTIGO 1712.°
(Revogação ou modificação da convenção antenupcial antes da celebração do casamento)

1. A convenção antenupcial é livremente revogável ou modificável até à celebração do casamento, desde que na revogação ou modificação consintam todas as pessoas que nela outorgaram ou os respectivos herdeiros.

2. O novo acordo está sujeito aos requisitos de forma e publicidade estabelecidos nos artigos antecedentes.

3. A falta de intervenção de alguma das pessoas que outorgaram na primeira convenção, ou dos respectivos herdeiros, apenas tem como efeito facultar àquelas ou a estes o direito de resolver as cláusulas que lhes digam respeito.

ARTIGO 1713.°
(Convenções sob condição ou a termo)

1. É válida a convenção sob condição ou a termo.

2. Em relação a terceiros, o preenchimento da condição não tem efeito retroactivo.

ARTIGO 1714.°
(Imutabilidade das convenções antenupciais e do regime de bens resultante da lei)

1. Fora dos casos previstos na lei, não é permitido alterar, depois da celebração do casamento, nem as convenções antenupciais nem os regimes de bens legalmente fixados.

2. Consideram-se abrangidos pelas proibições do número anterior os contratos de compra e venda e sociedade entre os cônjuges, excepto quando estes se encontrem separados judicialmente de pessoas e bens.

3. É lícita, contudo, a participação dos dois cônjuges na mesma sociedade de capitais, bem como a dação em cumprimento feita pelo cônjuge devedor ao seu consorte.

ARTIGO 1715.°
(Excepções ao princípio da imutabilidade)

1. São admitidas alterações ao regime de bens:

a) Pela revogação das disposições mencionadas no artigo 1700.°, nos casos e sob a forma em que é permitida pelos artigos 1701.° a 1707.°;

b) Pela simples separação judicial de bens;

c) Pela separação judicial de pessoas e bens;

d) Em todos os demais casos, previstos na lei, de separação de bens na vigência da sociedade conjugal.

2. Às alterações da convenção antenupcial ou do regime legal de bens previstas no número anterior é aplicável o disposto no artigo 1711.°

Anotações:

1. Contém as alterações introduzidas pelos seguintes diplomas:

– D.L. n.° 496/77, de 25 de Novembro

2. Versões anteriores deste artigo:

– 1.ª versão: D.L. n.° 47344/66, de 25 de Novembro

ARTIGO 1716.°
(Caducidade das convenções antenupciais)

A convenção caduca, se o casamento não for celebrado dentro de um ano, ou se, tendo-o sido, vier a ser declarado nulo ou anulado, salvo o disposto em matéria de casamento putativo.

SECÇÃO IV
Regimes de bens

SUBSECÇÃO I
Disposições gerais

ARTIGO 1717.°
(Regime de bens supletivo)

Na falta de convenção antenupcial, ou no caso de caducidade, invalidade ou ineficácia da convenção, o casamento considera-se celebrado sob o regime da comunhão de adquiridos.

ARTIGO 1718.°
(Remissão genérica para uma lei estrangeira ou revogada, ou para usos e costumes locais)

O regime de bens do casamento não pode ser fixado, no todo ou em parte, por simples remissão genérica para uma lei estrangeira, para um preceito revogado, ou para usos e costumes locais.

ARTIGO 1719.º
(Partilha segundo regimes não convencionados)

1. É permitido aos esposados convencionar, para o caso de dissolução do casamento por morte de um dos cônjuges, quando haja descendentes comuns, que a partilha dos bens se faça segundo o regime da comunhão geral, seja qual for o regime adoptado.

2. O disposto no número anterior não prejudica os direitos de terceiro na liquidação do passivo.

Anotações:

1. Contém as alterações introduzidas pelos seguintes diplomas:
– D.L. n.º 496/77, de 25 de Novembro

2. Versões anteriores deste artigo:
– 1.ª versão: D.L. n.º 47344/66, de 25 de Novembro

ARTIGO 1720.º
(Regime imperativo da separação de bens)

1. Consideram-se sempre contraídos sob o regime da separação de bens:

a) O casamento celebrado sem precedência do processo preliminar de casamento;

b) O casamento celebrado por quem tenha completado sessenta anos de idade.

2. O disposto no número anterior não obsta a que os nubentes façam entre si doações.

Anotações:

1. Contém as alterações introduzidas pelos seguintes diplomas:
– D.L. n.º 496/77, de 25 de Novembro
– D.L. n.º 324/2007, de 28 de Setembro

2. Versões anteriores deste artigo:
– 1.ª versão: D.L. n.º 47344/66, de 25 de Novembro
– 2.ª versão: D.L. n.º 496/77, de 25 de Novembro

SUBSECÇÃO II
Regime da comunhão de adquiridos

ARTIGO 1721.°
(Normas aplicáveis)

Se o regime de bens adoptado pelos esposados, ou aplicado supletivamente, for o da comunhão de adquiridos, observar-se-á o disposto nos artigos seguintes.

ARTIGO 1722.°
(Bens próprios)

1. São considerados próprios dos cônjuges:

a) Os bens que cada um deles tiver ao tempo da celebração do casamento;

b) Os bens que lhes advierem depois do casamento por sucessão ou doação;

c) Os bens adquiridos na constância do matrimónio por virtude de direito próprio anterior.

2. Consideram-se, entre outros, adquiridos por virtude de direito próprio anterior, sem prejuízo da compensação eventualmente devida ao património comum:

a) Os bens adquiridos em consequência de direitos anteriores ao casamento sobre patrimónios ilíquidos partilhados depois dele;

b) Os bens adquiridos por usucapião fundada em posse que tenha o seu início antes do casamento;

c) Os bens comprados antes do casamento com reserva de propriedade;

d) Os bens adquiridos no exercício de direito de preferência fundado em situação já existente à data do casamento.

ARTIGO 1723.°
(Bens sub-rogados no lugar de bens próprios)

Conservam a qualidade de bens próprios:

a) Os bens sub-rogados no lugar de bens próprios de um dos cônjuges por meio de troca directa;

b) O preço dos bens próprios alienados;

c) Os bens adquiridos ou as benfeitorias feitas com dinheiro ou valores próprios de um dos cônjuges, desde que a proveniência do dinheiro ou valores seja devidamente mencionada no documento de aquisição, ou em documento equivalente, com intervenção de ambos os cônjuges.

ARTIGO 1724.º
(Bens integrados na comunhão)

Fazem parte da comunhão:

a) O produto do trabalho dos cônjuges;

b) Os bens adquiridos pelos cônjuges na constância do matrimónio, que não sejam exceptuados por lei.

ARTIGO 1725.º
(Presunção de comunicabilidade)

Quando haja dúvidas sobre a comunicabilidade dos bens móveis, estes consideram-se comuns.

ARTIGO 1726.º
(Bens adquiridos em parte com dinheiro ou bens próprios e noutra parte com dinheiro ou bens comuns)

1. Os bens adquiridos em parte com dinheiro ou bens próprios de um dos cônjuges e noutra parte com dinheiro ou bens comuns revestem a natureza da mais valiosa das duas prestações.

2. Fica, porém, sempre salva a compensação devida pelo património comum aos patrimónios próprios dos cônjuges, ou por estes àquele, no momento da dissolução e partilha da comunhão.

ARTIGO 1727.º
(Aquisição de bens indivisos já pertencentes em parte a um dos cônjuges)

A parte adquirida em bens indivisos pelo cônjuge que deles for comproprietário fora da comunhão reverte igualmente para o seu património próprio, sem prejuízo da compensação devida ao património comum pelas somas prestadas para a respectiva aquisição.

ARTIGO 1728.º
(Bens adquiridos por virtude da titularidade de bens próprios)

1. Consideram-se próprios os bens adquiridos por virtude da titularidade de bens próprios, que não possam considerar-se como frutos destes, sem prejuízo da compensação eventualmente devida ao património comum.

2. São designadamente considerados bens próprios, por força do disposto no número antecedente:

a) As acessões;

b) Os materiais resultantes da demolição ou destruição de bens;

c) A parte do tesouro adquirida pelo cônjuge na qualidade de proprietário;

d) Os prémios de amortização de títulos de crédito ou de outros valores mobiliários próprios de um dos cônjuges, bem como os títulos ou valores adquiridos por virtude de um direito de subscrição àqueles inerente.

ARTIGO 1729.°
(Bens doados ou deixados em favor da comunhão)

1. Os bens havidos por um dos cônjuges por meio de doação ou deixa testamentária de terceiro entram na comunhão, se o doador ou testador assim o tiver determinado; entende-se que essa é a vontade do doador ou testador, quando a liberalidade for feita em favor dos dois cônjuges conjuntamente.

2. O disposto no número anterior não abrange as doações e deixas testamentárias que integrem a legítima do donatário.

ARTIGO 1730.°
(Participação dos cônjuges no património comum)

1. Os cônjuges participam por metade no activo e no passivo da comunhão, sendo nula qualquer estipulação em sentido diverso.

2. A regra da metade não impede que cada um dos cônjuges faça em favor de terceiro doações ou deixas por conta da sua meação nos bens comuns, nos termos permitidos por lei.

ARTIGO 1731.°
(Instrumentos de trabalho)

Se os instrumentos de trabalho de cada um dos cônjuges tiverem entrado no património comum por força do regime de bens, o cônjuge que deles necessite para o exercício da sua profissão tem direito a ser neles encabeçado no momento da partilha.

SUBSECÇÃO III
Regime da comunhão geral

ARTIGO 1732.°
(Estipulação do regime)

Se o regime de bens adoptado pelos cônjuges for o da comunhão geral, o património comum é constituído por todos os bens presentes e futuros dos cônjuges, que não sejam exceptuados por lei.

ARTIGO 1733.°
(Bens incomunicáveis)

1. São exceptuados da comunhão:

a) Os bens doados ou deixados, ainda que por conta da legítima, com a cláusula de incomunicabilidade;

b) Os bens doados ou deixados com a cláusula de reversão ou fideicomissária, a não ser que a cláusula tenha caducado;

c) O usufruto, o uso ou habitação, e demais direitos estritamente pessoais;

d) As indemnizações devidas por factos verificados contra a pessoa de cada um dos cônjuges ou contra os seus bens próprios;

e) Os seguros vencidos em favor da pessoa de cada um dos cônjuges ou para cobertura de riscos sofridos por bens próprios;

f) Os vestidos, roupas e outros objectos de uso pessoal e exclusivo de cada um dos cônjuges, bem como os seus diplomas e a sua correspondência;

g) As recordações de família de diminuto valor económico.

2. A incomunicabilidade dos bens não abrange os respectivos frutos nem o valor das benfeitorias úteis.

ARTIGO 1734.°
(Disposições aplicáveis)

São aplicáveis à comunhão geral de bens, com as necessárias adaptações, as disposições relativas à comunhão de adquiridos.

SUBSECÇÃO IV
Regime da separação

ARTIGO 1735.°
(Domínio da separação)

Se o regime de bens imposto por lei ou adoptado pelos esposados for o da separação, cada um deles conserva o domínio e fruição de todos os seus bens presentes e futuros, podendo dispor deles livremente.

ARTIGO 1736.°
(Prova da propriedade dos bens)

1. É lícito aos esposados estipular, na convenção antenupcial, cláusulas de presunção sobre a propriedade dos móveis, com eficácia extensiva a terceiros, mas sem prejuízo de prova em contrário.

2. Quando haja dúvidas sobre a propriedade exclusiva de um dos cônjuges, os bens móveis ter-se-ão como pertencentes em compropriedade a ambos os cônjuges.

ARTIGO 1737.°
(Administração dos bens de um dos cônjuges pelo outro)

(Revogado pelo Decreto-Lei n.° 496/77, de 25 de Novembro).

Anotações:
1. Contém as alterações introduzidas pelos seguintes diplomas:
– D.L. n.° 496/77, de 25 de Novembro
2. Versões anteriores deste artigo:
– 1.ª versão: D.L. n.° 47344/66, de 25 de Novembro

SUBSECÇÃO V
Regime dotal

ARTIGO 1738.°
(Disposições aplicáveis)

(Revogado pelo Decreto-Lei n.° 496/77, de 25 de Novembro).

Anotações:
1. Contém as alterações introduzidas pelos seguintes diplomas:
– D.L. n.° 496/77, de 25 de Novembro
2. Versões anteriores deste artigo:
– 1.ª versão: D.L. n.° 47344/66, de 25 de Novembro

ARTIGO 1739.°
(Constituição do dote)

(Revogado pelo Decreto-Lei n.° 496/77, de 25 de Novembro).

Anotações:
1. Contém as alterações introduzidas pelos seguintes diplomas:
– D.L. n.° 496/77, de 25 de Novembro
2. Versões anteriores deste artigo:
– 1.ª versão: D.L. n.° 47344/66, de 25 de Novembro

ARTIGO 1740.°
(Objecto do dote)

(Revogado pelo Decreto-Lei n.° 496/77, de 25 de Novembro).

Anotações:
1. Contém as alterações introduzidas pelos seguintes diplomas:
– D.L. n.° 496/77, de 25 de Novembro

2. Versões anteriores deste artigo:
– 1.ª versão: D.L. n.º 47344/66, de 25 de Novembro

ARTIGO 1741.º
(Imutabilidade do dote)

(Revogado pelo Decreto-Lei n.º 496/77, de 25 de Novembro).

Anotações:
1. Contém as alterações introduzidas pelos seguintes diplomas:
– D.L. n.º 496/77, de 25 de Novembro
2. Versões anteriores deste artigo:
– 1.ª versão: D.L. n.º 47344/66, de 25 de Novembro

ARTIGO 1742.º
(Cláusulas de reversão ou fideicomissárias)

(Revogado pelo Decreto-Lei n.º 496/77, de 25 de Novembro).

Anotações:
1. Contém as alterações introduzidas pelos seguintes diplomas:
– D.L. n.º 496/77, de 25 de Novembro
2. Versões anteriores deste artigo:
– 1.ª versão: D.L. n.º 47344/66, de 25 de Novembro

ARTIGO 1743.º
(Relação dos bens dotais)

(Revogado pelo Decreto-Lei n.º 496/77, de 25 de Novembro).

Anotações:
1. Contém as alterações introduzidas pelos seguintes diplomas:
– D.L. n.º 496/77, de 25 de Novembro
2. Versões anteriores deste artigo:
– 1.ª versão: D.L. n.º 47344/66, de 25 de Novembro

ARTIGO 1744.º
(Dotação de bens alheios)

(Revogado pelo Decreto-Lei n.º 496/77, de 25 de Novembro).

Anotações:
1. Contém as alterações introduzidas pelos seguintes diplomas:
– D.L. n.º 496/77, de 25 de Novembro

2. Versões anteriores deste artigo:
– 1.ª versão: D.L. n.º 47344/66, de 25 de Novembro

ARTIGO 1745.º
(Entrega do dote e respectivos frutos)

(Revogado pelo Decreto-Lei n.º 496/77, de 25 de Novembro).

Anotações:
2. Contém as alterações introduzidas pelos seguintes diplomas:
– D.L. n.º 496/77, de 25 de Novembro
2. Versões anteriores deste artigo:
– 1.ª versão: D.L. n.º 47344/66, de 25 de Novembro

ARTIGO 1746.º
(Alienação do dote)

(Revogado pelo Decreto-Lei n.º 496/77, de 25 de Novembro).

Anotações:
1. Contém as alterações introduzidas pelos seguintes diplomas:
– D.L. n.º 496/77, de 25 de Novembro
2. Versões anteriores deste artigo:
– 1.ª versão: D.L. n.º 47344/66, de 25 de Novembro

ARTIGO 1747.º
(Regime da alienação)

(Revogado pelo Decreto-Lei n.º 496/77, de 25 de Novembro).

Anotações:
1. Contém as alterações introduzidas pelos seguintes diplomas:
– D.L. n.º 496/77, de 25 de Novembro
2. Versões anteriores deste artigo:
– 1.ª versão: D.L. n.º 47344/66, de 25 de Novembro

ARTIGO 1748.º
(Sub-rogação)

(Revogado pelo Decreto-Lei n.º 496/77, de 25 de Novembro).

Anotações:
1. Contém as alterações introduzidas pelos seguintes diplomas:
– D.L. n.º 496/77, de 25 de Novembro

2. Versões anteriores deste artigo:
– 1.ª versão: D.L. n.º 47344/66, de 25 de Novembro

ARTIGO 1749.º
(Anulabilidade da alienação)

(Revogado pelo Decreto-Lei n.º 496/77, de 25 de Novembro).

Anotações:
1. Contém as alterações introduzidas pelos seguintes diplomas:
– D.L. n.º 496/77, de 25 de Novembro
2. Versões anteriores deste artigo:
– 1.ª versão: D.L. n.º 47344/66, de 25 de Novembro

ARTIGO 1750.º
(Responsabilidade por dívidas)

(Revogado pelo Decreto-Lei n.º 496/77, de 25 de Novembro).

Anotações:
1. Contém as alterações introduzidas pelos seguintes diplomas:
– D.L. n.º 496/77, de 25 de Novembro
2. Versões anteriores deste artigo:
– 1.ª versão: D.L. n.º 47344/66, de 25 de Novembro

ARTIGO 1751.º
(Caducidade do dote)

(Revogado pelo Decreto-Lei n.º 496/77, de 25 de Novembro).

Anotações:
1. Contém as alterações introduzidas pelos seguintes diplomas:
– D.L. n.º 496/77, de 25 de Novembro
2. Versões anteriores deste artigo:
– 1.ª versão: D.L. n.º 47344/66, de 25 de Novembro

ARTIGO 1752.º
(Presunção da entrega do dote ao marido)

(Revogado pelo Decreto-Lei n.º 496/77, de 25 de Novembro).

Anotações:
1. Contém as alterações introduzidas pelos seguintes diplomas:
– D.L. n.º 496/77, de 25 de Novembro

2. Versões anteriores deste artigo:
– 1.ª versão: D.L. n.º 47344/66, de 25 de Novembro

CAPÍTULO X
Doações para casamento e entre casados

SECÇÃO I
Doações para casamento

ARTIGO 1753.º
(Noção e normas aplicáveis)

1. Doação para casamento é a doação feita a um dos esposados, ou a ambos, em vista do seu casamento.
2. Às doações para casamento são aplicáveis as disposições da presente secção e, subsidiariamente, as dos artigos 940.º a 979.º

ARTIGO 1754.º
(Espécies)

As doações para casamento podem ser feitas por um dos esposados ao outro, pelos dois reciprocamente, ou por terceiro a um ou a ambos os esposados.

ARTIGO 1755.º
(Regime)

1. As doações entre vivos produzem os seus efeitos a partir da celebração do casamento, salvo estipulação em contrário.
2. As doações que hajam de produzir os seus efeitos por morte do doador são havidas como pactos sucessórios e, como tais, estão sujeitas ao disposto nos artigos 1701.º a 1703.º, sem prejuízo do preceituado nos artigos seguintes.

ARTIGO 1756.º
(Forma)

1. As doações para casamento só podem ser feitas na convenção antenupcial.
2. A inobservância do disposto no número anterior importa, quanto às doações por morte, a sua nulidade, sem prejuízo do disposto no n.º 2 do artigo

946.°, e, quanto às doações em vida, a inaplicabilidade do regime especial desta secção.

ARTIGO 1757.°
(Incomunicabilidade dos bens doados pelos esposados)

Salvo estipulação em contrário, os bens doados por um esposado ao outro consideram-se próprios do donatário, seja qual for o regime matrimonial.

ARTIGO 1758.°
(Revogação)

As doações entre esposados não são revogáveis por mútuo consentimento dos contraentes.

Anotações:

1. Contém as alterações introduzidas pelos seguintes diplomas:
– D.L. n.° 496/77, de 25 de Novembro
2. Versões anteriores deste artigo:
– 1.ª versão: D.L. n.° 47344/66, de 25 de Novembro

ARTIGO 1759.°
(Redução por inoficiosidade)

As doações para casamento estão sujeitas a redução por inoficiosidade, nos termos gerais.

ARTIGO 1760.°
(Caducidade)

1. As doações para casamento caducam:

a) Se o casamento não for celebrado dentro de um ano, ou se, tendo-o sido, vier a ser declarado nulo ou anulado, salvo o disposto em matéria de casamento putativo;

b) Se ocorrer divórcio ou separação judicial de pessoas e bens por culpa do donatário, se este for considerado único ou principal culpado.

2. Se a doação tiver sido feita por terceiro a ambos os esposados ou os bens doados tiverem entrado na comunhão, e um dos cônjuges for declarado único ou principal culpado no divórcio ou separação, a caducidade atinge apenas a parte dele.

Anotações:

1. Contém as alterações introduzidas pelos seguintes diplomas:
– D.L. n.° 496/77, de 25 de Novembro

2. Versões anteriores deste artigo:
– 1.ª versão: D.L. n.º 47344/66, de 25 de Novembro

SECÇÃO II
Doações entre casados

ARTIGO 1761.º
(Disposições aplicáveis)

As doações entre casados regem-se pelas disposições desta secção e, subsidiariamente, pelas regras dos artigos 940.º a 979.º

ARTIGO 1762.º
(Regime imperativo da separação de bens)

É nula a doação entre casados, se vigorar imperativamente entre os cônjuges o regime da separação de bens.

ARTIGO 1763.º
(Forma)

1. A doação de coisas móveis, ainda que acompanhada da tradição da coisa, deve constar de documento escrito.
2. Os cônjuges não podem fazer doações recíprocas no mesmo acto.
3. O disposto no número anterior não é aplicável às reservas de usufruto nem às rendas vitalícias a favor do sobrevivente, estipuladas, umas e outras, em doação dos cônjuges a terceiro.

ARTIGO 1764.º
(Objecto e incomunicabilidade dos bens doados)

1. Só podem ser doados bens próprios do doador.
2. Os bens doados não se comunicam, seja qual for o regime matrimonial.

ARTIGO 1765.º
(Livre revogabilidade)

1. As doações entre casados podem a todo o tempo ser revogadas pelo doador, sem que lhe seja lícito renunciar a este direito.
2. A faculdade de revogação não se transmite aos herdeiros do doador.

ARTIGO 1766.°
(Caducidade)

1. A doação entre casados caduca:

a) Falecendo o donatário antes do doador, salvo se este confirmar a doação nos três meses subsequentes à morte daquele;

b) Se o casamento vier a ser declarado nulo ou anulado, sem prejuízo do disposto em matéria de casamento putativo;

c) Ocorrendo divórcio ou separação judicial de pessoas e bens por culpa do donatário, se este for considerado único ou principal culpado.

2. A confirmação a que se refere a alínea a) do número anterior deve revestir a forma exigida para a doação.

Anotações:

1. Contém as alterações introduzidas pelos seguintes diplomas:
- D.L. n.° 496/77, de 25 de Novembro

2. Versões anteriores deste artigo:
- 1.ª versão: D.L. n.° 47344/66, de 25 de Novembro

CAPÍTULO XI
Simples separação judicial de bens

ARTIGO 1767.°
(Fundamento da separação)

Qualquer dos cônjuges pode requerer a simples separação judicial de bens quando estiver em perigo de perder o que é seu pela má administração do outro cônjuge.

Anotações:

1. Contém as alterações introduzidas pelos seguintes diplomas:
- D.L. n.° 496/77, de 25 de Novembro

2. Versões anteriores deste artigo:
- 1.ª versão: D.L. n.° 47344/66, de 25 de Novembro

ARTIGO 1768.°
(Carácter litigioso da separação)

A separação só pode ser decretada em acção intentada por um dos cônjuges contra o outro.

Anotações:

1. Contém as alterações introduzidas pelos seguintes diplomas:
- D.L. n.° 496/77, de 25 de Novembro

2. Versões anteriores deste artigo:
- 1.ª versão: D.L. n.° 47344/66, de 25 de Novembro

ARTIGO 1769.°
(Legitimidade)

1. Só tem legitimidade para a acção de separação o cônjuge lesado ou, estando ele interdito, o seu representante legal, ouvido o conselho de família.

2. Se o representante legal do cônjuge lesado for o outro cônjuge, a acção só pode ser intentada, em nome daquele, por algum parente na linha recta ou até ao terceiro grau da linha colateral.

3. Se o cônjuge lesado estiver inabilitado, a acção pode ser intentada por ele, ou pelo curador com autorização judicial.

Anotações:

1. Contém as alterações introduzidas pelos seguintes diplomas:
- D.L. n.° 496/77, de 25 de Novembro

2. Versões anteriores deste artigo
- 1.ª versão: D.L. n.° 47344/66, de 25 de Novembro

ARTIGO 1770.°
(Efeitos)

1. Após o trânsito em julgado da sentença que decretar a separação judicial de bens, o regime matrimonial, sem prejuízo do disposto em matéria de registo, passa a ser o da separação, procedendo-se à partilha do património comum como se o casamento tivesse sido dissolvido.

2. Havendo acordo dos interessados, a partilha prevista no número anterior pode logo ser feita nas conservatórias ou nos cartórios notariais, e, em qualquer outro caso, por meio de inventário, nos termos previstos em lei especial.

Anotações:

1. Contém as alterações introduzidas pelos seguintes diplomas:
- D.L. n.° 496/77, de 25 de Novembro
- Lei n.° 29/2009, de 29 de Junho

2. Versões anteriores deste artigo:
- 1.ª versão: D.L. n.° 47344/66, de 25 de Novembro
- 2.ª versão: D.L. n.° 496/77, de 25 de Novembro

ARTIGO 1771.°
(Irrevogabilidade)

A simples separação judicial de bens é irrevogável.

ARTIGO 1772.°
(Separação de bens com outros fundamentos)

O disposto nos dois artigos anteriores é aplicável a todos os casos, previstos na lei, de separação de bens na vigência da sociedade conjugal.

CAPÍTULO XII
Divórcio e separação judicial de pessoas e bens

SECÇÃO I
Divórcio

SUBSECÇÃO I
Disposições gerais

ARTIGO 1773.°
(Modalidades)

1. **O divórcio pode ser por mútuo consentimento ou sem consentimento de um dos cônjuges.**

2. **O divórcio por mútuo consentimento pode ser requerido por ambos os cônjuges, de comum acordo, na conservatória do registo civil, ou no tribunal se, neste caso, o casal não tiver conseguido acordo sobre algum dos assuntos referidos no n.° 1 do artigo 1775.°.**

3. **O divórcio sem consentimento de um dos cônjuges é requerido no tribunal por um dos cônjuges contra o outro, com algum dos fundamentos previstos no artigo 1781.°.**

Anotações:

1. Contém as alterações introduzidas pelos seguintes diplomas:

– Lei n.° 61/2008, de 31 de Outubro

2. Versões anteriores deste artigo:
- 1.ª versão: D.L. n.° 47344/66, de 25 de Novembro
- 2.ª versão: D.L. n.° 496/77, de 25 de Novembro
- 3.ª versão: D.L. n.° 163/95, de 13 de Julho, cujo teor era o seguinte:

"ARTIGO 1773.°
(Modalidades)

1. O divórcio pode ser por mútuo consentimento ou litigioso.

2. O divórcio por mútuo consentimento pode ser requerido por ambos os cônjuges, de comum acordo, no tribunal ou na conservatória do registo civil se, neste caso, o casal não tiver filhos menores ou, havendo-os, o exercício do respectivo poder paternal se mostrar já judicialmente regulado.

3. O divórcio litigioso é requerido no tribunal por um dos cônjuges contra o outro, com algum dos fundamentos previstos nos artigos 1779.° e 1781.°".

ARTIGO 1774.°
(Mediação familiar)

Antes do início do processo de divórcio, a conservatória do registo civil ou o tribunal devem informar os cônjuges sobre a existência e os objectivos dos serviços de mediação familiar.

Anotações:

1. Contém as alterações introduzidas pelos seguintes diplomas:
- Lei n.° 61/2008, de 31 de Outubro

2. Versões anteriores deste artigo
- 1.ª versão: D.L. n.° 47344/66, de 25 de Novembro
- 2.ª versão: D.L. n.° 496/77, de 25 de Novembro, cujo teor era o seguinte:

"ARTIGO 1774.°
(Tentativa de conciliação; conversão do divórcio litigioso em divórcio por mútuo consentimento)

1. No processo de divórcio haverá sempre uma tentativa de conciliação dos cônjuges.

2. Se, no processo de divórcio litigioso, a tentativa de conciliação não resultar, o juiz procurará obter o acordo dos cônjuges para o divórcio por mútuo consentimento; obtido o acordo ou tendo os cônjuges, em qualquer altura do processo, optado por essa modalidade do divórcio, seguir-se-ão os termos do processo de divórcio por mútuo consentimento, com as necessárias adaptações."

3. O Despacho N.° 18778/2007 (Anexo X) regula a actividade do sistema de mediação familiar (SMF).

SUBSECÇÃO II
Divórcio por mútuo consentimento

ARTIGO 1775.°
(Requerimento e instrução do processo na conservatória do registo civil)

1. O divórcio por mútuo consentimento pode ser instaurado a todo o tempo na conservatória do registo civil, mediante requerimento assinado pelos cônjuges ou seus procuradores, acompanhado pelos documentos seguintes:

a) Relação especificada dos bens comuns, com indicação dos respectivos valores, ou, caso os cônjuges optem por proceder à partilha daqueles bens nos termos dos artigos 272.°-A a 272.°-C do Decreto-Lei n.° 324/2007, de 28 de Setembro, acordo sobre a partilha ou pedido de elaboração do mesmo;

b) Certidão da sentença judicial que tiver regulado o exercício das responsabilidades parentais ou acordo sobre o exercício das responsabilidades parentais quando existam filhos menores e não tenha previamente havido regulação judicial;

c) Acordo sobre a prestação de alimentos ao cônjuge que deles careça;

d) Acordo sobre o destino da casa de morada de família;

e) Certidão da escritura da convenção antenupcial, caso tenha sido celebrada.

2. Caso outra coisa não resulte dos documentos apresentados, entende-se que os acordos se destinam tanto ao período da pendência do processo como ao período posterior.

Anotações:

1. Contém as alterações introduzidas pelos seguintes diplomas:

– Lei n.° 61/2008, de 31 de Outubro

2. Versões anteriores deste artigo

– 1.ª versão: D.L. n.° 47344/66, de 25 de Novembro

– 2.ª versão: D.L. n.° 496/77, de 25 de Novembro

– 3.ª versão: Lei n.° 47/98, de 10 de Agosto, cujo teor era o seguinte:

"ARTIGO 1775.°

(Requisitos)

1. O divórcio por mútuo consentimento pode ser requerido pelos cônjuges a todo o tempo.

2. Os cônjuges não têm de revelar a causa de divórcio, mas devem acordar sobre a prestação de alimentos ao cônjuge que deles careça, o exercício do poder paternal relativamente aos filhos menores e o destino da casa de morada da família.

3. Os cônjuges devem acordar ainda sobre o regime que vigorará, no período da pendência do processo, quanto à prestação de alimentos, ao exercício do poder paternal e à utilização da casa de morada da família."

ARTIGO 1776.°
(Procedimento e decisão na conservatória do registo civil)

1. **Recebido o requerimento, o conservador convoca os cônjuges para uma conferência em que verifica o preenchimento dos pressupostos legais e aprecia os acordos referidos nas alíneas a), c) e d) do n.° 1 do artigo anterior, convidando os cônjuges a alterá-los se esses acordos não acautelarem os interesses de algum deles ou dos filhos, podendo determinar para esse efeito a prática de actos e a produção da prova eventualmente necessária, e decreta, em seguida, o divórcio, procedendo-se ao correspondente registo, salvo o disposto no artigo 1776.°-A.**

2. **É aplicável o disposto no artigo 1420.°, no n.° 2 do artigo 1422.° e no artigo 1424.° do Código de Processo Civil, com as necessárias adaptações.**

3. **As decisões proferidas pelo conservador do registo civil no divórcio por mútuo consentimento produzem os mesmos efeitos das sentenças judiciais sobre idêntica matéria.**

Anotações:

1. Contém as alterações introduzidas pelos seguintes diplomas:
- Lei n.° 61/2008, de 31 de Outubro

2. Versões anteriores deste artigo:
- 1.ª versão: D.L. n.° 47344/66, de 25 de Novembro
- 2.ª versão: D.L. n.° 496/77, de 25 de Novembro, cujo teor era o seguinte:

"ARTIGO 1776.°
(Primeira conferência)

1. Recebido o requerimento, o juiz convocará os cônjuges para uma conferência em que tentará conciliá-los; se a conciliação não for possível, adverti-los-á de que deverão renovar o pedido de divórcio após um período de reflexão de três meses, a contar da data da conferência, e dentro do ano subsequente à mesma data, sob pena de o pedido ficar sem efeito.

2. O juiz deve apreciar na conferência os acordos a que se refere o n.° 2 do artigo anterior, convidando os cônjuges a alterá-los se esses acordos não acautelarem suficientemente os interesses de algum deles ou dos filhos; deve ainda homologar os acordos provisórios previstos no n.° 3 do mesmo artigo, podendo alterá-los, ouvidos os cônjuges, quando o interesse dos filhos o exigir.

3. Se os cônjuges persistirem no seu propósito, o dever de coabitação fica suspenso a partir da conferência e qualquer deles pode requerer arrolamento dos seus bens próprios e dos bens comuns."

3. Ver a este respeito o ponto 4.1.

ARTIGO 1776-A.°
(Acordo sobre o exercício das responsabilidades parentais)

1. **Quando for apresentado acordo sobre o exercício das responsabilidades parentais relativo a filhos menores, o processo é enviado ao Ministério Público junto do tribunal judicial de 1.ª instância competente em razão da matéria no âmbito da circunscrição a que pertença a conservatória, para que este se pronuncie sobre o acordo no prazo de 30 dias.**

2. **Caso o Ministério Público considere que o acordo não acautela devidamente os interesses dos menores, podem os requerentes alterar o acordo em conformidade ou apresentar novo acordo, sendo neste último caso dada nova vista ao Ministério Público.**

3. **Se o Ministério Público considerar que o acordo acautela devidamente os interesses dos menores ou tendo os cônjuges alterado o acordo nos termos indicados pelo Ministério Público, segue-se o disposto na parte final do n.° 1 do artigo anterior.**

4. **Nas situações em que os requerentes não se conformem com as alterações indicadas pelo Ministério Público e mantenham o propósito de se divorciar, aplica-se o disposto no artigo 1778.°.**

Anotações:

1. Aditado pelo artigo 2.° da Lei n.° 61/2008, de 31 de Outubro.

ARTIGO 1777.°
(Segunda conferência)

(Revogado pelo Decreto-Lei n.° 272/2001, de 13 de Outubro).

Anotações:

1. Contém as alterações introduzidas pelos seguintes diplomas:
- D.L. n.° 496/77, de 25 de Novembro
- D.L. n.° 272/2001, de 13 de Outubro

2. Versões anteriores deste artigo:
- 1.ª versão: D.L. n.° 47344/66, de 25 de Novembro
- 2.ª versão: D.L. n.° 496/77, de 25 de Novembro

ARTIGO 1778.°
(Remessa para o tribunal)

Se os acordos apresentados não acautelarem suficientemente os interesses de um dos cônjuges, e ainda no caso previsto no n.° 4 do artigo 1776.°-A, a homologação deve ser recusada e o processo de divórcio integralmente

remetido ao tribunal da comarca a que pertença a conservatória, seguindo-se os termos previstos no artigo 1778.° – A, com as necessárias adaptações.

Anotações:

1. Contém as alterações introduzidas pelos seguintes diplomas:
- Lei n.° 61/2008, de 31 de Outubro

2. Versões anteriores deste artigo:
- 1.ª versão: D.L. n.° 47344/66, de 25 de Novembro
- 2.ª versão: D.L. n.° 261/75, de 27 de Maio
- 3.ª versão: D.L. n.° 561/76, de 17 de Julho
- 4.ª versão: D.L. n.° 496/77, de 25 de Novembro, cujo teor era o seguinte:

"ARTIGO 1778.°
(Sentença)

A sentença que decrete o divórcio por mútuo consentimento homologará os acordos referidos no n.° 2 do artigo 1775.°; se, porém, esses acordos não acautelarem suficientemente os interesses de um dos cônjuges ou dos filhos, a homologação deve ser recusada e o pedido de divórcio indeferido."

3. O artigo 1776.°, n.° 1 do C.C. estabelece que o conservador deverá apreciar os acordos referidos nas alíneas a), c) e d) do n.° 1 do artigo 1775.°, convidando os cônjuges a alterá-los se esses acordos não acautelarem os interesses de algum deles ou dos filhos.

Verificamos, contudo, que o presente artigo 1778.° apenas prevê a possibilidade de tais acordos não acautelarem suficientemente os interesses de um dos cônjuges, caso em que a homologação deve ser recusada e o processo de divórcio é integralmente remetido ao tribunal da comarca a que pertença a conservatória, seguindo-se os termos previstos no artigo 1778.° – A, com as necessárias adaptações.

Coloca-se, pois a questão de sabermos o que sucede no caso em que tais acordos acautelam os interesses de ambos os cônjuges, mas, porém, não relativamente aos dos seus filhos.

Salvo melhor opinião, pensamos que neste caso também o respectivo acordo não deverá ser homologado e o processo ser remetido para o Tribunal, pois, caso contrário, de nada valeria a previsão dos interesses dos filhos prevista no artigo 1776.°, n.° 1.

ARTIGO 1778.°-A

(Requerimento, instrução e decisão do processo no tribunal)

1. **O requerimento de divórcio é apresentado no tribunal, se os cônjuges não o acompanharem de algum dos acordos previstos no n.° 1 do artigo 1775.°.**

2. **Recebido o requerimento, o juiz aprecia os acordos que os cônjuges tiverem apresentado, convidando-os a alterá-los se esses acordos não acautelarem os interesses de algum deles ou dos filhos.**

3. **O juiz fixa as consequências do divórcio nas questões referidas no n.° 1 do artigo 1775.° sobre que os cônjuges não tenham apresentado acordo, como se se tratasse de um divórcio sem consentimento de um dos cônjuges.**

4. **Tanto para a apreciação referida no n.° 2 como para fixar as consequências do divórcio, o juiz pode determinar a prática de actos e a produção da prova eventualmente necessária.**

5. **O divórcio é decretado em seguida, procedendo-se ao correspondente registo.**

6. **Na determinação das consequências do divórcio, o juiz deve sempre não só promover, mas também tomar em conta o acordo dos cônjuges.**

Anotações:

1. Contém as alterações introduzidas pelos seguintes diplomas:

– Lei n.° 61/2008, de 31 de Outubro

2. Versões anteriores deste artigo:

– 1.ª versão: D.L. n.° 163/95, de 13 de Julho, cujo teor era o seguinte:

"ARTIGO 1778.°-A

Divórcio decretado pelo conservador

1. É aplicável ao divórcio por mútuo consentimento decretado pelo conservador do registo civil, com as necessárias adaptações, o disposto na presente subsecção.

2. As decisões proferidas nestes termos produzem os mesmos efeitos das sentenças judiciais sobre idêntica matéria."

SUBSECÇÃO III
Divórcio litigioso

Anotação:

Não compreendemos a razão pela qual o n.° 1 do artigo 4.° da Lei n.° 61/ /2008, de 31 de Outubro, determinou que a epígrafe do Capítulo XVII do Título IV do Livro III do Código de Processo Civil fosse alterada, no sentido de eliminar a expressão "Divórcio e separação litigiosos", passando para "Do divórcio e separação sem consentimento do outro cônjuge", e o mesmo não suceda relativamente à presente Subsecção III da Secção I do Capítulo XII do Título II do Livro IV do Código Civil.

ARTIGO 1779.°
(Tentativa de conciliação; conversão do divórcio sem consentimento de um dos cônjuges em divórcio por mútuo consentimento)

1. **No processo de divórcio sem consentimento de um dos cônjuges haverá sempre uma tentativa de conciliação dos cônjuges.**

2. **Se a tentativa de conciliação não resultar, o juiz procurará obter o acordo dos cônjuges para o divórcio por mútuo consentimento; obtido o acordo ou tendo os cônjuges, em qualquer altura do processo, optado por essa modalidade do divórcio, seguir-se-ão os termos do processo de divórcio por mútuo consentimento, com as necessárias adaptações.**

Anotações:

1. Contém as alterações introduzidas pelos seguintes diplomas:
- Lei n.° 61/2008, de 31 de Outubro

2. Versões anteriores deste artigo:
- 1.ª versão: D.L. n.° 47344/66, de 25 de Novembro
- 2.ª versão: D.L. n.° 496/77, de 25 de Novembro, cujo teor era o seguinte:

"ARTIGO 1779.°
(Violação culposa dos deveres conjugais)

1. Qualquer dos cônjuges pode requerer o divórcio se o outro violar culposamente os deveres conjugais, quando a violação, pela sua gravidade ou reiteração, comprometa a possibilidade da vida em comum.

2. Na apreciação da gravidade dos factos invocados, deve o tribunal tomar em conta, nomeadamente, a culpa que possa ser imputada ao requerente e o grau de educação e sensibilidade moral dos cônjuges."

3. Quanto à tentativa de conciliação prevista no n.° 1 ver o artigo 1407.° do C.P.C. (Anexo VI).

4. Relativamente aos termos do processo de divórcio por mutuo consentimento, previstos no n.° 2, ver os artigos 1419.° e seguintes do C.P.C. (Anexo VI).

5. Não se compreende porque razão o legislador não substituiu a epígrafe da presente Subsecção III – "Divórcio Litigioso", quando toda a filosofia subjacente a esta reforma consiste precisamente no afastamento da ideia do litigio e na sua substituição pela ideia de divórcio sem o consentimento do outro cônjuge, plasmada aliás nos n.os 1 e 3 do artigo 1773.° e no corpo do artigo1781.°.

Mais, não se compreende a não alteração desta epígrafe, quando a epígrafe do Capítulo XVII do Título IV do Livro III do C.P.C. foi alterada passando a ter a seguinte redacção: "Do divórcio e separação sem consentimento do outro cônjuge".

ARTIGO 1780.°
(Exclusão do direito de requerer o divórcio)

Lei n.° 61/2008, de 31 de Outubro.

Anotações:

1. Contém as alterações introduzidas pelos seguintes diplomas:
- D.L. n.° 496/77, de 25 de Novembro
- Lei n.° 61/2008, de 31 de Outubro

2. Versões anteriores deste artigo:
- 1.ª versão: D.L. n.° 47344/66, de 25 de Novembro
- 2.ª versão: D.L. n.° 496/77, de 25 de Novembro, cujo teor era o seguinte:

"ARTIGO 1780.°
(Exclusão do direito de requerer o divórcio)
O cônjuge não pode obter o divórcio, nos termos do artigo anterior:
a) Se tiver instigado o outro a praticar o facto invocado como fundamento do pedido ou tiver intencionalmente criado condições propícias à sua verificação;
b) Se houver revelado pelo seu comportamento posterior, designadamente por perdão, expresso ou tácito, não considerar o acto praticado como impeditivo da vida em comum."

ARTIGO 1781.°
(Ruptura do casamento)

São fundamento do divórcio sem consentimento de um dos cônjuges:
a) A separação de facto por um ano consecutivo;
b) A alteração das faculdades mentais do outro cônjuge, quando dure há mais de um ano e, pela sua gravidade, comprometa a possibilidade de vida em comum;
c) A ausência, sem que do ausente haja notícias, por tempo não inferior a um ano.
d) Quaisquer outros factos que, independentemente da culpa dos cônjuges, mostrem a ruptura definitiva do casamento.

Anotações:

1. Contém as alterações introduzidas pelos seguintes diplomas
- D.L. n.° 496/77, de 25 de Novembro
- Lei n.° 47/98, de 10 de Agosto
- Lei n.° 61/2008, de 31 de Outubro

2. Versões anteriores deste artigo
- 1.ª versão: D.L. n.° 47344/66, de 25 de Novembro
- 2.ª versão: D.L. n.° 496/77, de 25 de Novembro

– 3.ª versão: Lei n.° 47/98, de 10 de Agosto, cujo teor era o seguinte:

"ARTIGO 1781.°

(Ruptura da vida em comum)

São ainda fundamento do divórcio litigioso:

a) A separação de facto por três anos consecutivos;

b) A separação de facto por um ano se o divórcio for requerido por um dos cônjuges sem oposição do outro;

c) A alteração das faculdades mentais do outro cônjuge, quando dure há mais de três anos e, pela sua gravidade, comprometa a possibilidade de vida em comum;

d) A ausência, sem que do ausente haja notícias, por tempo não inferior a dois anos."

3. Relativamente à anterior versão, podemos constatar as seguintes alterações:

a) A redução do prazo de separação de facto de 3 anos consecutivos para 1 ano;

b) A redução do prazo de 3 anos para 1 ano, no que se refere à alteração das faculdades mentais do outro cônjuge que, pela sua gravidade, comprometa a possibilidade de vida em comum;

c) A redução do prazo de 2 anos para 1 ano, no que se refere ao período de ausência sem que do ausente haja notícias;

d) A introdução de uma nova causa de divórcio: quaisquer outros factos que, independentemente da culpa dos cônjuges, mostrem a ruptura definitiva do casamento.

4. Quanto aos elementos caracterizadores da "ruptura definitiva do casamento" ver o ponto 5.1.1.1.

5. Quando a acção tiver por fundamento a separação de facto, dispõe o actual n.° 5 do artigo 1789.° que se esta estiver provada no processo, qualquer dos cônjuges deles poderá requerer que os efeitos do divórcio retroajam à data, que a sentença fixará, em que a separação tenha começado.

ARTIGO 1782.°
(Separação de facto)

1. Entende-se que há separação de facto, para os efeitos da alínea a) do artigo anterior, quando não existe comunhão de vida entre os cônjuges e há da parte de ambos, ou de um deles, o propósito de não a restabelecer.

2. ***(Revogado pela Lei n.° 61/2008, de 31 de Outubro)***

Anotações:

1. Contém as alterações introduzidas pelos seguintes diplomas:

– D.L. n.° 496/77, de 25 de Novembro

– Lei n.° 61/2008, de 31 de Outubro

2. Versões anteriores deste artigo
- 1.ª versão: D.L. n.° 47344/66, de 25 de Novembro
- 2.ª versão: D.L. n.° 496/77, de 25 de Novembro, cujo teor era o seguinte:

"ARTIGO 1782.°
(Separação de facto)

1. Entende-se que há separação de facto, para os efeitos da alínea a) do artigo anterior, quando não existe comunhão de vida entre os cônjuges e há da parte de ambos, ou de um deles, o propósito de não a restabelecer.

2. Na acção de divórcio com fundamento em separação de facto, o juiz deve declarar a culpa dos cônjuges, quando a haja, nos termos do artigo 1787.°"

ARTIGO 1783.°
(Ausência)

Lei n.° 61/2008, de 31 de Outubro.

Anotações:

1. Contém as alterações introduzidas pelos seguintes diplomas:
- D.L. n.° 496/77, de 25 de Novembro
- Lei n.° 61/2008, de 31 de Outubro

2. Versões anteriores deste artigo:
- 1.ª versão: D.L. n.° 47344/66, de 25 de Novembro
- 2.ª versão: D.L. n.° 496/77, de 25 de Novembro, cujo teor era o seguinte:

"ARTIGO 1783.°
(Ausência)

É aplicável ao divórcio decretado com fundamento em ausência o disposto no n.° 2 do artigo anterior."

ARTIGO 1784.°
(Alteração das faculdades mentais)

(Revogado pela Lei n.° 47/98, de 10 de Agosto).

Anotações:

1. Contém as alterações introduzidas pelos seguintes diplomas:
- D.L. n.° 496/77, de 25 de Novembro
- Lei n.° 47/98, de 10 de Agosto

2. Versões anteriores deste artigo:
- 1.ª versão: D.L. n.° 47344/66, de 25 de Novembro
- 2.ª versão: D.L. n.° 496/77, de 25 de Novembro

ARTIGO 1785.°
(Legitimidade)

1. **O divórcio pode ser requerido por qualquer dos cônjuges com o fundamento das alíneas a) e d) do artigo 1781.°; com os fundamentos das alíneas b) e c) do mesmo artigo, só pode ser requerido pelo cônjuge que invoca a alteração das faculdades mentais ou a ausência do outro.**

2. **Quando o cônjuge que pode pedir o divórcio estiver interdito, a acção pode ser intentada pelo seu representante legal, com autorização do conselho de família; quando o representante legal seja o outro cônjuge, a acção pode ser intentada, em nome do titular do direito de agir, por qualquer parente deste na linha recta ou até ao 3.° grau da linha colateral, se for igualmente autorizado pelo conselho de família.**

3. **O direito ao divórcio não se transmite por morte, mas a acção pode ser continuada pelos herdeiros do autor para efeitos patrimoniais, se o autor falecer na pendência da causa; para os mesmos efeitos, pode a acção prosseguir contra os herdeiros do réu.**

Anotações:

1. Contém as alterações introduzidas pelos seguintes diplomas:
– Lei n.° 61/2008, de 31 de Outubro

2. Versões anteriores deste artigo:
– 1.ª versão: D.L. n.° 47344/66, de 25 de Novembro
– 2.ª versão: D.L. n.° 496/77, de 25 de Novembro, cujo teor era o seguinte:

"ARTIGO 1785.°
(Legitimidade)

1. Só tem legitimidade para intentar acção de divórcio, nos termos do artigo 1779.°, o cônjuge ofendido ou, estando este interdito, o seu representante legal, com autorização do conselho de família; quando o representante legal seja o outro cônjuge, a acção pode ser intentada, em nome do ofendido, por qualquer parente deste na linha recta ou até ao terceiro grau da linha colateral, se for igualmente autorizado pelo conselho de família.

2. O divórcio pode ser requerido por qualquer dos cônjuges com o fundamento da alínea a) do artigo 1781.°; com os fundamentos das alíneas b) e c) do mesmo artigo, só pode ser requerido pelo cônjuge que invoca a ausência ou alteração das faculdades mentais do outro.

3. O direito ao divórcio não se transmite por morte, mas a acção pode ser continuada pelos herdeiros do autor para efeitos patrimoniais, nomeadamente os decorrentes da declaração prevista no artigo 1787.°, se o autor falecer na pendência da causa; para os mesmos efeitos, pode a acção prosseguir contra os herdeiros do réu."

ARTIGO 1786.°
(Caducidade da acção)

(Revogado pela Lei n.° 61/2008, de 31 de Outubro).

Anotações:

1. Contém as alterações introduzidas pelos seguintes diplomas:
- D.L. n.° 605/76, de 24 de Julho
- D.L. n.° 496/77, de 25 de Novembro
- Lei n.° 61/2008, de 31 de Outubro

2. Versões anteriores deste artigo:
- 1.ª versão: D.L. n.° 47344/66, de 25 de Novembro
- 2.ª versão: D.L. n.° 605/76, de 24 de Julho
- 3.ª versão: D.L. n.° 496/77, de 25 de Novembro, cujo teor era o seguinte:

"ARTIGO 1786.°
(Caducidade da acção)

1. O direito ao divórcio caduca no prazo de dois anos, a contar da data em que o cônjuge ofendido ou o seu representante legal teve conhecimento do facto susceptível de fundamentar o pedido.

2. O prazo de caducidade corre separadamente em relação a cada um dos factos; tratando-se de facto continuado, só corre a partir da data em que o facto tiver cessado."

3. Compreende-se a revogação deste artigo, pois o mesmo tinha subjacente a apreciação da violação ilícita e culposa dos deveres conjugais, que agora é eliminada do âmbito específico da acção de divórcio sem o consentimento de um dos cônjuges, só o podendo ser no âmbito de uma acção comum, destinada ao ressarcimento dos danos sofridos pelo cônjuge ofendido.

ARTIGO 1787.°
(Declaração do cônjuge culpado)

(Revogado pela Lei n.° 61/2008, de 31 de Outubro).

Anotações:

1. Contém as alterações introduzidas pelos seguintes diplomas:
- D.L. n.° 496/77, de 25 de Novembro
- Lei n.° 61/2008, de 31 de Outubro

2. Versões anteriores deste artigo:
- 1.ª versão: D.L. n.° 47344/66, de 25 de Novembro
- 2.ª versão: D.L. n.° 496/77, de 25 de Novembro, cujo teor era o seguinte:

"ARTIGO 1787.°
(Declaração do cônjuge culpado)

1. Se houver culpa de um ou de ambos os cônjuges, assim o declarará a sentença; sendo a culpa de um dos cônjuges consideravelmente superior à do outro, a sentença deve declarar ainda qual deles é o principal culpado.

2. O disposto no número anterior é aplicável mesmo que o réu não tenha deduzido reconvenção ou já tenha decorrido, relativamente aos factos alegados, o prazo referido no artigo 1786.°"

3. A revogação deste artigo está em consonância com a eliminação da apreciação da culpa no âmbito da acção de divórcio sem o consentimento de um dos cônjuges.

SUBSECÇÃO IV
Efeitos do divórcio

ARTIGO 1788.°
(Princípio geral)

O divórcio dissolve o casamento e tem juridicamente os mesmos efeitos da dissolução por morte, salvas as excepções consagradas na lei.

Anotações:

1. Contém as alterações introduzidas pelos seguintes diplomas:
- D.L. n.° 605/76, de 24 de Julho
- D.L. n.° 496/77, de 25 de Novembro

2. Versões anteriores deste artigo:
- 1.ª versão: D.L. n.° 47344/66, de 25 de Novembro
- 2.ª versão: D.L. n.° 605/76, de 24 de Julho

3. A expressão "poder paternal" outrora contida em diversos artigos da secção II da qual o presente artigo faz parte, foi retirada pelo n.° 2 do artigo 3.° da Lei n.° 61/2008, de 31 de Outubro, que a substituiu pela expressão " responsabilidades parentais".

ARTIGO 1789.°
(Data em que se produzem os efeitos do divórcio)

1. Os efeitos do divórcio produzem-se a partir do trânsito em julgado da respectiva sentença, mas retrotraem-se à data da proposição da acção quanto às relações patrimoniais entre os cônjuges.

2. **Se a separação de facto entre os cônjuges estiver provada no processo, qualquer deles pode requerer que os efeitos do divórcio retroajam à data, que a sentença fixará, em que a separação tenha começado.**

3. Os efeitos patrimoniais do divórcio só podem ser opostos a terceiros a partir da data do registo da sentença.

Anotações:

1. Contém as alterações introduzidas pelos seguintes diplomas:
- D.L. n.° 496/77, de 25 de Novembro
- Lei n.° 61/2008, de 31 de Outubro

2. Versões anteriores deste artigo:
- 1.ª versão: D.L. n.° 47344/66, de 25 de Novembro
- 2.ª versão: D.L. n.° 496/77, de 25 de Novembro, cujo teor era o seguinte:

"ARTIGO 1789.°
(Data em que se produzem os efeitos do divórcio)

1. Os efeitos do divórcio produzem-se a partir do trânsito em julgado da respectiva sentença, mas retrotraem-se à data da proposição da acção quanto às relações patrimoniais entre os cônjuges.

2. Se a falta de coabitação entre os cônjuges estiver provada no processo, qualquer deles pode requerer que os efeitos do divórcio se retrotraiam à data, que a sentença fixará, em que a coabitação tenha cessado por culpa exclusiva ou predominante do outro.

3. Os efeitos patrimoniais do divórcio só podem ser opostos a terceiros a partir da data do registo da sentença."

ARTIGO 1790.°
(Partilha)

Em caso de divórcio, nenhum dos cônjuges pode na partilha receber mais do que receberia se o casamento tivesse sido celebrado segundo o regime da comunhão de adquiridos.

Anotações:

1. Contém as alterações introduzidas pelos seguintes diplomas:
- Lei n.° 61/2008, de 31 de Outubro

2. Versões anteriores deste artigo:
- 1.ª versão: D.L. n.° 47344/66, de 25 de Novembro
- 2.ª versão: D.L. n.° 261/75, de 27 de Maio
- 3.ª versão: D.L. n.° 496/77, de 25 de Novembro, cujo teor era o seguinte:

"ARTIGO 1790.°
(Partilha)

O cônjuge declarado único ou principal culpado não pode na partilha receber mais do que receberia se o casamento tivesse sido celebrado segundo o regime da comunhão de adquiridos."

ARTIGO 1791.°
(Benefícios que os cônjuges tenham recebido ou hajam de receber)

1. **Cada cônjuge perde todos os benefícios recebidos ou que haja de receber do outro cônjuge ou de terceiro, em vista do casamento ou em consideração do estado de casado, quer a estipulação seja anterior quer posterior à celebração do casamento.**

2. **O autor da liberalidade pode determinar que o benefício reverta para os filhos do casamento.**

Anotações:

1. Contém as alterações introduzidas pelos seguintes diplomas:
– Lei n.° 61/2008, de 31 de Outubro

2. Versões anteriores deste artigo:
– 1.ª versão: D.L. n.° 47344/66, de 25 de Novembro
– 2.ª versão: D.L. n.° 496/77, de 25 de Novembro, cujo teor era o seguinte:

"ARTIGO 1791.°
(Benefícios que os cônjuges tenham recebido ou hajam de receber)

1. O cônjuge declarado único ou principal culpado perde todos os benefícios recebidos ou que haja de receber do outro cônjuge ou de terceiro, em vista do casamento ou em consideração do estado de casado, quer a estipulação seja anterior quer posterior à celebração do casamento.

2. O cônjuge inocente ou que não seja o principal culpado conserva todos os benefícios recebidos ou que haja de receber do outro cônjuge ou de terceiro, ainda que tenham sido estipulados com cláusula de reciprocidade; pode renunciar a esses benefícios por declaração unilateral de vontade, mas, havendo filhos do casamento, a renúncia só é permitida em favor destes."

ARTIGO 1792.°
(Reparação de danos)

1. **O cônjuge lesado tem o direito de pedir a reparação dos danos causados pelo outro cônjuge, nos termos gerais da responsabilidade civil e nos tribunais comuns.**

2. **O cônjuge que pediu o divórcio com o fundamento da alínea b) do artigo 1781.°, deve reparar os danos não patrimoniais causados ao outro cônjuge pela dissolução do casamento; este pedido deve ser deduzido na própria acção de divórcio.**

Anotações:

1.Contém as alterações introduzidas pelos seguintes diplomas:
– Lei n.° 61/2008, de 31 de Outubro

2. Versões anteriores deste artigo:

- 1.ª versão: D.L. n.° 47344/66, de 25 de Novembro
- 2.ª versão: D.L. n.° 261/75, de 27 de Maio
- 3.ª versão: D.L. n.° 496/77, de 25 de Novembro, cujo teor era o seguinte:

"ARTIGO 1792.°
(Reparação de danos não patrimoniais)

1. O cônjuge declarado único ou principal culpado e, bem assim, o cônjuge que pediu o divórcio com o fundamento da alínea c) do artigo 1781.° devem reparar os danos não patrimoniais causados ao outro cônjuge pela dissolução do casamento.

2. O pedido de indemnização deve ser deduzido na própria acção de divórcio."

3. No domínio da Reforma de 1977, o Prof. Antunes Varela, in ob cit, a págs. 426, refere o sefuinte: "*São intencionalmente excluídos do âmbito da indemnização os danos de carácter patrimonial, nomeadamente os lucros cessantes ligados à não conservação do casamento*".

4. Relativamente aos danos não patrimoniais, e ainda no âmbito da versão constante da Reforma de 1977, temos a citar, a título de exemplo, a seguinte jurisprudência:

Ac S.T.J. de 06.03.2008, in www.dsji.pt/jstj:

1 – No casamento o dever de respeito não pode ser divorciado da obrigação de se dar ao respeito.

2 – É dentro do padrão socio-económico em que se situa a sociedade conjugal que se desfaz que deve ser encontrada a equidade da quantificação da indemnização pelo dano não patrimonial da dissolução do casamento.

Ac. S.T.J. de 26.04.2007, in www.dsji.pt/jstj:

I – No caso do divórcio, não basta que o cônjuge tenha sofrido com a dissolução do seu casamento, sendo necessário que se prove um particular prejuízo moral.

II – A recorrente fala em dois motivos para o seu desgosto: a perda de estatuto sócioeconómico e a perda duma boa carreira médica; em si não merecem a tutela do direito em termos de danos não patrimoniais; o primeiro, porque mais do que uma questão de danos não patrimoniais é um problema de alimentos, a tratar noutra sede; o segundo, porque tratou-se duma opção da mulher; no entanto, se tais motivos tivessem causado um especial sofrimento talvez fosse ainda possível equacionar o dano moral daí derivado; só que tal dor não ficou provada.

III – Aquilo que ficou demonstrado foi apenas que o facto de ter casado na esperança de constituir uma família duradoura e em que o marido asseguraria o papel de garante da estabilidade económica do casal, bem como o ter de regressar a casa de sua mãe sem um emprego fixo, "lhe causou desalento"; ora, o desalento é uma situação de esmorecimento, abatimento ou de falta de esperança, que tem de ser considerada como normal em situações psicológicas negativas, como é a do desfazer dos laços afectivos que constituem a sociedade conjugal; não ocorre, pois, uma situação de particular sofrimento que mereça a tutela do direito.

Ac. S.T.J. de 14.11.2006, in www.dsji.pt/jstj:

"I – Para efeitos da indemnização dos danos não patrimoniais causados pela dissolução do casamento (art. 1792.° do CC) apenas é consentido atender aos factos que constituam infracção de direitos ou interesses de ordem espiritual pertencentes à esfera jurídica do cônjuge inocente (sofrimentos ocasionados pelo divórcio – pretium doloris – repercussão do divórcio na consideração social desse cônjuge, prejuízo de afirmação social do mesmo nas vertentes familiar, profissional, afectiva, recreativa, cultural e cívica) e que, sendo embora consequência indirecta dos factos que fundamentaram o divórcio, tenham sido causados pela dissolução do vínculo conjugal.

II – Essa indemnização pelos danos não patrimoniais terá por fim facultar ao lesado uma quantia em dinheiro que seja apta a proporcionar alegrias e satisfações que lhe façam esquecer, ou pelo menos mitigar, o sofrimento moral causado pela dissolução do casamento, devendo ser fixada equitativamente, nos termos dos arts. 496.°, n.° 3, e 494.° do CC, tomando em conta os elementos referidos neste último preceito e as regras de boa prudência, de bom senso prático, da justa medida das coisas, da criteriosa ponderação das realidades da via, bem como a jurisprudência vigente relativamente a casos com contornos semelhantes, sem esquecer que a indemnização tem natureza mista, já que visa reparar o dano e também punir a conduta."

III – Resultando dos factos provados que a Autora, de nacionalidade alemã, aceitou estabelecer-se em Portugal, longe dos seus familiares, abdicando da sua carreira internacional, depositando todas as suas energias e esperanças na construção de uma vida conjugal sólida e harmoniosa, dedicando total confiança ao seu marido, vendo com frustração e desalento terminar o seu casamento e ruir todo o seu projecto de vida, ficando com o seu prestígio profissional e social prejudicado, tendo o Réu, que desamparou moralmente a Autora e a "trocou por outra", quando ela se encontrava com grave doença cancerígena, sido considerado único culpado do divórcio, há que compensar a Autora com a indemnização prevista no art. 1792.° do CC, afigurando-se adequado fixar o seu montante em 35.000 €.

Ac. S.T.J. de 11.07.2006, in www.dsji.pt/jstj:

1) A determinação da culpa pela ruptura de uma relação conjugal não se basta com a consideração de factos isolados, ou de reacções, as mais das vezes

resultado de tensões e conflitos acumulados. Implica, por isso, uma avaliação global do casamento tendo sempre presente que uma comunhão plena de vida pressupõe uma relação de afecto profundo e recíproco e que a área afectiva de cada um é dificilmente sindicável, ou passível de juízos de censura legais.

2) A separação de facto, sem sinais recíprocos de aproximação, significa o fim da relação conjugal surgindo o divórcio como uma terapia (divórcio-remédio).

3) É o cônjuge que pede a indemnização pelo dano moral que lhe causou a dissolução do casamento que tem o ónus de provar a culpa do outro cônjuge e o dano-sofrimento alegado.

Ac. S.T.J. de 03.11.2005, in www.dsji.pt/jstj:

1 – Se se provou que a ré, com o divórcio que – com fundamento na separação de facto por três anos e com declaração do autor como cônjuge único culpado – viu ser decretado, «viu ruir um projecto de vida, o que lhe causa uma indizível angústia», deve a mesma ser indemnizada ao abrigo do disposto no art. 1792.°, n.° 1 do CCivil, porque esse é um dano, uma dor, que deriva em linha recta da própria declaração do divórcio.

2 – A quantificação dessa indemnização deve ser feita pelo recurso à equidade que, no desconhecimento total da simples situação económica de autor e ré, terá como suporte apenas o longo período de casamento (30 anos) e a secura (ou frieza?) do que se diz quando se diz apenas, como é o caso do autor, que «saiu de casa em determinada data e o fez com o propósito de romper definitivamente a comunhão de vida com a ré».

Ac. S.T.J. de 07.10.2004, in www.dsji.pt/jstj:

I. O cônjuge declarado único ou principal culpado e, bem assim, o cônjuge que pediu o divórcio com o fundamento na al. c) do art. 1781.°, devem reparar os danos não patrimoniais causados ao outro cônjuge pela dissolução do casamento" (conf. n.° 1 desse preceito), sendo que " o pedido de indemnização deve ser deduzido na própria acção de divórcio" (n.° 2 respectivo).

II. Não basta que o outro cônjuge tenha dado causa ao divórcio, a reparação dos danos não patrimoniais não nasce "ope legis", já que sempre impenderá sobre o cônjuge inocente o ónus de alegar e provar factos (imputáveis ao cônjuge culpado) e causados ao ofendido/inocente, tradutores de danos de ordem moral e/ou espiritual, designadamente, "prejuízos de carácter anímico (incómodos ou desgostos morais), tais como a perda da alegria de viver, a diminuição de prestígio e de reputação pública ou quaisquer outros danos não avaliáveis ou pecuniariamente não quantificáveis.

Isto é danos não patrimoniais previsivelmente advenientes para o cônjuge inocente do facto "dissolução do casamento", se esta vier a ser decretada.

III. No fundo, danos de natureza não patrimonial que segundo padrões aferidores de carácter objectivo sejam merecedores da tutela do direito para usar da terminologia contida no n.° 1 do artigo 496.° do C. Civil.

IV. Situação diferente é a dos danos resultantes de factos que constituem o fundamento da dissolução do divórcio, ou seja, danos consubstanciados nos próprios factos que deram causa ao divórcio, pois que a indemnização por tais danos, agora patrimoniais ou não patrimoniais, só pode ser pedida em acção declaratória comum.

Ac. S.T.J. de 08.01.2004, in www.dsji.pt/jstj:

"1. O que releva, para determinação da culpa dos cônjuges na dissolução do casamento, é o padrão comum de valores geralmente aceite na comunidade e na época em que a questão é apreciada.

2. A declaração de cônjuge culpado pressupõe um juízo de censura sobre a crise matrimonial na sua globalidade, de modo a poder concluir-se qual ou quais as condutas reprováveis que deram causa ao divórcio, razão pela qual os factos têm de ser enquadrados num todo de vivência conjugal e não analisados separadamente.

3. Quando, perante os factos provados, se pode concluir que ambos os cônjuges contribuíram para o fracasso do casamento com recíprocos comportamentos censuráveis, apenas poderá declarar-se um deles como principal culpado desde que, na análise comparativa, se possa concluir por um grande desnível ou desproporção nas respectivas culpas.

4. Só o cônjuge inocente tem direito a ser ressarcido dos danos não patrimoniais causados pela dissolução do casamento".

Ac. S.T.J. de 11.04.2003, in www.dsji.pt/jstj:

Costuma distinguir-se entre danos não patrimoniais resultantes directamente da própria dissolução do casamento, que são os que cabem na previsão do artigo. 1792.° do CC e a exigir na acção de divórcio, e danos não patrimoniais resultantes dos factos que funcionam como fundamento do divórcio, que, como factos ilícitos danosos, estão submetidos ao regime da responsabilidade civil extracontratual do art.. 483.° do CC, a exigir em acção comum de indemnização.

Ac. S.T.J. de 06.06.2002, in www.dsji.pt/jstj:

"I – Na fixação dos danos não patrimoniais causados pela dissolução do casamento, nos termos do art. 1792.° do C.Civil, devemos atender aos factos causa dessa dissolução.

II – É à situação que levou ao juízado de impossibilidade de vida em comum, que deve ser atendida para fixar os danos".

Ac. S.T.J. de 08.02.2001, in www.dsji.pt/jstj:

I – O artigo 1792, C.CIV., é expresso no sentido de que o cônjuge declarado culpado deve reparar os danos não patrimoniais causados ao outro cônjuge pela dissolução do casamento, devendo o pedido indemnizatório ser deduzido na própria acção de divórcio.

II – Claro que os danos patrimoniais ou não patrimoniais emergentes dos factos causais, do divórcio também são indemnizáveis, mas através de processo comum e não na própria acção de divórcio.

Ac. S.T.J. de 08.06.1995, in www.dsji.pt/jstj:

I – A declaração do cônjuge único ou principal culpado no decretamento do divórcio litigioso constitui questão de direito, susceptível de ser reapreciada pelo Supremo Tribunal de Justiça.

II – E essa declaração está ligada à sua conduta censurável que dá causa ao divórcio e apura-se por um juízo de censura jurídica, tendo-se em conta a relevância dos factos cometidos em relação à crise do casal e à gravidade da ofensa concreta, perante as circunstâncias em que foram praticadas, sendo o que revela, o padrão comum de valores geralmente aceites na comunidade nacional, na época em que a questão é apreciada.

III – Assim, há que concluir que o abandono do lar por parte da Ré teve plena justificação face ao comportamento revelado pelo Autor, que deixou de manifestar interesse e afeição por ela, não tendo esta qualquer comportamento violador dos seus deveres conjugais para com o Autor, tendo-lhe este imputado a apropriação de importâncias depositadas em bancos e de vários bens sua pertença e sem o seu consentimento, tudo infundadamente, não havendo que imputar à Ré qualquer culpa, sendo a culpa exclusiva do Autor, dado o seu injustificado comportamento para com a mulher, em violação dos deveres conjugais.

IV – Nos termos do artigo 1792 do Código Civil, neste caso só pedir-se indemnização pelos danos não patrimoniais causados pela dissolução do casamento, o que a Ré pediu, e não os danos causados pelos fundamentos do divórcio, que seguem a regra geral.

V – E esses danos foram provados na solidão resultante da dissolução do casamento e nos sentimentos de frustração, instabilidade e insegurança daí decorrentes, afectando a Ré moral, física e psiquicamente, havendo, assim, danos graves provocados pelo Autor à Ré, com direito a indemnização arbitrada nos termos dos artigos 494 e 562 do Código Civil, tendo sido bem fixada, dadas as condições económicas de ambos e demais circunstâncias do caso.

Ac. S.T.J. de 15.06.1993, in www.dsji.pt/jstj:

I – Os danos não patrimoniais causados pela dissolução do casamento ao cônjuge inocente ou não principal culpado, pelo cônjuge declarado único ou principal culpado do divórcio, são indemnizavéis, devendo o pedido indemnizatório ser deduzido na própria acção de divórcio.

II – Os danos patrimoniais ou não patrimoniais atinentes às causas do divórcio são passíveis de indemnização, mas ao abrigo do artigo 483 do Código Civil de 66 e em acção com processo comum.

Ac. S.T.J. de 09.06.1992, in www.dsji.pt/jstj:

I – A indemnização por danos não patrimoniais; nos termos do artigo 1792 do Código Civil, compreende apenas os danos resultantes da dissolução do casamento.

II – Os danos não patrimoniais resultantes dos factos que serviram de fundamento ao divórcio são também indemnizáveis; nos termos do artigo 483 do Código Civil.

III – Tais danos auferem indemnização a ser pedida em processo comum.

Ac. S.T.J. de 08.02.1989, in www.dsji.pt/jstj:

Apenas são indemnizaveis, a titulo de danos morais, os que, pela sua gravidade, mereçam a tutela do direito.

Decisão Texto Integral:

Acordam no Supremo Tribunal de Justiça.

I – A, que em casada usava o nome de A1 veio no Tribunal Judicial da Comarca de Coimbra, propor contra B acção declarativa com processo ordinário pedindo se condene o Réu a pagar a Autora a quantia de 1000000 escudos por danos morais (sic), que lhe causou e ocasionados pelos factos em que se fundamentou o divorcio.

Articula que se casaram em 10 de Julho de 1982, segundo o regime de separação de bens, tendo a Autora 39 anos e o Réu 36 anos, e que, no próprio dia o Réu não conseguiu ter relações sexuais com a Autora.

O Réu e homossexual e saiu de casa em Agosto de 1984.

A Autora ainda estava virgem em Maio de 1985.

O Réu garantia a Autora que mantivera relações sexuais com outra mulher mas em princípios de Março de 1984 exigiu que a Autora passasse a dormir noutro quarto.

Em princípios de Agosto de 1984 a Autora apanhou o Réu e um amigo dele, de nome Carlos a dormirem na mesma cama, o que causou a Autora um enorme abalo psíquico e físico e se apercebeu que o Réu alem de impotente era homossexual.

Atenta a idade da autora esta viu frustradas as legitimas expectativas de ser mãe ou de ter um filho deficiente alem de se sentir servida pelo réu como um qualquer instrumento, sem respeito e consideração.

O Réu contestou e deduziu reconvenção.

No despacho saneador, a reconvenção não foi admitida, foi elaborada especificação, organizado questionário objecto de reclamação não atendida.

Procedeu-se a julgamento e foi lavrada douta sentença condenando-se o Réu a pagar a Autora a quantia de 1000000 escudos pelos danos morais que lhe causou e ocasionados pelos factos em que se fundamentou o divórcio.

Interposto recurso de apelação pelo Réu a Relação de Coimbra por douto Acórdão fixou a indemnização de 500000 escudos.

Inconformada a Autora interpôs recurso de revista alegando e formulando as seguintes conclusões:

1 – O réu agiu na prática dos factos que fundamentaram o divórcio com culpa nuns casos e mera culpa noutros, sendo, porem, em qualquer das situações, culpa ou mera culpa grave;

2 – A situação económica do Réu, e boa, pois e, professor do ensino liceal e proprietário de um prédio em que alberga hospedes;

3 – A situação económica da recorrente e muito ma, pois tem apenas 15000 escudos mensais de rendimentos provenientes de hospedagem e não tem nenhuma outra casa para viver, alem da que foi casa de morada de família do dissolvido "casal";

4 – Os factos que fundamentaram o divorcio causaram a recorrente profundo traumatismo psíquico que ainda hoje não conseguiu curar, destruindo-se-lhe, consequentemente, toda a sua vida pessoal, familiar e profissional – alias isto mesmo teve o Tribunal Colectivo oportunidade de apreciar aquando do depoimento de parte da recorrente na audiência de julgamento;

5 – Dai, que o Meritíssimo Juiz, que presidiu aquele Tribunal, talvez tenha levado tal facto em conta ao proferir a douta decisão da 1.ª instância;

6 – De modo que, a indemnização de 500000 escudos atribuída pelo douto Acórdão recorrido peque por insuficiente;

7 – E seja justa e equitativa a indemnização de 1000000 escudos fixada na sentença da 1.ª instância;

8 – Mostram-se, assim, violadas no douto Acórdão recorrido as normas constantes dos artigos 496, n. 3 e 494 do Código Civil, pelo que o mesmo deve ser revogado, apenas na parte de indemnização por danos morais a atribuir a recorrente que deve ser fixada em 1000000 escudos.

O recorrido também alegou sustentando ainda.

Tudo visto, cumpre decidir.

II – A recorrente entende que a quantia de 500000 escudos fixada pela Relação como indemnização pelos danos não patrimoniais causados pelos factos que serviram de causa ao divorcio e insuficiente e que se deve fixar a indemnização de 1000000 escudos.

A ressarcibilidade dos danos não patrimoniais foi posta em dúvida quanto aos direitos familiares de carácter pessoal, por se considerar que a violação desses direitos como o direito a fidelidade do cônjuge acarreta sanções jurídica de outra ordem (cfr. Varela, Das Obrigações em Geral, I, pag. 505).

No entanto, o mesmo autor, a propósito do âmbito de aplicação do artigo 1792 do Código Civil, vem sustentar in Direito de Família, Livraraia Petrony, 1982, a págs. 500, que este não abrange os danos (morais) causados pelos factos que serviram de causa ao divórcio.

5. Tendo agora a Lei n.° 61/2008, de 31 de Outubro, admitido genericamente a "*reparação dos danos causados pelo outro nos termos gerais da responsabilidade civil e nos tribunais comuns*" coloca-se agora a questão de sabermos se os danos decorrentes de lucros cessantes ligados à não conservação do casamento, serão, ou não, agora passíveis de ser ressarcidos.

Propendemos para a opinião negativa.

Desde logo, porque os lucros cessantes têm subjacente uma expectativa juridicamente tutelada por parte de quem os exige, no sentido da manutenção de determinada situação jurídica.

Ora, do ponto de vista jurídico, o casamento deixou de ser considerado como tendencialmente perpétuo, para tendencialmente temporário. A comprová-lo, atente-se desde logo no encurtamento do prazo de separação de facto 3 anos consecutivos, para o prazo de apenas um ano.

Dir-se-á, então, que os cônjuges terão sempre a expectativa jurídica de o seu casamento perdurar, pelo menos, por um ano. Porém, este argumento também não colhe, pois agora temos também o fundamento da "ruptura definitiva do casamento", previsto na actual alínea d) do artigo 1781.° do C.C., que poderá ser invocado a todo o tempo, situação esta que poderá resultar, inclusive, da simples cessação da "*affectio maritalis*".

ARTIGO 1793.°
(Casa de morada da família)

1. Pode o tribunal dar de arrendamento a qualquer dos cônjuges, a seu pedido, a casa de morada da família, quer esta seja comum quer própria do outro, considerando, nomeadamente, as necessidades de cada um dos cônjuges e o interesse dos filhos do casal.

2. O arrendamento previsto no número anterior fica sujeito às regras do arrendamento para habitação, mas o tribunal pode definir as condições do contrato, ouvidos os cônjuges, e fazer caducar o arrendamento, a requerimento do senhorio, quando circunstâncias supervenientes o justifiquem.

3. **O regime fixado, quer por homologação do acordo dos cônjuges, quer por decisão do tribunal, pode ser alterado nos termos gerais da jurisdição voluntária.**

Anotações:

1. Contém as alterações introduzidas pelos seguintes diplomas:
- D.L. n.° 261/75, de 27 de Maio
- D.L. n.° 496/77, de 25 de Novembro
- Lei n.° 61/2008, de 31 de Outubro

2. Versões anteriores deste artigo:
- 1.ª versão: D.L. n.° 47344/66, de 25 de Novembro
- 2.ª versão: D.L. n.° 261/75, de 27 de Maio
- 3.ª versão: D.L. n.° 496/77, de 25 de Novembro, cujo teor era o seguinte:

"ARTIGO 1793.°
(Casa de morada da família)

1. Pode o tribunal dar de arrendamento a qualquer dos cônjuges, a seu pedido, a casa de morada da família, quer esta seja comum quer própria do outro, considerando, nomeadamente, as necessidades de cada um dos cônjuges e o interesse dos filhos do casal.

2. O arrendamento previsto no número anterior fica sujeito às regras do arrendamento para habitação, mas o tribunal pode definir as condições do contrato, ouvidos os cônjuges, e fazer caducar o arrendamento, a requerimento do senhorio, quando circunstâncias supervenientes o justifiquem."

SECÇÃO II

Separação judicial de pessoas e bens

ARTIGO 1794.°
(Remissão)

Sem prejuízo dos preceitos desta secção, é aplicável à separação judicial de pessoas e bens, com as necessárias adaptações, o disposto quanto ao divórcio na secção anterior.

Anotações:

1. Contém as alterações introduzidas pelos seguintes diplomas:
- D.L. n.° 261/75, de 27 de Maio
- D.L. n.° 605/76, de 24 de Julho
- D.L. n.° 496/77, de 25 de Novembro

2. Versões anteriores deste artigo:
- 1.ª versão: D.L. n.° 47344/66, de 25 de Novembro
- 2.ª versão: D.L. n.° 261/75, de 27 de Maio
- 3.ª versão: D.L. n.° 605/76, de 24 de Julho

ARTIGO 1795.°
(Reconvenção)

1. A separação judicial de pessoas e bens pode ser pedida em reconvenção, mesmo que o autor tenha pedido o divórcio; tendo o autor pedido a separação de pessoas e bens, pode igualmente o réu pedir o divórcio em reconvenção.

2. Nos casos previstos no número anterior, a sentença deve decretar o divórcio se o pedido da acção e o da reconvenção procederem.

Anotações:

1. Contém as alterações introduzidas pelos seguintes diplomas:
- D.L. n.° 261/75, de 27 de Maio
- D.L. n.° 605/76, de 24 de Julho
- D.L. n.° 496/77, de 25 de Novembro

2. Versões anteriores deste artigo:
- 1.ª versão: D.L. n.° 47344/66, de 25 de Novembro
- 2.ª versão: D.L. n.° 261/75, de 27 de Maio
- 3.ª versão: D.L. n.° 605/76, de 24 de Julho

ARTIGO 1795.°-A
(Efeitos)

A separação judicial de pessoas e bens não dissolve o vínculo conjugal, mas extingue os deveres de coabitação e assistência, sem prejuízo do direito a alimentos; relativamente aos bens, a separação produz os efeitos que produziria a dissolução do casamento.

Anotações:

1. Aditado pelo seguinte diploma: Decreto-Lei n.° 496/77, de 25 de Novembro

ARTIGO 1795.°-B
(Termo da separação)

A separação judicial de pessoas e bens termina pela reconciliação dos cônjuges ou pela dissolução do casamento.

Anotações:

1. Aditado pelo seguinte diploma: Decreto-Lei n.° 496/77, de 25 de Novembro

ARTIGO 1795.°-C
(Reconciliação)

1. Os cônjuges podem a todo o tempo restabelecer a vida em comum e o exercício pleno dos direitos e deveres conjugais.

2. A reconciliação pode fazer-se por termo no processo de separação ou por escritura pública, e está sujeita a homologação judicial, devendo a sentença ser oficiosamente registada.

3. Quando tenha corrido os seus termos na conservatória do registo civil, a reconciliação faz-se por termo no processo de separação e está sujeita a homologação do conservador respectivo, devendo a decisão ser oficiosamente registada.

4. Os efeitos da reconciliação produzem-se a partir da homologação desta, sem prejuízo da aplicação, com as necessárias adaptações, do disposto nos artigos 1669.° e 1670.°

Anotações:

1. Contém as alterações introduzidas pelos seguintes diplomas:
- D.L. n.° 163/95, de 13 de Julho

2. Versões anteriores deste artigo:
- 1.ª versão: D.L. n.° 496/77, de 25 de Novembro

ARTIGO 1795.°-D
(Conversão da separação em divórcio)

1. **Decorrido um ano sobre o trânsito em julgado da sentença que tiver decretado a separação judicial de pessoas e bens sem consentimento do outro cônjuge ou por mútuo consentimento, sem que os cônjuges se tenham reconciliado, qualquer deles pode requerer que a separação seja convertida em divórcio.**

2. Se a conversão for requerida por ambos os cônjuges, não é necessário o decurso do prazo referido no número anterior.

3. **(Revogado pela Lei n.° 61/2008, de 31 de Outubro)**

4. **(Revogado pela Lei n.° 61/2008, de 31 de Outubro)**

Anotações:

1. Contém as alterações introduzidas pelos seguintes diplomas:
- Lei n.° 61/2008, de 31 de Outubro

2. Versões anteriores deste artigo:
- Decreto-Lei n.° 496/77, de 25 de Novembro, cujo teor era o seguinte:

"ARTIGO 1795.°-D

(Conversão da separação em divórcio)

1. Decorridos dois anos sobre o trânsito em julgado da sentença que tiver decretado a separação judicial de pessoas e bens, litigiosa ou por mútuo consentimento, sem que os cônjuges se tenham reconciliado, qualquer deles pode requerer que a separação seja convertida em divórcio.

2. Se a conversão for requerida por ambos os cônjuges, não é necessário o decurso do prazo referido no número anterior.

3. A conversão pode ser requerida por qualquer dos cônjuges, independentemente do prazo do n.° 1 deste artigo, se o outro cometer adultério depois da separação, sendo aplicável, neste caso, o artigo 1780.°

4. A sentença que converta a separação em divórcio não pode alterar o que tiver sido decidido sobre a culpa dos cônjuges, nos termos do artigo 1787.°, no processo de separação".

3. Compreende-se a alteração efectuada no n.° 1, do prazo de 2 anos para 1 ano, pois este prazo está em consonância com o prazo de 1 ano de separação de facto, previsto na actual alínea a) do artigo 1781.° para o divórcio sem o consentimento do outro cônjuge.

4. De igual modo, também facilmente se compreende a revogação dos n.os 3 e 4 deste artigo, pois os mesmos tinham subjacente a apreciação da culpa no divórcio, que agora foi eliminada.

TÍTULO II
Da filiação

CAPÍTULO I
Estabelecimento da filiação

SECÇÃO I
Disposições gerais

ARTIGO 1796.°
(Estabelecimento da filiação)

1. Relativamente à mãe, a filiação resulta do facto do nascimento e estabelece-se nos termos dos artigos 1803.° a 1825.°

2. A paternidade presume-se em relação ao marido da mãe e, nos casos de filiação fora do casamento, estabelece-se pelo reconhecimento.

Anotações:

1. Contém as alterações introduzidas pelos seguintes diplomas:
- D.L. n.° 496/77, de 25 de Novembro

2. Versões anteriores deste artigo:
- 1.ª versão: D.L. n.° 47344/66, de 25 de Novembro

ARTIGO 1797.°
(Atendibilidade da filiação)

1. Os poderes e deveres emergentes da filiação ou do parentesco nela fundado só são atendíveis se a filiação se encontrar legalmente estabelecida.
2. O estabelecimento da filiação tem, todavia, eficácia retroactiva.

Anotações:
1. Contém as alterações introduzidas pelos seguintes diplomas:
- D.L. n.° 496/77, de 25 de Novembro

2. Versões anteriores deste artigo:
- 1.ª versão: D.L. n.° 47344/66, de 25 de Novembro

ARTIGO 1798.°
(Concepção)

O momento da concepção do filho é fixado, para os efeitos legais, dentro dos primeiros cento e vinte dias dos trezentos que precederam o seu nascimento, salvas as excepções dos artigos seguintes.

Anotações:
1. Contém as alterações introduzidas pelos seguintes diplomas:
- D.L. n.° 496/77, de 25 de Novembro

2. Versões anteriores deste artigo:
- 1.ª versão: D.L. n.° 47344/66, de 25 de Novembro

ARTIGO 1799.°
(Gravidez anterior)

1. Se dentro dos trezentos dias anteriores ao nascimento tiver sido interrompida ou completada outra gravidez, não são considerados para a determinação do momento da concepção os dias que tiverem decorrido até à interrupção da gravidez ou ao parto.
2. A prova da interrupção de outra gravidez, não havendo registo do facto, só pode ser feita em acção intentada por qualquer interessado ou pelo Ministério Público especialmente para esse fim.

Anotações:
1. Contém as alterações introduzidas pelos seguintes diplomas:
- D.L. n.° 496/77, de 25 de Novembro

2. Versões anteriores deste artigo:
- 1.ª versão: D.L. n.° 47344/66, de 25 de Novembro

ARTIGO 1800.°
(Fixação judicial da concepção)

1. É admitida acção judicial destinada a fixar a data provável da concepção dentro do período referido no artigo 1798.°, ou a provar que o período de gestação do filho foi inferior a cento e oitenta dias ou superior a trezentos.

2. A acção pode ser proposta por qualquer interessado ou pelo Ministério Público; se for julgada procedente, deve o tribunal fixar, em qualquer dos casos referidos no número anterior, a data provável da concepção.

Anotações:

1. Contém as alterações introduzidas pelos seguintes diplomas:
- D.L. n.° 496/77, de 25 de Novembro

2. Versões anteriores deste artigo:
- 1.ª versão: D.L. n.° 47344/66, de 25 de Novembro

ARTIGO 1801.°
(Exames de sangue e outros métodos científicos)

Nas acções relativas à filiação são admitidos como meios de prova os exames de sangue e quaisquer outros métodos cientificamente comprovados.

Anotações:

1. Contém as alterações introduzidas pelos seguintes diplomas:
- D.L. n.° 496/77, de 25 de Novembro

2. Versões anteriores deste artigo:
- 1.ª versão: D.L. n.° 47344/66, de 25 de Novembro

ARTIGO 1802.°
(Prova da filiação)

Salvo nos casos especificados na lei, a prova da filiação só pode fazer-se pela forma estabelecida nas leis do registo civil.

Anotações:

1. Contém as alterações introduzidas pelos seguintes diplomas:
- D.L. n.° 496/77, de 25 de Novembro

2. Versões anteriores deste artigo:
- 1.ª versão: D.L. n.° 47344/66, de 25 de Novembro

SECÇÃO II
Estabelecimento da maternidade

SUBSECÇÃO I
Declaração de maternidade

ARTIGO 1803.°
(Menção da maternidade)

1. Aquele que declarar o nascimento deve, sempre que possa, identificar a mãe do registando.

2. A maternidade indicada é mencionada no registo.

Anotações:

1. Contém as alterações introduzidas pelos seguintes diplomas
- D.L. n.° 496/77, de 25 de Novembro

2. Versões anteriores deste artigo:
- 1.ª versão: D.L. n.° 47344/66, de 25 de Novembro

ARTIGO 1804.°
(Nascimento ocorrido há menos de um ano)

1. No caso de declaração de nascimento ocorrido há menos de um ano, a maternidade indicada considera-se estabelecida.

2. Lavrado o registo, deve o conteúdo do assento ser comunicado à mãe do registado sempre que possível, mediante notificação pessoal, salvo se a declaração tiver sido feita por ela ou pelo marido.

Anotações:

1. Contém as alterações introduzidas pelos seguintes diplomas:
- D.L. n.° 496/77, de 25 de Novembro

2. Versões anteriores deste artigo
- 1.ª versão: D.L. n.° 47344/66, de 25 de Novembro

ARTIGO 1805.°
(Nascimento ocorrido há um ano ou mais)

1. No caso de declaração de nascimento ocorrido há um ano ou mais, a maternidade indicada considera-se estabelecida se a mãe for o declarante, estiver presente no acto ou nele se achar representada por procurador com poderes especiais.

2. Fora dos casos previstos no número anterior, a pessoa indicada como mãe será notificada pessoalmente para, no prazo de quinze dias, vir declarar se confirma a maternidade, sob a cominação de o filho ser havido como seu; o facto da notificação e a confirmação são averbados ao registo do nascimento.

3. Se a pretensa mãe negar a maternidade ou não puder ser notificada, a menção da maternidade fica sem efeito.

4. Das certidões extraídas do registo de nascimento não pode constar qualquer referência à menção que tenha ficado sem efeito nem aos averbamentos que lhe respeitem.

Anotações:

1. Contém as alterações introduzidas pelos seguintes diplomas:
- D.L. n.º 496/77, de 25 de Novembro

2. Versões anteriores deste artigo:
- 1.ª versão: D.L. n.º 47344/66, de 25 de Novembro

ARTIGO 1806.º
(Registo omisso quanto à maternidade)

1. A mãe pode fazer a declaração de maternidade se o registo for omisso quanto a esta, salvo se se tratar de filho nascido ou concebido na constância do matrimónio e existir perfilhação por pessoa diferente do marido.

2. Quando a mãe possa fazer a declaração de maternidade, qualquer das pessoas a quem compete fazer a declaração do nascimento tem a faculdade de identificar a mãe do registado, sendo aplicável o disposto nos artigos 1803.º a 1805.º

Anotações:

1. Contém as alterações introduzidas pelos seguintes diplomas:
- D.L. n.º 496/77, de 25 de Novembro

2. Versões anteriores deste artigo:
- 1.ª versão: D.L. n.º 47344/66, de 25 de Novembro

ARTIGO 1807.º
(Impugnação da maternidade)

Se a maternidade estabelecida nos termos dos artigos anteriores não for a verdadeira, pode a todo o tempo ser impugnada em juízo pela pessoa declarada como mãe, pelo registado, por quem tiver interesse moral ou patrimonial na procedência da acção ou pelo Ministério Público.

Anotações:

1. Contém as alterações introduzidas pelos seguintes diplomas:
- D.L. n.° 496/77, de 25 de Novembro

2. Versões anteriores deste artigo:
- 1.ª versão: D.L. n.° 47344/66, de 25 de Novembro

SUBSECÇÃO II
Averiguação oficiosa

ARTIGO 1808.°
(Averiguação oficiosa da maternidade)

1. Sempre que a maternidade não esteja mencionada no registo do nascimento deve o funcionário remeter ao tribunal certidão integral do registo e cópia do auto de declarações, se as houver, a fim de se averiguar oficiosamente a maternidade.

2. O tribunal deve proceder às diligências necessárias para identificar a mãe; se por qualquer modo chegar ao seu conhecimento a identidade da pretensa mãe, deve ouvi-la em declarações, que serão reduzidas a auto.

3. Se a pretensa mãe confirmar a maternidade, será lavrado termo e remetida certidão para averbamento à repartição competente para o registo.

4. Se a maternidade não for confirmada mas o tribunal concluir pela existência de provas seguras que abonem a viabilidade da acção de investigação, ordenará a remessa do processo ao agente do Ministério Público junto do tribunal competente, a fim de a acção ser proposta.

Anotações:

1. Contém as alterações introduzidas pelos seguintes diplomas:
- D.L. n.° 496/77, de 25 de Novembro

2. Versões anteriores deste artigo:
- 1.ª versão: D.L. n.° 47344/66, de 25 de Novembro

ARTIGO 1809.°
(Casos em que não é admitida a averiguação oficiosa da maternidade)

A acção a que se refere o artigo anterior não pode ser intentada:

a) Se, existindo perfilhação, a pretensa mãe e o perfilhante forem parentes ou afins em linha recta ou parentes no segundo grau da linha colateral;

b) Se tiverem decorrido dois anos sobre a data do nascimento.

Anotações:

1. Contém as alterações introduzidas pelos seguintes diplomas:
- D.L. n.° 496/77, de 25 de Novembro

2. Versões anteriores deste artigo:
- 1.ª versão: D.L. n.° 47344/66, de 25 de Novembro

ARTIGO 1810.°
(Filho nascido ou concebido na constância do matrimónio)

Se, em consequência do disposto no artigo 1808.°, o tribunal concluir pela existência de provas seguras de que o filho nasceu ou foi concebido na constância do matrimónio da pretensa mãe, ordenará a remessa do processo ao agente do Ministério Público junto do tribunal competente a fim de ser intentada a acção a que se refere o artigo 1822.°; neste caso é aplicável o disposto na alínea b) do artigo anterior.

Anotações:

1. Contém as alterações introduzidas pelos seguintes diplomas:
- D.L. n.° 496/77, de 25 de Novembro

2. Versões anteriores deste artigo:
- 1.ª versão: D.L. n.° 47344/66, de 25 de Novembro

ARTIGO 1811.°
(Valor probatório das declarações prestadas)

Sem prejuízo do disposto no n.° 3 do artigo 1808.°, as declarações prestadas durante o processo a que se refere o artigo 1808.° não implicam presunção de maternidade nem constituem sequer princípio de prova.

Anotações:

1. Contém as alterações introduzidas pelos seguintes diplomas
- D.L. n.° 496/77, de 25 de Novembro

2. Versões anteriores deste artigo:
- 1.ª versão: D.L. n.° 47344/66, de 25 de Novembro

ARTIGO 1812.°
(Carácter secreto da instrução)

A instrução do processo é secreta e será conduzida por forma a evitar ofensa ao pudor ou dignidade das pessoas.

Anotações:

1. Contém as alterações introduzidas pelos seguintes diplomas
- D.L. n.º 496/77, de 25 de Novembro

2. Versões anteriores deste artigo:
- 1.ª versão: D.L. n.º 47344/66, de 25 de Novembro

ARTIGO 1813.º
(Improcedência da acção oficiosa)

A improcedência da acção oficiosa não obsta a que seja intentada nova acção de investigação de maternidade, ainda que fundada nos mesmos factos.

Anotações:

1. Contém as alterações introduzidas pelos seguintes diplomas
- D.L. n.º 496/77, de 25 de Novembro

2. Versões anteriores deste artigo:
- 1.ª versão: D.L. n.º 47344/66, de 25 de Novembro

SUBSECÇÃO III
Reconhecimento judicial

ARTIGO 1814.º
(Investigação de maternidade)

Quando não resulte de declaração, nos termos dos artigos anteriores, a maternidade pode ser reconhecida em acção especialmente intentada pelo filho para esse efeito.

Anotações:

1. Contém as alterações introduzidas pelos seguintes diplomas:
- D.L. n.º 496/77, de 25 de Novembro

2. Versões anteriores deste artigo:
- 1.ª versão: D.L. n.º 47344/66, de 25 de Novembro

ARTIGO 1815.º
(Caso em que não é admitido o reconhecimento)

Não é admissível o reconhecimento de maternidade em contrário da que conste do registo do nascimento.

Anotações:

1. Contém as alterações introduzidas pelos seguintes diplomas:

- D.L. n.º 496/77, de 25 de Novembro

2. Versões anteriores deste artigo

- 1.ª versão: D.L. n.º 47344/66, de 25 de Novembro

ARTIGO 1816.º
(Prova da maternidade)

1. Na acção de investigação de maternidade o filho deve provar que nasceu da pretensa mãe.

2. A maternidade presume-se:

a) Quando o filho houver sido reputado e tratado como tal pela pretensa mãe e reputado como filho também pelo público;

b) Quando exista carta ou outro escrito no qual a pretensa mãe declare inequivocamente a sua maternidade.

3. A presunção considera-se ilidida quando existam dúvidas sérias sobre a maternidade.

Anotações:

1. Contém as alterações introduzidas pelos seguintes diplomas:

- D.L. n.º 496/77, de 25 de Novembro

2. Versões anteriores deste artigo

- 1.ª versão: D.L. n.º 47344/66, de 25 de Novembro

ARTIGO 1817.º
(Prazo para a proposição da acção)

1. A acção de investigação de maternidade só pode ser proposta durante a menoridade do investigante ou nos dez primeiros anos posteriores à sua maioridade ou emancipação.

2. Se não for possível estabelecer a maternidade em consequência do disposto no artigo 1815.º, a acção pode ser proposta nos três anos seguintes à rectificação, declaração de nulidade ou cancelamento do registo inibitório.

3. A acção pode ainda ser proposta nos três anos posteriores à ocorrência de algum dos seguintes factos:

a) Ter sido impugnada por terceiro, com sucesso, a maternidade do investigante;

b) Quando o investigante tenha tido conhecimento, após o decurso do prazo previsto no n.º 1, de factos ou circunstâncias que justifiquem a investigação, designadamente quando cesse o tratamento como filho pela pretensa mãe;

c) Em caso de inexistência de maternidade determinada, quando o investigante tenha tido conhecimento superveniente de factos ou circunstâncias que possibilitem e justifiquem a investigação.

4. No caso referido na alínea b) do número anterior, incumbe ao réu a prova da cessação voluntária do tratamento nos três anos anteriores à propositura da acção.

Anotações:

1. Contém as alterações introduzidas pelos seguintes diplomas:
- D.L. n.° 496/77, de 25 de Novembro
- Lei n.° 21/98, de 12 de Maio
- Lei n.° 14/2009, de 1 de Abril

2. Versões anteriores deste artigo:
- 1.ª versão: D.L. n.° 47344/66, de 25 de Novembro
- 2.ª versão: D.L. n.° 496/77, de 25 de Novembro
- 3ª versão: – Lei n.° 21/98, de 12 de Maio

3. De acordo com o artigo 3.° da Lei n.° 14/2009, de 1 de Abril, a mesma aplica-se aos processos pendentes à data da sua entrada em vigor.

ARTIGO 1818.°
(Prossecução e transmissão da acção)

O cônjuge não separado judicialmente de pessoas e bens ou os descendentes do filho podem prosseguir na acção, se este falecer na pendência da causa; mas só podem propô-la se o filho, sem a haver intentado, morrer antes de terminar o prazo em que o podia fazer.

Anotações:

1. Contém as alterações introduzidas pelos seguintes diplomas:
- D.L. n.° 496/77, de 25 de Novembro

2. Versões anteriores deste artigo:
- 1.ª versão: D.L. n.° 47344/66, de 25 de Novembro

ARTIGO 1819.°
(Legitimidade passiva)

1. A acção deve ser proposta contra a pretensa mãe ou, se esta tiver falecido, contra o cônjuge sobrevivo não separado judicialmente de pessoas e bens e também, sucessivamente, contra os descendentes, ascendentes ou irmãos; na falta destas pessoas, será nomeado curador especial.

2. Quando existam herdeiros ou legatários cujos direitos sejam atingidos pela procedência da acção, esta não produzirá efeitos contra eles se não tiverem sido também demandados.

Anotações:

1. Contém as alterações introduzidas pelos seguintes diplomas:

– D.L. n.° 496/77, de 25 de Novembro

2. Versões anteriores deste artigo:

– 1.ª versão: D.L. n.° 47344/66, de 25 de Novembro

ARTIGO 1820.°

(Coligação de investigantes)

Na acção de investigação de maternidade é permitida a coligação de investigantes em relação ao mesmo pretenso progenitor.

Anotações:

1. Contém as alterações introduzidas pelos seguintes diplomas:

– D.L. n.° 496/77, de 25 de Novembro

2. Versões anteriores deste artigo:

– 1.ª versão: D.L. n.° 47344/66, de 25 de Novembro

ARTIGO 1821.°

(Alimentos provisórios)

O filho menor, interdito ou inabilitado tem direito a alimentos provisórios desde a proposição da acção, contanto que o tribunal considere provável o reconhecimento da maternidade.

Anotações:

1. Contém as alterações introduzidas pelos seguintes diplomas

– D.L. n.° 496/77, de 25 de Novembro

2. Versões anteriores deste artigo:

– 1.ª versão: D.L. n.° 47344/66, de 25 de Novembro

ARTIGO 1822.°

(Filho nascido ou concebido na constância do matrimónio)

1. Se se tratar de filho nascido ou concebido na constância do matrimónio da pretensa mãe, a acção de investigação deve ser intentada também contra o marido e, se existir perfilhação, ainda contra o perfilhante.

2. Durante a menoridade do filho a acção pode ser intentada pelo marido da pretensa mãe; neste caso deverá sê-lo contra a pretensa mãe e contra o filho e, se existir perfilhação, também contra o perfilhante.

Anotações:

1. Contém as alterações introduzidas pelos seguintes diplomas:
– D.L. n.º 496/77, de 25 de Novembro
2. Versões anteriores deste artigo:
– 1.ª versão: D.L. n.º 47344/66, de 25 de Novembro

ARTIGO 1823.º
(Impugnação da presunção de paternidade)

1. Na acção a que se refere o artigo anterior pode ser sempre impugnada a presunção de paternidade do marido da mãe.

2. Se o filho tiver sido perfilhado por pessoa diferente do marido da mãe, a perfilhação só prevalecerá se for afastada, nos termos do número anterior, a presunção de paternidade.

Anotações:

1. Contém as alterações introduzidas pelos seguintes diplomas
– D.L. n.º 496/77, de 25 de Novembro
2. Versões anteriores deste artigo:
– 1.ª versão: D.L. n.º 47344/66, de 25 de Novembro

ARTIGO 1824.º
(Estabelecimento da maternidade a pedido da mãe)

1. Se se tratar de filho nascido ou concebido na constância do matrimónio e existir perfilhação por pessoa diferente do marido da mãe, pode esta requerer ao tribunal que declare a maternidade.

2. No caso referido no número anterior é aplicável, com as devidas adaptações, o disposto nos artigos 1822.º e 1823.º

Anotações:

1. Contém as alterações introduzidas pelos seguintes diplomas:
– D.L. n.º 496/77, de 25 de Novembro
2. Versões anteriores deste artigo
– 1.ª versão: D.L. n.º 47344/66, de 25 de Novembro

ARTIGO 1825.º
(Legitimidade em caso de falecimento do autor ou réus)

Em caso de falecimento do autor ou dos réus nas acções a que se referem os artigos 1822.º a 1824.º, é aplicável, com as necessárias adaptações, o disposto nos artigos 1818.º e 1819.º

Anotações:

1. Contém as alterações introduzidas pelos seguintes diplomas:
– D.L. n.° 496/77, de 25 de Novembro
2. Versões anteriores deste artigo:
– 1.ª versão: D.L. n.° 47344/66, de 25 de Novembro

SECÇÃO III
Estabelecimento da paternidade

SUBSECÇÃO I
Presunção de paternidade

ARTIGO 1826.°
(Presunção de paternidade)

1. Presume-se que o filho nascido ou concebido na constância do matrimónio tem como pai o marido da mãe.

2. O momento da dissolução do casamento por divórcio ou da sua anulação é o do trânsito em julgado da respectiva sentença; o casamento católico, porém, só se considera nulo ou dissolvido por dispensa a partir do registo da decisão proferida pelas autoridades eclesiásticas.

Anotações:

1. Contém as alterações introduzidas pelos seguintes diplomas:
– D.L. n.° 496/77, de 25 de Novembro
2. Versões anteriores deste artigo:
– 1.ª versão: D.L. n.° 47344/66, de 25 de Novembro

ARTIGO 1827.°
(Casamento putativo)

1. A anulação de casamento civil, ainda que contraído de má fé por ambos os cônjuges, não exclui a presunção de paternidade.

2. A declaração de nulidade do casamento católico, transcrito no registo civil, também não exclui essa presunção.

Anotações:

1. Contém as alterações introduzidas pelos seguintes diplomas
– D.L. n.° 496/77, de 25 de Novembro
2. Versões anteriores deste artigo:
– 1.ª versão: D.L. n.° 47344/66, de 25 de Novembro

ARTIGO 1828.°
(Filhos concebidos antes do casamento)

Relativamente ao filho nascido dentro dos cento e oitenta dias posteriores à celebração do casamento, cessa a presunção estabelecida no artigo 1826.° se a mãe ou o marido declararem no acto do registo do nascimento que o marido não é o pai.

Anotações:

1. Contém as alterações introduzidas pelos seguintes diplomas
- D.L. n.° 496/77, de 25 de Novembro

2. Versões anteriores deste artigo:
- 1.ª versão: D.L. n.° 47344/66, de 25 de Novembro

ARTIGO 1829.°
(Filhos concebidos depois de finda a coabitação)

1. Cessa a presunção de paternidade se o nascimento do filho ocorrer passados trezentos dias depois de finda a coabitação dos cônjuges, nos termos do número seguinte.

2. Considera-se finda a coabitação dos cônjuges:

a) Na data da primeira conferência, tratando-se de divórcio ou de separação por mútuo consentimento;

b) Na data da citação do réu para a acção de divórcio ou separação litigiosos, ou na data que a sentença fixar como a da cessação da coabitação;

c) Na data em que deixou de haver notícias do marido, conforme decisão proferida em acção de nomeação de curador provisório, justificação de ausência ou declaração de morte presumida.

Anotações:

1. Contém as alterações introduzidas pelos seguintes diplomas:
- D.L. n.° 496/77, de 25 de Novembro

2. Versões anteriores deste artigo
- 1.ª versão: D.L. n.° 47344/66, de 25 de Novembro

ARTIGO 1830.°
(Reinício da presunção de paternidade)

Para o efeito do disposto no n.° 1 do artigo 1826.°, são equiparados a novo casamento:

a) A reconciliação dos cônjuges separados judicialmente de pessoas e bens;

b) O regresso do ausente;

c) O trânsito em julgado da sentença que, sem ter decretado o divórcio ou a separação judicial de pessoas e bens, pôs termo ao respectivo processo.

Anotações:

1. Contém as alterações introduzidas pelos seguintes diplomas:

– D.L. n.° 496/77, de 25 de Novembro

2. Versões anteriores deste artigo:

– 1.ª versão: D.L. n.° 47344/66, de 25 de Novembro

ARTIGO 1831.°
(Renascimento da presunção de paternidade)

1. Quando o início do período legal da concepção seja anterior ao trânsito em julgado da sentença proferida nas acções a que se referem as alíneas a) e b) do n.° 2 do artigo 1829.°, renasce a presunção de paternidade se, em acção intentada por um dos cônjuges ou pelo filho, se provar que no período legal da concepção existiram relações entre os cônjuges que tornam verosímil a paternidade do marido ou que o filho, na ocasião do nascimento, beneficiou de posse de estado relativamente a ambos os cônjuges.

2. Existe posse de estado relativamente a ambos os cônjuges quando se verifiquem, cumulativamente, os seguintes requisitos:

a) Ser a pessoa reputada e tratada como filho por ambos os cônjuges;

b) Ser reputada como tal nas relações sociais, especialmente nas respectivas famílias.

3. Se existir perfilhação, na acção a que se refere o n.° 1, deve ser igualmente demandado o perfilhante.

Anotações:

1. Contém as alterações introduzidas pelos seguintes diplomas

– D.L. n.° 496/77, de 25 de Novembro

2. Versões anteriores deste artigo

– 1.ª versão: D.L. n.° 47344/66, de 25 de Novembro

ARTIGO 1832.°
(Não indicação da paternidade do marido)

1. A mulher casada pode fazer a declaração do nascimento com a indicação de que o filho não é do marido.

2. A declaração prevista no número anterior faz cessar a presunção de paternidade.

3. Cessando a presunção de paternidade, no caso previsto no n.° 2, pode, desde logo, ser aceite o reconhecimento voluntário da paternidade.

4. Sem prejuízo do disposto no n.° 1, não são admissíveis no registo de nascimento menções que contrariem a presunção de paternidade enquanto esta não cessar.

5. Se a mãe fizer a declaração prevista no n.° 1, o poder paternal só caberá ao marido quando for averbada ao registo a menção da sua paternidade.

6. Quando a presunção de paternidade houver cessado nos termos do n.° 2, é aplicável o disposto no artigo 1831.°

Anotações:

1. Contém as alterações introduzidas pelos seguintes diplomas:
- D.L. n.° 496/77, de 25 de Novembro
- D.L. n.° 163/95, de 13 de Julho
- D.L. n.° 273/2001, de 13 de Outubro

2. Versões anteriores deste artigo:
- 1.ª versão: D.L. n.° 47344/66, de 25 de Novembro
- 2.ª versão: D.L. n.° 496/77, de 25 de Novembro
- 3.ª versão: D.L. n.° 163/95, de 13 de Julho

ARTIGO 1833.°
Declaração de inexistência de posse de estado

(Revogado pelo Decreto-Lei n.° 273/2001, de 17 de Dezembro).

Anotações:

1. Contém as alterações introduzidas pelos seguintes diplomas:
- D.L. n.° 496/77, de 25 de Novembro
- D.L. n.° 163/95, de 13 de Julho
- D.L. n.° 273/2001, de 13 de Outubro

2. Versões anteriores deste artigo
- 1.ª versão: D.L. n.° 47344/66, de 25 de Novembro
- 2.ª versão: D.L. n.° 496/77, de 25 de Novembro
- 3.ª versão: D.L. n.° 163/95, de 13 de Julho

ARTIGO 1834.°
(Dupla presunção de paternidade)

1. Se o filho nasceu depois de a mãe ter contraído novo casamento sem que o primeiro se achasse dissolvido ou dentro dos trezentos dias após a sua dissolução, presume-se que o pai é o segundo marido.

2. Julgada procedente a acção de impugnação de paternidade, renasce a presunção relativa ao anterior marido da mãe.

Anotações:

1. Contém as alterações introduzidas pelos seguintes diplomas:
- D.L. n.º 496/77, de 25 de Novembro

2. Versões anteriores deste artigo:
- 1.ª versão: D.L. n.º 47344/66, de 25 de Novembro

ARTIGO 1835.º
(Menção obrigatória da paternidade)

1. A paternidade presumida nos termos dos artigos anteriores constará obrigatoriamente do registo do nascimento do filho, não sendo admitidas menções que a contrariem, salvo o disposto nos artigos 1828.º e 1832.º

2. Se o registo do casamento dos pais só vier a ser efectuado depois do registo do nascimento, e deste não constar a paternidade do marido da mãe, será a paternidade mencionada oficiosamente.

Anotações:

1. Contém as alterações introduzidas pelos seguintes diplomas:
- D.L. n.º 496/77, de 25 de Novembro

2. Versões anteriores deste artigo:
- 1.ª versão: D.L. n.º 47344/66, de 25 de Novembro

ARTIGO 1836.º
(Rectificação do registo)

1. Se contra o disposto na lei não se fizer menção da paternidade do filho nascido de mulher casada, pode a todo o tempo qualquer interessado, o Ministério Público ou o funcionário competente promover a rectificação do registo.

2. De igual faculdade gozam as mesmas pessoas quando tenha sido registado como filho do marido da mãe quem não beneficie de presunção de paternidade.

Anotações:

1. Contém as alterações introduzidas pelos seguintes diplomas:
- D.L. n.º 496/77, de 25 de Novembro

2. Versões anteriores deste artigo:
- 1.ª versão: D.L. n.º 47344/66, de 25 de Novembro

ARTIGO 1837.º
(Rectificação, declaração de nulidade ou cancelamento do registo)

Se for rectificado, declarado nulo ou cancelado qualquer registo por falsidade ou qualquer outra causa e, em consequência da rectificação, declaração de nulidade ou cancelamento, o filho deixar de ser havido como filho do marido da mãe ou passar a beneficiar da presunção de paternidade relativamente a este, será lavrado oficiosamente o respectivo averbamento, se não tiver sido ordenado pelo tribunal.

Anotações:

1. Contém as alterações introduzidas pelos seguintes diplomas:
- D.L. n.° 496/77, de 25 de Novembro

2. Versões anteriores deste artigo:
- 1.ª versão: D.L. n.° 47344/66, de 25 de Novembro

ARTIGO 1838.°
(Impugnação da paternidade)

A paternidade presumida nos termos do artigo 1826.° não pode ser impugnada fora dos casos previstos nos artigos seguintes.

Anotações:

1. Contém as alterações introduzidas pelos seguintes diplomas:
- D.L. n.° 496/77, de 25 de Novembro

2. Versões anteriores deste artigo:
- 1.ª versão: D.L. n.° 47344/66, de 25 de Novembro

ARTIGO 1839.°
(Fundamento e legitimidade)

1. A paternidade do filho pode ser impugnada pelo marido da mãe, por esta, pelo filho ou, nos termos do artigo 1841.°, pelo Ministério Público.

2. Na acção o autor deve provar que, de acordo com as circunstâncias, a paternidade do marido da mãe é manifestamente improvável.

3. Não é permitida a impugnação de paternidade com fundamento em inseminação artificial ao cônjuge que nela consentiu.

Anotações:

1. Contém as alterações introduzidas pelos seguintes diplomas
- D.L. n.° 496/77, de 25 de Novembro

2. Versões anteriores deste artigo:
- 1.ª versão: D.L. n.° 47344/66, de 25 de Novembro

ARTIGO 1840.°
(Impugnação da paternidade do filho concebido antes do matrimónio)

1. Independentemente da prova a que se refere o n.° 2 do artigo anterior, podem ainda a mãe ou o marido impugnar a paternidade do filho nascido dentro dos cento e oitenta dias posteriores à celebração do casamento, excepto:

a) Se o marido, antes de casar, teve conhecimento da gravidez da mulher;

b) Se, estando pessoalmente presente ou representado por procurador com poderes especiais, o marido consentiu que o filho fosse declarado seu no registo do nascimento;

c) Se por qualquer outra forma o marido reconheceu o filho como seu.

2. Cessa o disposto na alínea a) do número anterior se o casamento for anulado por falta de vontade, ou por coacção moral exercida contra o marido; cessa ainda o disposto nas alíneas b) e c) quando se prove ter sido o consentimento ou reconhecimento viciado por erro sobre circunstâncias que tenham contribuído decisivamente para o convencimento da paternidade, ou extorquido por coacção.

Anotações:

1. Contém as alterações introduzidas pelos seguintes diplomas
- D.L. n.° 496/77, de 25 de Novembro

2. Versões anteriores deste artigo:
- 1.ª versão: D.L. n.° 47344/66, de 25 de Novembro

ARTIGO 1841.°
(Acção do Ministério Público)

1. A acção de impugnação de paternidade pode ser proposta pelo Ministério Público a requerimento de quem se declarar pai do filho, se for reconhecida pelo tribunal a viabilidade do pedido.

2. O requerimento deve ser dirigido ao tribunal no prazo de sessenta dias a contar da data em que a paternidade do marido da mãe conste do registo.

3. O tribunal procederá às diligências necessárias para averiguar a viabilidade da acção, depois de ouvir, sempre que possível, a mãe e o marido.

4. Se concluir pela viabilidade da acção, o tribunal ordenará a remessa do processo ao agente do Ministério Público junto do tribunal competente para a acção de impugnação.

Anotações:

1. Contém as alterações introduzidas pelos seguintes diplomas:
- D.L. n.° 496/77, de 25 de Novembro

2. Versões anteriores deste artigo:
- 1.ª versão: D.L. n.° 47344/66, de 25 de Novembro

ARTIGO 1842.°
(Prazos)

1. A acção de impugnação de paternidade pode ser intentada:

a) Pelo marido, no prazo de três anos contados desde que teve conhecimento de circunstâncias de que possa concluir-se a sua não paternidade;

b) Pela mãe, dentro dos três anos posteriores ao nascimento;

c) Pelo filho, até dez anos depois de haver atingido a maioridade ou de ter sido emancipado, ou posteriormente, dentro de três anos a contar da data em que teve conhecimento de circunstâncias de que possa concluir-se não ser filho do marido da mãe.

2. Se o registo for omisso quanto à maternidade, os prazos a que se referem as alíneas a) e c) do número anterior contam-se a partir do estabelecimento da maternidade.

Anotações:

1. Contém as alterações introduzidas pelos seguintes diplomas:
- D.L. n.° 496/77, de 25 de Novembro
- Lei n.° 14/2009, de 1 de Abril

2. Versões anteriores deste artigo:
- 1.ª versão: D.L. n.° 47344/66, de 25 de Novembro
- 2.ª versão: D.L. n.° 496/77, de 25 de Novembro

3. De acordo com o artigo 3.° da Lei n.° 14/2009, de 1 de Abril, a mesma aplica-se aos processos pendentes à data da sua entrada em vigor.

ARTIGO 1843.°
(Impugnação antecipada)

1. Se o registo for omisso quanto à maternidade, a acção de impugnação pode ser intentada pelo marido da pretensa mãe no prazo de seis meses a contar do dia em que soube do nascimento.

2. O decurso do prazo a que se refere o número anterior não impede o marido de intentar acção de impugnação, nos termos gerais.

Anotações:

1. Contém as alterações introduzidas pelos seguintes diplomas:
- D.L. n.° 496/77, de 25 de Novembro

2. Versões anteriores deste artigo:
- 1.ª versão: D.L. n.° 47344/66, de 25 de Novembro

ARTIGO 1844.°
(Prossecução e transmissão da acção)

1. Se o titular do direito de impugnar a paternidade falecer no decurso da acção, ou sem a haver intentado, mas antes de findar o prazo estabelecido nos artigos 1842.° e 1843.°, tem legitimidade para nela prosseguir ou para a intentar:

a) No caso de morte do presumido pai, o cônjuge não separado judicialmente de pessoas e bens que não seja a mãe do filho, os descendentes e ascendentes;

b) No caso de morte da mãe, os descendentes e ascendentes;

c) No caso de morte do filho, o cônjuge não separado judicialmente de pessoas e bens e os descendentes.

2. O direito de impugnação conferido às pessoas mencionadas no número anterior caduca se a acção não for proposta no prazo de noventa dias a contar:

a) Da morte do marido ou da mãe, ou do nascimento de filho póstumo, no caso das alíneas a) e b);

b) Da morte do filho, no caso da alínea c).

Anotações:

1. Contém as alterações introduzidas pelos seguintes diplomas:

– D.L. n.º 496/77, de 25 de Novembro

2. Versões anteriores deste artigo:

– 1.ª versão: D.L. n.º 47344/66, de 25 de Novembro

ARTIGO 1845.º
(Ausência)

No caso de ausência justificada do titular do direito de impugnar a paternidade, a acção a que se refere o artigo 1839.º pode ser intentada pelas pessoas referidas no artigo anterior, no prazo de cento e oitenta dias a contar do trânsito em julgado da sentença.

Anotações:

1. Contém as alterações introduzidas pelos seguintes diplomas:

– D.L. n.º 496/77, de 25 de Novembro

2. Versões anteriores deste artigo:

– 1.ª versão: D.L. n.º 47344/66, de 25 de Novembro

ARTIGO 1846.º
(Legitimidade passiva)

1. Na acção de impugnação de paternidade devem ser demandados a mãe, o filho e o presumido pai quando nela não figurem como autores.

2. No caso de morte da mãe, do filho ou do presumido pai, a acção deve ser intentada ou prosseguir contra as pessoas referidas no artigo 1844.º, devendo, na falta destas, ser nomeado um curador especial; se, porém, existirem herdeiros ou legatários cujos direitos possam ser atingidos pela procedência do pedido, a acção não produzirá efeitos contra eles se não tiverem sido também demandados.

3. Quando o filho for menor não emancipado, o tribunal nomear-lhe-á curador especial.

Anotações:

1. Contém as alterações introduzidas pelos seguintes diplomas:

– D.L. n.º 496/77, de 25 de Novembro

2. Versões anteriores deste artigo:

– 1.ª versão: D.L. n.º 47344/66, de 25 de Novembro

SUBSECÇÃO II
Reconhecimento de paternidade

DIVISÃO I
Disposições gerais

ARTIGO 1847.°
(Formas de reconhecimento)

O reconhecimento do filho nascido ou concebido fora do matrimónio efectua-se por perfilhação ou decisão judicial em acção de investigação.

Anotações:

1. Contém as alterações introduzidas pelos seguintes diplomas:
- D.L. n.° 496/77, de 25 de Novembro

2. Versões anteriores deste artigo:
- 1.ª versão: D.L. n.° 47344/66, de 25 de Novembro

ARTIGO 1848.°
(Casos em que não é admitido o reconhecimento)

1. Não é admitido o reconhecimento em contrário da filiação que conste do registo de nascimento enquanto este não for rectificado, declarado nulo ou cancelado.

2. O disposto no número anterior não invalida a perfilhação feita por alguma das formas mencionadas nas alíneas b), c) e d) do artigo 1853.°, embora ela não produza efeitos enquanto não puder ser registada.

Anotações:

1. Contém as alterações introduzidas pelos seguintes diplomas:
- D.L. n.° 496/77, de 25 de Novembro

2. Versões anteriores deste artigo:
- 1.ª versão: D.L. n.° 47344/66, de 25 de Novembro

DIVISÃO II
Perfilhação

ARTIGO 1849.°
(Carácter pessoal e livre da perfilhação)

A perfilhação é acto pessoal e livre; pode, contudo, ser feita por intermédio de procurador com poderes especiais.

Anotações:

1. Contém as alterações introduzidas pelos seguintes diplomas:
- D.L. n.° 496/77, de 25 de Novembro

2. Versões anteriores deste artigo:
- 1.ª versão: D.L. n.° 47344/66, de 25 de Novembro

ARTIGO 1850.°
(Capacidade)

1. Têm capacidade para perfilhar os indivíduos com mais de dezasseis anos, se não estiverem interditos por anomalia psíquica ou não forem notoriamente dementes no momento da perfilhação.

2. Os menores, os interditos não compreendidos no número anterior e os inabilitados não necessitam, para perfilhar, de autorização dos pais, tutores ou curadores.

Anotações:

1. Contém as alterações introduzidas pelos seguintes diplomas:
- D.L. n.° 496/77, de 25 de Novembro

2. Versões anteriores deste artigo
- 1.ª versão: D.L. n.° 47344/66, de 25 de Novembro

ARTIGO 1851.°
(Maternidade não declarada)

Não obsta à perfilhação o facto de a maternidade do perfilhando não se encontrar declarada no registo.

Anotações:

1. Contém as alterações introduzidas pelos seguintes diplomas:
- D.L. n.° 496/77, de 25 de Novembro

2. Versões anteriores deste artigo:
- 1.ª versão: D.L. n.° 47344/66, de 25 de Novembro

ARTIGO 1852.°
(Conteúdo defeso)

1. O acto de perfilhação não comporta cláusulas que limitem ou modifiquem os efeitos que lhe são atribuídos por lei, nem admite condição ou termo.

2. As cláusulas ou declarações proibidas não invalidam a perfilhação, mas têm-se por não escritas.

Anotações:

1. Contém as alterações introduzidas pelos seguintes diplomas:
– D.L. n.º 496/77, de 25 de Novembro
2. Versões anteriores deste artigo
– 1.ª versão: D.L. n.º 47344/66, de 25 de Novembro

ARTIGO 1853.º
(Forma)

A perfilhação pode fazer-se:

a) Por declaração prestada perante o funcionário do registo civil;
b) Por testamento;
c) Por escritura pública;
d) Por termo lavrado em juízo.

Anotações:

1. Contém as alterações introduzidas pelos seguintes diplomas:
– D.L. n.º 496/77, de 25 de Novembro
2. Versões anteriores deste artigo:
– 1.ª versão: D.L. n.º 47344/66, de 25 de Novembro

ARTIGO 1854.º
(Tempo de perfilhação)

A perfilhação pode ser feita a todo o tempo, antes ou depois do nascimento do filho ou depois da morte deste.

Anotações:

1. Contém as alterações introduzidas pelos seguintes diplomas:
– D.L. n.º 496/77, de 25 de Novembro
2. Versões anteriores deste artigo:
– 1.ª versão: D.L. n.º 47344/66, de 25 de Novembro

ARTIGO 1855.º
(Perfilhação de nascituro)

A perfilhação de nascituro só é válida se for posterior à concepção e o perfilhante identificar a mãe.

Anotações:

1. Contém as alterações introduzidas pelos seguintes diplomas:
– D.L. n.º 496/77, de 25 de Novembro

2. Versões anteriores deste artigo:
– 1.ª versão: D.L. n.° 47344/66, de 25 de Novembro

ARTIGO 1856.°
(Perfilhação de filho falecido)

A perfilhação posterior à morte do filho só produz efeitos em favor dos seus descendentes.

Anotações:
1. Contém as alterações introduzidas pelos seguintes diplomas
– D.L. n.° 496/77, de 25 de Novembro
2. Versões anteriores deste artigo:
– 1.ª versão: D.L. n.° 47344/66, de 25 de Novembro

ARTIGO 1857.°
(Perfilhação de maiores)

1. A perfilhação de filho maior ou emancipado, ou de filho pré-defunto de quem vivam descendentes maiores ou emancipados, só produz efeitos se aquele ou estes, ou, tratando-se de interditos, os respectivos representantes, derem o seu assentimento.

2. O assentimento pode ser dado antes ou depois da perfilhação, ainda que o perfilhante tenha falecido, por alguma das seguintes formas:

a) Por declaração prestada perante o funcionário do registo civil, averbada no assento de nascimento, e no de perfilhação, se existir;

b) Por documento autêntico ou autenticado;

c) Por termo lavrado em juízo no processo em que haja sido feita a perfilhação.

3. O registo da perfilhação é considerado secreto até ser prestado o assentimento necessário e, sem prejuízo do disposto no número seguinte, só pode ser invocado para instrução do processo preliminar de casamento ou em acção de nulidade ou anulação de casamento.

4. Qualquer interessado tem o direito de requerer judicialmente a notificação pessoal do perfilhando, dos seus descendentes ou dos seus representantes legais, para declararem, no prazo de trinta dias, se dão o seu assentimento à perfilhação, considerando-se esta aceite no caso de falta de resposta e sendo cancelado o registo no caso de recusa.

Anotações:
1. Contém as alterações introduzidas pelos seguintes diplomas:
– D.L. n.° 496/77, de 25 de Novembro

– D.L. n.º 324/2007, de 28 de Setembro
2. Versões anteriores deste artigo:
– 1.ª versão: D.L. n.º 47344/66, de 25 de Novembro
– 2.ª versão: D.L. n.º 496/77, de 25 de Novembro

ARTIGO 1858.º
(Irrevogabilidade)

A perfilhação é irrevogável e, quando feita em testamento, não é prejudicada pela revogação deste.

Anotações:
1. Contém as alterações introduzidas pelos seguintes diplomas:
– D.L. n.º 496/77, de 25 de Novembro
2. Versões anteriores deste artigo:
– 1.ª versão: D.L. n.º 47344/66, de 25 de Novembro

ARTIGO 1859.º
(Impugnação)

1. A perfilhação que não corresponda à verdade é impugnável em juízo mesmo depois da morte do perfilhado.

2. A acção pode ser intentada, a todo o tempo, pelo perfilhante, pelo perfilhado, ainda que haja consentido na perfilhação, por qualquer outra pessoa que tenha interesse moral ou patrimonial na sua procedência ou pelo Ministério Público.

3. A mãe ou o filho, quando autores, só terão de provar que o perfilhante não é o pai se este demonstrar ser verosímil que coabitou com a mãe do perfilhado no período da concepção.

Anotações:
1. Contém as alterações introduzidas pelos seguintes diplomas:
– D.L. n.º 496/77, de 25 de Novembro
2. Versões anteriores deste artigo:
– 1.ª versão: D.L. n.º 47344/66, de 25 de Novembro

ARTIGO 1860.º
(Anulação por erro ou coacção)

1. A perfilhação é anulável judicialmente a requerimento do perfilhante quando viciada por erro ou coacção moral.

2. Só é relevante o erro sobre circunstâncias que tenham contribuído decisivamente para o convencimento da paternidade.

3. A acção de anulação caduca no prazo de um ano, a contar do momento em que o perfilhante teve conhecimento do erro ou em que cessou a coacção, salvo se ele for menor não emancipado ou interdito por anomalia psíquica; neste caso, a acção não caduca sem ter decorrido um ano sobre a maioridade, emancipação ou levantamento da interdição.

Anotações:

1. Contém as alterações introduzidas pelos seguintes diplomas:
- D.L. n.° 496/77, de 25 de Novembro

2. Versões anteriores deste artigo:
- 1.ª versão: D.L. n.° 47344/66, de 25 de Novembro

ARTIGO 1861.°

(Anulação por incapacidade)

1. A perfilhação é anulável por incapacidade do perfilhante a requerimento deste ou de seus pais ou tutor.

2. A acção pode ser intentada dentro de um ano, contado:

a) Da data da perfilhação, quando intentada pelos pais ou tutor;

b) Da maioridade ou emancipação, quando intentada pelo que perfilhou antes da idade exigida por lei;

c) Do termo da incapacidade, quando intentada por quem perfilhou estando interdito por anomalia psíquica ou notoriamente demente.

Anotações:

1. Contém as alterações introduzidas pelos seguintes diplomas
- D.L. n.° 496/77, de 25 de Novembro

2. Versões anteriores deste artigo:
- 1.ª versão: D.L. n.° 47344/66, de 25 de Novembro

ARTIGO 1862.°

(Morte do perfilhante)

Se o perfilhante falecer sem haver intentado a acção de anulação ou no decurso dela, têm legitimidade para a intentar no ano seguinte à sua morte, ou nela prosseguir, os descendentes ou ascendentes do perfilhante e todos os que mostrem ter sido prejudicados nos seus direitos sucessórios por efeito da perfilhação.

Anotações:

1. Contém as alterações introduzidas pelos seguintes diplomas:
- D.L. n.° 496/77, de 25 de Novembro

2. Versões anteriores deste artigo:
– 1.ª versão: D.L. n.º 47344/66, de 25 de Novembro

ARTIGO 1863.º
(Perfilhação posterior a investigação judicial)

A perfilhação feita depois de intentada em juízo acção de investigação de paternidade contra pessoa diferente do perfilhante fica sem efeito, e o respectivo registo deve ser cancelado, se a acção for julgada procedente.

Anotações:
1. Contém as alterações introduzidas pelos seguintes diplomas:
– D.L. n.º 496/77, de 25 de Novembro
2. Versões anteriores deste artigo:
– 1.ª versão: D.L. n.º 47344/66, de 25 de Novembro

DIVISÃO III
Averiguação oficiosa da paternidade

ARTIGO 1864.º
(Paternidade desconhecida)

Sempre que seja lavrado registo de nascimento de menor apenas com a maternidade estabelecida, deve o funcionário remeter ao tribunal certidão integral do registo, a fim de se averiguar oficiosamente a identidade do pai.

Anotações:
1. Contém as alterações introduzidas pelos seguintes diplomas:
– D.L. n.º 496/77, de 25 de Novembro
2. Versões anteriores deste artigo:
– 1.ª versão: D.L. n.º 47344/66, de 25 de Novembro

ARTIGO 1865.º
(Averiguação oficiosa)

1. Sempre que possível, o tribunal ouvirá a mãe acerca da paternidade que atribui ao filho.

2. Se a mãe indicar quem é o pai ou por outro meio chegar ao conhecimento do tribunal a identidade do pretenso progenitor, será este também ouvido.

3. No caso de o pretenso progenitor confirmar a paternidade, será lavrado termo de perfilhação e remetida certidão para averbamento à repartição competente para o registo.

4. Se o pretenso pai negar ou se recusar a confirmar a paternidade, o tribunal procederá às diligências necessárias para averiguar a viabilidade da acção de investigação de paternidade.

5. Se o tribunal concluir pela existência de provas seguras da paternidade, ordenará a remessa do processo ao agente do Ministério Público junto do tribunal competente, a fim de ser intentada a acção de investigação.

Anotações:

1. Contém as alterações introduzidas pelos seguintes diplomas
- D.L. n.º 496/77, de 25 de Novembro

2. Versões anteriores deste artigo:
- 1.ª versão: D.L. n.º 47344/66, de 25 de Novembro

ARTIGO 1866.º
(Casos em que não é admitida a averiguação oficiosa da paternidade)

A acção a que se refere o artigo anterior não pode ser intentada:

a) Se a mãe e o pretenso pai forem parentes ou afins em linha recta ou parentes no segundo grau da linha colateral;

b) Se tiverem decorrido dois anos sobre a data do nascimento.

Anotações:

1. Contém as alterações introduzidas pelos seguintes diplomas:
- D.L. n.º 496/77, de 25 de Novembro

2. Versões anteriores deste artigo:
- 1.ª versão: D.L. n.º 47344/66, de 25 de Novembro

ARTIGO 1867.º
(Investigação com base em processo crime)

Quando em processo crime se considere provada a cópula em termos de constituir fundamento para a investigação da paternidade e se mostre que a ofendida teve um filho em condições de o período legal da concepção abranger a época do crime, deve o Ministério Público instaurar a correspondente acção de investigação, independentemente do prazo estabelecido na alínea b) do artigo 1866.º

Anotações:

1. Contém as alterações introduzidas pelos seguintes diplomas:
- D.L. n.º 496/77, de 25 de Novembro

2. Versões anteriores deste artigo:
- 1.ª versão: D.L. n.º 47344/66, de 25 de Novembro

ARTIGO 1868.°
(Remissão)

É aplicável à acção oficiosa de investigação de paternidade, com as necessárias adaptações, o disposto nos artigos 1811.°, 1812.° e 1813.°

Anotações:
1. Contém as alterações introduzidas pelos seguintes diplomas:
– D.L. n.° 496/77, de 25 de Novembro
2. Versões anteriores deste artigo:
– 1.ª versão: D.L. n.° 47344/66, de 25 de Novembro

DIVISÃO IV
Reconhecimento judicial

ARTIGO 1869.°
(Investigação da paternidade)

A paternidade pode ser reconhecida em acção especialmente intentada pelo filho se a maternidade já se achar estabelecida ou for pedido conjuntamente o reconhecimento de uma e outra.

Anotações:
1. Contém as alterações introduzidas pelos seguintes diplomas:
– D.L. n.° 496/77, de 25 de Novembro
2. Versões anteriores deste artigo:
– 1.ª versão: D.L. n.° 47344/66, de 25 de Novembro

ARTIGO 1870.°
(Legitimidade da mãe menor)

A mãe menor tem legitimidade para intentar a acção em representação do filho sem necessidade de autorização dos pais, mas é sempre representada na causa por curador especial nomeado pelo tribunal.

Anotações:
1. Contém as alterações introduzidas pelos seguintes diplomas:
– D.L. n.° 496/77, de 25 de Novembro
2. Versões anteriores deste artigo:
– 1.ª versão: D.L. n.° 47344/66, de 25 de Novembro

ARTIGO 1871.°
(Presunção)

1. A paternidade presume-se:

a) Quando o filho houver sido reputado e tratado como tal pelo pretenso pai e reputado como filho também pelo público;

b) Quando exista carta ou outro escrito no qual o pretenso pai declare inequivocamente a sua paternidade;

c) Quando, durante o período legal da concepção, tenha existido comunhão duradoura de vida em condições análogas às dos cônjuges ou concubinato duradouro entre a mãe e o pretenso pai;

d) Quando o pretenso pai tenha seduzido a mãe, no período legal da concepção, se esta era virgem e menor no momento em que foi seduzida, ou se o consentimento dela foi obtido por meio de promessa de casamento, abuso de confiança ou abuso de autoridade.

e) Quando se prove que o pretenso pai teve relações sexuais com a mãe durante o período legal de concepção.

2. A presunção considera-se ilidida quando existam dúvidas sérias sobre a paternidade do investigado.

Anotações:

1. Contém as alterações introduzidas pelos seguintes diplomas
- D.L. n.° 496/77, de 25 de Novembro
- Lei n.° 21/98, de 12 de Maio

2. Versões anteriores deste artigo
- 1.ª versão: D.L. n.° 47344/66, de 25 de Novembro
- 2.ª versão: D.L. n.° 496/77, de 25 de Novembro

ARTIGO 1872.°
(Coligação de investigantes)

Na acção de investigação de paternidade é permitida a coligação de investigantes filhos da mesma mãe, em relação ao mesmo pretenso progenitor.

Anotações:

1. Contém as alterações introduzidas pelos seguintes diplomas:
- D.L. n.° 496/77, de 25 de Novembro

2. Versões anteriores deste artigo:
- 1.ª versão: D.L. n.° 47344/66, de 25 de Novembro

ARTIGO 1873.º
(Remissão)

É aplicável à acção de investigação de paternidade, com as necessárias adaptações, o disposto nos artigos 1817.º a 1819.º e 1821.º

Anotações:

1. Contém as alterações introduzidas pelos seguintes diplomas
– D.L. n.º 496/77, de 25 de Novembro
2. Versões anteriores deste artigo:
– 1.ª versão: D.L. n.º 47344/66, de 25 de Novembro

CAPÍTULO II
Efeitos da filiação

SECÇÃO I
Disposições gerais

ARTIGO 1874.º
(Deveres de pais e filhos)

1. Pais e filhos devem-se mutuamente respeito, auxílio e assistência.
2. O dever de assistência compreende a obrigação de prestar alimentos e a de contribuir, durante a vida em comum, de acordo com os recursos próprios, para os encargos da vida familiar.

Anotações:

1. Contém as alterações introduzidas pelos seguintes diplomas:
– D.L. n.º 496/77, de 25 de Novembro
2. Versões anteriores deste artigo:
– 1.ª versão: D.L. n.º 47344/66, de 25 de Novembro

ARTIGO 1875.º
(Nome do filho)

1. O filho usará apelidos do pai e da mãe ou só de um deles.
2. A escolha do nome próprio e dos apelidos do filho menor pertence aos pais; na falta de acordo, decidirá o juiz, de harmonia com o interesse do filho.

3. Se a maternidade ou paternidade forem estabelecidas posteriormente ao registo do nascimento, os apelidos do filho poderão ser alterados nos termos dos números anteriores.

Anotações:

1. Contém as alterações introduzidas pelos seguintes diplomas
- D.L. n.° 496/77, de 25 de Novembro

2. Versões anteriores deste artigo:
- 1.ª versão: D.L. n.° 47344/66, de 25 de Novembro

ARTIGO 1876.°
(Atribuição dos apelidos do marido da mãe)

1. Quando a paternidade se não encontre estabelecida, poderão ser atribuídos ao filho menor apelidos do marido da mãe se esta e o marido declararem, perante o funcionário do registo civil, ser essa a sua vontade.

2. Nos dois anos posteriores à maioridade ou à emancipação o filho pode requerer que sejam eliminados do seu nome os apelidos do marido da mãe.

Anotações:

1. Contém as alterações introduzidas pelos seguintes diplomas:
- D.L. n.° 496/77, de 25 de Novembro

2. Versões anteriores deste artigo:
- 1.ª versão: D.L. n.° 47344/66, de 25 de Novembro

SECÇÃO II
Responsabilidades parentais

SUBSECÇÃO I
Princípios gerais

ARTIGO 1877.°
(Duração das responsabilidades parentais)

Os filhos estão sujeitos às **responsabilidades parentais** até à maioridade ou emancipação.

Anotações:

1. Contém as alterações introduzidas pelos seguintes diplomas:
- D.L. n.° 496/77, de 25 de Novembro
- Lei n.° 61/2008, de 31 de Outubro

2. Versões anteriores deste artigo:
– 1.ª versão: D.L. n.° 47344/66, de 25 de Novembro
– 2.ª versão: D.L. n.° 496/77, de 25 de Novembro

3. A epígrafe desta Secção II, outrora designada de "Poder paternal" passou a gora a ser designada de "Responsabilidades parentais" por força do n.° 1 do artigo 3.° da Lei n.° 61/2008, de 31 de Outubro.

4. Nos termos do n.° 2 do artigo 3.° da Lei n.° 61/2008, de 31 de Outubro, a expressão "poder paternal" deve ser substituída por "responsabilidades parentais" em todas as disposições da secção II do capítulo II do título III do livro IV do Código Civil (artigos 1877.° a 1920.°-C).

Esta substituição encontra-se assinalada a cheio nos locais próprios.

ARTIGO 1878.°
(Conteúdo das responsabilidades parentais)

1. Compete aos pais, no interesse dos filhos, velar pela segurança e saúde destes, prover ao seu sustento, dirigir a sua educação, representá-los, ainda que nascituros, e administrar os seus bens.

2. Os filhos devem obediência aos pais; estes, porém, de acordo com a maturidade dos filhos, devem ter em conta a sua opinião nos assuntos familiares importantes e reconhecer-lhes autonomia na organização da própria vida.

Anotações:

1. Contém as alterações introduzidas pelos seguintes diplomas:
– D.L. n.° 496/77, de 25 de Novembro

2. Versões anteriores deste artigo:
– 1.ª versão: D.L. n.° 47344/66, de 25 de Novembro

ARTIGO 1879.°
(Despesas com o sustento, segurança, saúde e educação dos filhos)

Os pais ficam desobrigados de prover ao sustento dos filhos e de assumir as despesas relativas à sua segurança, saúde e educação na medida em que os filhos estejam em condições de suportar, pelo produto do seu trabalho ou outros rendimentos, aqueles encargos.

Anotações:

1. Contém as alterações introduzidas pelos seguintes diplomas:
– D.L. n.° 496/77, de 25 de Novembro

2. Versões anteriores deste artigo
– 1.ª versão: D.L. n.° 47344/66, de 25 de Novembro

ARTIGO 1880.°
(Despesas com os filhos maiores ou emancipados)

Se no momento em que atingir a maioridade ou for emancipado o filho não houver completado a sua formação profissional, manter-se-á a obrigação a que se refere o artigo anterior na medida em que seja razoável exigir aos pais o seu cumprimento e pelo tempo normalmente requerido para que aquela formação se complete.

Anotações:
1. Contém as alterações introduzidas pelos seguintes diplomas:
– D.L. n.° 496/77, de 25 de Novembro
2. Versões anteriores deste artigo:
– 1.ª versão: D.L. n.° 47344/66, de 25 de Novembro

ARTIGO 1881.°
(Poder de representação)

1. O poder de representação compreende o exercício de todos os direitos e o cumprimento de todas as obrigações do filho, exceptuados os actos puramente pessoais, aqueles que o menor tem o direito de praticar pessoal e livremente e os actos respeitantes a bens cuja administração não pertença aos pais.

2. Se houver conflito de interesses cuja resolução dependa de autoridade pública, entre qualquer dos pais e o filho sujeito às **responsabilidades parentais**, ou entre os filhos, ainda que, neste caso, algum deles seja maior, são os menores representados por um ou mais curadores especiais nomeados pelo tribunal.

Anotações:
1. Contém as alterações introduzidas pelos seguintes diplomas:
– D.L. n.° 496/77, de 25 de Novembro
– Lei n.° 61/2008, de 31 de Outubro
2. Versões anteriores deste artigo:
– 1.ª versão: D.L. n.° 47344/66, de 25 de Novembro
– 2.ª versão: D.L. n.° 496/77, de 25 de Novembro

ARTIGO 1882.°
(Irrenunciabilidade)

Os pais não podem renunciar às **responsabilidades parentais** nem a qualquer dos direitos que ele especialmente lhes confere, sem prejuízo do que neste Código se dispõe acerca da adopção.

Anotações:

1. Contém as alterações introduzidas pelos seguintes diplomas:
- D.L. n.° 496/77, de 25 de Novembro
- Lei n.° 61/2008, de 31 de Outubro

2. Versões anteriores deste artigo:
- 1.ª versão: D.L. n.° 47344/66, de 25 de Novembro
- 2.ª versão: D.L. n.° 496/77, de 25 de Novembro

ARTIGO 1883.°
(Filho concebido fora do matrimónio)

O pai ou a mãe não pode introduzir no lar conjugal o filho concebido na constância do matrimónio que não seja filho do seu cônjuge, sem consentimento deste.

Anotações:

1. Contém as alterações introduzidas pelos seguintes diplomas
- D.L. n.° 496/77, de 25 de Novembro

2. Versões anteriores deste artigo:
- 1.ª versão: D.L. n.° 47344/66, de 25 de Novembro

ARTIGO 1884.°
(Alimentos à mãe)

1. O pai não unido pelo matrimónio à mãe do filho é obrigado, desde a data do estabelecimento da paternidade, a prestar-lhe alimentos relativos ao período da gravidez e ao primeiro ano de vida do filho, sem prejuízo das indemnizações a que por lei ela tenha direito.

2. A mãe pode pedir os alimentos na acção de investigação de paternidade e tem direito a alimentos provisórios se a acção foi proposta antes de decorrido o prazo a que se refere o número anterior, desde que o tribunal considere provável o reconhecimento.

Anotações:

1. Contém as alterações introduzidas pelos seguintes diplomas:
- D.L. n.° 496/77, de 25 de Novembro

2. Versões anteriores deste artigo
- 1.ª versão: D.L. n.° 47344/66, de 25 de Novembro

SUBSECÇÃO II
Responsabilidades parentais relativamente à pessoa dos filhos

ARTIGO 1885.°
(Educação)

1. Cabe aos pais, de acordo com as suas possibilidades, promover o desenvolvimento físico, intelectual e moral dos filhos.

2. Os pais devem proporcionar aos filhos, em especial aos diminuídos física e mentalmente, adequada instrução geral e profissional, correspondente, na medida do possível, às aptidões e inclinações de cada um.

Anotações:

1. Contém as alterações introduzidas pelos seguintes diplomas:
- D.L. n.° 496/77, de 25 de Novembro

2. Versões anteriores deste artigo:
- 1.ª versão: D.L. n.° 47344/66, de 25 de Novembro

ARTIGO 1886.°
(Educação religiosa)

Pertence aos pais decidir sobre a educação religiosa dos filhos menores de dezasseis anos.

Anotações:

1. Contém as alterações introduzidas pelos seguintes diplomas
- D.L. n.° 496/77, de 25 de Novembro

2. Versões anteriores deste artigo:
- 1.ª versão: D.L. n.° 47344/66, de 25 de Novembro

ARTIGO 1887.°
(Abandono do lar)

1. Os menores não podem abandonar a casa paterna ou aquela que os pais lhes destinaram, nem dela ser retirados.

2. Se a abandonarem ou dela forem retirados, qualquer dos pais e, em caso de urgência, as pessoas a quem eles tenham confiado o filho podem reclamá-lo, recorrendo, se for necessário, ao tribunal ou à autoridade competente.

Anotações:

1. Contém as alterações introduzidas pelos seguintes diplomas:
- D.L. n.° 496/77, de 25 de Novembro

2. Versões anteriores deste artigo:
- 1.ª versão: D.L. n.º 47344/66, de 25 de Novembro

ARTIGO 1887.º-A
Convívio com irmãos e ascendentes

Os pais não podem injustificadamente privar os filhos do convívio com os irmãos e ascendentes.

Anotações:
1. Aditado pelo seguinte diploma: Lei n.º 84/95, de 31 de Agosto

SUBSECÇÃO III
Responsabilidades parentais relativamente aos bens dos filhos

ARTIGO 1888.º
(Exclusão da administração)

1. Os pais não têm a administração:

a) Dos bens do filho que procedam de sucessão da qual os pais tenham sido excluídos por indignidade ou deserdação;

b) Dos bens que tenham advindo ao filho por doação ou sucessão contra a vontade dos pais;

c) Dos bens deixados ou doados ao filho com exclusão da administração dos pais;

d) Dos bens adquiridos pelo filho maior de dezasseis anos pelo seu trabalho.

2. A exclusão da administração, nos termos da alínea c) do número anterior, é permitida mesmo relativamente a bens que caibam ao filho a título de legítima.

Anotações:
1. Contém as alterações introduzidas pelos seguintes diplomas
- D.L. n.º 496/77, de 25 de Novembro

2. Versões anteriores deste artigo:
- 1.ª versão: D.L. n.º 47344/66, de 25 de Novembro

ARTIGO 1889.º
(Actos cuja validade depende de autorização do tribunal)

1. Como representantes do filho não podem os pais, sem autorização do tribunal:

a) Alienar ou onerar bens, salvo tratando-se de alienação onerosa de coisas susceptíveis de perda ou deterioração;

b) Votar, nas assembleias gerais das sociedades, deliberações que importem a sua dissolução;

c) Adquirir estabelecimento comercial ou industrial ou continuar a exploração do que o filho haja recebido por sucessão ou doação;

d) Entrar em sociedade em nome colectivo ou em comandita simples ou por acções;

e) Contrair obrigações cambiárias ou resultantes de qualquer título transmissível por endosso;

f) Garantir ou assumir dívidas alheias;

g) Contrair empréstimos;

h) Contrair obrigações cujo cumprimento se deva verificar depois da maioridade;

i) Ceder direitos de crédito;

j) Repudiar herança ou legado;

l) Aceitar herança, doação ou legado com encargos, ou convencionar partilha extrajudicial;

m) Locar bens, por prazo superior a seis anos;

n) Convencionar ou requerer em juízo a divisão de coisa comum ou a liquidação e partilha de patrimónios sociais;

o) Negociar transacção ou comprometer-se em árbitros relativamente a actos referidos nas alíneas anteriores, ou negociar concordata com os credores.

2. Não se considera abrangida na restrição da alínea a) do número anterior a aplicação de dinheiro ou capitais do menor na aquisição de bens.

Anotações:

1. Contém as alterações introduzidas pelos seguintes diplomas:
- D.L. n.° 496/77, de 25 de Novembro
- D.L. n.° 227/94, de 08 de Setembro

2. Versões anteriores deste artigo:
- 1.ª versão: D.L. n.° 47344/66, de 25 de Novembro
- 2.ª versão: D.L. n.° 496/77, de 25 de Novembro

ARTIGO 1890.°
(Aceitação e rejeição de liberalidades)

1. Se ao filho for deixada herança ou legado, ou for feita proposta de doação que necessite de ser aceite, devem os pais aceitar a liberalidade, se o puderem fazer legalmente, ou requerer ao tribunal, no prazo de trinta dias, autorização para aceitar ou rejeitar.

2. Se, decorrido aquele prazo sobre a abertura da sucessão ou sobre a proposta de doação, os pais nada tiverem providenciado, pode o filho ou qualquer dos seus parentes, o Ministério Público, o doador ou algum interessado nos bens deixados requerer ao tribunal a notificação dos pais para darem cumprimento ao disposto no número anterior, dentro do prazo que lhes for assinado.

3. Se os pais nada declararem dentro do prazo fixado, a liberalidade tem-se por aceite, salvo se o tribunal julgar mais conveniente para o menor a rejeição.

4. No processo em que os pais requeiram autorização judicial para aceitar a herança, quando dela necessitem, poderão requerer autorização para convencionar a respectiva partilha extrajudicial, bem como a nomeação de curador especial para nela outorgar, em representação do menor, quando com ele concorram à sucessão ou a ela concorram vários incapazes por eles representados.

Anotações:

1. Contém as alterações introduzidas pelos seguintes diplomas:
- D.L. n.º 496/77, de 25 de Novembro
- D.L. n.º 227/94, de 08 de Setembro

2. Versões anteriores deste artigo:
- 1.ª versão: D.L. n.º 47344/66, de 25 de Novembro
- 2.ª versão: D.L. n.º 496/77, de 25 de Novembro

ARTIGO 1891.º

(Nomeação de curador especial)

1. Se o menor não tiver quem legalmente o represente, qualquer das pessoas mencionadas no n.º 2 do artigo anterior tem legitimidade para requerer ao tribunal a nomeação de um curador especial para os efeitos do disposto no n.º 1 do mesmo artigo.

2. Quando o tribunal recusar autorização aos pais para rejeitarem a liberalidade, será também nomeado oficiosamente um curador para o efeito da sua aceitação.

Anotações:

1. Contém as alterações introduzidas pelos seguintes diplomas:
- D.L. n.º 496/77, de 25 de Novembro

2. Versões anteriores deste artigo:
- 1.ª versão: D.L. n.º 47344/66, de 25 de Novembro

ARTIGO 1892.º

(Proibição de adquirir bens do filho)

1. Sem autorização do tribunal não podem os pais tomar de arrendamento ou adquirir, directamente ou por interposta pessoa, ainda que em hasta pública,

bens ou direitos do filho sujeito às **responsabilidades parentais**, nem tornar-se cessionários de créditos ou outros direitos contra este, excepto nos casos de sub-rogação legal, de licitação em processo de inventário ou de outorga em partilha judicialmente autorizada.

2. Entende-se que a aquisição é feita por interposta pessoa nos casos referidos no n.° 2 do artigo 579.°

Anotações:

1. Contém as alterações introduzidas pelos seguintes diplomas:
- D.L. n.° 496/77, de 25 de Novembro
- D.L. n.° 227/94, de 08 de Setembro
- Lei n.° 61/2008, de 31 de Outubro

2. Versões anteriores deste artigo:
- 1.ª versão: D.L. n.° 47344/66, de 25 de Novembro
- 2.ª versão: D.L. n.° 496/77, de 25 de Novembro
- 3.ª versão: D.L. n.° 227/94, de 08 de Setembro

ARTIGO 1893.°
(Actos anuláveis)

1. Os actos praticados pelos pais em contravenção do disposto nos artigos 1889.° e 1892.° são anuláveis a requerimento do filho, até um ano depois de atingir a maioridade ou ser emancipado, ou, se ele entretanto falecer, a pedido dos seus herdeiros, excluídos os próprios pais responsáveis, no prazo de um ano a contar da morte do filho.

2. A anulação pode ser requerida depois de findar o prazo se o filho ou seus herdeiros mostrarem que só tiveram conhecimento do acto impugnado nos seis meses anteriores à proposição da acção.

3. A acção de anulação pode também ser intentada pelas pessoas com legitimidade para requerer a inibição das **responsabilidades parentais**, contanto que o façam no ano seguinte à prática dos actos impugnados e antes de o menor atingir a maioridade ou ser emancipado.

Anotações:

1. Contém as alterações introduzidas pelos seguintes diplomas:
- D.L. n.° 496/77, de 25 de Novembro
- Lei n.° 61/2008, de 31 de Outubro

2. Versões anteriores deste artigo:
- 1.ª versão: D.L. n.° 47344/66, de 25 de Novembro
- 2.ª versão: D.L. n.° 496/77, de 25 de Novembro

ARTIGO 1894.º
(Confirmação dos actos pelo tribunal)

O tribunal pode confirmar os actos praticados pelos pais sem a necessária autorização.

Anotações:

1. Contém as alterações introduzidas pelos seguintes diplomas:
- D.L. n.º 496/77, de 25 de Novembro

2. Versões anteriores deste artigo:
- 1.ª versão: D.L. n.º 47344/66, de 25 de Novembro

ARTIGO 1895.º
(Bens cuja propriedade pertence aos pais)

1. Pertence aos pais a propriedade dos bens que o filho menor, vivendo em sua companhia, produza por trabalho prestado aos seus progenitores e com meios ou capitais pertencentes a estes.

2. Os pais devem dar ao filho parte nos bens produzidos ou por outra forma compensá-lo do seu trabalho; o cumprimento deste dever não pode, todavia, ser judicialmente exigido.

Anotações:

1. Contém as alterações introduzidas pelos seguintes diplomas:
- D.L. n.º 496/77, de 25 de Novembro

2. Versões anteriores deste artigo:
- 1.ª versão: D.L. n.º 47344/66, de 25 de Novembro

ARTIGO 1896.º
(Rendimentos dos bens do filho)

1. Os pais podem utilizar os rendimentos dos bens do filho para satisfazerem as despesas com o sustento, segurança, saúde e educação deste, bem como, dentro dos justos limites, com outras necessidades da vida familiar.

2. No caso de só um dos pais exercer as **responsabilidades parentais**, a ele pertence a utilização dos rendimentos do filho, nos termos do número anterior.

3. A utilização de rendimentos de bens que caibam ao filho a título de legítima não pode ser excluída pelo doador ou testador.

Anotações:

1. Contém as alterações introduzidas pelos seguintes diplomas
- D.L. n.º 496/77, de 25 de Novembro
- Lei n.º 61/2008, de 31 de Outubro

2. Versões anteriores deste artigo:
- 1.ª versão: D.L. n.º 47344/66, de 25 de Novembro
- 2.ª versão: D.L. n.º 496/77, de 25 de Novembro

ARTIGO 1897.º
(Exercício da administração)

Os pais devem administrar os bens dos filhos com o mesmo cuidado com que administram os seus.

Anotações:

1. Contém as alterações introduzidas pelos seguintes diplomas:
- D.L. n.º 496/77, de 25 de Novembro

2. Versões anteriores deste artigo:
- 1.ª versão: D.L. n.º 47344/66, de 25 de Novembro

ARTIGO 1898.º
(Prestação de caução)

1. Sem prejuízo do disposto no artigo 1920.º, os pais não são obrigados a prestar caução como administradores dos bens do filho, excepto quando a este couberem valores móveis e o tribunal, considerando o valor dos bens, o julgue necessário, a pedido das pessoas com legitimidade para a acção de inibição do exercício das **responsabilidades parentais**.

2. Se os pais não prestarem a caução que lhes for exigida é aplicável o disposto no artigo 1470.º

Anotações:

1. Contém as alterações introduzidas pelos seguintes diplomas
- D.L. n.º 496/77, de 25 de Novembro
- Lei n.º 61/2008, de 31 de Outubro

2. Versões anteriores deste artigo:
- 1.ª versão: D.L. n.º 47344/66, de 25 de Novembro
- 2.ª versão: D.L. n.º 496/77, de 25 de Novembro

ARTIGO 1899.º
(Dispensa de prestação de contas)

Os pais não são obrigados a prestar contas da sua administração, sem prejuízo do disposto no artigo 1920.º

Anotações:

1. Contém as alterações introduzidas pelos seguintes diplomas:

– D.L. n.° 496/77, de 25 de Novembro

2. Versões anteriores deste artigo:

– 1.ª versão: D.L. n.° 47344/66, de 25 de Novembro

ARTIGO 1900.°
(Fim da administração)

1. Os pais devem entregar ao filho, logo que este atinja a maioridade ou seja emancipado, todos os bens que lhe pertençam; quando por outro motivo cessem as **responsabilidades parentais** ou a administração, devem os bens ser entregues ao representante legal do filho.

2. Os móveis devem ser restituídos no estado em que se encontrarem; não existindo, pagarão os pais o respectivo valor, excepto se houverem sido consumidos em uso comum ao filho ou tiverem perecido por causa não imputável aos progenitores.

Anotações:

1. Contém as alterações introduzidas pelos seguintes diplomas:

– D.L. n.° 496/77, de 25 de Novembro

– Lei n.° 61/2008, de 31 de Outubro

2. Versões anteriores deste artigo:

– 1.ª versão: D.L. n.° 47344/66, de 25 de Novembro

– 2.ª versão: D.L. n.° 496/77, de 25 de Novembro

SUBSECÇÃO IV
Exercício das responsabilidades parentais

ARTIGO 1901.°
(Responsabilidades parentais na constância do matrimónio)

1. **Na constância do matrimónio, o exercício das responsabilidades parentais pertence a ambos os pais.**

2. **Os pais exercem as responsabilidades parentais de comum acordo e, se este faltar em questões de particular importância, qualquer deles pode recorrer ao tribunal, que tentará a conciliação.**

3. **Se a conciliação referida no número anterior não for possível, o tribunal ouvirá o filho, antes de decidir, salvo quando circunstâncias ponderosas o desaconselhem.**

Anotações:

1. Contém as alterações introduzidas pelos seguintes diplomas:

- D.L. n.° 496/77, de 25 de Novembro
- Lei n.° 61/2008, de 31 de Outubro

2. Versões anteriores deste artigo:

- 1.ª versão: D.L. n.° 47344/66, de 25 de Novembro
- 2.ª versão: D.L. n.° 496/77, de 25 de Novembro, cujo teor era o seguinte:

"ARTIGO 1901.°
(Poder paternal na constância do matrimónio)

1. Na constância do matrimónio o exercício do poder paternal pertence a ambos os pais.

2. Os pais exercem o poder paternal de comum acordo e, se este faltar em questões de particular importância, qualquer deles pode recorrer ao tribunal, que tentará a conciliação; se esta não for possível, o tribunal ouvirá, antes de decidir, o filho maior de catorze anos, salvo quando circunstâncias ponderosas o desaconselhem."

3. Do novo texto deste artigo 1901.° do C.C., ressaltam duas diferenças, face à anterior versão:

a) A substituição do conceito de "poder paternal" pelo conceito de "responsabilidades parentais";

b) A eliminação, no n.° 2, da limitação da idade mínima de 14 anos, para que o filho menor possa ser ouvido antes que o tribunal decida, na falta de acordo dos pais, quanto exercício das responsabilidades parentais.

4. Quanto ao conceito relativo às "questões de particular importância" previsto no n.° 2, temos, a título de exemplo, as questões relativas à i) educação, ii) ou à saúde, iii) ou às deslocações ao estrangeiro do menor.

5. A Lei n.° 61/2008, de 31 de Outubro, suprimiu no n.° 2 deste artigo 1901.° o requisito da idade mínima de 14 anos para que o menor possa vir a ser ouvido em questões de particular importância, relativas ao exercício das responsabilidades paternais (agora, "parentais") dos seus pais.

6. A epígrafe da presente subsecção IV, da qual este artigo 19.01.° faz parte, era anteriormente designada por "Exercício do poder paternal", tendo sido alterada para "Exercício das responsabilidades parentais", por força do n.° 1 do artigo 3.° da Lei n.° 61/2008, de 31 de Outubro.

ARTIGO 1902.°
(Actos praticados por um dos pais)

1. **Se um dos pais praticar acto que integre o exercício das responsabilidades parentais, presume-se que age de acordo com o outro, salvo quando**

a lei expressamente exija o consentimento de ambos os progenitores ou se trate de acto de particular importância; a falta de acordo não é oponível a terceiro de boa fé.

2. **O terceiro deve recusar-se a intervir no acto praticado por um dos progenitores quando, nos termos do número anterior, não se presuma o acordo do outro ou quando conheça a oposição deste.**

Anotações:

1. Contém as alterações introduzidas pelos seguintes diplomas:
- D.L. n.° 496/77, de 25 de Novembro
- Lei n.° 61/2008, de 31 de Outubro

2. Versões anteriores deste artigo
- 1.ª versão: D.L. n.° 47344/66, de 25 de Novembro

D.L. n.° 496/77, de 25 de Novembro, cujo teor era o seguinte:

"ARTIGO 1902.°
(Actos praticados por um dos pais)

1. Se um dos pais praticar acto que integre o exercício do poder paternal, presume-se que age de acordo com o outro, salvo quando a lei expressamente exija o consentimento de ambos os progenitores ou se trate de acto de particular importância; a falta de acordo não é oponível a terceiro de boa fé.

2. O terceiro deve recusar-se a intervir no acto praticado por um dos cônjuges quando, nos termos do número anterior, não se presuma o acordo do outro cônjuge ou quando conheça a oposição deste."

3. Neste artigo apenas constatamos, no seu n.° 2, a substituição da referência a "cônjuges", por "progenitores" o que nos parece mais adequado, dado tratar-se de responsabilidades parentais e não do matrimónio.

ARTIGO 1903.°
(Impedimento de um dos pais)

Quando um dos pais não puder exercer as responsabilidades parentais por ausência, incapacidade ou outro impedimento decretado pelo tribunal, caberá esse exercício unicamente ao outro progenitor ou, no impedimento deste, a alguém da família de qualquer deles, desde que haja um acordo prévio e com validação legal.

Anotações:

1. Contém as alterações introduzidas pelos seguintes diplomas:
- D.L. n.° 496/77, de 25 de Novembro
- Lei n.° 61/2008, de 31 de Outubro

2. Versões anteriores deste artigo:
- 1.ª versão: D.L. n.° 47344/66, de 25 de Novembro

D.L. n.° 496/77, de 25 de Novembro, cujo teor era o seguinte:

"ARTIGO 1903.°
(Impedimento de um dos pais)
Quando um dos pais não puder exercer o poder paternal por ausência, incapacidade ou outro impedimento, caberá esse exercício unicamente ao outro progenitor.".

ARTIGO 1904.°
(Morte de um dos progenitores)

Por morte de um dos progenitores, o exercício das responsabilidades parentais pertence ao sobrevivo.

Anotações:
1. Contém as alterações introduzidas pelos seguintes diplomas:
– D.L. n.° 496/77, de 25 de Novembro
– Lei n.° 61/2008, de 31 de Outubro
2. Versões anteriores deste artigo:
– 1.ª versão: D.L. n.° 47344/66, de 25 de Novembro
– 2.ª versão: D.L. n.° 496/77, de 25 de Novembro, cujo teor era o seguinte:

"ARTIGO 1904.°
(Viuvez)
Dissolvido o casamento por morte de um dos cônjuges, o poder paternal pertence ao sobrevivo."

3. Neste artigo constatamos a substituição da referência a "cônjuge", por "progenitor" o que nos parece mais adequado, dado aqui tratar-se da responsabilidade parental e não do matrimónio.

ARTIGO 1905.°
(Alimentos devidos ao filho em caso de divórcio, separação judicial de pessoas e bens, declaração de nulidade ou anulação do casamento)

Nos casos de divórcio, separação judicial de pessoas e bens, declaração de nulidade ou anulação do casamento, os alimentos devidos ao filho e forma de os prestar serão regulados por acordo dos pais, sujeito a homologação; a homologação será recusada se o acordo não corresponder ao interesse do menor.

Anotações:
1. Contém as alterações introduzidas pelos seguintes diplomas:
– D.L. n.° 496/77, de 25 de Novembro

– Lei n.° 84/95, de 31 de Agosto
– Lei n.° 61/2008, de 31 de Outubro
2. Versões anteriores deste artigo:
– 1.ª versão: D.L. n.° 47344/66, de 25 de Novembro
– 2.ª versão: D.L. n.° 496/77, de 25 de Novembro
– 3.ª Versão: – Lei n.° 84/95, de 31 de Agosto, cujo teor era o seguinte:

"ARTIGO 1905.°
(Divórcio, separação judicial de pessoas e bens, declaração de nulidade ou anulação do casamento)

1. Nos casos de divórcio, separação judicial de pessoas e bens, declaração de nulidade ou anulação do casamento, o destino do filho, os alimentos a este devidos e forma de os prestar serão regulados por acordo dos pais, sujeito a homologação do tribunal; a homologação será recusada se o acordo não corresponder ao interesse do menor, incluindo o interesse deste em manter com aquele progenitor a quem não seja confiado uma relação de grande proximidade.

2. Na falta de acordo, o Tribunal decidirá de harmonia com o interesse do menor, incluindo o de manter uma relação de grande proximidade com o progenitor a quem não seja confiado, podendo a sua guarda caber a qualquer dos pais, ou, quando se verifique alguma das circunstâncias previstas no artigo 1918.°, a terceira pessoa ou estabelecimento de reeducação ou assistência."

3. A redacção dada agora a este artigo 1905.° do C.C., corresponde, no essencial, a parte do seu anterior n.° 1.

ARTIGO 1906.°
(Exercício das responsabilidades parentais em caso de divórcio, separação judicial de pessoas e bens, declaração de nulidade ou anulação do casamento)

1. **As responsabilidades parentais relativas às questões de particular importância para a vida do filho são exercidas em comum por ambos os progenitores nos termos que vigoravam na constância do matrimónio, salvo nos casos de urgência manifesta, em que qualquer dos progenitores pode agir sozinho, devendo prestar informações ao outro logo que possível.**

2. **Quando o exercício em comum das responsabilidades parentais relativas às questões de particular importância para a vida do filho for julgado contrário aos interesses deste, deve o tribunal, através de decisão fundamentada, determinar que essas responsabilidades sejam exercidas por um dos progenitores.**

3. **O exercício das responsabilidades parentais relativas aos actos da vida corrente do filho cabe ao progenitor com quem ele reside habitualmente, ou ao progenitor com quem ele se encontra temporariamente; porém, este último, ao exercer as suas responsabilidades, não deve contrariar as orienta-**

ções educativas mais relevantes, tal como elas são definidas pelo progenitor com quem o filho reside habitualmente.

4. **O progenitor a quem cabe o exercício das responsabilidades parentais relativas aos actos da vida corrente pode exercê-las por si ou delegar o seu exercício.**

5. **O tribunal determinará a residência do filho e os direitos de visita de acordo com o interesse deste, tendo em atenção todas as circunstâncias relevantes, designadamente o eventual acordo dos pais e a disponibilidade manifestada por cada um deles para promover relações habituais do filho com o outro.**

6. **Ao progenitor que não exerça, no todo ou em parte, as responsabilidades parentais assiste o direito de ser informado sobre o modo do seu exercício, designadamente sobre a educação e as condições de vida do filho.**

7. **O tribunal decidirá sempre de harmonia com o interesse do menor, incluindo o de manter uma relação de grande proximidade com os dois progenitores, promovendo e aceitando acordos ou tomando decisões que favoreçam amplas oportunidades de contacto com ambos e de partilha de responsabilidades entre eles.**

Anotações:

1. Contém as alterações introduzidas pelos seguintes diplomas:
- D.L. n.° 496/77, de 25 de Novembro
- Lei n.° 84/95, de 31 de Agosto
- Lei n.° 59/99, de 30 de Junho
- Lei n.° 61/2008, de 31 de Outubro

2. Versões anteriores deste artigo:
- 1.ª versão: D.L. n.° 47344/66, de 25 de Novembro
- 2.ª versão: D.L. n.° 496/77, de 25 de Novembro
- 3.ª versão: Lei n.° 84/95, de 31 de Agosto
- 4.ª versão: Lei n.° 59/99, de 30 de Junho, cujo teor era o seguinte:

"ARTIGO 1906.°
(Exercício do poder paternal em caso de divórcio, separação judicial de pessoas e bens, declaração de nulidade ou anulação do casamento.)

1. Desde que obtido o acordo dos pais, o poder paternal é exercido em comum por ambos, decidindo as questões relativas à vida do filho em condições idênticas às que vigoram para tal efeito na constância do matrimónio.

2. Na ausência de acordo dos pais, deve o tribunal, através de decisão fundamentada, determinar que o poder paternal seja exercido pelo progenitor a quem o filho for confiado.

3. No caso previsto no número anterior, os pais podem acordar que determinados assuntos sejam resolvidos entre ambos ou que a administração dos bens do filho seja assumida pelo progenitor a quem o menor tenha sido confiado.

4. Ao progenitor que não exerça o poder paternal assiste o poder de vigiar a educação e as condições de vida do filho."

ARTIGO 1907.°
(Exercício das responsabilidades parentais quando o filho é confiado a terceira pessoa)

1. **Por acordo ou decisão judicial, ou quando se verifique alguma das circunstâncias previstas no artigo 1918.°, o filho pode ser confiado à guarda de terceira pessoa.**
2. **Quando o filho seja confiado a terceira pessoa, cabem a esta os poderes e deveres dos pais que forem exigidos pelo adequado desempenho das suas funções.**
3. **O tribunal decide em que termos são exercidas as responsabilidades parentais na parte não prejudicada pelo disposto no número anterior.**

Anotações:

1. Contém as alterações introduzidas pelos seguintes diplomas:
- D.L. n.° 496/77, de 25 de Novembro
- Lei n.° 61/2008, de 31 de Outubro

2. Versões anteriores deste artigo:
- 1.ª versão: D.L. n.° 47344/66, de 25 de Novembro
- 2.ª Versão: D.L. n.° 496/77, de 25 de Novembro, cujo teor era o seguinte:

"ARTIGO 1907.°
(Exercício do poder paternal quando o filho é confiado a terceira pessoa ou a estabelecimento de educação ou assistência.)

1. Quando o filho seja confiado a terceira pessoa ou a estabelecimento de educação ou assistência, cabem a estes os poderes e deveres dos pais que forem exigidos pelo adequado desempenho das suas funções.

2. O tribunal decidirá a qual dos progenitores compete o exercício do poder paternal na parte não prejudicada pelo disposto no número anterior."

ARTIGO 1908.°
(Sobrevivência do progenitor a quem o filho não foi confiado)

Quando se verifique alguma das circunstâncias previstas no artigo 1918.°, pode o tribunal, ao regular o exercício das responsabilidades parentais, decidir que, se falecer o progenitor a quem o menor for entregue, a guarda não passe para o sobrevivo; o tribunal designará nesse caso a pessoa a quem, provisoriamente, o menor será confiado.

Anotações:

1. Contém as alterações introduzidas pelos seguintes diplomas:
- D.L. n.° 496/77, de 25 de Novembro
- Lei n.° 61/2008, de 31 de Outubro

2. Versões anteriores deste artigo:
- 1.ª versão: D.L. n.° 47344/66, de 25 de Novembro
- 2.ª versão: D.L. n.° 496/77, de 25 de Novembro, cujo teor era o seguinte:

"ARTIGO 1908.°
(Sobrevivência do progenitor a quem o filho não foi confiado)

Quando se verifique alguma das circunstâncias previstas no artigo 1918.°, pode o tribunal, ao regular o exercício do poder paternal, decidir que, se falecer o progenitor a quem o menor for entregue, a guarda não passe para o sobrevivo; o tribunal designará então a pessoa a quem, provisoriamente, o menor será confiado."

ARTIGO 1909.°
(Separação de facto)

As disposições dos artigos 1905.° a 1908.° são aplicáveis aos cônjuges separados de facto.

Anotações:

1. Contém as alterações introduzidas pelos seguintes diplomas:
- D.L. n.° 496/77, de 25 de Novembro

2. Versões anteriores deste artigo:
- 1.ª versão: D.L. n.° 47344/66, de 25 de Novembro

ARTIGO 1910.°
(Filiação estabelecida apenas quanto a um dos progenitores)

Se a filiação de menor nascido fora do casamento se encontrar estabelecida apenas quanto a um dos progenitores, a este pertence o exercício das responsabilidades parentais.

Anotações:

1. Contém as alterações introduzidas pelos seguintes diplomas
- D.L. n.° 496/77, de 25 de Novembro
- Lei n.° 61/2008, de 31 de Outubro

2. Versões anteriores deste artigo:
- 1.ª versão: D.L. n.° 47344/66, de 25 de Novembro

– 2.ª versão: D.L. n.º 496/77, de 25 de Novembro, cujo teor era o seguinte:

"ARTIGO 1910.º
(Filiação estabelecida apenas quanto a um dos progenitores)
Se a filiação de menor nascido fora do casamento se encontrar estabelecida apenas quanto a um dos progenitores, a este pertence o poder paternal."

ARTIGO 1911.º
(Filiação estabelecida quanto a ambos os progenitores que vivem em condições análogas às dos cônjuges)

1. **Quando a filiação se encontre estabelecida relativamente a ambos os progenitores e estes vivam em condições análogas às dos cônjuges, aplica-se ao exercício das responsabilidades parentais o disposto nos artigos 1901.º a 1904.º.**

2. **No caso de cessação da convivência entre os progenitores, são aplicáveis as disposições dos artigos 1905.º a 1908.º.**

Anotações:

1. Contém as alterações introduzidas pelos seguintes diplomas:
– D.L. n.º 496/77, de 25 de Novembro
– Lei n.º 61/2008, de 31 de Outubro

2. Versões anteriores deste artigo:
– 1.ª versão: D.L. n.º 47344/66, de 25 de Novembro
– 2.ª versão: D.L. n.º 496/77, de 25 de Novembro, cujo teor era o seguinte:

"ARTIGO 1911.º
(Filiação estabelecida quanto a ambos os progenitores não unidos pelo matrimónio)

1. Quando a filiação se encontre estabelecida relativamente a ambos os pais e estes não tenham contraído matrimónio após o nascimento do menor, o exercício do poder paternal pertence ao progenitor que tiver a guarda do filho.

2. Para os efeitos do número anterior presume-se que a mãe tem a guarda do filho; esta presunção só é ilidível judicialmente.

3. Se os progenitores conviverem maritalmente, o exercício do poder paternal pertence a ambos quando declarem, perante o funcionário do registo civil, ser essa a sua vontade; é aplicável, neste caso, com as necessárias adaptações, o disposto nos artigos 1901.º a 1904.º"

ARTIGO 1912.º
(Filiação estabelecida quanto a ambos os progenitores que não vivem em condições análogas às dos cônjuges)

1. **Quando a filiação se encontre estabelecida relativamente a ambos os progenitores e estes não vivam em condições análogas às dos cônjuges,**

aplica-se ao exercício das responsabilidades parentais o disposto nos artigos 1904.° a 1908.°.

2. **No âmbito do exercício em comum das responsabilidades parentais, aplicam-se as disposições dos artigos 1901.° e 1903.°.**

Anotações:

1. Contém as alterações introduzidas pelos seguintes diplomas:

- D.L. n.° 496/77, de 25 de Novembro
- Lei n.° 61/2008, de 31 de Outubro

2. Versões anteriores deste artigo:

- 1.ª versão: D.L. n.° 47344/66, de 25 de Novembro
- 2.ª versão: D.L. n.° 496/77, de 25 de Novembro, cujo teor era o seguinte:

"ARTIGO 1912.°
(Regulação do exercício do poder paternal)
É aplicável ao caso previsto no artigo anterior, com as necessárias adaptações, o disposto nos artigos 1904.° a 1907.°"

SUBSECÇÃO V
Inibição e limitações ao exercício das responsabilidades parentais

ARTIGO 1913.°
(Inibição de pleno direito)

1. Consideram-se de pleno direito inibidos do exercício das **responsabilidades parentais**:

a) Os condenados definitivamente por crime a que a lei atribua esse efeito;
b) Os interditos e os inabilitados por anomalia psíquica;
c) Os ausentes, desde a nomeação do curador provisório.

2. Consideram-se de pleno direito inibidos de representar o filho e administrar os seus bens os menores não emancipados e os interditos e inabilitados não referidos na alínea b) do número anterior.

3. As decisões judiciais que importem inibição do exercício das **responsabilidades parentais** são comunicadas, logo que transitem em julgado, ao tribunal competente, a fim de serem tomadas as providências que no caso couberem.

Anotações:

1. Contém as alterações introduzidas pelos seguintes diplomas:

- D.L. n.° 496/77, de 25 de Novembro
- Lei n.° 61/2008, de 31 de Outubro

2. Versões anteriores deste artigo:
– 1.ª versão: D.L. n.º 47344/66, de 25 de Novembro
– 2.ª versão: – D.L. n.º 496/77, de 25 de Novembro

ARTIGO 1914.º
(Cessação da inibição)

A inibição de pleno direito do exercício das **responsabilidades parentais** cessa pelo levantamento da interdição ou inabilitação e pelo termo da curadoria.

Anotações:
1. Contém as alterações introduzidas pelos seguintes diplomas:
– D.L. n.º 496/77, de 25 de Novembro
– Lei n.º 61/2008, de 31 de Outubro
2. Versões anteriores deste artigo:
– 1.ª versão: D.L. n.º 47344/66, de 25 de Novembro
– 2.ª versão: – D.L. n.º 496/77, de 25 de Novembro

ARTIGO 1915.º
(Inibição do exercício das responsabilidades parentais)

1. A requerimento do Ministério Público, de qualquer parente do menor ou de pessoa a cuja guarda ele esteja confiado, de facto ou de direito, pode o tribunal decretar a inibição do exercício das **responsabilidades parentais** quando qualquer dos pais infrinja culposamente os deveres para com os filhos, com grave prejuízo destes, ou quando, por inexperiência, enfermidade, ausência ou outras razões, se não mostre em condições de cumprir aqueles deveres.

2. A inibição pode ser total ou limitar-se à representação e administração dos bens dos filhos; pode abranger ambos os progenitores ou apenas um deles e referir-se a todos os filhos ou apenas a algum ou alguns.

3. Salvo decisão em contrário, os efeitos da inibição que abranja todos os filhos estendem-se aos que nascerem depois de decretada.

Anotações:
1. Contém as alterações introduzidas pelos seguintes diplomas
– D.L. n.º 496/77, de 25 de Novembro
– Lei n.º 61/2008, de 31 de Outubro
2. Versões anteriores deste artigo:
– 1.ª versão: D.L. n.º 47344/66, de 25 de Novembro
– 2.ª versão: D.L. n.º 496/77, de 25 de Novembro

ARTIGO 1916.°
(Levantamento da inibição)

1. A inibição do exercício das **responsabilidades parentais** decretada pelo tribunal será levantada quando cessem as causas que lhe deram origem.

2. O levantamento pode ser pedido pelo Ministério Público, a todo o tempo, ou por qualquer dos pais, passado um ano sobre o trânsito em julgado da sentença de inibição ou da que houver desatendido outro pedido de levantamento.

Anotações:

1. Contém as alterações introduzidas pelos seguintes diplomas:
- D.L. n.° 496/77, de 25 de Novembro
- Lei n.° 61/2008, de 31 de Outubro

2. Versões anteriores deste artigo:
- 1.ª versão: D.L. n.° 47344/66, de 25 de Novembro
- 2.ª versão: D.L. n.° 496/77, de 25 de Novembro

ARTIGO 1917.°
(Alimentos)

A inibição do exercício das **responsabilidades parentais** em nenhum caso isenta os pais do dever de alimentarem o filho.

Anotações:

1. Contém as alterações introduzidas pelos seguintes diplomas:
- D.L. n.° 496/77, de 25 de Novembro
- Lei n.° 61/2008, de 31 de Outubro

2. Versões anteriores deste artigo:
- 1.ª versão: D.L. n.° 47344/66, de 25 de Novembro
- 2.ª versão: D.L. n.° 496/77, de 25 de Novembro

ARTIGO 1918.°
(Perigo para a segurança, saúde, formação moral e educação do filho)

Quando a segurança, a saúde, a formação moral ou a educação de um menor se encontre em perigo e não seja caso de inibição do exercício das **responsabilidades parentais**, pode o tribunal, a requerimento do Ministério Público ou de qualquer das pessoas indicadas no n.° 1 do artigo 1915.°, decretar as providências adequadas, designadamente confiá-lo a terceira pessoa ou a estabelecimento de educação ou assistência.

Anotações:

1. Contém as alterações introduzidas pelos seguintes diplomas:
- D.L. n.° 496/77, de 25 de Novembro
- Lei n.° 61/2008, de 31 de Outubro

2. Versões anteriores deste artigo:
- 1.ª versão: D.L. n.° 47344/66, de 25 de Novembro
- 2.ª versão: D.L. n.° 496/77, de 25 de Novembro

ARTIGO 1919.°
(Exercício das responsabilidades parentais enquanto se mantiver a providência)

1. Quando tiver sido decretada alguma das providências referidas no artigo anterior, os pais conservam o exercício das **responsabilidades parentais** em tudo o que com ela se não mostre inconciliável.

2. Se o menor tiver sido confiado a terceira pessoa ou a estabelecimento de educação ou assistência, será estabelecido um regime de visitas aos pais, a menos que, excepcionalmente, o interesse do filho o desaconselhe.

Anotações:

1. Contém as alterações introduzidas pelos seguintes diplomas:
- D.L. n.° 496/77, de 25 de Novembro
- Lei n.° 61/2008, de 31 de Outubro

2. Versões anteriores deste artigo:
- 1.ª versão: D.L. n.° 47344/66, de 25 de Novembro
- 2.ª versão: D.L. n.° 496/77, de 25 de Novembro

ARTIGO 1920.°
(Protecção dos bens do filho)

1. Quando a má administração ponha em perigo o património do filho e não seja caso de inibição do exercício das **responsabilidades parentais**, pode o tribunal, a requerimento do Ministério Público ou de qualquer parente, decretar as providências que julgue adequadas.

2. Atendendo em especial ao valor dos bens, pode nomeadamente o tribunal exigir a prestação de contas e de informações sobre a administração e estado do património do filho e, quando estas providências não sejam suficientes, a prestação de caução.

Anotações:

1. Contém as alterações introduzidas pelos seguintes diplomas:
- D.L. n.° 496/77, de 25 de Novembro

– Lei n.° 61/2008, de 31 de Outubro

2. Versões anteriores deste artigo:

– 1.ª versão: D.L. n.° 47344/66, de 25 de Novembro

– 2.ª versão: D.L. n.° 496/77, de 25 de Novembro

ARTIGO 1920.°-A
(Revogação ou alteração de decisões)

As decisões que decretem providências ao abrigo do disposto nos artigos 1918.° a 1920.° podem ser revogadas ou alteradas a todo o tempo pelo tribunal que as proferiu, a requerimento do Ministério Público ou de qualquer dos pais.

Anotações:

1. Aditado pelo seguinte diploma: Decreto-Lei n.° 496/77, de 25 de Novembro

SUBSECÇÃO VI
Registo das decisões relativas às responsabilidades parentais

ARTIGO 1920.°-B
(Obrigatoriedade do registo)

Serão oficiosamente comunicadas à repartição do registo civil competente a fim de serem registadas:

a) As decisões que regulem o exercício das **responsabilidades parentais** ou homologuem acordo sobre esse exercício;

b) As decisões que homologuem a reconciliação de cônjuges judicialmente separados de pessoas e bens;

c) As decisões que façam cessar a regulação das **responsabilidades parentais** em caso de reconciliação de cônjuges separados de facto;

d) As decisões que importem a inibição do exercício das **responsabilidades parentais**, o suspendam provisoriamente ou estabeleçam providências limitativas desse poder.

Anotações:

1. Aditado pelo seguinte diploma: Decreto-Lei n.° 496/77, de 25 de Novembro

2. Contém as alterações introduzidas pelos seguintes diplomas:

– Lei n.° 61/2008, de 31 de Outubro

3. Versões anteriores deste artigo:
– 1.ª versão: Decreto-Lei n.º 496/77, de 25 de Novembro

ARTIGO 1920.º-C
(Consequência da falta do registo)

As decisões judiciais a que se refere o artigo anterior não podem ser invocadas contra terceiro de boa fé enquanto se não mostre efectuado o registo.

Anotações:
1. Aditado pelo seguinte diploma: Decreto-Lei n.º 496/77, de 25 de Novembro

SECÇÃO III
Meios de suprir o poder paternal[166]

SUBSECÇÃO I
Disposições gerais

ARTIGO 1921.º
(Menores sujeitos a tutela)

1. O menor está obrigatoriamente sujeito a tutela:
a) Se os pais houverem falecido;
b) Se estiverem inibidos do poder paternal quanto à regência da pessoa do filho;
c) Se estiverem há mais de seis meses impedidos de facto de exercer o poder paternal;

---

[166] Não se compreende a razão pela qual o n.º 1 do artigo 3.º da Lei n.º 61/2008 estabeleceu que são alteradas respectivamente, para "Responsabilidades parentais" e "Exercício das responsabilidades parentais" as epígrafes da Secção II e da sua Subsecção IV, do Capítulo II do Título III do Livro IV do Código Civil, e ao mesmo passo não estabeleceu idêntica regra para a presente Secção III do Capítulo II do mesmo Título III do Livro IV do Código Civil.

Com efeito, se o conceito de poder paternal foi extinto, tendo sido substituído pelo novo conceito de "responsabilidades parentais", a sua manutenção constituirá, por certo, fonte de problemas de interpretação e de incongruências que seria de todo de evitar.

Mutatis mutandis, o mesmo se diga quanto à substituição da expressão "poder paternal" pela expressão "responsabilidades parentais", prevista no n.º 2 do já citado artigo 3.º da Lei n.º 61/2008 para todas as disposições da Secção II do Capítulo II do Título III do Livro IV do Código Civil, e não prevista para a sua Secção III.

d) Se forem incógnitos.

2. Havendo impedimento de facto dos pais, deve o Ministério Público tomar as providências necessárias à defesa do menor, independentemente do decurso do prazo referido na alínea c) do número anterior, podendo para o efeito promover a nomeação de pessoa que, em nome do menor, celebre os negócios jurídicos que sejam urgentes ou de que resulte manifesto proveito para este.

3. O disposto no n° 1 não é aplicável quando se constituir apadrinhamento civil.

Anotações:

1. Contém as alterações dos seguintes diplomas:

– Lei n.° 103/2009, de 11 de Setembro

2. Versões anteriores deste artigo:

– 1.ª versão: D.L. n.° 47344/66, de 25 de Novembro

ARTIGO 1922.°

(Administração de bens)

Será instituído o regime de administração de bens do menor previsto nos artigos 1967.° e seguintes:

a) Quando os pais tenham sido apenas excluídos, inibidos ou suspensos da administração de todos os bens do incapaz ou de alguns deles, se por outro título se não encontrar designado o administrador;

b) Quando a entidade competente para designar o tutor confie a outrem, no todo ou em parte, a administração dos bens do menor.

ARTIGO 1923.°

(Carácter oficioso da tutela e da administração)

1. Sempre que o menor se encontre numa das situações previstas nos artigos anteriores, deve o tribunal de menores promover oficiosamente a instauração da tutela ou da administração de bens.

2. Qualquer autoridade administrativa ou judicial, bem como os funcionários do registo civil, que no exercício do cargo tenham conhecimento de tais situações devem comunicar o facto ao tribunal competente.

ARTIGO 1924.°

(Órgãos da tutela e da administração)

1. A tutela é exercida por um tutor e pelo conselho de família.

2. A administração de bens é exercida por um ou mais administradores e, se estiver instaurada a tutela, pelo conselho de família.

ARTIGO 1925.º
(Atribuições do tribunal de menores)

1. Tanto a tutela como a administração de bens são exercidas sob a vigilância do tribunal de menores.

2. Ao tribunal de menores, além de outras atribuições fixadas na lei, compete ainda, conforme os casos, confirmar ou designar os tutores, administradores de bens e vogais do conselho de família.

ARTIGO 1926.º
(Obrigatoriedade das funções tutelares)

Os cargos de tutor, administrador de bens e vogal do conselho de família são obrigatórios, não podendo ninguém ser deles escusado senão nos casos expressos na lei.

SUBSECÇÃO II
Tutela

DIVISÃO I
Designação do tutor

ARTIGO 1927.º
(Pessoas a quem compete a tutela)

O cargo de tutor recairá sobre a pessoa designada pelos pais ou pelo tribunal de menores.

Anotações:

1. Contém as alterações introduzidas pelos seguintes diplomas:
- D.L. n.º 496/77, de 25 de Novembro

2. Versões anteriores deste artigo:
- 1.ª versão: D.L. n.º 47344/66, de 25 de Novembro

ARTIGO 1928.º
(Tutor designado pelos pais)

1. Os pais podem nomear tutor ao filho menor para o caso de virem a falecer ou se tornarem incapazes; se apenas um dos progenitores exercer o poder paternal, a ele pertencerá esse poder.

2. Quando, falecido um dos progenitores que houver nomeado tutor ao filho menor, lhe sobreviver o outro, a designação considera-se eficaz se não for revogada por este no exercício do poder paternal.

3. A designação do tutor e respectiva revogação só têm validade sendo feitas em testamento ou em documento autêntico ou autenticado.

Anotações:

1. Contém as alterações introduzidas pelos seguintes diplomas:
- D.L. n.° 496/77, de 25 de Novembro

2. Versões anteriores deste artigo:
- 1.ª versão: D.L. n.° 47344/66, de 25 de Novembro

ARTIGO 1929.°
(Designação de vários tutores)

Quando, nos termos do artigo anterior, tiver sido designado mais de um tutor para o mesmo filho, recairá a tutela em cada um dos designados segundo a ordem da designação, quando a precedência entre eles não for de outro modo especificada.

Anotações:

1. Contém as alterações introduzidas pelos seguintes diplomas:
- D.L. n.° 496/77, de 25 de Novembro

2. Versões anteriores deste artigo:
- 1.ª versão: D.L. n.° 47344/66, de 25 de Novembro

ARTIGO 1930.°
(Tutela legítima)

(Revogado pelo Decreto-Lei n.° 496/77, de 25 de Novembro).

Anotações:

1. Contém as alterações introduzidas pelos seguintes diplomas:
- D.L. n.° 496/77, de 25 de Novembro

2. Versões anteriores deste artigo:
- 1.ª versão: D.L. n.° 47344/66, de 25 de Novembro

ARTIGO 1931.°
(Tutor designado pelo tribunal)

1. Quando os pais não tenham designado tutor ou este não haja sido confirmado, compete ao tribunal de menores, ouvido o conselho de família, nomear o tutor de entre os parentes ou afins do menor ou de entre as pessoas que de facto tenham cuidado ou estejam a cuidar do menor ou tenham por ele demonstrado afeição.

2. Antes de proceder à nomeação de tutor, deve o tribunal ouvir o menor que tenha completado catorze anos.

Anotações:

1. Contém as alterações introduzidas pelos seguintes diplomas:

– D.L. n.º 496/77, de 25 de Novembro

2. Versões anteriores deste artigo:

– 1.ª versão: D.L. n.º 47344/66, de 25 de Novembro

ARTIGO 1932.º
(Tutela de vários irmãos)

A tutela respeitante a dois ou mais irmãos caberá, sempre que possível, a um só tutor.

Anotações:

1. Contém as alterações introduzidas pelos seguintes diplomas:

– D.L. n.º 496/77, de 25 de Novembro

2. Versões anteriores deste artigo:

– 1.ª versão: D.L. n.º 47344/66, de 25 de Novembro

ARTIGO 1933.º
(Quem não pode ser tutor)

1. Não podem ser tutores:

a) Os menores não emancipados, os interditos e os inabilitados;

b) Os notoriamente dementes, ainda que não estejam interditos ou inabilitados;

c) As pessoas de mau procedimento ou que não tenham modo de vida conhecido;

d) Os que tiverem sido inibidos ou se encontrarem total ou parcialmente suspensos do poder paternal;

e) Os que tiverem sido removidos ou se encontrarem suspensos de outra tutela ou do cargo de vogal de conselho de família por falta de cumprimento das respectivas obrigações;

f) Os divorciados e os separados judicialmente de pessoas e bens por sua culpa;

g) Os que tenham demanda pendente com o menor ou com seus pais, ou a tenham tido há menos de cinco anos;

h) Aqueles cujos pais, filhos ou cônjuges tenham, ou hajam tido há menos de cinco anos, demanda com o menor ou seus pais;

i) Os que sejam inimigos pessoais do menor ou dos seus pais;

j) Os que tenham sido excluídos pelo pai ou mãe do menor, nos mesmos termos em que qualquer deles pode designar tutor;

l) Os magistrados judiciais ou do Ministério Público que exerçam funções na comarca do domicílio do menor ou na da situação dos seus bens.

2. Os inabilitados por prodigalidade, os falidos ou insolventes, e bem assim os inibidos ou suspensos do poder paternal ou removidos da tutela quanto à administração de bens, podem ser nomeados tutores, desde que sejam apenas encarregados da guarda e regência da pessoa do menor.

ARTIGO 1934.°
(Escusa da tutela)

1. Podem escusar-se da tutela:

a) O Presidente da República e os membros do Governo;

b) Os bispos e sacerdotes que tenham cura de almas, bem como os religiosos que vivam em comunidade;

c) Os militares em serviço activo;

d) Os que residam fora da comarca onde o menor tem a maior parte dos bens, salvo se a tutela compreender apenas a regência da pessoa do menor, ou os bens deste forem de reduzido valor;

e) Os que tiverem mais de três descendentes a seu cargo;

f) Os que exerçam outra tutela ou curatela;

g) Os que tenham mais de sessenta e cinco anos;

h) Os que não sejam parentes ou afins em linha recta do menor, ou seus colaterais até ao quarto grau;

i) Os que, em virtude de doença, ocupações profissionais absorventes ou carência de meios económicos, não possam exercer a tutela sem grave incómodo ou prejuízo.

2. O que for escusado da tutela pode ser compelido a aceitá-la, desde que cesse o motivo da escusa.

Anotações:

1. Contém as alterações introduzidas pelos seguintes diplomas:

– D.L. n.° 496/77, de 25 de Novembro

2. Versões anteriores deste artigo:

– 1.ª versão: D.L. n.° 47344/66, de 25 de Novembro

DIVISÃO II
Direitos e obrigações do tutor

ARTIGO 1935.°
(Princípios gerais)

1. O tutor tem os mesmos direitos e obrigações dos pais, com as modificações e restrições constantes dos artigos seguintes.

2. O tutor deve exercer a tutela com a diligência de um bom pai de família.

Anotações:

1. Contém as alterações introduzidas pelos seguintes diplomas:

– D.L. n.° 496/77, de 25 de Novembro

2. Versões anteriores deste artigo:

– 1.ª versão: D.L. n.° 47344/66, de 25 de Novembro

ARTIGO 1936.°
(Rendimentos dos bens do pupilo)

O tutor só pode utilizar os rendimentos do pupilo no sustento e educação deste e na administração dos seus bens.

Anotações:

1. Contém as alterações introduzidas pelos seguintes diplomas:

– D.L. n.° 496/77, de 25 de Novembro

2. Versões anteriores deste artigo:

– 1.ª versão: D.L. n.° 47344/66, de 25 de Novembro

ARTIGO 1937.°
(Actos proibidos ao tutor)

É vedado ao tutor:

a) Dispor a título gratuito dos bens do menor;

b) Tomar de arrendamento ou adquirir, directamente ou por interposta pessoa, ainda que seja em hasta pública, bens ou direitos do menor, ou tornar-se cessionário de créditos ou outros direitos contra ele, excepto nos casos de sub-rogação legal, de licitação em processo de inventário ou de outorga em partilha judicialmente autorizada;

c) Celebrar em nome do pupilo contratos que o obriguem pessoalmente a praticar certos actos, excepto quando as obrigações contraídas sejam necessárias à sua educação, estabelecimento ou ocupação;

d) Receber do pupilo, directamente ou por interposta pessoa, quaisquer liberalidades, por acto entre vivos ou por morte, se tiverem sido feitas depois da sua designação e antes da aprovação das respectivas contas, sem prejuízo do disposto para as deixas testamentárias no n.° 3 do artigo 2192.°

Anotações:

1. Contém as alterações introduzidas pelos seguintes diplomas:

– D.L. n.° 227/94, de 08 de Setembro

2. Versões anteriores deste artigo:
- 1.ª versão: D.L. n.º 47344/66, de 25 de Novembro

ARTIGO 1938.º
(Actos dependentes de autorização do tribunal)

1. O tutor, como representante do pupilo, necessita de autorização do tribunal:

a) Para praticar qualquer dos actos mencionados no n.º 1 do artigo 1889.º;

b) Para adquirir bens, móveis ou imóveis, como aplicação de capitais do menor;

c) Para aceitar herança, doação ou legado, ou convencionar partilha extrajudicial;

d) Para contrair ou solver obrigações, salvo quando respeitem a alimentos do menor ou se mostrem necessárias à administração do seu património;

e) Para intentar acções, salvas as destinadas à cobrança de prestações periódicas e aquelas cuja demora possa causar prejuízo;

f) Para continuar a exploração do estabelecimento comercial ou industrial que o menor haja recebido por sucessão ou doação.

2. O tribunal não concederá a autorização que lhe seja pedida sem previamente ouvir o conselho de família.

3. O disposto no n.º 1 não prejudica o que é especialmente determinado em relação aos actos praticados em processo de inventário.

Anotações:

1. Contém as alterações introduzidas pelos seguintes diplomas:
- D.L. n.º 496/77, de 25 de Novembro
- D.L. n.º 227/94, de 08 de Setembro

2. Versões anteriores deste artigo:
- 1.ª versão: D.L. n.º 47344/66, de 25 de Novembro
- 2.ª versão: D.L. n.º 496/77, de 25 de Novembro

ARTIGO 1939.º
(Nulidade dos actos praticados pelo tutor)

1. São nulos os actos praticados pelo tutor em contravenção do disposto no artigo 1937.º; a nulidade não pode, porém, ser invocada pelo tutor ou seus herdeiros nem pela interposta pessoa de quem ele se tenha servido.

2. A nulidade é sanável mediante confirmação do pupilo, depois de maior ou emancipado, mas somente enquanto não for declarada por sentença com trânsito em julgado.

ARTIGO 1940.°
(Outras sanções)

1. Os actos praticados pelo tutor em contravenção do disposto nas alíneas a) a d) do n.° 1 do artigo 1938.° podem ser anulados oficiosamente pelo tribunal durante a menoridade do pupilo, ou a requerimento de qualquer vogal do conselho de família ou do próprio pupilo até cinco anos após a sua maioridade ou emancipação.

2. Os herdeiros do pupilo podem também requerer a anulação, desde que o façam antes de decorrido igual período sobre o falecimento.

3. Se o tutor intentar alguma acção em contravenção do disposto na alínea e) do n.° 1 do artigo 1938.°, deve o tribunal ordenar oficiosamente a suspensão da instância, depois da citação, até que seja concedida a autorização necessária.

4. Se o tutor continuar a explorar, sem autorização, o estabelecimento comercial ou industrial do pupilo, é pessoalmente responsável por todos os danos, ainda que acidentais, resultantes da exploração.

ARTIGO 1941.°
(Confirmação dos actos pelo tribunal)

O tribunal de menores, ouvido o conselho de família, pode confirmar os actos praticados pelo tutor sem a necessária autorização.

ARTIGO 1942.°
(Remuneração do tutor)

1. O tutor tem direito a ser remunerado.

2. Se a remuneração não tiver sido fixada pelos pais do menor no acto de designação do tutor, será arbitrada pelo tribunal de menores, ouvido o conselho de família, não podendo, em qualquer caso, exceder a décima parte dos rendimentos líquidos dos bens do menor.

ARTIGO 1943.°
(Relação dos bens do menor)

1. O tutor é obrigado a apresentar uma relação do activo e do passivo do pupilo dentro do prazo que lhe for fixado pelo tribunal de menores.

2. Se o tutor for credor do menor, mas não tiver relacionado o respectivo crédito, não lhe é lícito exigir o cumprimento durante a tutela, salvo provando que à data da apresentação da relação ignorava a existência da dívida.

ARTIGO 1944.º
(Obrigação de prestar contas)

1. O tutor é obrigado a prestar contas ao tribunal de menores quando cessar a sua gerência ou, durante ela, sempre que o tribunal o exija.

2. Sendo as contas prestadas no termo da gerência, o tribunal ouvirá o ex-pupilo ou os seus herdeiros, se tiver terminado a tutela; no caso contrário, será ouvido o novo tutor.

Anotações:

1. Contém as alterações introduzidas pelos seguintes diplomas:
- D.L. n.º 496/77, de 25 de Novembro

2. Versões anteriores deste artigo:
- 1.ª versão: D.L. n.º 47344/66, de 25 de Novembro

ARTIGO 1945.º
(Responsabilidade do tutor)

1. O tutor é responsável pelo prejuízo que por dolo ou culpa causar ao pupilo.

2. Quando à vista das contas o tutor ficar alcançado, a importância do alcance vence os juros legais desde a aprovação daquelas, se os não vencer por outra causa desde data anterior.

ARTIGO 1946.º
(Direito do tutor a ser indemnizado)

1. Serão abonadas ao tutor as despesas que legalmente haja feito, ainda que delas, sem culpa sua, nenhum proveito tenha provindo ao menor.

2. O saldo a favor do tutor é satisfeito pelos primeiros rendimentos do menor; ocorrendo, porém, despesas urgentes, de forma que o tutor se não possa inteirar, vence juros o saldo, se não se prover de outro modo ao pronto pagamento da dívida.

ARTIGO 1947.º
(Contestação das contas aprovadas)

A aprovação das contas não impede que elas sejam judicialmente impugnadas pelo pupilo nos dois anos subsequentes à maioridade ou emancipação, ou pelos seus herdeiros dentro do mesmo prazo, a contar do falecimento do pupilo, se este falecer antes de decorrido o prazo que lhe seria concedido se fosse vivo.

DIVISÃO III
Remoção e exoneração do tutor

ARTIGO 1948.º
(Remoção do tutor)

Pode ser removido da tutela:

a) O tutor que falte ao cumprimento dos deveres próprios do cargo ou revele inaptidão para o seu exercício;

b) O tutor que por facto superveniente à investidura no cargo se constitua nalguma das situações que impediriam a sua nomeação.

ARTIGO 1949.º
(Acção de remoção)

A remoção do tutor é decretada pelo tribunal de menores, ouvido o conselho de família, a requerimento do Ministério Público, de qualquer parente do menor, ou de pessoa a cuja guarda este esteja confiado de facto ou de direito.

ARTIGO 1950.º
(Exoneração do tutor)

O tutor pode, a seu pedido, ser exonerado do cargo pelo tribunal de menores:

a) Se sobrevier alguma das causas de escusa;

b) Ao fim de três anos, nos casos em que o tutor se possa ter escusado a aceitar o cargo, se subsistir a causa da escusa.

Anotações:

1. Contém as alterações introduzidas pelos seguintes diplomas:
- D.L. n.º 496/77, de 25 de Novembro

2. Versões anteriores deste artigo:
- 1.ª versão: D.L. n.º 47344/66, de 25 de Novembro

DIVISÃO IV
Conselho de família

ARTIGO 1951.º
(Constituição)

O conselho de família é constituído por dois vogais, escolhidos nos termos do artigo seguinte, e pelo agente do Ministério Público, que preside.

ARTIGO 1952.°
(Escolha dos vogais)

1. Os vogais do conselho de família são escolhidos entre os parentes ou afins do menor, tomando em conta, nomeadamente, a proximidade do grau, as relações de amizade, as aptidões, a idade, o lugar de residência e o interesse manifestado pela pessoa do menor.

2. Na falta de parentes ou afins que possam ser designados nos termos do número anterior, cabe ao tribunal escolher os vogais de entre os amigos dos pais, vizinhos ou outras pessoas que possam interessar-se pelo menor.

3. Sempre que possível, um dos vogais do conselho de família pertencerá ou representará a linha paterna e o outro a linha materna do menor.

Anotações:

1. Contém as alterações introduzidas pelos seguintes diplomas:
- D.L. n.° 496/77, de 25 de Novembro

2. Versões anteriores deste artigo:
- 1.ª versão: D.L. n.° 47344/66, de 25 de Novembro

ARTIGO 1953.°
(Incapacidade. Escusa)

1. É aplicável aos vogais do conselho de família o disposto nos artigos 1933.° e 1934.°

2. É ainda fundamento de escusa o facto de o vogal designado residir fora do território continental ou da ilha adjacente em que o menor tiver residência habitual.

ARTIGO 1954.°
(Atribuições)

Pertence ao conselho de família vigiar o modo por que são desempenhadas as funções do tutor e exercer as demais atribuições que a lei especialmente lhe confere.

ARTIGO 1955.°
(Protutor)

1. A fiscalização da acção do tutor é exercida com carácter permanente por um dos vogais do conselho de família, denominado protutor.

2. O protutor deve, sempre que possível, representar a linha de parentesco diversa da do tutor.

3. Se o tutor for irmão germano do menor ou cônjuge de irmão germano, ou se ambos os vogais do conselho de família pertencerem à mesma linha de parentesco ou não pertencerem a nenhuma delas, cabe ao tribunal a escolha do protutor.

Anotações:

1. Contém as alterações introduzidas pelos seguintes diplomas:

- D.L. n.º 496/77, de 25 de Novembro

2. Versões anteriores deste artigo:

- 1.ª versão: D.L. n.º 47344/66, de 25 de Novembro

ARTIGO 1956.º
(Outras funções do protutor)

Além de fiscalizar a acção do tutor, compete ao protutor:

a) Cooperar com o tutor no exercício das funções tutelares, podendo encarregar-se da administração de certos bens do menor nas condições estabelecidas pelo conselho de família e com o acordo do tutor;

b) Substituir o tutor nas suas faltas e impedimentos, passando, nesse caso, a servir de protutor o outro vogal do conselho de família;

c) Representar o menor em juízo ou fora dele, quando os seus interesses estejam em oposição com os do tutor e o tribunal não haja nomeado curador especial.

ARTIGO 1957.º
(Convocação do conselho)

1. O conselho de família é convocado por determinação do tribunal ou do Ministério Público, ou a requerimento de um dos vogais, do tutor, do administrador de bens, de qualquer parente do menor, ou do próprio menor, quando tiver mais de dezasseis anos.

2. A convocação indicará o objecto principal da reunião e será enviada a cada um dos vogais com oito dias de antecedência.

3. Faltando algum dos vogais, o conselho será convocado para outro dia; se de novo faltar algum dos vogais, as deliberações serão tomadas pelo Ministério Público, ouvido o outro vogal, quando esteja presente.

4. A falta injustificada às reuniões do conselho de família torna o faltoso responsável pelos danos que o menor venha a sofrer.

Anotações:

1. Contém as alterações introduzidas pelos seguintes diplomas:

- D.L. n.º 496/77, de 25 de Novembro

2. Versões anteriores deste artigo:

- 1.ª versão: D.L. n.º 47344/66, de 25 de Novembro

ARTIGO 1958.°
(Funcionamento)

1. Os vogais do conselho de família são obrigados a comparecer pessoalmente.

2. O conselho de família pode deliberar que às suas reuniões ou a alguma delas assista o tutor, o administrador de bens, qualquer parente do menor, o próprio menor, ou ainda pessoa estranha à família cujo parecer seja útil; mas, em qualquer caso, só os vogais do conselho têm voto.

3. De igual faculdade goza o Ministério Público.

ARTIGO 1959.°
(Gratuidade das funções)

O exercício do cargo de vogal do conselho de família é gratuito.

ARTIGO 1960.°
(Remoção e exoneração)

São aplicáveis aos vogais do conselho de família, com as necessárias adaptações, as disposições relativas à remoção e exoneração do tutor.

DIVISÃO V
Termo da tutela

ARTIGO 1961.°
(Quando termina)

A tutela termina:
a) Pela maioridade, salvo o disposto no artigo 131.°;
b) Pela emancipação, salvo o disposto no artigo 1649.°;
c) Pela adopção;
d) Pelo termo da inibição do poder paternal;
e) Pela cessação do impedimento dos pais;
f) Pelo estabelecimento da maternidade ou paternidade;
g) Pela constituição do apadrinhamento civil.

Anotações:

1. Contém as alterações introduzidas pelos seguintes diplomas:
- D.L. n.° 496/77, de 25 de Novembro
- Lei n.° 103/2009, de 11 de Setembro

2. Versões anteriores deste artigo:
- 1.ª versão: D.L. n.º 47344/66, de 25 de Novembro
- 2.ª versão: D.L. n.º 496/77, de 25 de Novembro

DIVISÃO VI
Tutela de menores confiados a estabelecimento de educação ou assistência

ARTIGO 1962.º
(Exercício da tutela)

1. Quando não exista pessoa em condições de exercer a tutela, o menor é confiado à assistência pública, nos termos da respectiva legislação, exercendo as funções de tutor o director do estabelecimento público ou particular onde tenha sido internado.

2. Neste caso, não existe conselho de família nem é nomeado protutor.

Anotações:

1. Contém as alterações introduzidas pelos seguintes diplomas:
- D.L. n.º 496/77, de 25 de Novembro

2. Versões anteriores deste artigo:
- 1.ª versão: D.L. n.º 47344/66, de 25 de Novembro

ARTIGO 1963.º
(Tutor designado pelo pai ou mãe)

(Revogado pelo Decreto-Lei n.º 496/77, de 25 de Novembro).

Anotações:

1. Contém as alterações introduzidas pelos seguintes diplomas:
- D.L. n.º 496/77, de 25 de Novembro

2. Versões anteriores deste artigo:
- 1.ª versão: D.L. n.º 47344/66, de 25 de Novembro

ARTIGO 1964.º
(Tutela legítima)

(Revogado pelo Decreto-Lei n.º 496/77, de 25 de Novembro).

Anotações:

1. Contém as alterações introduzidas pelos seguintes diplomas:
- D.L. n.º 496/77, de 25 de Novembro

2. Versões anteriores deste artigo:
- 1.ª versão: D.L. n.º 47344/66, de 25 de Novembro

ARTIGO 1965.º
(Tutor designado pelo tribunal)

(Revogado pelo Decreto-Lei n.º 496/77, de 25 de Novembro).

Anotações:
1. Contém as alterações introduzidas pelos seguintes diplomas:
- D.L. n.º 496/77, de 25 de Novembro

2. Versões anteriores deste artigo:
- 1.ª versão: D.L. n.º 47344/66, de 25 de Novembro

ARTIGO 1966.º
(Menores abandonados)

(Revogado pelo Decreto-Lei n.º 496/77, de 25 de Novembro).

Anotações:
1. Contém as alterações introduzidas pelos seguintes diplomas:
- D.L. n.º 496/77, de 25 de Novembro

2. Versões anteriores deste artigo:
- 1.ª versão: D.L. n.º 47344/66, de 25 de Novembro

SUBSECÇÃO III
Administração de bens

ARTIGO 1967.º
(Designação do administrador)

Quando haja lugar à instituição da administração de bens do menor nos termos do artigo 1922.º, são aplicáveis à designação do administrador as disposições relativas à nomeação do tutor, salvo o preceituado nos artigos seguintes.

ARTIGO 1968.º
(Designação por terceiro)

Ao autor de doação ou deixa em benefício de menor é lícita a designação de administrador, mas só com relação aos bens compreendidos na liberalidade.

ARTIGO 1969.°
(Pluralidade de administradores)

1. Tendo os pais ou terceiro designado vários administradores e tendo sido determinados os bens cuja administração compete a cada um deles, não é aplicável o critério da preferência pela ordem da designação.

2. O tribunal de menores pode também designar vários administradores, determinando os bens que a cada um compete administrar.

ARTIGO 1970.°
(Quem não pode ser administrador)

Além das pessoas que a lei impede de serem tutores, não podem ser administradores:

a) Os inabilitados por prodigalidade, os falidos ou insolventes, e bem assim os inibidos ou suspensos do poder paternal ou removidos da tutela, quanto à administração de bens;

b) Os condenados como autores ou cúmplices dos crimes de furto, roubo, burla, abuso de confiança, falência ou insolvência fraudulenta e, em geral, de crimes dolosos contra a propriedade.

ARTIGO 1971.°
(Direitos e deveres do administrador)

1. No âmbito da sua administração, o administrador tem os direitos e deveres do tutor.

2. O administrador é o representante legal do menor nos actos relativos aos bens cuja administração lhe pertença.

3. O administrador deve abonar aos pais ou tutor, por força dos rendimentos dos bens, as importâncias necessárias aos alimentos do menor.

4. As divergências entre o administrador e os pais ou tutor são decididas pelo tribunal de menores, ouvido o conselho de família, se o houver.

ARTIGO 1972.°
(Remoção e exoneração. Termo da administração)

São aplicáveis ao administrador, com as necessárias adaptações, as disposições relativas à remoção e exoneração do tutor e ao termo da tutela.

TÍTULO IV
Da adopção[167]

CAPÍTULO I
Disposições gerais

ARTIGO 1973.°
(Constituição)

1. O vínculo da adopção constitui-se por sentença judicial.

2. O processo será instruído com um inquérito, que deverá incidir, nomeadamente, sobre a personalidade e a saúde do adoptante e do adoptando, a idoneidade do adoptante para criar e educar o adoptando, a situação familiar e económica do adoptante e as razões determinantes do pedido de adopção.

Anotações:

1. Contém as alterações introduzidas pelos seguintes diplomas:
- D.L. n.° 496/77, de 25 de Novembro

2. Versões anteriores deste artigo
- 1.ª versão: D.L. n.° 47344/66, de 25 de Novembro

ARTIGO 1974.°
(Requisitos gerais)

1. A adopção visa realizar o superior interesse da criança e será decretada quando apresente reais vantagens para o adoptando, se funde em motivos legítimos, não envolva sacrifício injusto para os outros filhos do adoptante e seja razoável supor que entre o adoptante e o adoptando se estabelecerá um vínculo semelhante ao da filiação.

---

[167] Não se compreende a razão pela qual o n.° 2 do art. 3.° da Lei n.° 61/2008 tenha determinado que a expressão "poder paternal" deve ser substituída por "responsabilidades parentais" em todas as disposições da Secção II do Capítulo II do Título III do Livro IV do Código Civil e não o tenha feito para a Secção III, nem para todo o presente Título IV, relativo à adopção.

Com efeito, no presente Título IV é mantida a expressão "poder paternal" nos artigos 1978-A; 1981, n.° 1, c); 1981, n.° 3, c) e 2002-C, a).

Esta disparidade constituirá certamente uma fonte de dificuldades de interpretação, dada a sua incongruência, o que seria de todo de evitar.

2. O adoptando deverá ter estado ao cuidado do adoptante durante prazo suficiente para se poder avaliar da conveniência da constituição do vínculo.

Anotações:

1. Contém as alterações introduzidas pelos seguintes diplomas:
- D.L. n.º 496/77, de 25 de Novembro
- D.L. n.º 185/93, de 22 de Maio
- Lei n.º 31/2003, de 22 de Agosto

2. Versões anteriores deste artigo:
- 1.ª versão: D.L. n.º 47344/66, de 25 de Novembro
- 2.ª versão: D.L. n.º 496/77, de 25 de Novembro
- 3.ª versão: D.L. n.º 185/93, de 22 de Maio

ARTIGO 1975.º
(Proibição de várias adopções do mesmo adoptado)

Enquanto subsistir uma adopção não pode constituir-se outra quanto ao mesmo adoptado, excepto se os adoptantes forem casados um com o outro.

Anotações:

1. Contém as alterações introduzidas pelos seguintes diplomas:
- D.L. n.º 496/77, de 25 de Novembro

2. Versões anteriores deste artigo:
- 1.ª versão: D.L. n.º 47344/66, de 25 de Novembro

ARTIGO 1976.º
(Adopção pelo tutor ou administrador legal de bens)

O tutor ou administrador legal de bens só pode adoptar o menor depois de aprovadas as contas da tutela ou administração de bens e saldada a sua responsabilidade.

Anotações:

1. Contém as alterações introduzidas pelos seguintes diplomas
- D.L. n.º 496/77, de 25 de Novembro

2. Versões anteriores deste artigo:
- 1.ª versão: D.L. n.º 47344/66, de 25 de Novembro

ARTIGO 1977.º
(Espécies de adopção)

1. A adopção é plena ou restrita, consoante a extensão dos seus efeitos.

2. A adopção restrita pode a todo o tempo, a requerimento dos adoptantes, ser convertida em adopção plena, desde que se verifiquem os requisitos para esta exigidos.

Anotações:

1. Contém as alterações introduzidas pelos seguintes diplomas:
- D.L. n.° 496/77, de 25 de Novembro

2. Versões anteriores deste artigo:
- 1.ª versão: D.L. n.° 47344/66, de 25 de Novembro

ARTIGO 1978.°
Confiança com vista a futura adopção

1. Com vista a futura adopção, o tribunal pode confiar o menor a casal, a pessoa singular ou a instituição quando não existam ou se encontrem seriamente comprometidos os vínculos afectivos próprios da filiação, pela verificação objectiva de qualquer das seguintes situações:

a) Se o menor for filho de pais incógnitos ou falecidos;

b) Se tiver havido consentimento prévio para a adopção;

c) Se os pais tiverem abandonado o menor;

d) Se os pais, por acção ou omissão, mesmo que por manifesta incapacidade devida a razões de doença mental, puserem em perigo grave a segurança, a saúde, a formação, a educação ou o desenvolvimento do menor;

e) Se os pais do menor acolhido por um particular ou por uma instituição tiverem revelado manifesto desinteresse pelo filho, em termos de comprometer seriamente a qualidade e a continuidade daqueles vínculos, durante, pelo menos, os três meses que precederam o pedido de confiança.

2. Na verificação das situações previstas no número anterior o tribunal deve atender prioritariamente aos direitos e interesses do menor.

3. Considera-se que o menor se encontra em perigo quando se verificar alguma das situações assim qualificadas pela legislação relativa à protecção e à promoção dos direitos dos menores.

4. A confiança com fundamento nas situações previstas nas alíneas a), c), d) e e) do número anterior não pode ser decidida se o menor se encontrar a viver com ascendente, colateral até ao 3.° grau ou tutor e a seu cargo, salvo se aqueles familiares ou o tutor puserem em perigo, de forma grave, a segurança, a saúde, a formação moral ou a educação do menor ou se o tribunal concluir que a situação não é adequada a assegurar suficientemente o interesse do menor.

5. Têm legitimidade para requerer a confiança judicial do menor o Ministério Público, o organismo de segurança social da área da residência do menor, a pessoa a quem o menor tenha sido administrativamente confiado e o director do estabelecimento público ou a direcção da instituição particular que o tenha acolhido.

6. Têm ainda legitimidade para requerer a confiança judicial do menor:

a) O candidato a adoptante seleccionado pelos serviços competentes, quando, por virtude de anterior decisão judicial, tenha o menor a seu cargo;

b) O candidato a adoptante seleccionado pelos serviços competentes, quando, tendo o menor a seu cargo e reunidas as condições para a atribuição da confiança administrativa, o organismo de segurança social não decida pela confirmação da permanência do menor, depois de efectuado o estudo da pretensão para a adopção ou decorrido o prazo para esse efeito.

Anotações:

1. Contém as alterações introduzidas pelos seguintes diplomas:
- D.L. n.° 496/77, de 25 de Novembro
- D.L. n.° 185/93, de 22 de Maio
- D.L. n.° 120/98, de 08 de Maio
- Lei n.° 31/2003, de 22 de Agosto

2. Versões anteriores deste artigo:
- 1.ª versão: D.L. n.° 47344/66, de 25 de Novembro
- 2.ª versão: D.L. n.° 496/77, de 25 de Novembro
- 3.ª versão: D.L. n.° 185/93, de 22 de Maio
- 4.ª versão: D.L. n.° 120/98, de 08 de Maio

ARTIGO 1978.°-A
Efeitos da confiança judicial e da medida de promoção e protecção de confiança a pessoa seleccionada para a adopção ou a instituição com vista a futura adopção.

Decretada a confiança judicial do menor ou a medida de promoção e protecção de confiança a pessoa seleccionada para a adopção ou a instituição com vista a futura adopção, ficam os pais inibidos do exercício do poder paternal.

Anotações:

1. Aditado pelo seguinte diploma: Lei n.° 31/2003, de 22 de Agosto

CAPÍTULO II
Adopção plena

ARTIGO 1979.°
(Quem pode adoptar plenamente)

1. Podem adoptar plenamente duas pessoas casadas há mais de quatro anos e não separadas judicialmente de pessoas e bens ou de facto, se ambas tiverem mais de 25 anos.

2. Pode ainda adoptar plenamente quem tiver mais de 30 anos ou, se o adoptando for filho do cônjuge do adoptante, mais de 25 anos.

3. Só pode adoptar plenamente quem não tiver mais de 60 anos à data em que o menor lhe tenha sido confiado, mediante confiança administrativa, confiança judicial ou medida de promoção e protecção de confiança a pessoa seleccionada para a adopção, sendo que a partir dos 50 anos a diferença de idades entre o adoptante e o adoptando não poderá ser superior a 50 anos.

4. Pode, no entanto, a diferença de idades ser superior a 50 anos quando, a título excepcional, motivos ponderosos o justifiquem, nomeadamente por se tratar de uma fratria em que relativamente apenas a algum ou alguns dos irmãos se verifique uma diferença de idades superior àquela.

5. O disposto no n.° 3 não se aplica quando o adoptando for filho do cônjuge do adoptante.

Anotações:

1. Contém as alterações introduzidas pelos seguintes diplomas:
- D.L. n.° 496/77, de 25 de Novembro
- D.L. n.° 185/93, de 22 de Maio
- D.L. n.° 120/98, de 08 de Maio
- Rectif. n.° 11-C/98, de 30 de Junho
- Lei n.° 31/2003, de 22 de Agosto

2. Versões anteriores deste artigo:
- 1.ª versão: D.L. n.° 47344/66, de 25 de Novembro
- 2.ª versão: D.L. n.° 496/77, de 25 de Novembro
- 3.ª versão: D.L. n.° 185/93, de 22 de Maio
- 4.ª versão: D.L. n.° 120/98, de 08 de Maio
- 5.ª versão: Rectif. n.° 11-C/98, de 30 de Junho

ARTIGO 1980.°
(Quem pode ser adoptado plenamente)

1. Podem ser adoptados plenamente os menores filhos do cônjuge do adoptante e aqueles que tenham sido confiados ao adoptante mediante confiança administrativa, confiança judicial ou medida de promoção e protecção de confiança a pessoa seleccionada para a adopção.

2. O adoptando deve ter menos de 15 anos à data da petição judicial de adopção; poderá, no entanto, ser adoptado quem, a essa data, tenha menos de 18 anos e não se encontre emancipado quando, desde idade não superior a 15 anos, tenha sido confiado aos adoptantes ou a um deles ou quando for filho do cônjuge do adoptante.

Anotações:

1. Contém as alterações introduzidas pelos seguintes diplomas:
- D.L. n.° 496/77, de 25 de Novembro
- D.L. n.° 185/93, de 22 de Maio
- D.L. n.° 120/98, de 08 de Maio
- Rectif. n.° 11-C/98, de 30 de Junho
- Lei n.° 31/2003, de 22 de Agosto

2. Versões anteriores deste artigo:
- 1.ª versão: D.L. n.° 47344/66, de 25 de Novembro
- 2.ª versão: D.L. n.° 496/77, de 25 de Novembro
- 3.ª versão: D.L. n.° 185/93, de 22 de Maio
- 4.ª versão: D.L. n.° 120/98, de 08 de Maio
- 5.ª versão: Rectif. n.° 11-C/98, de 30 de Junho

ARTIGO 1981.°
(Consentimento para a adopção)

1. Para a adopção é necessário o consentimento:

a) Do adoptando maior de 12 anos;

b) Do cônjuge do adoptante não separado judicialmente de pessoas e bens;

c) Dos pais do adoptando, ainda que menores e mesmo que não exerçam o poder paternal, desde que não tenha havido confiança judicial nem medida de promoção e protecção de confiança a pessoa ou a instituição com vista a futura adopção;

d) Do ascendente, do colateral até ao 3.° grau ou do tutor, quando, tendo falecido os pais do adoptando, tenha este a seu cargo e com ele viva.

2. No caso previsto no n.° 2 do artigo 1978.°, tendo a confiança fundamento nas situações previstas nas alíneas c), d) e e) do n.° 1 do mesmo artigo, não é exigido o consentimento dos pais, mas é necessário o do parente aí referido ou do tutor, desde que não tenha havido confiança judicial nem medida de promoção e protecção de confiança a pessoa ou a instituição com vista a futura adopção.

3. O tribunal pode dispensar o consentimento:

a) Das pessoas que o deveriam prestar nos termos dos números anteriores, se estiverem privadas do uso das faculdades mentais ou se, por qualquer outra razão, houver grave dificuldade em as ouvir;

b) Das pessoas referidas nas alíneas c) e d) do n.° 1 e no n.° 2, quando se verificar alguma das situações que, nos termos das alíneas c), d) e e) do n.° 1 e do n.° 2 do artigo 1978.°, permitiriam a confiança judicial;

c) Dos pais do adoptando inibidos do exercício do poder paternal, quando, passados 18 ou 6 meses, respectivamente, sobre o trânsito em julgado da sentença de inibição ou da que houver desatendido outro pedido, o Ministério Público ou aqueles não tenham solicitado o levantamento da inibição decretada pelo tribunal, nos termos do disposto no n.° 2 do artigo 1916.°

Anotações:

1. Contém as alterações introduzidas pelos seguintes diplomas:
- D.L. n.° 496/77, de 25 de Novembro
- D.L. n.° 185/93, de 22 de Maio
- D.L. n.° 120/98, de 08 de Maio
- Rectif. n.° 11-C/98, de 30 de Junho
- Lei n.° 31/2003, de 22 de Agosto

2. Versões anteriores deste artigo:
- 1.ª versão: D.L. n.° 47344/66, de 25 de Novembro
- 2.ª versão: D.L. n.° 496/77, de 25 de Novembro
- 3.ª versão: D.L. n.° 185/93, de 22 de Maio
- 4.ª versão: D.L. n.° 120/98, de 08 de Maio
- 5.ª versão: Rectif. n.° 11-C/98, de 30 de Junho

ARTIGO 1982.°
(Forma e tempo do consentimento)

1. O consentimento reportar-se-á inequivocamente à adopção plena e será prestado perante o juiz, que deve esclarecer o declarante sobre o significado e os efeitos do acto.

2. O consentimento pode ser prestado independentemente da instauração do processo de adopção, não sendo necessária a identificação do futuro adoptante.

3. A mãe não pode dar o seu consentimento antes de decorridas seis semanas após o parto.

Anotações:

1. Contém as alterações introduzidas pelos seguintes diplomas:
- D.L. n.° 496/77, de 25 de Novembro
- D.L. n.° 185/93, de 22 de Maio
- D.L. n.° 120/98, de 08 de Maio

2. Versões anteriores deste artigo:
- 1.ª versão: D.L. n.° 47344/66, de 25 de Novembro
- 2.ª versão: D.L. n.° 496/77, de 25 de Novembro
- 3.ª versão: D.L. n.° 185/93, de 22 de Maio

ARTIGO 1983.°
Caducidade do consentimento

O consentimento caduca se, no prazo de três anos, o menor não tiver sido adoptado nem confiado mediante confiança administrativa, confiança judicial ou medida de promoção e protecção de confiança a pessoa ou a instituição com vista a futura adopção.

Anotações:

1. Contém as alterações introduzidas pelos seguintes diplomas:
- D.L. n.º 496/77, de 25 de Novembro
- D.L. n.º 185/93, de 22 de Maio
- Lei n.º 31/2003, de 22 de Agosto

2. Versões anteriores deste artigo:
- 1.ª versão: D.L. n.º 47344/66, de 25 de Novembro
- 2.ª versão: D.L. n.º 496/77, de 25 de Novembro
- 3.ª versão: D.L. n.º 185/93, de 22 de Maio

ARTIGO 1984.º
Audição obrigatória

O juiz deverá ouvir:

a) Os filhos do adoptante maiores de doze anos;

b) Os ascendentes ou, na sua falta, os irmãos maiores do progenitor falecido, se o adoptando for filho do cônjuge do adoptante e o seu consentimento não for necessário, salvo se estiverem privados das faculdades mentais ou se, por qualquer outra razão, houver grave dificuldade em os ouvir.

Anotações:

1. Contém as alterações introduzidas pelos seguintes diplomas:
- D.L. n.º 496/77, de 25 de Novembro
- D.L. n.º 185/93, de 22 de Maio
- D.L. n.º 120/98, de 08 de Maio
- Rectif. n.º 11-C/98, de 30 de Junho

2. Versões anteriores deste artigo
- 1.ª versão: D.L. n.º 47344/66, de 25 de Novembro
- 2.ª versão: D.L. n.º 496/77, de 25 de Novembro
- 3.ª versão: D.L. n.º 185/93, de 22 de Maio
- 4.ª versão: D.L. n.º 120/98, de 08 de Maio

ARTIGO 1985.º
Segredo da identidade

1. A identidade do adoptante não pode ser revelada aos pais naturais do adoptado, salvo se aquele declarar expressamente que não se opõe a essa revelação.

2. Os pais naturais do adoptado podem opor-se, mediante declaração expressa, a que a sua identidade seja revelada ao adoptante.

Anotações:

1. Contém as alterações introduzidas pelos seguintes diplomas:
- D.L. n.º 496/77, de 25 de Novembro
- D.L. n.º 185/93, de 22 de Maio

2. Versões anteriores deste artigo:
- 1.ª versão: D.L. n.º 47344/66, de 25 de Novembro
- 2.ª versão: D.L. n.º 496/77, de 25 de Novembro

ARTIGO 1986.º
(Efeitos)

1. Pela adopção plena o adoptado adquire a situação de filho do adoptante e integra-se com os seus descendentes na família deste, extinguindo-se as relações familiares entre o adoptado e os seus ascendentes e colaterais naturais, sem prejuízo do disposto quanto a impedimentos matrimoniais nos artigos 1602.º a 1604.º

2. Se um dos cônjuges adopta o filho do outro mantêm-se as relações entre o adoptado e o cônjuge do adoptante e os respectivos parentes.

Anotações:

1. Contém as alterações introduzidas pelos seguintes diplomas:
- D.L. n.º 496/77, de 25 de Novembro

2. Versões anteriores deste artigo:
- 1.ª versão: D.L. n.º 47344/66, de 25 de Novembro

ARTIGO 1987.º
(Estabelecimento e prova da filiação natural)

Depois de decretada a adopção plena não é possível estabelecer a filiação natural do adoptado nem fazer a prova dessa filiação fora do processo preliminar de casamento.

Anotações:

1. Contém as alterações introduzidas pelos seguintes diplomas
- D.L. n.º 496/77, de 25 de Novembro
- D.L. n.º 324/2007, de 28 de Setembro

2. Versões anteriores deste artigo:
- 1.ª versão: D.L. n.º 47344/66, de 25 de Novembro
- 2.ª versão: D.L. n.º 496/77, de 25 de Novembro

ARTIGO 1988.°
Nome próprio e apelidos do adoptado

1. O adoptado perde os seus apelidos de origem, sendo o seu novo nome constituído, com as necessárias adaptações, nos termos do artigo 1875.°

2. A pedido do adoptante, pode o tribunal, excepcionalmente, modificar o nome próprio do menor, se a modificação salvaguardar o seu interesse, nomeadamente o direito à identidade pessoal, e favorecer a integração na família.

Anotações:

1. Contém as alterações introduzidas pelos seguintes diplomas:
- D.L. n.° 496/77, de 25 de Novembro
- D.L. n.° 185/93, de 22 de Maio

2. Versões anteriores deste artigo:
- 1.ª versão: D.L. n.° 47344/66, de 25 de Novembro
- 2.ª versão: D.L. n.° 496/77, de 25 de Novembro

ARTIGO 1989.°
(Irrevogabilidade da adopção plena)

A adopção plena não é revogável nem sequer por acordo do adoptante e do adoptado.

Anotações:

1. Contém as alterações introduzidas pelos seguintes diplomas:
- D.L. n.° 496/77, de 25 de Novembro

2. Versões anteriores deste artigo
- 1.ª versão: D.L. n.° 47344/66, de 25 de Novembro

ARTIGO 1990.°
(Revisão da sentença)

1. A sentença que tiver decretado a adopção só é susceptível de revisão:

a) Se tiver faltado o consentimento do adoptante ou dos pais do adoptado, quando necessário e não dispensado;

b) Se o consentimento dos pais do adoptado tiver sido indevidamente dispensado, por não se verificarem as condições do n.° 3 do artigo 1981.°;

c) Se o consentimento do adoptante tiver sido viciado por erro desculpável e essencial sobre a pessoa do adoptado;

d) Se o consentimento do adoptante ou dos pais do adoptado tiver sido determinado por coacção moral, contanto que seja grave o mal com que eles foram ilicitamente ameaçados e justificado o receio da sua consumação;

e) Se tiver faltado o consentimento do adoptado, quando necessário.

2. O erro só se considera essencial quando for de presumir que o conhecimento da realidade excluiria razoavelmente a vontade de adoptar.

3. A revisão não será, contudo, concedida quando os interesses do adoptado possam ser consideravelmente afectados, salvo se razões invocadas pelo adoptante imperiosamente o exigirem.

Anotações:

1. Contém as alterações introduzidas pelos seguintes diplomas:
- D.L. n.° 496/77, de 25 de Novembro

2. Versões anteriores deste artigo:
- 1.ª versão: D.L. n.° 47344/66, de 25 de Novembro

ARTIGO 1991.°
(Legitimidade e prazo para a revisão)

1. A revisão nos termos do n.° 1 do artigo anterior pode ser pedida:

a) No caso das alíneas a) e b), pelas pessoas cujo consentimento faltou, no prazo de seis meses a contar da data em que tiveram conhecimento da adopção;

b) No caso das alíneas c) e d), pelas pessoas cujo consentimento foi viciado, dentro dos seis meses subsequentes à cessação do vício;

c) No caso da alínea e), pelo adoptado, até seis meses a contar da data em que ele atingiu a maioridade ou foi emancipado.

2. No caso das alíneas a) e b) do número anterior, o pedido de revisão não poderá ser deduzido decorridos três anos sobre a data do trânsito em julgado da sentença que tiver decretado a adopção.

Anotações:

1. Contém as alterações introduzidas pelos seguintes diplomas:
- D.L. n.° 496/77, de 25 de Novembro

2. Versões anteriores deste artigo:
- 1.ª versão: D.L. n.° 47344/66, de 25 de Novembro

CAPÍTULO III
Adopção restrita

ARTIGO 1992.°
(Quem pode adoptar restritamente)

1. Pode adoptar restritamente quem tiver mais de 25 anos.

2. Só pode adoptar restritamente quem não tiver mais de 60 anos à data em que o menor lhe tenha sido confiado, mediante confiança administrativa, con-

fiança judicial ou medida de promoção e protecção de confiança a pessoa seleccionada para a adopção, salvo se o adoptando for filho do cônjuge do adoptante.

Anotações:

1. Contém as alterações introduzidas pelos seguintes diplomas:
- D.L. n.º 496/77, de 25 de Novembro
- D.L. n.º 185/93, de 22 de Maio
- D.L. n.º 120/98, de 08 de Maio
- Rectif. n.º 11-C/98, de 30 de Junho
- Lei n.º 31/2003, de 22 de Agosto

2. Versões anteriores deste artigo:
- 1.ª versão: D.L. n.º 47344/66, de 25 de Novembro
- 2.ª versão: D.L. n.º 496/77, de 25 de Novembro
- 3.ª versão: D.L. n.º 185/93, de 22 de Maio
- 4.ª versão: D.L. n.º 120/98, de 08 de Maio
- 5.ª versão: Rectif. n.º 11-C/98, de 30 de Junho

ARTIGO 1993.º
(Disposições aplicáveis)

1. É aplicável à adopção restrita, com as necessárias adaptações, o disposto nos artigos 1980.º a 1984.º, 1990.º e 1991.º

2. Se o consentimento dos pais do adoptando tiver sido prestado nos termos do n.º 2 do artigo 1982.º e dele não resultar inequivocamente qual o tipo de adopção para que foi concedido, entender-se-á que o foi para a adopção restrita.

Anotações:

1. Contém as alterações introduzidas pelos seguintes diplomas:
- D.L. n.º 496/77, de 25 de Novembro

2. Versões anteriores deste artigo:
- 1.ª versão: D.L. n.º 47344/66, de 25 de Novembro

ARTIGO 1994.º
(O adoptado e a família natural)

O adoptado conserva todos os direitos e deveres em relação à família natural, salvas as restrições estabelecidas na lei.

Anotações:

1. Contém as alterações introduzidas pelos seguintes diplomas:
- D.L. n.º 496/77, de 25 de Novembro

2. Versões anteriores deste artigo:
- 1.ª versão: D.L. n.º 47344/66, de 25 de Novembro

ARTIGO 1995.°
(Apelidos do adoptado)

O juiz poderá atribuir ao adoptado, a requerimento do adoptante, apelidos deste, compondo um novo nome em que figurem um ou mais apelidos da família natural.

Anotações:
1. Contém as alterações introduzidas pelos seguintes diplomas:
– D.L. n.° 496/77, de 25 de Novembro
2. Versões anteriores deste artigo:
– 1.ª versão: D.L. n.° 47344/66, de 25 de Novembro

ARTIGO 1996.°
(Direitos sucessórios e prestação de alimentos)

O adoptado, ou seus descendentes, e os parentes do adoptante não são herdeiros legítimos ou legitimários uns dos outros, nem ficam reciprocamente vinculados à prestação de alimentos.

Anotações:
1. Contém as alterações introduzidas pelos seguintes diplomas:
– D.L. n.° 496/77, de 25 de Novembro
2. Versões anteriores deste artigo
– 1.ª versão: D.L. n.° 47344/66, de 25 de

ARTIGO 1997.°
(Poder paternal)

Cabe exclusivamente ao adoptante, ou ao adoptante e ao seu cônjuge, se este for pai ou mãe do adoptado, o exercício do poder paternal, com todos os direitos e obrigações dos pais, salvo o disposto no artigo seguinte.

Anotações:
1. Contém as alterações introduzidas pelos seguintes diplomas:
– D.L. n.° 496/77, de 25 de Novembro
2. Versões anteriores deste artigo:
– 1.ª versão: D.L. n.° 47344/66, de 25 de Novembro

ARTIGO 1998.°
(Rendimentos dos bens do adoptado)

O adoptante só poderá despender dos rendimentos dos bens do adoptado a quantia que o tribunal fixar para alimentos deste.

Anotações:

1. Contém as alterações introduzidas pelos seguintes diplomas:
- D.L. n.° 496/77, de 25 de Novembro

2. Versões anteriores deste artigo:
- 1.ª versão: D.L. n.° 47344/66, de 25 de Novembro

ARTIGO 1999.°
(Direitos sucessórios)

1. O adoptado não é herdeiro legitimário do adoptante, nem este daquele.

2. O adoptado e, por direito de representação, os seus descendentes são chamados à sucessão como herdeiros legítimos do adoptante, na falta de cônjuge, descendentes ou ascendentes.

3. O adoptante é chamado à sucessão como herdeiro legítimo do adoptado ou de seus descendentes, na falta de cônjuge, descendentes, ascendentes, irmãos e sobrinhos do falecido.

Anotações:

1. Contém as alterações introduzidas pelos seguintes diplomas:
- D.L. n.° 496/77, de 25 de Novembro

2. Versões anteriores deste artigo:
- 1.ª versão: D.L. n.° 47344/66, de 25 de Novembro

ARTIGO 2000.°
(Alimentos)

1. O adoptado ou os seus descendentes são obrigados a prestar alimentos ao adoptante, na falta de cônjuge, descendentes ou ascendentes em condições de satisfazer esse encargo.

2. O adoptante considera-se ascendente em 1.° grau do adoptado para efeitos da obrigação de lhe prestar alimentos, precedendo os pais naturais na ordem estabelecida no n.° 1 do artigo 2009.°; o adoptante não precede, no entanto, o progenitor do adoptado com quem seja casado.

Anotações:

1. Contém as alterações introduzidas pelos seguintes diplomas:
- D.L. n.° 496/77, de 25 de Novembro

2. Versões anteriores deste artigo
- 1.ª versão: D.L. n.° 47344/66, de 25 de Novembro

ARTIGO 2001.°

(Reconhecimento superveniente)

Os efeitos da adopção não são prejudicados pelo facto de vir a ser estabelecida a filiação natural do adoptado.

Anotações:

1. Contém as alterações introduzidas pelos seguintes diplomas:

- D.L. n.° 496/77, de 25 de Novembro

2. Versões anteriores deste artigo:

- 1.ª versão: D.L. n.° 47344/66, de 25 de Novembro

ARTIGO 2002.°

(Relação dos bens do adoptado)

1. Nos trinta dias subsequentes à notificação da sentença que decretar a adopção, o adoptante deve apresentar no tribunal, se este o julgar necessário, relação dos bens do adoptado.

2. Sempre que o adoptado, sendo menor ou incapaz, adquira novos bens ou haja sub-rogação dos existentes, pode o tribunal exigir que seja apresentada relação complementar.

Anotações:

1. Contém as alterações introduzidas pelos seguintes diplomas:

- D.L. n.° 496/77, de 25 de Novembro

2. Versões anteriores deste artigo:

- 1.ª versão: D.L. n.° 47344/66, de 25 de Novembro

ARTIGO 2002.°-A

(Prestação de contas pelo adoptante)

O adoptante deve prestar contas da sua administração sempre que o tribunal lho exija a requerimento do Ministério Público, dos pais naturais ou do próprio adoptado, até dois anos depois de atingir a maioridade ou ter sido emancipado.

Anotações:

1. Aditado pelo seguinte diploma: Decreto-Lei n.° 496/77, de 25 de Novembro.

ARTIGO 2002.°-B
(Revogação)

A adopção é revogável a requerimento do adoptante ou do adoptado, quando se verifique alguma das ocorrências que justificam a deserdação dos herdeiros legitimários.

Anotações:

1. Aditado pelo seguinte diploma: Decreto-Lei n.° 496/77, de 25 de Novembro.

ARTIGO 2002.°-C
(Revogação a requerimento de outras pessoas)

Sendo o adoptado menor, a revogação da adopção pode ser decretada a pedido dos pais naturais, do Ministério Público ou da pessoa a cujo cuidado estava o adoptado antes da adopção, quando se verifique alguma das seguintes circunstâncias:

a) Deixar o adoptante de cumprir os deveres inerentes ao poder paternal;

b) Tornar-se a adopção, por qualquer causa, inconveniente para a educação ou os interesses do adoptado.

Anotações:

1. Aditado pelo seguinte diploma: Decreto-Lei n.° 496/77, de 25 de Novembro.

ARTIGO 2002.°-D
(Efeitos da revogação)

1. Os efeitos da adopção cessam com o trânsito em julgado da sentença que a revogue.

2. Se, no caso de a revogação ser pedida pelo adoptante ou pelo adoptado, a sentença transitar em julgado depois da morte do requerente, o adoptado e seus descendentes, ou o adoptante, conforme os casos, haver-se-ão por excluídos da sucessão legítima ou testamentária, de quem requereu a revogação, e devolverão aos herdeiros os bens recebidos e os sub-rogados no lugar destes, sem prejuízo das disposições testamentárias do requerente posteriores ao pedido de revogação.

3. A doação feita ao adoptado ou a seus descendentes pelo adoptante, ou a este pelo adoptado, caduca no caso de a revogação ter sido pedida, respectivamente, pelo adoptante ou pelo adoptado, excepto se o doador, depois de pedida a revogação, confirmar a liberalidade por documento autêntico ou autenticado.

Anotações:

1. Aditado pelo seguinte diploma: Decreto-Lei n.° 496/77, de 25 de Novembro

TÍTULO V
Dos alimentos

CAPÍTULO I
Disposições gerais

ARTIGO 2003.°
(Noção)

1. Por alimentos entende-se tudo o que é indispensável ao sustento, habitação e vestuário.

2. Os alimentos compreendem também a instrução e educação do alimentado no caso de este ser menor.

ARTIGO 2004.°
(Medida dos alimentos)

1. Os alimentos serão proporcionados aos meios daquele que houver de prestá-los e à necessidade daquele que houver de recebê-los.

2. Na fixação dos alimentos atender-se-á, outrossim, à possibilidade de o alimentando prover à sua subsistência.

ARTIGO 2005.°
(Modo de os prestar)

1. Os alimentos devem ser fixados em prestações pecuniárias mensais, salvo se houver acordo ou disposição legal em contrário, ou se ocorrerem motivos que justifiquem medidas de excepção.

2. Se, porém, aquele que for obrigado aos alimentos mostrar que os não pode prestar como pensão, mas tão-somente em sua casa e companhia, assim poderão ser decretados.

ARTIGO 2006.°
(Desde quando são devidos)

Os alimentos são devidos desde a proposição da acção ou, estando já fixados pelo tribunal ou por acordo, desde o momento em que o devedor se constituiu em mora, sem prejuízo do disposto no artigo 2273.°

ARTIGO 2007.°
(Alimentos provisórios)

1. Enquanto se não fixarem definitivamente os alimentos, pode o tribunal, a requerimento do alimentando, ou oficiosamente se este for menor, conceder alimentos provisórios, que serão taxados segundo o seu prudente arbítrio.

2. Não há lugar, em caso algum, à restituição dos alimentos provisórios recebidos.

ARTIGO 2008.°
(Indisponibilidade e impenhorabilidade)

1. O direito a alimentos não pode ser renunciado ou cedido, bem que estes possam deixar de ser pedidos e possam renunciar-se as prestações vencidas.

2. O crédito de alimentos não é penhorável, e o obrigado não pode livrar-se por meio de compensação, ainda que se trate de prestações já vencidas.

ARTIGO 2009.°
(Pessoas obrigadas a alimentos)

1. Estão vinculados à prestação de alimentos, pela ordem indicada:

a) O cônjuge ou o ex-cônjuge;

b) Os descendentes;

c) Os ascendentes;

d) Os irmãos;

e) Os tios, durante a menoridade do alimentando;

f) O padrasto e a madrasta, relativamente a enteados menores que estejam, ou estivessem no momento da morte do cônjuge, a cargo deste.

2. Entre as pessoas designadas nas alíneas b) e c) do número anterior, a obrigação defere-se segundo a ordem da sucessão legítima.

3. Se algum dos vinculados não puder prestar os alimentos ou não puder saldar integralmente a sua responsabilidade, o encargo recai sobre os onerados subsequentes.

Anotações:

1. Contém as alterações introduzidas pelos seguintes diplomas:

– D.L. n.° 496/77, de 25 de Novembro

2. Versões anteriores deste artigo

– 1.ª versão: D.L. n.° 47344/66, de 25 de Novembro

ARTIGO 2010.°
(Pluralidade de vinculados)

1. Sendo várias as pessoas vinculadas à prestação de alimentos, respondem todas na proporção das suas quotas como herdeiros legítimos do alimentando.
2. Se alguma das pessoas assim oneradas não puder satisfazer a parte que lhe cabe, o encargo recai sobre as restantes.

ARTIGO 2011.°
(Doações)

1. Se o alimentando tiver disposto de bens por doação, as pessoas designadas nos artigos anteriores não são obrigadas à prestação de alimentos, na medida em que os bens doados pudessem assegurar ao doador meios de subsistência.
2. Neste caso, a obrigação alimentar recai, no todo ou em parte, sobre o donatário ou donatários, segundo a proporção do valor dos bens doados; esta obrigação transmite-se aos herdeiros do donatário.

ARTIGO 2012.°
(Alteração dos alimentos fixados)

Se, depois de fixados os alimentos pelo tribunal ou por acordo dos interessados, as circunstâncias determinantes da sua fixação se modificarem, podem os alimentos taxados ser reduzidos ou aumentados, conforme os casos, ou podem outras pessoas ser obrigadas a prestá-los.

ARTIGO 2013.°
(Cessação da obrigação alimentar)

1. A obrigação de prestar alimentos cessa:
a) Pela morte do obrigado ou do alimentado;
b) Quando aquele que os presta não possa continuar a prestá-los ou aquele que os recebe deixe de precisar deles;
c) Quando o credor viole gravemente os seus deveres para com o obrigado.
2. A morte do obrigado ou a impossibilidade de este continuar a prestar alimentos não priva o alimentado de exercer o seu direito em relação a outros, igual ou sucessivamente onerados.

Anotações:
1. Contém as alterações introduzidas pelos seguintes diplomas:
– D.L. n.° 496/77, de 25 de Novembro
2. Versões anteriores deste artigo:
– 1.ª versão: D.L. n.° 47344/66, de 25 de Novembro

ARTIGO 2014.°
(Outras obrigações alimentares)

1. À obrigação alimentar que tenha por fonte um negócio jurídico são aplicáveis, com as necessárias correcções, as disposições deste capítulo, desde que não estejam em oposição com a vontade manifestada ou com disposições especiais da lei.

2. As disposições deste capítulo são ainda aplicáveis a todos os outros casos de obrigação alimentar imposta por lei, na medida em que possam ajustar-se aos respectivos preceitos.

CAPÍTULO II
Disposições especiais

ARTIGO 2015.°
(Obrigação alimentar relativamente a cônjuges)

Na vigência da sociedade conjugal, os cônjuges são reciprocamente obrigados à prestação de alimentos, nos termos do artigo 1675.°

Anotações:

1. Contém as alterações introduzidas pelos seguintes diplomas:
- D.L. n.° 496/77, de 25 de Novembro

2. Versões anteriores deste artigo:
- 1.ª versão: D.L. n.° 47344/66, de 25 de Novembro

ARTIGO 2016.°
(Divórcio e separação judicial de pessoas e bens)

1. **Cada cônjuge deve prover à sua subsistência, depois do divórcio.**

2. **Qualquer dos cônjuges tem direito a alimentos, independentemente do tipo de divórcio.**

3. **Por razões manifestas de equidade, o direito a alimentos pode ser negado.**

4. O disposto nos números anteriores é aplicável ao caso de ter sido decretada a separação judicial de pessoas e bens.

Anotações:

1. Contém as alterações introduzidas pelos seguintes diplomas:
- D.L. n.° 496/77, de 25 de Novembro
- Lei n.° 61/2008, de 31 de Outubro

2. Versões anteriores deste artigo:
- 1.ª versão: D.L. n.º 47344/66, de 25 de Novembro
- 2.ª versão: D.L. n.º 496/77, de 25 de Novembro, cujo teor era o seguinte:

"ARTIGO 2016.º
(Divórcio e separação judicial de pessoas e bens)

1. Têm direito a alimentos, em caso de divórcio:

a) O cônjuge não considerado culpado ou, quando haja culpa de ambos, não considerado principal culpado na sentença de divórcio, se este tiver sido decretado com fundamento no artigo 1779.º ou nas alíneas a) ou b) do artigo 1781.º;

b) O cônjuge réu, se o divórcio tiver sido decretado com fundamento na alínea c) do artigo 1781.º;

c) Qualquer dos cônjuges, se o divórcio tiver sido decretado por mútuo consentimento ou se, tratando-se de divórcio litigioso, ambos forem considerados igualmente culpados.

2. Excepcionalmente, pode o tribunal, por motivos de equidade, conceder alimentos ao cônjuge que a eles não teria direito, nos termos do número anterior, considerando, em particular, a duração do casamento e a colaboração prestada por esse cônjuge à economia do casal.

3. Na fixação do montante dos alimentos deve o tribunal tomar em conta a idade e estado de saúde dos cônjuges, as suas qualificações profissionais e possibilidades de emprego, o tempo que terão de dedicar, eventualmente, à criação de filhos comuns, os seus rendimentos e proventos e, de modo geral, todas as circunstâncias que influam sobre as necessidades do cônjuge que recebe os alimentos e as possibilidades do que os presta.

4. O disposto nos números anteriores é aplicável ao caso de ter sido decretada a separação judicial de pessoas e bens."

3. No âmbito do regime constante da Reforma de 1977, citamos a seguinte jurisprudência, relativa à fixação do montante de alimentos e à natureza da prestação alimentícia:

– Acordão do S.T.J. de 24.01.2006, in www.dsji.pt/jstj:

"1 – Decretado o divórcio por culpa exclusiva do marido tem a esposa direito a alimentos a prestar por aquele (art. 2016.º, n.º 1 al. a) C. Civil)

2 – A obrigação de alimentos (consistente no indispensável ao sustento, habitação e vestuário) assenta no binómio do alimentando/possibilidades do obrigado.

3 – A real necessidade de ajuda alimentar traduz-se no fazer face às naturais exigências de uma vida normal e digna (mesmo que se dê de barato que a prestação de alimentos devida ao cônjuge que dela careça se não mede pelos níveis e trem de vida de outrora)."

– Acordão do S.T.J. de 27.01.2005, in www.dsji.pt/jstj:

"I – O direito a alimentos do divorciado, ao abrigo do artigo 2016 do Código Civil, tem natureza alimentar, pelo que não nasce por mero efeito da verificação do pressuposto da culpa previsto no n.° 1 do mesmo artigo, nem tem como finalidade assegurar ao requerente o mesmo padrão de vida que usufruía na vigência do casamento;

II – Assim, e em primeira linha, há que averiguar se o requerente tem real necessidade da ajuda alimentar do requerido para fazer face às exigências de uma vivência normal e digna;

III – Comprovada a necessidade alimentar do requerente explicitada em II e se as condições económicas do requerido o permitirem, fixar-se-á o montante da prestação de acordo com estas condições e ponderando ainda os demais parâmetros previstos no n.° 3 do artigo 2016 do CC, incluindo o referido padrão de vida da extinta sociedade conjugal".

– Acordão do S.T.J. de 16.05.2002, in www.dsji.pt/jstj:

"I – Havendo separação de facto, mantém-se a obrigação recíproca de prestação de alimentos entre os cônjuges, salvo se a separação for imputável a qualquer deles.

II – A culpa na separação é facto impeditivo do direito a alimentos, cujo ónus da prova cabe ao cônjuge demandado.

III – Na separação de facto, os alimentos a prestar pelo cônjuge obrigado à prestação compreende ainda o necessário para assegurar o mesmo padrão ou trem da vida, o mesmo nível económico e social que era o seu antes do casamento".

– Acordão do S.T.J. de 11.06.2001, in www.dsji.pt/jstj:

"I – O obrigado a alimentos só poderá ser coagido a prestá-los sem perigo para a sua manutenção e dos que dele dependem, em estado conforme à sua condição.

II – O ex-cônjuge deve procurar angariar proventos com o seu trabalho, exercendo as suas qualificações profissionais".

– Acordão do S.T.J. de 22.06.1995, in www.dsji.pt/jstj:

"I – Embora nestas acções de alimentos se siga o processo sumário, há lugar a resposta à reconvenção.

II – O Autor não extravasa a matéria da reconvenção, se o seu conteúdo é no pedido reconvencional, limitando-se a opôr-se a este pedido a matéria correlativa, não integrando factos que constituam a causa de pedir na acção proposta.

III – Tendo Autor e Ré acordado em divórcio por mútuo consentimento e que o Autor pagasse à Ré a pensão de alimentos de 70 contos mensais, não tendo nessa altura partilhado os bens do casal, o que mais tarde fizeram ficando a Ré com todos os móveis do casal e com 33 mil contos, como sua meação, as circunstâncias na altura da propositura da acção de cessação de alimentos eram absolutamente distintas das verificadas na altura do divórcio, antes da partilha, pelo que o pedido de cessação da pensão é legal.

IV – Provado que, atentos os actuais rendimentos da Ré, esta não tem necessidade da pensão, justifica-se a cessação da pensão que o Autor vinha pagando, quando detentor de todos os bens do casal.

V – Deverá entender-se como alimentos tudo o que é indispensável à satisfação das necessidades da vida segundo a situação social, dando-se à palavra sustento um significado lato e atribuindo-se ao disposto no n. 1 do artigo 2003 do Código Civil carácter exemplificativo.

VI – As necessidades do alimentado têm de ser satisfeitas na medida do indispensável mas na fixação de alimentos há que ter em conta, em cada caso concreto, considerando a idade, o sexo e o estado de saúde do alimentado, não só às suas necessidades primárias, mas também às exigências decorrentes do nível de vida e posição social correspondentes à sua situação familiar.

VII – A obrigação de alimento está, a todo o tempo, sujeita a variações, aumentando ou diminuindo em função das condições que se utilizarem para a fixar".

– Acordão do S.T.J. de 22.11.1994, in www.dsji.pt/jstj:

"I – O padrão de vida que serve de referência à prestação de alimentos entre os cônjuges é o correspondente à sua condição económica e social na data do divórcio ou da separação judicial de pessoas e bens.

II – Não se encontra legalmente previsto processo especial para fixação de alimentos a quem deles careça, sendo, por isso, competente para conhecer da acção proposta em processo comum de declaração o tribunal da residência do réu.

III – O tribunal competente para a acção em que se peçam alimentos devidos a menores é o tribunal da residência deles no momento da instauração, não tendo cabimento na respectiva tramitação prevista na O.T.M. o procedimento cautelar de alimentos provisórios que podem ser fixados na pendência do processo.

IV – É inadmissível a coligação de autores – requerente e filhas menores – por desconformidade nas formas de processo correspondentes aos pedidos".

– Acordão do S.T.J. de 18.06.1985, in www.dsji.pt/jstj:

"I – Em caso de divórcio com culpa exclusiva do marido, este deve proporcionar à ex-mulher, através de prestação alimentar, uma situação económica tendencialmente idêntica

à da constância do matrimónio.

II – Há, no entanto, que atender-se a que, em qualquer caso deve a prestação alimentar ser proporcionada aos meios de quem a presta e às necessidades daquele que a recebe".

– Acordão do S.T.J. de 25.01.1979, in www.dsji.pt/jstj:

"I – Dissolvido o casamento por divorcio, a prestação de alimentos pelo ex-conjuge exclusivamente culpado deve proporcionar ao alimentando uma situação económica tendencialmente idêntica a da constância do matrimónio.

II – Quando o cônjuge carecido de alimentos esteja impossibilitado, por falta de saúde, de prover a sua manutenção e o obrigado aos mesmos não possa retirar dos seus proventos o suficiente para garantir-lhe aquele padrão de vida, terá de adoptar-se um critério, não simplesmente aritmético, que valorize devidamente a consistência do dever de um e as necessidades do outro.

III – Assim, o justo equilíbrio implicará que aquele adapte o seu nível de vida ao cumprimento do dever alimentar por forma a concorrer, ao menos em baixa medida, para aliviar o estado de carência do necessitado".

ARTIGO 2016.°-A
Montante dos alimentos

1. **Na fixação do montante dos alimentos deve o tribunal tomar em conta a duração do casamento, a colaboração prestada à economia do casal, a idade e estado de saúde dos cônjuges, as suas qualificações profissionais e possibilidades de emprego, o tempo que terão de dedicar, eventualmente, à criação de filhos comuns, os seus rendimentos e proventos, um novo casamento ou união de facto e, de modo geral, todas as circunstâncias que influam sobre as necessidades do cônjuge que recebe os alimentos e as possibilidades do que os presta.**

2. **O tribunal deve dar prevalência a qualquer obrigação de alimentos relativamente a um filho do cônjuge devedor sobre a obrigação emergente do divórcio em favor do ex-cônjuge.**

3. **O cônjuge credor não tem o direito de exigir a manutenção do padrão de vida de que beneficiou na constância do matrimónio.**

4. **O disposto nos números anteriores é aplicável ao caso de ter sido decretada a separação judicial de pessoas e bens.**

Anotações:

1. Aditado pelo artigo 2.° da Lei n.° 61/2008, de 31 de Outubro.

ARTIGO 2017.°
(Casamento declarado nulo ou anulado)

Tendo sido declarado nulo ou anulado o casamento, o cônjuge de boa fé conserva o direito a alimentos após o trânsito em julgado ou o averbamento da decisão respectiva.

ARTIGO 2018.°
(Apanágio do cônjuge sobrevivo)

1. Falecendo um dos cônjuges, o viúvo tem direito a ser alimentado pelos rendimentos dos bens deixados pelo falecido.

2. São obrigados, neste caso, à prestação dos alimentos os herdeiros ou legatários a quem tenham sido transmitidos os bens, segundo a proporção do respectivo valor.

3. O apanágio deve ser registado, quando onere coisas imóveis, ou coisas móveis sujeitas a registo.

ARTIGO 2019.°
(Cessação da obrigação alimentar)

Em todos os casos referidos nos artigos anteriores, cessa o direito a alimentos se o alimentado contrair novo casamento ou se tornar indigno do benefício pelo seu comportamento moral.

ARTIGO 2020.°
(União de facto)

1. Aquele que, no momento da morte de pessoa não casada ou separada judicialmente de pessoas e bens, vivia com ela há mais de dois anos em condições análogas às dos cônjuges tem direito a exigir alimentos da herança do falecido, se os não puder obter, nos termos das alíneas a) a d) do artigo 2009.°

2. O direito a que se refere o número precedente caduca se não for exercido nos dois anos subsequentes à data da morte do autor da sucessão.

3. É aplicável ao caso previsto neste artigo, com as necessárias adaptações, o disposto no artigo anterior.

Anotações:

1. Contém as alterações introduzidas pelos seguintes diplomas:
- D.L. n.° 496/77, de 25 de Novembro

2. Versões anteriores deste artigo:
- 1.ª versão: D.L. n.° 47344/66, de 25 de Novembro

ARTIGO 2021.°
(Reconhecimento judicial)

(Revogado pelo Decreto-Lei n.° 496/77, de 25 de Novembro).

Anotações:

1. Contém as alterações introduzidas pelos seguintes diplomas:
- D.L. n.° 496/77, de 25 de Novembro

2. Versões anteriores deste artigo:
- 1.ª versão: D.L. n.° 47344/66, de 25 de Novembro

ARTIGO 2022.°
(Irmãos)

(Revogado pelo Decreto-Lei n.° 496/77, de 25 de Novembro).

Anotações:

1. Contém as alterações introduzidas pelos seguintes diplomas:
- D.L. n.° 496/77, de 25 de Novembro

2. Versões anteriores deste artigo
- 1.ª versão: D.L. n.° 47344/66, de 25 de Novembro

ARTIGO 2023.°
(Tios)

(Revogado pelo Decreto-Lei n.° 496/77, de 25 de Novembro).

Anotações:

1. Contém as alterações introduzidas pelos seguintes diplomas:
- D.L. n.° 496/77, de 25 de Novembro

2. Versões anteriores deste artigo:
- 1.ª versão: D.L. n.° 47344/66, de 25 de Novembro

ANEXO V
Código do Registo Civil

SUBSECÇÃO VII
Procedimentos simplificados de sucessão hereditária[168]

DIVISÃO I
Disposições gerais

ARTIGO 210.°-A
Objecto, procedimentos e competência

1 – Os procedimentos simplificados de sucessão hereditária visam a promoção dos actos de titulação, registo e garantia do cumprimento de obrigações fiscais respeitantes à sucessão hereditária.

2 – Os procedimentos simplificados de sucessão hereditária são os seguintes:

a) Procedimento de habilitação de herdeiros, partilha e registos;

b) Procedimentos de habilitação de herdeiros com ou sem registos;

c) Procedimento de partilha e registos.

3 – O procedimento simplificado de sucessão hereditária que inclua partilha só pode ser realizado se na herança existir algum bem imóvel, ou móvel ou participação social sujeitos a registo.

4 – O registo das participações sociais sujeitas a registo é promovido nos termos previstos no artigo 29.°-A do Código do Registo Comercial.

5 – Os procedimentos simplificados de sucessão hereditária podem incluir a celebração de um contrato de mútuo e de outros contratos de crédito e de financiamento celebrados por instituições de crédito, e respectivas garantias, bem

---

[168] Reproduzimos o teor desta Subsecção VII, relativa aos Procedimentos simplificados de sucessão hereditária, face à remissões contidas no art. 272.°-C.

como outros negócios jurídicos, nos termos definidos por portaria do membro do Governo responsável pela área da justiça.

6 – A realização dos procedimentos é da competência do conservador, sem prejuízo da possibilidade de delegação em oficial de registos.

Anotações:

1. Aditado pelo seguinte diploma: Decreto-Lei n.° 324/2007, de 28 de Setembro.

2. Alterado pelo Decreto-Lei n.° 247-B/2008, de 30 de Dezembro.

ARTIGO 210.°-E
Formalidades prévias

1 – O prosseguimento dos procedimentos depende da verificação do óbito, da qualidade de herdeiro, da identidade, da capacidade e dos poderes de representação dos interessados para os actos.

2 – Os elementos referidos no número anterior devem, sempre que possível, ser comprovados por acesso à informação constante das bases de dados pertinentes.

3 – Deve ainda ser comprovada pela forma prevista no número anterior a titularidade dos bens, bem como a situação matricial dos imóveis.

4 – Os documentos que instruam os procedimentos ficam arquivados, preferencialmente em suporte electrónico, em termos a definir por portaria do membro do Governo responsável pela área da justiça.

Anotações:

1. Aditado pelo seguinte diploma: Decreto-Lei n.° 324/2007, de 28 de Setembro

ARTIGO 210.°-I
Pedidos complementares

1 – Em qualquer dos procedimentos simplificados de sucessão hereditária, a pedido dos interessados e de acordo com as suas declarações, o funcionário pratica os seguintes actos:

a) Solicita a alteração da morada fiscal dos herdeiros;

b) Solicita a isenção do imposto municipal sobre imóveis relativo a habitação própria e permanente;

c) Solicita a inscrição ou a actualização de prédios urbanos na matriz.

2 – Os pedidos referidos no número anterior são efectuados por via electrónica.

3 – No caso de o interessado solicitar o serviço previsto na alínea *c*) do n.° 1, fica dispensado de anexar as plantas de arquitectura das construções correspondentes às telas finais aprovadas pela Câmara Municipal.

4 – Para efeitos do disposto no número anterior, o IRN, I. P., deve contactar a competente câmara municipal para que esta lhe disponibilize as respectivas plantas, preferencialmente por via electrónica.

5 – O IRN, I. P., disponibiliza à administração fiscal as plantas referidas nos números anteriores, em termos a protocolar entre as entidades envolvidas.

6 – No caso de as plantas não estarem depositadas na câmara municipal ou de as plantas não serem disponibilizadas à administração fiscal no prazo de 60 dias, esta deve contactar o interessado para que este as apresente, nos termos gerais.

Anotações:

1. Aditado pelo seguinte diploma: Decreto-Lei n.° 324/2007, de 28 de Setembro

ARTIGO 210.°-J
Diligências subsequentes

Após a realização do registo, o serviço de registo promove, preferencialmente por via electrónica, os seguintes actos:

a) Comunicações obrigatórias à administração tributária;

b) Participações para fins estatísticos;

c) Promoção das demais comunicações impostas por lei e das diligências que venham a ser fixadas por via regulamentar ou protocolar.

Anotações:

1. Aditado pelo seguinte diploma: Decreto-Lei n.° 324/2007, de 28 de Setembro

ARTIGO 210.°-L
Indeferimento

1 – Os procedimentos simplificados de sucessão hereditária são indeferidos quando ocorra alguma das seguintes circunstâncias:

a) Não verificação de algum dos pressupostos ou formalidades prévias aplicáveis;

b) Violação de disposições legais imperativas;

c) Verificação de factos que possam afectar a formação e a exteriorização da vontade dos intervenientes nos actos;

d) Verificação de omissões, vícios ou deficiências nos documentos, que obstem à celebração dos actos;

e) Verificação da existência de motivo de recusa dos registos;

f) Falta de liquidação dos impostos e de encargos tributários e de cobrança de outros encargos que se mostrem devidos.

2 – A anulabilidade ou ineficácia dos actos não obsta ao prosseguimento dos procedimentos, ainda que dê origem a um registo provisório, desde que os interessados manifestem, expressamente, vontade nesse sentido.

3 – Os serviços de registo são competentes para a elaboração dos documentos indispensáveis ao suprimento dos vícios referidos no número anterior.

4 – Do indeferimento é lavrado despacho e entregue cópia do mesmo aos interessados, os quais se consideram notificados para efeitos de impugnação hierárquica ou contenciosa.

5 – O despacho de indeferimento proferido nos procedimentos de habilitação de herdeiros, partilha e registos e de habilitação de herdeiros e registos não suspende nem interrompe o prazo previsto no n.° 3 do artigo 26.° do Código do Imposto do Selo.

Anotações:

1. Aditado pelo seguinte diploma: Decreto-Lei n.° 324/2007, de 28 de Setembro

ARTIGO 210.°-M
Desistência

A não conclusão dos procedimentos simplificados de sucessão hereditária por motivo não imputável aos serviços equivale à sua desistência.

Anotações:

1. Aditado pelo seguinte diploma: Decreto-Lei n.° 324/2007, de 28 de Setembro

ARTIGO 210.°-N
Aplicação subsidiária

Aos procedimentos simplificados de sucessão hereditária são aplicáveis, subsidiariamente, as legislações registrais pertinentes e a lei notarial.

Anotações:

1. Aditado pelo seguinte diploma: Decreto-Lei n.° 324/2007, de 28 de Setembro

TÍTULO III
Publicidade, Meios de Prova e Processos

CAPÍTULO II
Processos Privativos do Registo Civil

SECÇÃO III
Processos Especiais

SUBSECÇÃO VII
Processo de divórcio e de separação de pessoas e bens por mútuo consentimento

ARTIGO 271.°
Requerimento

1 – O processo de divórcio ou de separação de pessoas e bens é instaurado mediante requerimento assinado pelos cônjuges ou seus procuradores, apresentado em qualquer conservatória do registo civil.

2 – *(Revogado.)*

Anotações:

1. Contém as alterações introduzidas pelos seguintes diplomas:
- D.L. n.° 36/97, de 31 de Janeiro
- D.L. n.° 324/2007, de 28 de Setembro

2. Versões anteriores deste artigo:
- 1.ª versão: D.L. n.° 131/95, de 06 de Junho
- 2.ª versão: D.L. n.° 36/97, de 31 de Janeiro

ARTIGO 272.°
Instrução e decisão

1 – O pedido deve ser instruído com os seguintes documentos:

a) *(Revogada.)*

b) Relação especificada dos bens comuns, com indicação dos respectivos valores, ou, caso os cônjuges optem por proceder à partilha daqueles bens nos termos dos artigos 272.°-A a 272.°-C, acordo sobre a partilha ou pedido de elaboração do mesmo;

***c*) Certidão da sentença judicial que tiver regulado o exercício das responsabilidades parentais ou acordo sobre o exercício das responsabilidades**

parentais quando existam filhos menores e não tenha previamente havido regulação judicial.

d) Acordo sobre a prestação de alimentos ao cônjuge que deles careça;

e) Certidão da escritura de convenção antenupcial, caso tenha sido celebrada;

f) Acordo sobre o destino da casa de morada da família.

2 – A pedido dos interessados, os documentos referidos na alínea *b*), na 2.ª parte da alínea c) e nas alíneas *d*) e *f*) do número anterior podem ser elaborados pelo conservador ou pelos oficiais de registo.

3 – Na sequência do pedido, é imediata e oficiosamente consultada a base de dados do registo civil, sendo integrados na base de dados os documentos que se mostrem necessários, de forma a comprovar o assento de casamento dos interessados e a celebração de convenção antenupcial declarada perante o conservador, caso tenha sido celebrada, com excepção dos casos em que o regime de bens conste do assento de casamento.

4 – Caso outra coisa não resulte dos documentos apresentados, entende-se que os acordos se destinam tanto ao período da pendência do processo como ao período posterior.

5 – É aplicável ao presente processo, com as necessárias adaptações, o disposto nos artigos 1420.° a 1423.° e 1424.° do Código de Processo Civil.

6 – A decisão dos processos previstos na presente subsecção é da exclusiva competência do conservador, sem prejuízo da possibilidade de delegação de competências em oficial de registos para os actos previstos no artigo 272.°-B.

Anotações:

1. Contém as alterações introduzidas pelos seguintes diplomas:
- D.L. n.° 324/2007, de 28 de Setembro
- Lei n.° 61/2008, de 31 de Outubro

2. Versões anteriores deste artigo:
- 1.ª versão: D.L. n.° 131/95, de 06 de Junho
- 2.ª versão: D.L. n.° 324/2007, de 28 de Setembro

3. As alterações introduzidas pela Lei n.° 61/2008, de 31 de Outubro, encontram-se assinaladas a bold.

ARTIGO 272.°-A
Partilha do património conjugal

1 – Os cônjuges podem proceder à partilha dos seus bens comuns no âmbito do processo de separação de pessoas e bens ou de divórcio por mútuo consentimento, ou posteriormente, ou ainda na sequência de qualquer processo de divórcio.

2 – Os interessados devem instruir o seu pedido com o acordo de partilha ou pedido de elaboração do mesmo.

3 – São pressupostos da partilha do património conjugal quanto aos bens imóveis, móveis ou participações sociais sujeitas a registo:

a) A inexistência de dúvidas quanto à identidade dos bens a partilhar;

b) A comprovação da titularidade dos bens.

4 – O acordo de partilha, se necessário devidamente completado pelos serviços de registo, tem os mesmos efeitos previstos na lei para outras formas de partilha.

5 – No caso de partilha de bens comuns no âmbito do processo de separação de pessoas e bens ou de divórcio por mútuo consentimento, o acordo de partilha é homologado pela decisão que decreta o divórcio.

6 – A recusa de titulação da partilha não obsta à promoção do procedimento de divórcio ou de separação de pessoas e bens por mútuo consentimento.

7 – A partilha pode incluir a celebração de um contrato de mútuo e de outros contratos de crédito e de financiamento celebrados por instituições de crédito, e respectivas garantias, bem como outros negócios jurídicos, nos termos definidos por portaria do membro do Governo responsável pela área da justiça.

8 – Por portaria do membro do Governo responsável pela área da justiça[169] podem ser definidas as condições de verificação dos pressupostos referidos no n.º 2.

Anotações:

1. Aditado pelo seguinte diploma: Decreto-Lei n.º 324/2007, de 28 de Setembro.

2. Alterado pelo Decreto-Lei n.º 247-B/2008, de 30 de Dezembro.

ARTIGO 272.º-B

Sequência de actos

1 – No âmbito da partilha do património conjugal, o serviço de registo procede aos seguintes actos, pela ordem indicada:

a) Elaboração de documento, conforme à vontade dos interessados, que titule a partilha, seguida da leitura e explicação do respectivo conteúdo;

b) Promoção da liquidação e do pagamento dos impostos relativos à partilha, nos termos declarados pelo contribuinte;

c) Cobrança dos emolumentos e de outros encargos que se mostrem devidos;

d) Registo obrigatório e imediato da transmissão dos bens imóveis, ou móveis ou participações sociais sujeitos a registo partilhados;

e) Entrega de certidão gratuita dos documentos previstos na alínea *a*) e dos registos efectuados, bem como dos comprovativos de pagamento das obrigações tributárias, dos emolumentos e dos demais encargos.

2 – A leitura dos documentos previstos na alínea *a*) do número anterior pode ser dispensada a pedido dos interessados.

3 – A pedido dos interessados, o documento referido na alínea *a*) do n.º 1

---

[169] De acordo com o art. 5.º, n.º 2 da Portaria 1594/2007, de 17 de Dezembro (Anexo VII) os pressupostos da partilha do património conjugal relativos a bens sujeitos a registo a que se refere o n.º 2 deste art. 272.º.-A do C.R.C. são verificados em **atendimento prévio**, no momento da apresentação do pedido de separação de bens ou de divórcio por mútuo consentimento.

pode ser substituído por documento elaborado pelos mesmos, que é imediatamente integrado em suporte informático pelo funcionário.

Anotações:

1. Aditado pelo seguinte diploma: Decreto-Lei n.° 324/2007, de 28 de Setembro

ARTIGO 272.°-C
Remissão

À partilha do património conjugal são aplicáveis, com as necessárias adaptações, o n.° 4 do artigo 210.° -A e os artigos 210.° -E, 210.° -I, 210.° -J, 210.° L, 210.°-M e 210.° -N.

Anotações:

1. Aditado pelo seguinte diploma: Decreto-Lei n.° 324/2007, de 28 de Setembro.
2. Alterado pelo Decreto-Lei n.° 247-B/2008, de 30 de Dezembro.

ARTIGO 273.°
Registo da decisão

(Revogado pelo Decreto-Lei n.° 228/2001, de 10 de Agosto.)

Anotações:

1. Contém as alterações introduzidas pelos seguintes diplomas:
– D.L. n.° 228/2001, de 20 de Agosto
2. Versões anteriores deste artigo:
– 1.ª versão: D.L. n.° 131/95, de 06 de Junho

ARTIGO 274.°
Recurso e averbamento

1 – A decisão proferida pelo conservador é notificada aos requerentes e dela cabe recurso para o Tribunal da Relação.

2 – Ao recurso referido no número anterior é aplicável o disposto nos artigos 288.° e seguintes, com as necessárias adaptações.

3 – Decidido o recurso, o processo baixa à conservatória para cumprimento da decisão.

4 – Incumbe ao conservador proceder ao competente averbamento ou enviar certidão da decisão, para esse efeito, à conservatória detentora do assento de casamento.

Anotações:

1. Contém as alterações introduzidas pelos seguintes diplomas:
– D.L. n.° 273/2001, de 13 de Outubro
2. Versões anteriores deste artigo:
– 1.ª versão: D.L. n.° 131/95, de 06 de Junho.

ANEXO VI
Código de Processo Civil

CAPÍTULO XVII
Do divórcio e separação sem consentimento do outro cônjuge

ARTIGO 1407.°
Tentativa de conciliação

1 – Apresentada a petição, se a acção estiver em condições de prosseguir, o juiz designará dia para uma tentativa de conciliação, sendo o autor notificado e o réu citado para comparecerem pessoalmente ou, no caso de estarem ausentes do continente ou da ilha onde correr o processo, se fazerem representar por mandatário com poderes especiais, sob pena de multa.

2 – Estando presentes ambas as partes e não sendo possível a sua conciliação, e não tendo resultado a tentativa do juiz no sentido de obter o acordo dos cônjuges para o divórcio ou a separação por mútuo consentimento, procurará o juiz obter o acordo dos cônjuges quanto aos alimentos e quanto à regulação do exercício do poder paternal dos filhos. Procurará ainda obter o acordo dos cônjuges quanto à utilização da casa de morada de família durante o período de pendência do processo, se for caso disso.

3 – Na tentativa de conciliação, ou em qualquer outra altura do processo, as partes poderão acordar no divórcio ou separação de pessoas e bens por mútuo consentimento, quando se verifiquem os necessários pressupostos.

4 – Estabelecido o acordo referido no número anterior, seguir-se-ão no próprio processo, com as necessárias adaptações, os termos dos artigos 1419.° e seguintes; sendo decretado o divórcio ou a separação definitivos por mútuo consentimento, as custas em dívida serão pagas, em partes iguais, por ambos os cônjuges, salvo convenção em contrário.

5 – Faltando alguma ou ambas as partes, ou não sendo possível a sua conciliação nem a hipótese a que aludem os n.ºs 3 e 4, o juiz ordenará a notificação do

réu para contestar no prazo de 30 dias; no acto da notificação, a fazer imediatamente, entregar-se-á ao réu o duplicado da petição inicial.

6 – No caso de o réu se encontrar ausente em parte incerta, uma vez cumprido o disposto no artigo 244.°, a designação de dia para a tentativa de conciliação ficará sem efeito, sendo ordenada a citação edital daquele para contestar.

7 – Em qualquer altura do processo, o juiz, por iniciativa própria ou a requerimento de alguma das partes, e se o considerar conveniente, poderá fixar um regime provisório quanto a alimentos, quanto à regulação do exercício do poder paternal dos filhos e quanto à utilização da casa de morada da família; para tanto poderá o juiz, previamente, ordenar a realização das diligências que considerar necessárias.

Anotações:

1. A anterior epígrafe deste Capítulo XVII do Título IV do Livro III do C.P.C. era a seguinte: "Do Divórcio e separação litigiosos".

2. A actual epígrafe "Do divórcio e separação sem consentimento do outro cônjuge" resulta do n.° 1 do artigo 4.° da Lei n.° 61/2008, de 31 de Outubro.

3. Os n.ºs 2 e 7 do presente artigo 1407.° mantêm a expressão "poder paternal".

Não se compreende por que razão o n.° 2 do artigo 3.° da Lei n.° 61/2008, de 31 de Outubro, tenha determinado que a expressão "poder paternal" deve ser substituída por "responsabilidades parentais" em todas as disposições da Secção II do Capítulo II do Título III do Livro IV do Código Civil e não o tenha feito relativamente ao Capítulo XVII do Título IV do Livro III do Código de Processo Civil onde a presente disposição se insere.

Esta disparidade de conceitos seria de todo a evitar.

ARTIGO 1408.°
Julgamento

1 – Havendo contestação, seguir-se-ão os termos do processo ordinário.

2 – Na falta de contestação, o autor será notificado para, em 10 dias, apresentar o rol de testemunhas, que não poderão exceder o número de oito, e requerer quaisquer outras provas.

3 – O juiz designa logo a data da audiência final, ponderada a duração provável das diligências a realizar antes dela.

4 – Encerrada a discussão, o tribunal colectivo, quando perante ele decorra o julgamento, conhecerá da matéria de facto e da matéria de direito e a decisão, tomada por maioria, será ditada para a acta pelo respectivo presidente, descrevendo os factos considerados provados e não provados.

5 – O presidente, bem como qualquer dos outros juízes, podem formular voto de vencido.

CAPÍTULO XVIII
Dos processos de jurisdição voluntária

SECÇÃO I
Disposições gerais

ARTIGO 1409.°
Regras do processo

1 – São aplicáveis aos processos regulados neste capítulo as disposições dos artigos 302.° a 304.°

2 – O tribunal pode, no entanto, investigar livremente os factos, coligir as provas, ordenar os inquéritos e recolher as informações convenientes; só são admitidas as provas que o juiz considere necessárias.

3 – As sentenças são proferidas no prazo de 15 dias.

4 – Nos processos de jurisdição voluntária não é obrigatória a constituição de advogado, salvo na fase de recurso.

ARTIGO 1410.°
Critério de julgamento

Nas providências a tomar o tribunal não está sujeito a critérios de legalidade estrita, devendo antes adoptar em cada caso a solução que julgue mais conveniente e oportuna.

ARTIGO 1411.°
Valor das resoluções

1 – Nos processos de jurisdição voluntária as resoluções podem ser alteradas, sem prejuízo dos efeitos já produzidos, com fundamento em circunstâncias supervenientes que justifiquem a alteração; dizem-se supervenientes tanto as circunstâncias ocorridas posteriormente à decisão como as anteriores, que não tenham sido alegadas por ignorância ou outro motivo ponderoso.

2 – Das resoluções proferidas segundo critérios de conveniência ou oportunidade não é admissível recurso para o Supremo Tribunal de Justiça.

SECÇÃO II
Providências relativas aos filhos e aos cônjuges

ARTIGO 1412.°
Alimentos a filhos maiores ou emancipados

1 – Quando surja a necessidade de se providenciar sobre alimentos a filhos maiores ou emancipados, nos termos do artigo 1880.° do Código Civil, seguir-se-á, com as necessárias adaptações, o regime previsto para os menores.

2 – Tendo havido decisão sobre alimentos a menores ou estando a correr o respectivo processo, a maioridade ou a emancipação não impedem que o mesmo se conclua e que os incidentes de alteração ou de cessação dos alimentos corram por apenso.

ARTIGO 1413.°
Atribuição da casa de morada de família

1 – Aquele que pretenda a atribuição da casa de morada de família, nos termos do artigo 1793.° do Código Civil, ou a transferência do direito ao arrendamento, nos termos do artigo 84.° do Regime do Arrendamento Urbano, deduzirá o seu pedido, indicando os factos com base nos quais entende dever ser-lhe atribuído o direito.

2 – O juiz convoca os interessados ou ex-cônjuges para uma tentativa de conciliação a que se aplica, com as necessárias adaptações, o preceituado nos n.os 1, 5 e 6 do artigo 1407.°, sendo, porém, o prazo de oposição o previsto no artigo 303.°

3 – Haja ou não contestação, o juiz decidirá depois de proceder às diligências necessárias, cabendo sempre da decisão apelação, com efeito suspensivo.

4 – Se estiver pendente ou tiver corrido acção de divórcio ou de separação litigiosos, o pedido é deduzido por apenso.

ARTIGO 1414.°
Privação do direito ao uso dos apelidos do outro cônjuge

(Revogado pelo D.L. n.° 272/2001, de 13 de Outubro.)

Anotações:

1. Contém as alterações introduzidas pelos seguintes diplomas:
- D.L. n.° 272/2001, de 13 de Outubro

2. Versões anteriores deste artigo:
- 1.ª versão: D.L. n.° 329-A/95, de 12 de Dezembro

ARTIGO 1414.º-A

Autorização judicial de uso dos apelidos do ex-cônjuge

(Revogado pelo D.L. n.º 272/2001, de 13 de Outubro.)

Anotações:

1. Contém as alterações introduzidas pelos seguintes diplomas:

- D.L. n.º 272/2001, de 13 de Outubro

2. Versões anteriores deste artigo:

- 1.ª versão: D.L. n.º 329-A/95, de 12 de Dezembro

ARTIGO 1415.º

Desacordo entre os cônjuges

1 – Havendo desacordo entre os cônjuges sobre a fixação ou alteração da residência da família, pode qualquer deles requerer a intervenção dos tribunais para solução do diferendo, oferecendo logo as provas.

2 – O outro cônjuge será citado para se pronunciar, oferecendo igualmente as provas que entender.

3 – O juiz determinará as diligências que entender necessárias, devendo, salvo se lhe parecer inútil ou prejudicial, convocar as partes e quaisquer familiares para uma audiência, onde tentará a conciliação, decidindo em seguida.

4 – Da decisão cabe sempre recurso, com efeito suspensivo.

ARTIGO 1416.º

Contribuição do cônjuge para as despesas domésticas

1 – O cônjuge que pretenda exigir a entrega directa da parte dos rendimentos do outro cônjuge, necessária para as despesas domésticas, indicará a origem dos rendimentos e a importância que pretenda receber, justificando a necessidade e razoabilidade do montante pedido.

2 – Seguir-se-ão, com as necessárias adaptações, os termos do processo para a fixação dos alimentos provisórios e a sentença, se considerar justificado o pedido, ordenará a notificação da pessoa ou entidade pagadora dos rendimentos ou proventos para entregar directamente ao requerente a respectiva importância periódica.

ARTIGO 1417.º

Conversão da separação em divórcio

1 – O requerimento da conversão da separação judicial de pessoas e bens em divórcio é autuado por apenso ao processo da separação.

2 – Requerida a conversão por ambos os cônjuges, é logo proferida a sentença.

3 – Requerida a conversão por um dos cônjuges, será o outro notificado pessoalmente ou na pessoa do seu mandatário, quando o houver, para no prazo de 15 dias deduzir oposição.

4 – A oposição só pode fundamentar-se na reconciliação dos cônjuges.

5 – Não havendo oposição, é logo proferida sentença.

ARTIGO 1417.°-A
Conversão da separação em divórcio em caso de adultério

(Revogado pela Lei n.° 61/2008, de 31 de Outubro).

Anotações:

1. Contém as alterações introduzidas pelos seguintes diplomas:
- Lei n.° 61/2008, de 31 de Outubro

2. Versões anteriores deste artigo:
- 1.ª versão: D.L. n.° 329-A/95, de 12 de Dezembro:

"No caso do n.° 3 do artigo 1795.°-D do Código Civil, se o requerido contestar, passam a seguir-se os termos do processo ordinário".

ARTIGO 1418.°
Reconciliação dos cônjuges separados

(Revogado pelo D.L. n.° 272/2001, de 13 de Outubro.)

Anotações:

1. Contém as alterações introduzidas pelos seguintes diplomas:
- D.L. n.° 272/2001, de 13 de Outubro

2. Versões anteriores deste artigo:
- 1.ª versão: D.L. n.° 329-A/95, de 12 de Dezembro

SECÇÃO III
Separação ou divórcio por mútuo consentimento

ARTIGO 1419.°
Requerimento

1 – O requerimento para a separação judicial de pessoas e bens ou para o divórcio por mútuo consentimento será assinado por ambos os cônjuges ou pelos seus procuradores e instruído com os seguintes documentos:

a) Certidão de narrativa completa do registo de casamento;

b) Relação especificada dos bens comuns, com indicação dos respectivos valores;

c) Acordo que hajam celebrado sobre o exercício do poder paternal relativamente aos filhos menores, se os houver;

d) Acordo sobre a prestação de alimentos ao cônjuge que careça deles;

e) Certidão da convenção antenupcial e do seu registo, se os houver;

f) Acordo sobre o destino da casa de morada da família.

2 – Caso outra coisa não resulte dos documentos apresentados, entende-se que os acordos se destinam tanto ao período da pendência do processo como ao período posterior.

Anotações:

1. Contém as alterações introduzidas pelos seguintes diplomas:

– D.L. n.° 180/96, de 25 de Setembro

2. Versões anteriores deste artigo:

– 1.ª versão: D.L. n.° 329-A/95, de 12 de Dezembro

3. A alínea c) do n.° 1 do presente artigo 1419.° mantém a expressão "poder paternal".

Não se compreende a razão pela qual o n.° 2 do artigo 3.° da Lei n.° 61/ /2008, de 31 de Outubro, tenha determinado que a expressão "poder paternal" deve ser substituída por "responsabilidades parentais" em todas as disposições da Secção II do Capítulo II do Título III do Livro IV do Código Civil e não o tenha feito relativamente ao Capítulo XVIII do Título IV do Livro III do Código de Processo Civil onde a presente disposição se insere.

4. Esta incongruência é particularmente flagrante quando é certo que o artigo 5.° da mesma Lei n.° 61/2008, de 31 de Outubro, veio alterar o teor do n.° 2 do artigo 272.° do C.R.C. (disposição paralela à da presente alínea c) do artigo 1419.° do C.P.C.) tendo aí procedido à substituição da expressão "poder paternal" por "responsabilidades parentais".

ARTIGO 1420.°
Convocação da conferência

1 – Não havendo fundamento para indeferimento liminar, o juiz fixará o dia da conferência a que se refere o artigo 1776.° do Código Civil, podendo para ela convocar parentes ou afins dos cônjuges ou quaisquer pessoas em cuja presença veja utilidade.

2 – O cônjuge que esteja ausente do continente ou da ilha em que tiver lugar a conferência ou que se encontre impossibilitado de comparecer poderá fazer-se representar por procurador com poderes especiais.

3 – A conferência poderá ser adiada por um período não superior a 30 dias quando haja fundado motivo para presumir que a impossibilidade de comparência referida no número anterior cessará dentro desse prazo.

ARTIGO 1421.°
Conferência

1 – Se a conferência a que se refere o artigo 1776.° do Código Civil terminar por desistência do pedido por parte de ambos os cônjuges ou um deles, o juiz fá-la-á consignar na acta e homologá-la-á.

2 – No caso contrário, será exarado em acta o acordo dos cônjuges quanto à separação ou divórcio, bem como as decisões tomadas quanto aos acordos a que se refere o artigo 1775.° do Código Civil.

Anotações:

1. A anterior epígrafe deste artigo 1421.° era a seguinte: "Primeira conferência".

2. A actual epígrafe resulta do n.° 2 do artigo 4.° da Lei n.° 61/2008, de 31 de Outubro.

ARTIGO 1422.°
Suspensão ou adiamento da conferência

1 – ***(Revogado pela Lei n.° 61/2008, de 31 de Outubro)***

2 – Quando algum dos cônjuges falte à conferência, o processo aguardará que seja requerida a designação de novo dia.

Anotações:

1. Contém as alterações introduzidas pelos seguintes diplomas:

– Lei n.° 61/2008, de 31 de Outubro

2. Versões anteriores deste artigo:

– 1.ª versão: D.L. n.° 329-A/95, de 12 de Dezembro:

"*1. A conferência já iniciada pode ser suspensa por período não superior a 30 dias, se houver fundada razão para crer que a suspensão facilitará a desistência do pedido.*

2. Quando algum dos cônjuges falte à conferência, o processo aguardará que seja requerida a designação de novo dia".

ARTIGO 1423.°
Nova conferência – Separação ou divórcio definitivo

(Revogado pelo D.L. n.° 272/2001, de 13 de Outubro.)

Anotações:

1. Contém as alterações introduzidas pelos seguintes diplomas:
– D.L. n.º 272/2001, de 13 de Outubro

2. Versões anteriores deste artigo:
– 1.ª versão: D.L. n.º 329-A/95, de 12 de Dezembro

ARTIGO 1423.º-A
Renovação da instância

1 – Tendo o processo de divórcio ou separação por mútuo consentimento resultado da conversão de divórcio ou separação litigiosa, nos termos do n.º 3 do artigo 1407.º, se não vier a ser decretado o divórcio ou a separação por qualquer motivo, que não seja a reconciliação dos cônjuges, pode qualquer das partes da primitiva acção pedir a renovação desta instância.

2 – O requerimento deverá ser feito dentro dos 30 dias subsequentes à data da conferência em que se tenha verificado o motivo para não decretar o divórcio ou separação por mútuo consentimento.

ARTIGO 1424.º
Irrecorribilidade do convite à alteração dos acordos

Não cabe recurso do convite à alteração dos acordos previstos nos artigos 1776.º e 1777.º do Código Civil.

ANEXO VII

Portaria n.° 1594/2007, de 17 de Dezembro

Procedimentos simplificados de sucessão hereditária e de partilha do património conjugal

MINISTÉRIO DA JUSTIÇA
Portaria n.° 1594/2007, de 17 de Dezembro

O Decreto-Lei n.° 324/2007, de 28 de Setembro, alterou o Código do Registo Civil introduzindo diversas medidas de simplificação e desformalização relacionadas com formalidades dispensáveis nas áreas do registo civil e dos actos notariais conexos.

De entre estas medidas destaca-se a criação de dois serviços de balcão único que constituem o cumprimento de um compromisso assumido pelo XVII Governo Constitucional no âmbito do Programa SIMPLEX. Estes serviços– o «Balcão das Heranças» e o balcão «Divórcio com Partilha» – agregam num atendimento único procedimentos relativos às heranças e ao divórcio.

O «Balcão das Heranças» permite realizar em atendimento único todos os actos e formalidades relacionados com a sucessão hereditária. Aqui se incluem, por exemplo, a habilitação de herdeiros, a partilha dos bens imóveis, móveis ou participações sociais sujeitos a registo, a liquidação dos impostos que se mostrem devidos e a realização dos registos e pedidos de registo dos bens partilhados.

Por sua vez, o serviço «Divórcio com Partilha» permite que, no âmbito do divórcio e da separação de pessoas e bens por mútuo consentimento tramitados nas conservatórias do registo civil, se possam efectuar todos os actos e formalidades relacionados com este procedimento. É o caso da realização da partilha, da liquidação dos impostos que se mostrem devidos e do registo dos bens imóveis, móveis sujeitos a registo e participações sociais partilhados.

Com a criação destes novos serviços, vários actos e formalidades são dispensados e os que se revelem indispensáveis ficam concentrados num único atendimento, sem necessidade de efectuar diversas deslocações a conservatórias diversas, cartórios notariais e serviços de finanças, com vantagem para os cidadãos.

A presente portaria destina-se a regulamentar os termos da prestação do serviço nestes novos balcões únicos, nomeadamente quanto ao atendimento prévio que neles possa existir, às condições de verificação dos pressupostos da partilha do património conjugal e ao arquivo de documentos.

Assim:

Manda o Governo, pelo Ministro da Justiça, ao abrigo do disposto nos n.os 2 do artigo 210.°-D, 4 do artigo 210.°-E e 5 do artigo 272.°-A do Código do Registo Civil, aprovado pelo Decreto-Lei n.° 131/95, de 6 de Junho, com as alterações introduzidas pelos Decretos-Leis n.os 36/97, de 31 de Janeiro, 120/98, de 8 de Maio, 375-A/99, de 20 de Setembro, 228/2001, de 20 de Agosto, 273/2001, de 13 de Outubro, 323/2001, de 17 de Dezembro, 113/2002, de 20 de Abril, 194/2003, de 23 de Agosto, e 53/2004, de 18 de Março, pela Lei n.° 29/2007, de 2 de Agosto, e pelo Decreto-Lei n.° 324/2007, de 28 de Setembro, e do disposto no n.° 5 do artigo 25.° deste último decreto-lei, o seguinte:

SECÇÃO I

Procedimentos simplificados de sucessão hereditária

ARTIGO 1.°

Atendimento prévio

No âmbito dos procedimentos simplificados de sucessão hereditária previstos nos artigos 210.°-A a 210.°-R do Código do Registo Civil, o funcionário competente procede a um atendimento prévio do requerente praticando os seguintes actos pela ordem indicada:

a) Efectua uma análise do pedido e dos documentos apresentados pelo requerente;

b) Promove as diligências de instrução do procedimento que devam ser efectuadas por via oficiosa, nos termos do artigo 210.°-E do Código do Registo Civil;

c) Comunica ao requerente quais os documentos que deve apresentar;

d) Marca a data de realização do procedimento, nos termos dos artigos 2.° e 3.°

ARTIGO 2.°
Marcação prévia e documentos

1 – A realização do procedimento só pode ser marcada para uma data posterior a sete dias úteis relativamente à data do pedido se esta for a vontade dos interessados.

2 – A realização do procedimento referido no número anterior pode ser remarcada para outra data se os documentos que devam ser disponibilizados pelas partes forem entregues menos de cinco dias úteis antes da data marcada para a realização do procedimento e essa remarcação se revelar absolutamente indispensável.

3 – O envio em suporte electrónico ou telecópia dos documentos referidos no número anterior equivale à sua disponibilização à conservatória, mas não dispensa a exibição dos originais no momento da realização do procedimento.

ARTIGO 3.°
Marcação prévia em casos especiais

1 – A marcação da realização do procedimento tem lugar no prazo de 10 dias úteis relativamente à data do pedido nos casos seguintes:

a) Quando a sucessão seja regulada por lei estrangeira;

b) Quando a sucessão se funde, ainda que parcialmente, em testamento ou contrato sucessório ou disposição testamentária contidos em convenção antenupcial;

c) Quando se verifique o repúdio da herança por parte de algum dos herdeiros;

d) Quando se verifique a necessidade de chamamento de bens à colação na partilha;

e) Quando a herança a partilhar integre uma das seguintes situações:

i) Mais de 15 bens ou direitos;

ii) Meações e quinhões hereditários noutros patrimónios indivisos;

iii) Bens futuros e expectativas de aquisição;

iv) Bens ou direitos registados ou localizados no estrangeiro ou a que se aplique lei estrangeira.

2 – A marcação da realização do procedimento prevista no número anterior só pode ter lugar numa data posterior a 10 dias úteis relativamente à data do pedido se essa for a vontade dos interessados.

ARTIGO 4.°
Tramitação subsequente

Após o atendimento prévio, os procedimentos simplificados de sucessão hereditária são tramitados no mesmo dia, em atendimento presencial único, nos termos dos artigos 210.°-F a 210.°-M do Código do Registo Civil.

SECÇÃO II

Procedimento de partilha do património conjugal

ARTIGO 5.°
Atendimento prévio, marcação prévia e partilha do património conjugal

1 – Os pressupostos da partilha do património conjugal relativos a bens sujeitos a registo a que se refere o n.° 2 do artigo 272.°-A do Código do Registo Civil são verificados em atendimento prévio, nos termos do artigo 1.°, no momento da apresentação do pedido de separação de pessoas e bens ou de divórcio por mútuo consentimento.

2 – A realização da partilha do património conjugal é marcada para a data da conferência prevista no n.° 3 do artigo 14.° do Decreto-Lei n.° 272/2001, de 13 de Outubro, só podendo ser marcada para uma data posterior a cinco dias úteis relativamente à data do pedido se essa for a vontade dos interessados.

3 – Nos casos em que seja necessário proceder à notificação dos interessados, a realização da partilha do património conjugal só pode ser marcada para uma data posterior a cinco dias úteis relativamente à data em que a notificação se presume efectuada, se essa for a vontade dos interessados.

4 – No caso de ser apresentado acordo sobre o exercício do poder paternal relativo a filhos menores, a marcação da data e as notificações só se verificam depois da recepção da pronúncia favorável do Ministério Público.

5 – As marcações referidas nos números anteriores só são asseguradas se os documentos que devam ser disponibilizados pelas partes forem entregues pelo menos dois dias úteis antes da data marcada para a realização do procedimento.

6 – O disposto nos números anteriores não prejudica a aplicação dos artigos 1420.° a 1422.° do Código de Processo Civil.

7 – A realização da partilha do património conjugal tem lugar imediatamente após a realização da conferência e da decretação da separação judicial de pessoas e bens ou do divórcio previstas no n.° 3 do artigo 14.° do Decreto –Lei n.° 272/2001, de 13 de Outubro, desde que as partes tenham renunciado expressamente ao recurso.

8 – São aplicáveis os n.°s 2 e 3 do artigo 2.°

Anotações:

1. Não se compreende a razão pela qual o artigo 5.° da Lei n.° 61/2008, de 31 de Outubro tenha procedido à alteração do teor da alínea c) do artigo 272.° do C.R.C, na qual a expressão "poder paternal" foi substituída pela expressão "responsabilidades parentais" e o mesmo não tenha sucedido com o n.° 4 do presente artigo 5.° da Portaria n.° 1594/2007 de 17 de Dezembro.

2. Esta disparidade de conceitos constituirá, por certo, fonte de dificuldades de interpretação e de aplicação do presente diploma, o que seria de todo a evitar.

ARTIGO 6.°
Marcação prévia em casos especiais

1 – A marcação da realização do procedimento tem lugar no prazo de sete dias úteis relativamente à data do pedido nos casos seguintes:

a) Quando o regime de bens que vigore no casamento for regulado por lei estrangeira ou por convenção antenupcial atípica;

b) Quando o património conjugal integre uma das seguintes situações:

i) Meações e quinhões hereditários noutros patrimónios indivisos;

ii) Bens futuros e expectativas de aquisição.

2 – A marcação da realização do procedimento prevista no número anterior só pode ter lugar numa data posterior a sete dias úteis relativamente à data do pedido, se essa for a vontade dos interessados.

ARTIGO 7.°
Tramitação subsequente

Após o atendimento prévio, a partilha do património conjugal é tramitada no mesmo dia, em atendimento presencial único, nos termos do artigo 5.° e do artigo 272.°-B do Código do Registo Civil.

SECÇÃO III

Assinatura, apresentação, certidão permanente e arquivo

ARTIGO 8.°
Assinatura de documentos

Os documentos resultantes dos procedimentos simplificados de sucessão hereditária e de partilha do património conjugal são assinados por todos os intervenientes e, sempre que possível, digitalizados, não guardando a conservatória qualquer outro arquivo além do previsto no artigo 11.°

ARTIGO 9.°
Apresentação de pedidos de registo predial

1 – No caso de pedidos de registo predial promovidos nos termos do n.° 1 do artigo 19.° do Decreto –Lei n.° 324/2007, de 28 de Setembro, estes são reme-

tidos à conservatória competente por meios electrónicos ou, apenas quando estes não estejam disponíveis, por telecópia, acompanhados da cópia dos documentos caso a conservatória não tenha acesso electrónico aos mesmos.

2 – Nos casos referidos no número anterior, a conservatória competente remete aos interessados gratuitamente uma certidão, nos termos da alínea *g*) do n.º 1 do artigo 210.º-F do Código do Registo Civil.

3 – Os pedidos de registo apresentados por meios electrónicos ou por telecópia são anotados no diário pela ordem da sua recepção:

a) Imediatamente após a última apresentação pessoal do dia, quando recebidos entre as 0 e as 16 horas;

b) Imediatamente antes da primeira apresentação pessoal do dia seguinte, quando recebidos entre as 16 e as 24 horas.

ARTIGO 10.º
Certidão permanente de registo comercial

No caso de serem efectuados registos de participações sociais é disponibilizada gratuitamente por um ano uma certidão permanente de registo comercial.

ARTIGO 11.º
Arquivo

1 – Ficam arquivados os documentos que serviram de base à realização dos procedimentos simplificados de sucessão hereditária e partilha do património conjugal.

2 – O arquivo previsto nos números anteriores é efectuado, sempre que possível, por via electrónica, com dispensa da sua conservação em suporte físico, sendo devolvidos aos interessados os documentos que estes tenham apresentado e que resultem da realização do procedimento.

3 – Os documentos arquivados na forma prevista no número anterior, desde que sejam integralmente apreensíveis, têm o mesmo valor probatório dos originais.

SECÇÃO IV
Disposições finais e transitórias

ARTIGO 12.º
Período experimental

1 – O período experimental previsto no artigo 18.º do Decreto-Lei n.º 324/ /2007, de 28 de Setembro, tem início após a entrada em vigor da presente portaria e termina no dia 30 de Maio de 2008.

2 – Durante o período experimental, os procedimentos simplificados de sucessão hereditária não podem ser promovidos nos casos seguintes:

a) Quando a sucessão hereditária seja regulada por lei estrangeira;

b) Quando a herança a partilhar integre quotas ou partes sociais em sociedades por quotas, em nome colectivo ou em comandita simples, quando tais sociedades possuam bens imóveis e quando, pela partilha, algum dos herdeiros fique a dispor de, pelo menos, 75 % do capital social ou o número de sócios se reduza a dois, sendo marido e mulher, casados no regime de comunhão geral de bens ou de adquiridos;

c) Quando a partilha da herança determine:

i) O fraccionamento de prédios ou a constituição de propriedade horizontal;

ii) A constituição da compropriedade ou o aumento do número de compartes sobre prédios rústicos.

3 – Durante o período experimental, a realização da partilha do património conjugal não pode ser promovida nos casos seguintes:

a) Quando o regime de bens que vigora no casamento for regulado por lei estrangeira;

b) Quando do património conjugal façam parte quotas ou partes sociais em sociedades por quotas, em nome colectivo ou em comandita simples, quando tais sociedades possuam bens imóveis e quando, pela partilha, algum dos herdeiros fique a dispor de, pelo menos, 75 % do capital social ou o número de sócios se reduza a dois, sendo marido e mulher, casados no regime de comunhão geral de bens ou de adquiridos;

c) Quando a partilha determine:

i) O fraccionamento de prédios ou a constituição de propriedade horizontal;

ii) A constituição da compropriedade ou o aumento do número de compartes sobre prédios rústicos.

ARTIGO 13.°
Início de vigência

1 – A presente portaria entra em vigor no dia seguinte ao da sua publicação.

2 – Os procedimentos simplificados de sucessão hereditária e de partilha do património conjugal no âmbito de processo de separação judicial de pessoas e bens ou de divórcio por mútuo consentimento previstos nos artigos 210.°-A a 210.°-R e 272.°-A a 272.°-C do Código do Registo Civil, na redacção do Decreto-Lei n.° 324/2007, de 28 de Setembro, entram em funcionamento na data prevista no número anterior.

Pelo Ministro da Justiça, *João Tiago Valente Almeida da Silveira,* Secretário de Estado da Justiça, em 13 de Dezembro de 2007.

ANEXO VIII

Decreto-Lei n.° 272/2001, de 13 de Outubro

Determina a atribuição e transferência de competências relativas a um conjunto de processos especiais dos tribunais judiciais para o Ministério Público e as conservatórias de registo civil, regulando os correspondentes procedimentos.

MINISTÉRIO DA JUSTIÇA
Decreto-Lei n.° 272/2001
de 13 de Outubro

Colocar a justiça ao serviço da cidadania é um dos objectivos estratégicos fundamentais assumidos pelo Governo nesta área, concretizado nomeadamente na tutela do direito a uma decisão em tempo útil. Neste sentido, importa desonerar os tribunais de processos que não consubstanciem verdadeiros litígios, permitindo uma concentração de esforços naqueles que correspondem efectivamente a uma reserva de intervenção judicial.

Assim, aproxima-se a regulação de determinados interesses do seu titular, privilegiando-se o acordo como forma de solução e salvaguardando-se simultaneamente o acesso à via judicial nos casos em que não seja possível obter uma composição pelas próprias partes.

Nestes termos, procede o presente diploma à transferência da competência decisória em processos cujo principal rácio é a tutela dos interesses dos incapazes ou ausentes, do tribunal para o Ministério Público, estatutariamente vocacionado para a tutela deste tipo de interesses, sendo este o caso das acções de suprimento do consentimento dos representantes, de autorização para a prática de actos, bem como a confirmação de actos em caso de inexistência de autorização.

Procede-se ainda à transferência de competências para as conservatórias de registo civil em matérias respeitantes a um conjunto de processos de jurisdição voluntária relativos a relações familiares – a atribuição de alimentos a filhos maiores e da casa de morada da família, a privação e autorização de apelidos de actual ou anterior cônjuge e a conversão da separação em divórcio –, na estrita medida em que se verifique ser a vontade das partes conciliável e sendo efectuada a remessa para efeitos de decisão judicial sempre que se constate existir oposição de qualquer interessado.

Passam ainda a ser decididos pelo conservador de registo civil os processos de reconciliação de cônjuges separados, aos quais, por natureza, não corresponde uma situação de litígio.

O processo conducente à declaração de dispensa de prazo internupcial, cuja margem decisória correspondia essencialmente à verificação da situação de não gravidez tendo em vista a celebração de casamento, passa a corresponder à simples verificação do facto, com base na apresentação de certificado médico como documento instrutório do processo de casamento.

Na senda da atribuição de competência decisória respeitante à separação e divórcio por mútuo consentimento ao conservador de registo civil, operada em 1995, à qual têm correspondido resultados altamente benéficos do ponto de vista dos requerentes do divórcio e da judicatura, com reflexos em toda a sociedade através da maior celeridade decisional, procede-se à atribuição a estas entidades de competência exclusiva nesta matéria, exceptuando os casos de conversão de divórcio litigioso, abolindo-se ainda a segunda conferência em todos os processos.

Paralelamente, passam a estar abrangidos os divórcios por mútuo consentimento em que existem filhos menores, cujos interesses são objecto de regulação com base na participação activa do Ministério Público.

Foram ouvidos o Conselho Superior da Magistratura, o Conselho Superior do Ministério Público, a Ordem dos Advogados, a Associação Sindical dos Juízes Portugueses, o Sindicato dos Magistrados do Ministério Público, o Sindicato dos Trabalhadores dos Registos e do Notariado, a Associação Sindical de Conservadores dos Registos, a Associação Portuguesa de Notários e a Associação Sindical dos Notários Portugueses.

Assim:

No uso da autorização legislativa concedida pela Lei n.° 82/2001, de 3 de Agosto, e nos termos da alínea *b*) do n.° 1 do artigo 198.o da Constituição, o Governo decreta o seguinte:

CAPÍTULO I
Objecto

ARTIGO 1.º
Objecto

O presente diploma determina a atribuição e transferência de competências relativas a um conjunto de processos especiais dos tribunais judiciais para o Ministério Público e as conservatórias de registo civil, regulando os correspondentes procedimentos.

CAPÍTULO II
Da competência do Ministério Público

ARTIGO 2.º
Competência

1 – São da competência exclusiva do Ministério Público as decisões relativas a pedidos de:

a) Suprimento do consentimento, sendo a causa de pedir a incapacidade ou a ausência da pessoa;

b) Autorização para a prática de actos pelo representante legal do incapaz, quando legalmente exigida;

c) Autorização para a alienação ou oneração de bens do ausente, quando tenha sido deferida a curadoria provisória ou definitiva;

d) Confirmação de actos praticados pelo representante do incapaz sem a necessária autorização.

2 – O disposto no número anterior não se aplica:

a) Às situações previstas na alínea *a*), quando o conservador de registo civil detenha a competência prevista na alínea *a*) do artigo 1604.º do Código Civil;

b) Às situações previstas na alínea *b*), quando esteja em causa autorização para outorgarem partilha extrajudicial e o representante legal concorra à sucessão com o seu representado, sendo necessário nomear curador especial, bem como nos casos em que o pedido de autorização seja dependente de processo de inventário ou de interdição.

ARTIGO 3.º
Procedimento perante o Ministério Público

1 – O interessado apresenta o pedido ao agente do Ministério Público que exercer funções junto do:

a) Tribunal em que correu o processo de nomeação do representante, quando este tiver sido nomeado judicialmente;

b) Tribunal em que correu o processo de curadoria nas situações previstas na alínea *c*) do n.º 1 do artigo anterior;

c) Tribunal de 1.ª instância competente em razão da matéria no âmbito da circunscrição da residência do representante nos restantes casos.

2 – Juntamente com o pedido são apresentados os fundamentos de facto e de direito, indicadas as provas e junta a prova documental.

3 – São citados para, no prazo de 15 dias, apresentar oposição, indicar as provas e juntar a prova documental:

a) Nos casos previstos na alínea a) do n.º 1 do artigo anterior, o representante do incapaz ou o procurador ou curador do ausente, o seu cônjuge ou parente mais próximo e o próprio incapaz, se for inabilitado; havendo mais de um parente no mesmo grau, é citado o que for considerado mais idóneo;

b) Nas situações previstas na alínea b) do n.º 1 do artigo anterior, o parente sucessível mais próximo do incapaz ou, havendo vários parentes no mesmo grau, o que for considerado mais idóneo.

4 – Nos casos de suprimento do consentimento em que a causa de pedir seja a incapacidade ou a ausência da pessoa e ainda não esteja decretada a interdição ou inabilitação ou verificada judicialmente a ausência, aplica-se o disposto na alínea a) do número anterior, com as necessárias adaptações.

5 – O Ministério Público decide depois de produzidas as provas que admitir, de concluídas outras diligências necessárias e de ouvido o conselho de família, quando o seu parecer for obrigatório.

6 – No prazo de 10 dias contados da notificação da decisão, pode o requerente ou qualquer interessado que tiver apresentado oposição requerer a reapreciação da pretensão ao tribunal referido no n.º 1 do presente artigo.

ARTIGO 4.º
Aceitação ou rejeição de liberalidades em favor de incapazes

1 – São da competência do Ministério Público as decisões relativas a pedidos de notificação do representante legal para providenciar acerca da aceitação ou rejeição de liberalidades a favor de incapaz.

2 – É aplicável o disposto nos n.os 1 e 2 do artigo anterior, devendo o requerente justificar a conveniência da aceitação ou rejeição e indicar o prazo para o cumprimento.

3 – O despacho que ordenar a notificação marca prazo para o cumprimento.

4 – Se quiser pedir autorização para aceitar a liberalidade, o notificado formula o pedido no próprio processo de notificação, observando-se o disposto no artigo anterior e, obtida a autorização, no mesmo processo declara aceitar a liberalidade.

5 – Se, dentro do prazo fixado, o notificado não pedir a autorização ou não aceitar a liberalidade, o Ministério Público, depois de produzidas as provas necessárias, declara-a aceite ou rejeitada, de harmonia com as conveniências do incapaz.

6 – À aceitação ou rejeição de liberalidades em favor de incapazes é aplicável o disposto no n.° 6 do artigo anterior.

CAPÍTULO III

Do procedimento perante o conservador do registo civil

SECÇÃO I

Do procedimento tendente à formação de acordo das partes

ARTIGO 5.°

Objecto do procedimento tendente à formação de acordo das partes

1 – O procedimento regulado na presente secção aplica-se aos pedidos de:

a) Alimentos a filhos maiores ou emancipados;

b) Atribuição da casa de morada da família;

c) Privação do direito ao uso dos apelidos do outro cônjuge;

d) Autorização de uso dos apelidos do ex-cônjuge;

e) Conversão de separação judicial de pessoas e bens em divórcio.

2 – O disposto na presente secção não se aplica às pretensões referidas nas alíneas *a*) a *d*) do número anterior que sejam cumuladas com outros pedidos no âmbito da mesma acção judicial, ou constituam incidente ou dependência de acção pendente, circunstâncias em que continuam a ser tramitadas nos termos previstos no Código de Processo Civil.

ARTIGO 6.º
Competência

1 – É competente a conservatória do registo civil:

a) Da área da residência do requerido no que respeita aos processos previstos nas alíneas *a*), *c*) e *d*) do n.º 1 do artigo anterior;

b) Da área da situação da casa de morada da família no que respeita aos processos previstos na alínea *b*) do n.º 1 do artigo anterior;

c) Da área da residência de qualquer dos cônjuges ou outra por ambos escolhida e expressamente designada no que respeita aos processos previstos na alínea *e*) do n.º 1 do artigo anterior.

2 – *(Revogado pelo n.º 5 do artigo 22.º do D.L. 324/2007, de 28 de Setembro)*.

Anotações:

1. Contém as alterações introduzidas pelos seguintes diplomas:

– D.L. n.º 324/2007, de 28 de Setembro

2. Versões anteriores deste artigo:

– 1.ª versão: D.L. n.º 272/2001, de 13 de Outubro

ARTIGO 7.º
Procedimento na conservatória

1 – O pedido é apresentado mediante requerimento entregue na conservatória, fundamentado de facto e de direito, sendo indicadas as provas e junta a prova documental.

2 – O requerido é citado para, no prazo de 15 dias, apresentar oposição, indicar as provas e juntar a prova documental.

3 – Não sendo apresentada oposição e devendo considerar-se confessados os factos indicados pelo requerente, o conservador, depois de verificado o preenchimento dos pressupostos legais, declara a procedência do pedido.

4 – Tendo sido apresentada oposição, o conservador marca tentativa de conciliação, a realizar no prazo de 15 dias.

5 – O conservador pode determinar a prática de actos e a produção da prova necessárias à verificação dos pressupostos legais.

ARTIGO 8.º
Remessa do processo

Tendo havido oposição do requerido e constatando-se a impossibilidade de acordo, são as partes notificadas para, em oito dias, alegarem e requererem a produção de novos meios de prova, sendo de seguida o processo, devidamente instruído, remetido ao tribunal judicial de 1. .ª instância competente em razão da matéria no âmbito da circunscrição a que pertence a conservatória.

ARTIGO 9.º
Processo judicial

1 – Remetido o processo ao tribunal judicial nos termos do artigo anterior, o juiz ordena a produção de prova e marca audiência de julgamento.

2 – É aplicável, com as necessárias adaptações, o disposto nos artigos 1409.º a 1411.º do Código de Processo Civil.

ARTIGO 10.º
Recursos

1 – Das decisões do conservador cabe recurso para o tribunal judicial de 1.ª instância competente em razão da matéria no âmbito da circunscrição a que pertence a conservatória.

2 – O prazo para a interposição do recurso é o do artigo 685.º do Código de Processo Civil.

ARTIGO 11.º
Conversão de separação judicial de pessoas e bens em divórcio

Quando a conversão é requerida por ambos os cônjuges, o conservador decide de imediato.

SECÇÃO II

Dos procedimentos da competência exclusiva do conservador

ARTIGO 12.º
Objecto, competência e procedimento

1 – São da exclusiva competência da conservatória de registo civil:

a) A reconciliação dos cônjuges separados;

***b*) A separação e divórcio por mútuo consentimento, excepto nos casos em que os cônjuges não apresentam algum dos acordos a que se refere o n.º 1 do artigo 1775.º do Código Civil, em que algum dos acordos apresenta-**

dos não é homologado ou nos casos resultantes de acordo obtido no âmbito de processo de separação ou divórcio sem consentimento do outro cônjuge;

c) A declaração de dispensa de prazo internupcial.

2 – É competente para os processos previstos nas alíneas *a*) e *b*) do número anterior a conservatória de registo civil da residência de qualquer dos cônjuges ou outra por ambos escolhida e expressamente designada.

3 – A declaração de dispensa de prazo internupcial é efectuada pela conservatória de registo civil competente para a organização do processo preliminar de publicações para o casamento da requerente.

4 – No âmbito das competências previstas no n.° 1 do presente artigo, os interessados apresentam o pedido mediante a entrega de requerimento na conservatória, fundamentando de facto e de direito, indicando as provas e juntando a prova documental.

5 – O conservador verifica o preenchimento dos pressupostos legais, podendo determinar para esse efeito a prática de actos e a produção da prova eventualmente necessária, e declara, em seguida, a procedência do pedido.

Anotações:

1. Contém as alterações introduzidas pelos seguintes diplomas:

– Lei n.° 61/2008, de 31 de Outubro

2. Versões anteriores deste artigo:

– 1.ª versão: D.L. n.° 272/2001, de 13 de Outubro

3. Na alínea b) do n.° 1, tendo em conta que tem por objecto uma hipótese, seria preferível a expressão no condicional "não apresentem" face à expressão aí contida de "não apresentam".

4. As alterações introduzidas pela Lei n.° 61/2008, de 31 de Outubro encontram-se assinaladas a bold.

ARTIGO 13.°
Reconciliação dos cônjuges separados

1 – A reconciliação de cônjuges separados efectua-se com base em acordo declarado por aqueles e homologado pelo conservador.

2 – É enviada certidão da decisão de reconciliação de cônjuges separados judicialmente ao processo de separação.

ARTIGO 14.°
Separação e divórcio por mútuo consentimento

1 – O processo de separação de pessoas e bens ou de divórcio por mútuo consentimento é instaurado mediante requerimento assinado pelos cônjuges ou seus procuradores na conservatória do registo civil.

2 – O pedido é instruído com o conjunto de documentos referido no n.° 1 do artigo 272.° do Código de Registo Civil, a que é acrescentado acordo sobre o exercício do poder paternal quando existam filhos menores e não tenha previamente havido regulação judicial.

3 – Recebido o requerimento, o conservador informa os cônjuges da existência dos serviços de mediação familiar; mantendo os cônjuges o propósito de se divorciar, e observado o disposto no n.° 5 do artigo 12.°, é o divórcio decretado, procedendo-se ao correspondente registo.

4 – Quando for apresentado acordo sobre o exercício do poder paternal relativo a filhos menores, o processo é enviado ao Ministério Público junto do tribunal judicial de 1.ª instância competente em razão da matéria no âmbito da circunscrição a que pertença a conservatória antes da fixação do dia da conferência prevista no número anterior, para que este se pronuncie sobre o acordo no prazo de 30 dias.

5 – Caso o Ministério Público considere que o acordo não acautela devidamente os interesses dos menores, podem os requerentes alterar o acordo em conformidade ou apresentar novo acordo, sendo neste último caso dada nova vista ao Ministério Público.

6 – Se o Ministério Público considerar que o acordo acautela devidamente os interesses dos menores ou tendo os cônjuges alterado o acordo nos termos indicados pelo Ministério Público, segue-se o disposto no n.° 3 do presente artigo.

7 – Nas situações em que os requerentes não se conformem com as alterações indicadas pelo Ministério Público e mantenham o propósito de se divorciar, o processo é remetido ao tribunal da comarca a que pertença a conservatória.

8 – É aplicável o disposto no n.° 2 do artigo 272.° do Código de Registo Civil e nos artigos 1420.°, 1422.° e 1424.° do Código de Processo Civil, com as necessárias adaptações.

Anotações:

1. Contém as alterações introduzidas pelos seguintes diplomas:
- D.L. n.° 324/2007, de 28 de Setembro
- Lei n.° 61/2008, de 31 de Outubro

2. Versões anteriores deste artigo:
- 1.ª versão: D.L. n.° 272/2001, de 13 de Outubro
- 2.ª versão: D.L. n.° 324/2007, de 28 de Setembro

3. As alterações introduzidas pela Lei n.° 61/2008, de 31 de Outubro encontram-se assinaladas a bold.

4. Não se compreende a razão pela qual o n.° 2 do artigo 3.° da Lei n.° 61/ /2008, de 31 de Outubro tenha determinado que a expressão "poder paternal" deve ser substituída por "responsabilidades parentais" em todas as disposições da Secção II do Capítulo II do Título III do Livro IV do Código Civil e não o tenha feito relativamente aos n.os 2 e 4 do presente artigo 14.°.

5. Esta disparidade de conceitos constituirá por certo uma fonte de dificuldades de interpretação e aplicação deste artigo, que seria sempre de evitar.

ARTIGO 15.°
Dispensa de prazo internupcial

A mulher que pretenda celebrar novo casamento antes do decurso do prazo internupcial apresenta, juntamente com a declaração prevista no n.° 1 do artigo 137.° do Código de Registo Civil, atestado de médico especialista em ginecologia-obstetrícia comprovativo da situação de não gravidez.

CAPÍTULO IV
Disposições finais e transitórias

ARTIGO 16.°
Entidades competentes

As referências efectuadas à competência dos tribunais judiciais relativas aos processos previstos no presente diploma consideram-se efectuadas às entidades que, nos termos dos artigos anteriores, adquirem as correspondentes competências.

ARTIGO 17.°
Competência do conservador, substituição e incompatibilidades

1 – A decisão no âmbito dos processos previstos no capítulo anterior é da exclusiva competência do conservador.

2 – Quando, na conservatória em que tenha sido apresentado requerimento nos termos dos artigos 5.° ou 12.°, se verifique vacatura do lugar, licença ou impedimento do conservador que se presuma superior a 30 dias, é este substituído por conservador do registo civil do mesmo concelho ou de concelho limítrofe, nos termos fixados por despacho do director-geral dos Registos e do Notariado.

3 – O regime previsto no número anterior é aplicável às decisões dos demais processos especiais que, nos termos do Código de Registo Civil, são da exclusiva competência do conservador.

4 – As decisões do conservador no âmbito dos processos previstos no capítulo anterior produzem os mesmos efeitos, nomeadamente em termos fiscais, que produziriam sentenças judiciais sobre idêntica matéria.

5 – Ao conservador que exerça advocacia é vedado aceitar mandato nos processos previstos no presente diploma.

ARTIGO 18.°
Actos de mero expediente

O prazo para a prática de actos de mero expediente pelos funcionários da conservatória de registo no âmbito dos processos referidos no capítulo anterior é de cinco dias.

ARTIGO 19.°
Legislação subsidiária

É subsidiariamente aplicável aos processos previstos no presente diploma o Código de Processo Civil.

ARTIGO 20.°
Apoio judiciário

É aplicável aos processos regulados no capítulo anterior o disposto no artigo 300.° do Código de Registo Civil e o regime de apoio judiciário na modalidade de nomeação e pagamento de honorários de patrono ou, em alternativa, pagamento de honorários do patrono escolhido pelo requerente, nos termos da alínea *c*) do artigo 15.° da Lei n.° 30-E/2000, de 20 de Dezembro, com as necessárias adaptações.

ARTIGO 21.°
Revogações

São revogados:

a) O artigo 1777.° do Código Civil;

b) Os artigos 1414.°, 1414.°-A, 1418.°, 1423.°, 1439.°, 1440.° e 1446.° do Código de Processo Civil.

ARTIGO 22.°
Entrada em vigor

O presente diploma entra em vigor no dia 1 de Janeiro de 2002, não se aplicando aos processos pendentes.

Visto e aprovado em Conselho de Ministros de 30 de Agosto de 2001. – *António Manuel de Oliveira Guterres – Guilherme d'Oliveira Martins – Eduardo Arménio do Nascimento Cabrita.*

Promulgado em 27 de Setembro de 2001.

Publique-se.

O Presidente da República, JORGE SAMPAIO.

Referendado em 4 de Outubro de 2001.

O Primeiro-Ministro, *António Manuel de Oliveira Guterres.*

ANEXO IX
Organização Tutelar de Menores

Decreto-Lei n.° 314/78 de 27 de Outubro
Com as alterações introduzidas pela Lei n.° 133/99 de 28 de Agosto, Lei n.° 147/99, de 1 de Setembro, Lei 166/99, de 14 de Setembro e Lei 31/2003, de 22 de Agosto

TÍTULO III
Dos processos tutelares cíveis

CAPÍTULO I
Disposições gerais

ARTIGO 146.°
(Competência dos tribunais de família e menores em matéria tutelar cível)

Compete aos tribunais de família e menores, em matéria tutelar cível:

a) Instaurar a tutela e a administração de bens;

b) Nomear pessoa que haja de celebrar negócios em nome do menor e, bem assim, nomear curador geral que represente extrajudicialmente o menor sujeito ao poder paternal;

c) Constituir o vínculo da adopção e decidir da confiança judicial do menor com vista à adopção;

d) Regular o exercício do poder paternal e conhecer das questões a este respeitantes;

e) Fixar os alimentos devidos a menores;

f) Ordenar a entrega judicial do menor;

g) Autorizar o representante legal dos menores a praticar certos actos, confirmar os que tenham sido praticados sem autorização e providenciar acerca da aceitação de liberalidades;

h) Decidir acerca da caução que os pais devam prestar a favor dos filhos menores;

i) Decretar a inibição, total ou parcial, e estabelecer limitações ao exercício do poder paternal;

j) Proceder à averiguação oficiosa de maternidade ou de paternidade;

l) Decidir, em caso de desacordo dos pais, sobre o nome e apelidos do menor.

Anotações:

1. Contém as alterações introduzidas pelos seguintes diplomas:

– Lei n.° 133/99, de 28 de Agosto

2. Versões anteriores deste artigo:

– 1.ª versão: D.L. n.° 314/78, de 27 de Outubro

3. Não se compreende a razão pela qual o n.° 2. tenha determinado que a expressão "poder paternal" deve ser substituída por "responsabilidades parentais" em todas as disposições da Secção II do Capítulo II do Título III do Livro IV do Código Civil e não o tenha feito relativamente à OTM.

4. Com efeito, na OTM a expressão "poder paternal" continua presente nos artigos 146.°, alíneas b) e c); 147.°-D, n.° 1; 154.°, n.° 1; 155.°, n.° 2; 174.°, n.° 1, 177.°, n.° 1; 178.°, n.° 1; 180.°, n.os 1 e 4; 181.°, n.° 3; 182.°, n.° 1; 183.°; 184.°, n.° 1; 191.°, n.° 3; 192.°, n.° 4; 193.°; 194.°; 199.°, n.os 1 e 3; 200.°, n.° 2, bem como nas epígrafes das Secções II e V; e dos artigos 199.°, 200.° e 201.°.

5. Esta disparidade de conceitos constituirá por certo uma fonte de dificuldades de interpretação e aplicação deste artigo, que seria de evitar.

ARTIGO 147.°

Competência acessória dos tribunais de família e menores em matéria tutelar cível

Compete ainda aos tribunais de família e menores:

a) Havendo tutela ou administração de bens, determinar a remuneração do tutor ou administrador, conhecer da escusa, exoneração ou remoção do tutor, administrador ou vogal do conselho de família, exigir e julgar as contas, autorizar a substituição da hipoteca legal e determinar o reforço e substituição da caução prestada e nomear curador especial que represente o menor extrajudicialmente;

b) Nomear curador especial que represente o menor em qualquer processo tutelar;

c) Converter, revogar e rever a adopção, exigir e julgar as contas do adoptante e fixar o montante dos rendimentos destinados a alimentos do adoptado;

d) Decidir acerca do reforço e substituição da caução prestada a favor dos filhos menores;

e) Exigir e julgar as contas que os pais devam prestar;

f) Conhecer de quaisquer outros incidentes dos processos referidos no artigo anterior.

Anotações:

1. Contém as alterações introduzidas pelos seguintes diplomas:

– Lei n.° 133/99, de 28 de Agosto

2. Versões anteriores deste artigo:

– 1.ª versão: D.L. n.° 314/78, de 27 de Outubro

ARTIGO 147.°-A

Princípios orientadores

São aplicáveis aos processos tutelares cíveis os princípios orientadores da intervenção previstos na lei de protecção de crianças e jovens em perigo, com as devidas adaptações.

Anotações:

1. Aditado pelo seguinte diploma: Lei n.° 133/99, de 28 de Agosto

ARTIGO 147.°-B

Informações e inquéritos

1 – Para fundamentação da decisão, o juiz pode solicitar informações e a realização de inquérito com as finalidades previstas na lei.

2 – As entidades públicas e privadas têm o dever de colaborar com o tribunal, prestando as informações de que disponham e que lhes forem solicitadas.

3 – Só há lugar a inquérito nos processos e nos casos expressamente previstos no capítulo seguinte, quando a sua realização se revelar indispensável, nomeadamente se forem insuficientes as informações a que se refere o número anterior.

Anotações:

1. Aditado pelo seguinte diploma: Lei n.° 133/99, de 28 de Agosto

ARTIGO 147.°-C
Assessoria técnica complementar

1 – Em qualquer fase do processo tutelar cível, o juiz pode nomear ou requisitar assessores técnicos, a fim de assistirem a diligências, prestarem esclarecimentos, realizarem exames ou elaborarem pareceres.

2 – Quando o juiz nomear ou requisitar assessores que prestem serviços em instituições públicas ou privadas, devem estas prestar toda a colaboração, prevalecendo o serviço do tribunal sobre qualquer outro, salvo o caso de escusa justificada.

3 – Aos assessores podem ser opostos os impedimentos e recusas que é possível opor aos peritos em processo civil.

Anotações:

1. Aditado pelo seguinte diploma: Lei n.° 133/99, de 28 de Agosto

ARTIGO 147.°-D
Mediação

1 – Em qualquer estado da causa e sempre que o entenda conveniente, designadamente em processo de regulação do exercício do poder paternal, oficiosamente, com o consentimento dos interessados, ou a requerimento destes, pode o juiz determinar a intervenção de serviços públicos ou privados de mediação.

2 – O juiz homologa o acordo obtido por via de mediação se este satisfizer o interesse do menor.

Anotações:

1. Aditado pelo seguinte diploma: Lei n.° 133/99, de 28 de Agosto

ARTIGO 147.°-E
Contraditório

1 – As partes têm direito a conhecer as informações, relatórios, exames e pareceres constantes do processo, podendo pedir esclarecimentos, juntar outros elementos ou requerer a solicitação de informações que considerem necessários.

2 – O juiz indefere, por despacho irrecorrível, os requerimentos que se mostrarem inúteis, de realização impossível ou com intuito manifestamente dilatório.

3 – É garantido o contraditório relativamente às provas que forem obtidas pelos meios previstos no n.° 1.

Anotações:

1. Aditado pelo seguinte diploma: Lei n.° 133/99, de 28 de Agosto

ARTIGO 148.°
(Conjugação de decisões)

1 – As decisões que apliquem medidas tutelares cíveis e de protecção, ainda que provisórias, devem conjugar-se e harmonizar-se entre si, tendo em conta o interesse superior do menor.

2 – Para efeitos do disposto no número anterior, o juiz, por despacho fundamentado, procede, se necessário, à revisão da medida anteriormente decretada.

3 – No caso de, em processo tutelar cível, se verificar uma situação de perigo para o menor, o Ministério Público:

a) Comunica a situação à comissão de protecção de crianças e jovens territorialmente competente; ou

b) Requer, se necessário, a aplicação de medida judicial de protecção.

Anotações:

1. Contém as alterações introduzidas pelos seguintes diplomas:
- Lei n.° 133/99, de 28 de Agosto

2. Versões anteriores deste artigo:
- 1.ª versão: D.L. n.° 314/78, de 27 de Outubro

ARTIGO 149.°
(Tribunais de comarca)

1 – Fora das áreas abrangidas pela jurisdição dos tribunais de família e menores, cabe ao tribunal da respectiva comarca conhecer das causas que àqueles estão atribuídas.

2 – No caso previsto no número anterior, o tribunal constitui-se em tribunal de família e menores.

Anotações:

1. Contém as alterações introduzidas pelos seguintes diplomas:
- Lei n.° 133/99, de 28 de Agosto

2. Versões anteriores deste artigo:
- 1.ª versão: D.L. n.° 314/78, de 27 de Outubro

ARTIGO 150.°
(Natureza dos processos)

Os processos previstos neste título são considerados de jurisdição voluntária.

ARTIGO 151.°
(Constituição de advogado)

Nos processos previstos neste título não é obrigatória a constituição de advogado, salvo na fase de recurso.

ARTIGO 152.°
(Juiz singular)

As causas referidas nos artigos 146.° e 147.° são sempre julgadas por juiz singular.

ARTIGO 153.°
(Processamento)

Com excepção da conversão, revogação e revisão da adopção e da prestação de contas, que correm por apenso, as providências previstas no artigo 147.° correm nos autos em que tenha sido decretada a providência principal.

ARTIGO 154.°
(Competência por conexão)

1 – Se forem instaurados sucessivamente processo tutelar cível e processo de protecção ou tutelar educativo relativamente ao mesmo menor, é competente para conhecer de todos eles o tribunal do processo que tiver sido instaurado em primeiro lugar.

2 – No caso previsto no número anterior os processos correm por apenso.

3 – O disposto no n.° 1 não se aplica às providências tutelares cíveis relativas à adopção e à averiguação oficiosa da maternidade ou da paternidade, nem às que sejam da competência das conservatórias do registo civil ou às que digam respeito a mais que um menor.

4 – Estando pendente acção de divórcio ou de separação judicial litigiosos, as providências tutelares cíveis relativas à regulação do exercício do poder paternal, à prestação de alimentos e à inibição do poder paternal correm por apenso àquela acção.

5 – A incompetência territorial não impede a observância do disposto nos n.os 1 e 4.

Anotações:

1. Contém as alterações introduzidas pelos seguintes diplomas:
– Lei n.° 133/99, de 28 de Agosto

2. Versões anteriores deste artigo:
- 1.ª versão: D.L. n.° 314/78, de 27 de Outubro

ARTIGO 155.°
(Competência territorial)

1 – Para decretar as providências é competente o tribunal da residência do menor no momento em que o processo foi instaurado.

2 – Sendo desconhecida a residência do menor, é competente o tribunal da residência dos titulares do poder paternal.

3 – Se os titulares do poder paternal tiverem residências diferentes, é competente o tribunal da residência daquele a cuja guarda o menor estiver confiado ou, no caso de guarda conjunta, com quem o menor residir.

4 – Se alguma das providências disser respeito a dois ou mais menores, filhos dos mesmos progenitores e residentes em comarcas diferentes, é competente o tribunal da residência do maior número deles; em igualdade de circunstâncias, é competente o tribunal em que a providência tiver sido requerida em primeiro lugar.

5 – Se, no momento da instauração do processo, o menor não residir no País, é competente o tribunal da residência do requerente ou do requerido; quando também estes residirem no estrangeiro e o tribunal português for internacionalmente competente, pertence ao tribunal de Lisboa conhecer da causa.

6 – São irrelevantes as modificações de facto que ocorrerem posteriormente ao momento da instauração do processo.

Anotações:

1. Contém as alterações introduzidas pelos seguintes diplomas
- Lei n.° 133/99, de 28 de Agosto

2. Versões anteriores deste artigo:
- 1.ª versão: D.L. n.° 314/78, de 27 de Outubro

ARTIGO 156.°
(Excepção de incompetência territorial)

1 – A incompetência territorial pode ser deduzida até decisão final, devendo o tribunal conhecer dela oficiosamente.

2 – Para julgar a excepção, o tribunal pode ordenar as diligências que entender necessárias.

ARTIGO 157.°
(Decisões provisórias e cautelares)

1 – Em qualquer estado da causa e sempre que o entenda conveniente, o tribunal pode decidir, a título provisório, relativamente a matérias que devam ser

apreciadas a final, bem como ordenar as diligências que se tornem indispensáveis para assegurar a execução efectiva da decisão.

2 – Podem também ser provisoriamente alteradas as decisões já tomadas a título definitivo.

3 – Para o efeito do disposto no presente artigo, o tribunal procederá às averiguações sumárias que tenha por convenientes.

ARTIGO 158.°
(Audiência de discussão e julgamento)

1 – Quando haja lugar a audiência de discussão e julgamento, esta efectuar-se-á nos seguintes termos:

a) Estando presentes ou representadas as partes, o juiz interrogá-las-á e procurará conciliá-las;

b) Se não conseguir a conciliação, passar-se-á à produção das provas;

c) As declarações e os depoimentos não são reduzidos a escrito;

d) Finda a produção da prova, é dada a palavra ao Ministério Público e aos advogados constituídos, podendo cada um usar dela uma só vez e por tempo não excedente a meia hora.

2 – A audiência só pode ser adiada uma vez por falta das partes, seus advogados ou testemunhas.

Anotações:

1. Contém as alterações introduzidas pelos seguintes diplomas:
– Lei n.° 133/99, de 28 de Agosto

2. Versões anteriores deste artigo:
– 1.ª versão: D.L. n.° 314/78, de 27 de Outubro

ARTIGO 159.°
(Recursos)

Salvo disposição expressa, os recursos terão o efeito que o tribunal fixar.

ARTIGO 160.°
Processos urgentes

Correm durante as férias judiciais os processos tutelares cíveis cuja demora possa causar prejuízo aos interesses do menor.

Anotações:

1. Contém as alterações introduzidas pelos seguintes diplomas:
– Lei n.° 133/99, de 28 de Agosto

2. Versões anteriores deste artigo:
– 1.ª versão: D.L. n.º 314/78, de 27 de Outubro

ARTIGO 160.º-A
Dever de cooperação

O tribunal pode dirigir-se aos agentes consulares portugueses e requisitar a sua intervenção ou auxílio quanto a medidas e providências relativas a menores sob sua jurisdição, bem como solicitar o auxílio e os bons ofícios dos agentes consulares estrangeiros em Portugal quanto a menores de outros países residentes em território nacional.

ARTIGO 161.º
(Casos omissos)

Nos casos omissos são de observar, com as devidas adaptações, as regras de processo civil que não contrariem os fins da jurisdição de menores.

CAPÍTULO II

Processos

SECÇÃO II

Regulação do exercício do poder paternal e resolução de questões a este respeitantes

ARTIGO 174.º
(Homologação do acordo)

1 – A homologação do acordo sobre o exercício do poder paternal, nos casos a que se refere o n.º 1 do artigo 1905.º do Código Civil, será pedida por qualquer dos pais, nos dez dias subsequentes ao trânsito em julgado da sentença proferida na respectiva causa; antes de decidir, o juiz pode ordenar as diligências que considere necessárias.

2 – Quando não tenha sido pedida homologação do acordo ou este não seja homologado, será notificado o curador, que, nos dez dias imediatos, deverá requerer a regulação.

3 – Se o tribunal competente para a regulação não for aquele onde correu termos a acção que determinou a sua necessidade, extrair-se-á certidão dos arti-

culados da decisão final e de outras peças do processo que sejam indicadas pelo juiz ou pelo Ministério Público, a remeter ao tribunal onde aquela acção deva ser proposta.

ARTIGO 175.°
(Conferência)

1 – Autuado o requerimento ou a certidão, os pais são citados para uma conferência, que se realizará nos quinze dias imediatos, podendo o juiz autorizar a assistência do menor, tendo em atenção a sua idade e grau de maturidade; o juiz poderá também determinar que estejam presentes os avós ou outros parentes.

2 – Os pais são obrigados a comparecer pessoalmente sob pena de multa, apenas podendo fazer-se representar por mandatário judicial ou por seus ascendentes ou irmãos, com poderes especiais para intervir no acto, no caso de estarem impossibilitados de comparecer ou de residirem fora da comarca onde a conferência se realize.

ARTIGO 176.°
(Ausência dos pais)

1 – Se algum dos pais estiver ausente em parte incerta, será convocado para a conferência por meio de editais, que se afixarão um na porta do tribunal e outro na porta da última residência conhecida do ausente.

2 – Se a ausência for certificada pelo funcionário encarregado de proceder à citação, a convocação edital não se efectuará sem que o juiz se assegure de que não é conhecida a residência do citando.

Anotações:

1. Contém as alterações introduzidas pelos seguintes diplomas:
– Declaração de 07 de Fevereiro de 1979
2. Versões anteriores deste artigo:
– 1.ª versão: D.L. n.° 314/78, de 27 de Outubro

ARTIGO 177.°
(Acordo e falta de comparência de algum dos pais)

1 – Estando ambos os pais presentes ou representados, o juiz procurará obter acordo que corresponda aos interesses do menor sobre o exercício do poder paternal; se o conseguir, fará constar do auto de conferência o que for acordado e ditará a sentença de homologação.

2 – Se faltarem um ou ambos os pais e não se fizerem representar, o juiz ouvirá as pessoas que estejam presentes, fazendo exarar no auto as suas declarações, mandará proceder a inquérito e a outras diligências necessárias e decidirá.

3 – A conferência não pode ser adiada mais de uma vez por falta dos pais ou seus representantes.

4 – A conferência já iniciada pode ser suspensa, estabelecendo-se, por período e condições determinadas, um regime provisório quando o tribunal o entenda conveniente para os interesses do menor.

ARTIGO 178.°
(Falta de acordo na conferência)

1 – Se ambos os pais estiverem presentes ou representados na conferência, mas não chegarem a acordo que seja homologado, serão logo notificados para, no prazo de dez dias, alegarem o que tiverem por conveniente quanto ao exercício do poder paternal.

2 – Com a alegação deve cada um dos pais oferecer testemunhas, juntar documentos e requerer as diligências necessárias.

3 – Findo o prazo para apresentação das alegações, proceder-se-á a inquérito sobre a situação social, moral e económica dos pais e, salvo oposição dos visados, aos exames médicos e psicológicos que o tribunal entenda necessários para esclarecimento da personalidade e do carácter dos membros da família e da dinâmica das suas relações mútuas.

ARTIGO 179.°
(Termos posteriores à fase de alegações)

1 – Se os pais não apresentarem alegações ou se com elas não arrolarem testemunhas, junto o inquérito e efectuadas outras diligências indispensáveis é proferida a sentença.

2 – Se os pais apresentarem alegações ou arrolarem testemunhas, depois de efectuadas as diligências necessárias é designado dia para a audiência de discussão e julgamento.

ARTIGO 180.°
(Sentença)

1 – Na sentença, o exercício do poder paternal será regulado de harmonia com os interesses do menor, podendo este, no que respeita ao seu destino, ser confiado à guarda de qualquer dos pais, de terceira pessoa ou de estabelecimento de educação ou assistência.

2 – Será estabelecido um regime de visitas, a menos que excepcionalmente o interesse do menor o desaconselhe.

3 – Quando for caso disso, pode a sentença determinar que a administração dos bens do filho seja exercida pelo progenitor a quem o menor não foi confiado.

4 – Quando o filho for confiado a terceira pessoa ou a estabelecimento de educação ou assistência, o tribunal decidirá a qual dos progenitores compete o exercício do poder paternal na parte não abrangida pelos poderes e deveres que àqueles deverão ser atribuídos para o adequado desempenho das suas funções.

ARTIGO 181.°
(Incumprimento)

1 – Se, relativamente à situação do menor, um dos progenitores não cumprir o que tiver sido acordado ou decidido, pode o outro requerer ao tribunal as diligências necessárias para o cumprimento coercivo e a condenação do remisso em multa até 50000$00 e em indemnização a favor do menor ou do requerente ou de ambos.

2 – Autuado ou junto ao processo o requerimento, o juiz convocará os pais para uma conferência ou mandará notificar o requerido para, no prazo de dois dias, alegar o que tenha por conveniente.

3 – Na conferência, os pais podem acordar na alteração do que se encontra fixado quanto ao exercício do poder paternal, tendo em conta o interesse do menor.

4 – Não tendo sido convocada a conferência ou quando nesta os pais não chegaram a acordo, o juiz mandará proceder a inquérito sumário e a quaisquer outras diligências que entenda necessárias e, por fim, decidirá.

5 – Se tiver havido condenação em multa e esta não for paga no prazo de dez dias, será extraída certidão do processo, a remeter ao tribunal competente para execução.

ARTIGO 182.°
(Alteração de regime)

1 – Quando o acordo ou a decisão final não sejam cumpridos por ambos os pais, ou quando circunstâncias supervenientes tornem necessário alterar o que estiver estabelecido, qualquer dos progenitores ou o curador podem requerer ao tribunal que no momento for territorialmente competente nova regulação do poder paternal.

2 – O requerente deve expor sucintamente os fundamentos do pedido e, se o regime tiver sido estabelecido por acordo extrajudicial, juntará ao requerimento certidão do acordo e da sentença homologatória; se o regime tiver sido fixado pelo tribunal, o requerimento será autuado por apenso ao processo onde se realizou o

acordo ou foi proferida decisão final, para o que será requisitado ao respectivo tribunal, se, segundo as regras da competência, for outro o tribunal competente para conhecer da nova acção.

3 – O requerido é citado para, no prazo de oito dias, alegar o que tiver por conveniente.

4 – Junta a alegação ou findo o prazo para a sua apresentação, o juiz, se considerar o pedido infundado, ou desnecessária a alteração, mandará arquivar o processo, condenando em custas o requerente; no caso contrário, ordenará o prosseguimento dos autos, observando-se, na parte aplicável, o disposto nos artigos 175.° a 180.°

5 – Antes de mandar arquivar os autos ou de ordenar o seu prosseguimento, pode o juiz determinar a realização das diligências que considere necessárias.

Anotações:

1. Contém as alterações introduzidas pelos seguintes diplomas:

- Declaração de 14 de Dezembro de 1978
- Declaração de 07 de Fevereiro de 1979

2. Versões anteriores deste artigo:

- 1.ª versão: D.L. n.° 314/78, de 27 de Outubro
- 2.ª versão: Declaração de 14 de Dezembro de 1978

ARTIGO 183.°
(Outros casos de regulação)

1 – O disposto nos artigos antecedentes é aplicável à regulação do exercício do poder paternal de filhos de cônjuges separados de facto e ainda de filhos de progenitores não unidos pelo matrimónio ou de adoptados cujos pais ou adoptantes gozem de poder paternal.

2 – Qualquer das pessoas a quem incumba o poder paternal pode requerer a homologação do acordo extrajudicial sobre o exercício dele.

3 – A regulação prevista neste artigo, bem como as diligências executórias da decisão judicial ou do acordo homologado, podem ser requeridas por qualquer das pessoas a quem caiba o poder paternal ou pelo curador; a necessidade da intervenção judicial pode ser comunicada ao curador por qualquer pessoa.

ARTIGO 184.°
(Falta de acordo dos pais em questões de particular importância)

1 – Quando o poder paternal seja exercido em comum por ambos os pais, mas estes não estejam de acordo em alguma questão de particular importância, pode qualquer deles requerer ao tribunal a resolução do diferendo.

2 – Autuado o requerimento, seguem-se os termos previstos nos artigos 175.°, 177.° e 178.°

3 – Realizadas as diligências necessárias, o juiz decidirá.

ARTIGO 185.°
(Recursos)

1 – Os recursos interpostos de quaisquer decisões proferidas nos processos previstos nesta secção têm efeito meramente devolutivo.

2 – Os recursos de agravo interpostos no decorrer do processo sobem com o recurso que se interpuser da decisão final.

SECÇÃO III
Alimentos devidos a menores

ARTIGO 186.°
(Petição)

1 – Podem requerer a fixação dos alimentos devidos ao menor, ou a alteração dos anteriormente fixados, o seu representante legal, o curador, a pessoa à guarda de quem aquele se encontre ou o director do estabelecimento de educação ou assistência a quem tenha sido confiado.

2 – A necessidade da fixação ou alteração de alimentos pode ser comunicada ao curador por qualquer pessoa.

3 – O requerimento deve ser acompanhado de certidões comprovativas do grau de parentesco ou afinidade existentes entre o menor e o requerido, de certidão da decisão que anteriormente tenha fixado os alimentos e do rol de testemunhas.

4 – As certidões podem ser requisitadas oficiosamente pelo tribunal às entidades competentes, que as passarão gratuitamente, quando o requerente, por falta de recursos, as não possa apresentar.

ARTIGO 187.°
(Conferência)

1 – O juiz designará dia para uma conferência, que se realizará nos quinze dias imediatos.

2 – O requerido é citado para a conferência, devendo a ela assistir o requerente e a pessoa que tiver o menor à sua guarda, se não for o autor, que, para o efeito, serão notificados.

3 – À conferência aplica-se, com as devidas adaptações, o disposto no n.° 1 do artigo 177.°

Anotações:

1. Contém as alterações introduzidas pelos seguintes diplomas:
– Declaração de 07 de Fevereiro de 1979

2. Versões anteriores deste artigo:
– 1.ª versão: D.L. n.° 314/78, de 27 de Outubro

ARTIGO 188.°

(Contestação e termos posteriores)

1 – Se a conferência não se puder realizar ou nela não se chegar a acordo, será imediatamente ordenada a notificação do requerido para contestar, devendo, na contestação, ser oferecidos os meios de prova.

2 – Apresentada a contestação ou findo o prazo para a apresentação desta, o juiz mandará proceder às diligências necessárias e a inquérito sobre os meios do requerido e as necessidades do menor.

3 – Seguidamente, no caso de não ter havido contestação, o juiz decidirá; no caso contrário, terá lugar a audiência de discussão e julgamento.

4 – Da sentença cabe recurso de apelação, com efeito meramente devolutivo; os recursos de agravo interpostos no decorrer do processo sobem com o que se interpuser da decisão final.

ARTIGO 189.°

(Meios de tornar efectiva a prestação de alimentos)

1 – Quando a pessoa judicialmente obrigada a prestar alimentos não satisfizer as quantias em dívida dentro de dez dias depois do vencimento, observar-se-á o seguinte:

a) Se for funcionário público, ser-lhe-ão deduzidas as respectivas quantias no vencimento, sob requisição do tribunal dirigida à entidade competente;

b) Se for empregado ou assalariado, ser-lhe-ão deduzidas no ordenado ou salário, sendo para o efeito notificada a respectiva entidade patronal, que ficará na situação de fiel depositária;

c) Se for pessoa que receba rendas, pensões, subsídios, comissões, percentagens, emolumentos, gratificações, comparticipações ou rendimentos semelhantes, a dedução será feita nessas prestações quando tiverem de ser pagas ou creditadas, fazendo-se para tal as requisições ou notificações necessárias e ficando os notificados na situação de fiéis depositários.

2 – As quantias deduzidas abrangerão também os alimentos que se forem vencendo e serão directamente entregues a quem deva recebê-las.

ARTIGO 190.°
(Sujeição do devedor a processo criminal)

(Revogado pelo Decreto-Lei n.° 48/95, de 15 de Março)

Anotações:

1. Contém as alterações introduzidas pelos seguintes diplomas:
- D.L. n.° 48/95, de 15 de Março

2. Versões anteriores deste artigo:
- 1.ª versão: D.L. n.° 314/78, de 27 de Outubro

SECÇÃO IV
Entrega judicial de menor

ARTIGO 191.°
(Articulados e termos posteriores)

1 – Se o menor abandonar a casa paterna ou aquela que os pais lhe destinaram ou dela for retirado, ou se se encontrar fora do poder da pessoa ou do estabelecimento a quem esteja legalmente confiado, deve sua entrega ser requerida ao tribunal com jurisdição na área em que ele se encontre.

2 – Se o processo tiver de prosseguir, serão citados o curador e a pessoa que tiver acolhido o menor, ou em poder de quem ele se encontre, para contestarem, no prazo de cinco dias.

3 – Os citados podem contradizer os factos que fundamentam o pedido, ou mostrar que existe decisão capaz de obstar à diligência, ou que foi requerido o depósito do menor como preliminar ou incidente da acção de inibição do poder paternal ou de remoção das funções tutelares.

4 – Não havendo contestação, ou sendo esta manifestamente improcedente, é ordenada a entrega e designado o local onde deve efectuar-se, só presidindo o juiz à diligência quando o julgue conveniente; o requerido será notificado para proceder à entrega pela forma determinada, sob pena de desobediência.

5 – Se houver contestação e necessidade de provas, o juiz só decidirá depois de produzidas as provas que admitir.

ARTIGO 192.°
(Inquérito e diligências)

1 – Antes de decretar a entrega do menor, o juiz pode ordenar as diligências convenientes e mandar proceder a inquérito sumário sobre a situação social, moral e económica do requerente, da pessoa em poder de quem esteja o menor e dos parentes obrigados à prestação de alimentos.

2 – Se o inquérito ou as diligências realizadas mostrarem a falta de idoneidade do requerente, este será notificado para, no prazo de cinco dias, alegar o que tiver por conveniente e oferecer provas; se não apresentar alegações e não oferecer provas, será o menor depositado em casa de família idónea, preferindo os parentes obrigados a alimentos, ou será internado num estabelecimento de educação, conforme parecer mais conveniente.

3 – No caso de o requerente apresentar alegações e oferecer provas, o juiz decidirá, depois de produzidas as provas que admitir, ordenando a entrega ou o depósito.

4 – Quando o requerente da entrega for algum dos pais e estes vivam separados, o menor poderá ser entregue àquele que o juiz considere mais idóneo, sem prejuízo de se definir o seu destino em acção de regulação do poder paternal.

ARTIGO 193.°
(Termos posteriores)

Se o menor for depositado e não tiver sido requerida a regulação ou a inibição do poder paternal ou a remoção das funções tutelares, o curador deve requerer a providência adequada.

SECÇÃO V
Inibição e limitações ao exercício do poder paternal

ARTIGO 194.°
(Fundamentos da inibição)

O curador, qualquer parente do menor ou pessoa a cuja guarda ele esteja confiado, de facto ou de direito, podem requerer a inibição, total ou parcial, do exercício do poder paternal quando qualquer dos pais infrinja culposamente os deveres para com os filhos, com grave prejuízo destes, ou quando, por inexperiência, enfermidade, ausência ou outras razões, se não mostre em condições de cumprir aqueles deveres.

ARTIGO 195.°
(Articulados)

1 – Requerida a inibição, o réu é citado para contestar.

2 – Com a petição e a contestação, as partes devem arrolar testemunhas e requerer quaisquer outras diligências de prova.

ARTIGO 196.º
(Despacho saneador)

Oferecida a contestação ou findo o prazo para a sua apresentação, será proferido despacho, em cinco dias, para os fins seguintes:

a) Conhecer das nulidades e da legitimidade das partes;

b) Decidir quaisquer outras questões, ainda que relativas ao mérito da causa, desde que o estado do processo o permita.

ARTIGO 197.º
(Diligências e audiência de discussão e julgamento)

1 – Se o processo houver de prosseguir, efectuar-se-ão as diligências que devam ter lugar antes da audiência de discussão e julgamento e que o juiz considere necessárias, sendo sempre realizado inquérito sobre a situação moral e económica das partes, os factos alegados e tudo o mais que se julgue útil para o esclarecimento da causa.

2 – Realizadas as diligências previstas no número anterior, tem lugar a audiência de discussão e julgamento.

ARTIGO 198.º
(Sentença)

1 – Na sentença deve o tribunal, segundo o seu prudente arbítrio e tomando em consideração todas as circunstâncias, fixar os limites da inibição e os alimentos devidos aos menores.

2 – Julgada procedente a inibição, instaurar-se-á a tutela ou a administração de bens, se for caso disso.

ARTIGO 199.º
(Suspensão do poder paternal e depósito do menor)

1 – Como preliminar ou como incidente da acção de inibição do poder paternal, pode ordenar-se a suspensão desse poder e o depósito do menor, se um inquérito sumário mostrar que o requerido ou os requeridos são manifestamente incapazes, física ou moralmente, de cuidar do filho.

2 – O depósito tem lugar em casa de família idónea, preferindo os parentes obrigados a alimentos ou, não sendo possível, em estabelecimento de educação ou assistência; fixar-se-á logo, provisoriamente, a pensão que os pais devem pagar para sustento e educação do menor e será lavrado auto de depósito, em que serão especificadas as condições em que o menor é entregue.

3 – A suspensão do poder paternal e o depósito do menor ficam sem efeito nos mesmos casos e termos que as providências cautelares, segundo o Código de Processo Civil.

ARTIGO 200.°
(Outras medidas limitativas do exercício do poder paternal)

1 – O curador ou qualquer parente do menor pode requerer as providências previstas no n.° 2 do artigo 1920.° do Código Civil ou outras que se mostrem necessárias quando a má administração de qualquer dos progenitores ponha em perigo o património do filho e não seja caso de inibição do exercício do poder paternal.

2 – Nos casos referidos no número anterior observar-se-á o disposto nos artigos 195.° a 197.°

ARTIGO 201.°
(Levantamento da inibição ou da medida limitativa do exercício do poder paternal)

1 – O requerimento para levantamento da inibição ou de medida limitativa do exercício do poder paternal é autuado por apenso.

2 – Se tiver sido instituída tutela ou administração de bens, será notificado, além do curador, o tutor ou o administrador dos bens, para contestar.

3 – Feita a notificação, observar-se-ão os termos prescritos para a inibição.

ANEXO X

Despacho N.º 18778/2007

Regula a actividade do sistema de mediação familiar (SMF)

MINISTÉRIO DA JUSTIÇA
Gabinete do Secretário de Estado da Justiça
Despacho n.º 18 778/2007

A promoção dos meios de resolução alternativa de litígios encontra-se inscrita no programa do XVII Governo Constitucional para a área da justiça, visando-se o desenvolvimento de estruturas de justiça de proximidade aptas a fornecer aos cidadãos e empresas meios de resolução de litígios mais céleres e próximos das pessoas.

Um desses meios de resolução alternativa de litígios é a mediação, na qual um terceiro imparcial–o mediador –, promove a aproximação entre as partes com vista à obtenção de um acordo. Tem sido prioridade do Ministério da Justiça alargar a utilização da mediação como forma de ajudar a descongestionar os tribunais e proporcionar às partes meios mais próximos, rápidos e baratos de resolver conflitos. Assim, foi aprovada uma proposta de lei que viabiliza a introdução da mediação penal em Portugal, foi criado um sistema de mediação laboral através de um acordo promovido pelo Ministério da Justiça e celebrado com os parceiros sociais e foram criados novos julgados de paz, o que tem permitido a extensão da mediação que nestes tribunais é prestada a novas áreas do País. Igualmente, a proposta de lei, já apresentada na Assembleia da República, em matéria de custas judiciais incentiva a utilização de estruturas de resolução alternativa de litígios–como a mediação –, através do sistema das custas judiciais.

O presente despacho visa agora regulamentar e desenvolver um outro tipo de mediação – a mediação familiar –, através de três aspectos essenciais: o alargamento da mediação familiar a novas zonas do País; o alargamento das matérias de conflitos familiares susceptíveis de ser resolvidas através da mediação familiar, e a reconfiguração do serviço público de mediação familiar através do sistema de mediação familiar, que permite a prestação desta via de resolução de conflitos de forma mais flexível.

Por um lado, constata-se que o serviço público de mediação familiar se encontra circunscrito à comarca de Lisboa e a nove comarcas limítrofes.

Assim, em primeiro lugar, o presente despacho visa disponibilizar a mediação familiar a novas áreas do território nacional, sem prejuízo de novos alargamentos a outros municípios.

Por outro lado, verifica-se que apenas é possível mediar conflitos em matéria familiar quando os mesmos respeitem à regulação do poder paternal. Ora, para que o serviço público de mediação familiar possa ser prestado na generalidade dos conflitos familiares, é necessário conferir-lhe maior abrangência, passando a poder resolver-se através da mediação familiar outros tipos de conflitos como, por exemplo, casos de divórcio e separação, atribuição e alteração de alimentos, autorização para utilização da casa de morada de família e autorização para utilização do apelido do ex-cônjuge.

Finalmente, em terceiro lugar, são adoptados os princípios do funcionamento do sistema de mediação familiar, que passa a assentar numa estrutura flexível de mediadores familiares organizados em sistema de lista, aptos a intervir em diversos pontos do País independentemente da existência de uma infra-estrutura física nesses locais, com suporte e coordenação global dos serviços do Gabinete para a Resolução Alternativa de Litígios (GRAL).

Entende-se igualmente adequado abranger a fiscalização da actividade dos mediadores familiares nas competências de fiscalização da comissão prevista no n.° 6 do artigo 33.o da Lei n.° 78/2001, de 13 de Julho.

Assim:

Ao abrigo do disposto na alínea *d*) do n.° 1 do despacho n.° 11 999/2007, de 18 de Junho, determino o seguinte:

ARTIGO 1.°
Objecto

O presente despacho regula a actividade do sistema de mediação familiar (SMF).

ARTIGO 2.°
Princípios da mediação familiar

1 – O SMF desenvolve a sua actividade com garantia de voluntariedade, celeridade, proximidade, flexibilidade e confidencialidade.

2 – A mediação familiar pode realizar-se em qualquer local que se revele adequado para o efeito e que tenha sido disponibilizado por entidades públicas ou privadas ou pelas partes no conflito.

ARTIGO 3.°
Caracterização do sistema

1 – O SMF funciona com base em listas de mediadores familiares inscritos por circunscrição territorial.

2 – O funcionamento do SMF é assegurado pelo Gabinete para a Resolução Alternativa de Litígios (GRAL), ao qual incumbe:

a) O registo e a triagem dos pedidos;
b) A designação do mediador responsável por cada caso; e
c) A indicação dos locais onde se realizam as sessões de mediação.

ARTIGO 4.°
Competência material

O SMF tem competência para mediar conflitos no âmbito de relações familiares, nomeadamente nas seguintes matérias:

a) Regulação, alteração e incumprimento do regime de exercício do poder paternal;
b) Divórcio e separação de pessoas e bens;
c) Conversão da separação de pessoas e bens em divórcio;
d) Reconciliação dos cônjuges separados;
e) Atribuição e alteração de alimentos, provisórios ou definitivos;
f) Privação do direito ao uso dos apelidos do outro cônjuge;
g) Autorização do uso dos apelidos do ex-cônjuge ou da casa de morada da família.

Anotações:

1. Não se compreende a razão pela qual o n.° 2. tenha determinado que a expressão "poder paternal" deve ser substituída por "responsabilidades parentais" em todas as disposições da Secção II do Capítulo II do Título III do Livro IV do Código Civil e não o tenha feito relativamente à alínea a) do presente artigo 4.°, que mantém a expressão "poder paternal".

2. Esta disparidade de conceitos constituirá por certo uma fonte de dificuldades de interpretação e aplicação deste artigo, que seria de todo de evitar.

ARTIGO 5.°
Competência territorial

1 – Podem ser realizadas mediações através do SMF nos municípios definidos em despacho do director do GRAL, sem prejuízo da disponibilização imediata deste serviço nos seguintes municípios:

a) Almada;
b) Amadora;
c) Barreiro;
d) Braga;
e) Cascais;
f) Coimbra;
g) Leiria;
h) Lisboa;
i) Loures;
j) Mafra;
l) Oeiras;
m) Porto;
n) Seixal;
o) Setúbal;
p) Sintra.

2 – Nos municípios referidos nos números anteriores realizam-se mediações através do SMF independentemente da residência das partes.

ARTIGO 6.°
Intervenção do SMF

1 – A intervenção do SMF pode ter lugar em fase extrajudicial, a pedido das partes, ou durante a suspensão do processo, mediante determinação da autoridade judiciária competente, obtido o consentimento daquelas.

2 – Pela utilização do SMF há lugar ao pagamento, no acto de assinatura do termo de consentimento, de uma taxa no valor de E 50 por cada parte, salvo nos casos em que seja concedido apoio judiciário ou quando o processo seja remetido para mediação mediante decisão da autoridade judiciária, ao abrigo do disposto no artigo 147.°-D da organização tutelar de menores.

ARTIGO 7.°
Mediadores familiares

1 – O mediador familiar é um profissional especializado, que actua desprovido de poderes de imposição, de modo neutro e imparcial, esclarecendo as partes dos seus direitos e deveres face à mediação e, uma vez obtido o respectivo consentimento, desenvolve a mediação no sentido de apoiar as partes na obtenção de um acordo justo e equitativo que ponha termo ao conflito que as opõe.

2 – No desempenho das suas funções, o mediador familiar observa os deveres de imparcialidade, independência, confidencialidade e diligência, devendo, em qualquer fase do processo de mediação, logo que verifique que, por razões legais, éticas ou deontológicas, a sua independência, imparcialidade ou isenção possam ser afectadas, solicitar a sua substituição.

3 – Não é permitido ao mediador familiar intervir, por qualquer forma, nomeadamente como testemunha, perito ou mandatário, em quaisquer procedimentos subsequentes à mediação familiar, independentemente da forma como haja terminado o processo de mediação, e mesmo que a referida intervenção só indirectamente esteja relacionada com a mediação realizada.

ARTIGO 8.°
Selecção dos mediadores

1 – Os candidatos à inscrição nas listas referidas no n.° 1 do artigo 2.° são submetidos a um procedimento de selecção, devendo satisfazer os seguintes requisitos:

a) Ter mais de 25 anos de idade;

b) Estar no pleno gozo dos direitos civis e políticos;

c) Ser detentor de licenciatura adequada;

d) Estar habilitado com um curso de mediação familiar reconhecido pelo Ministério da Justiça;

e) Ser pessoa idónea;

f) Ter o domínio da língua portuguesa.

2 – A inscrição nas listas de mediadores familiares referidas no n.° 1 do artigo 2.° não investe os mediadores na qualidade de agentes, nem lhes garante o pagamento de qualquer remuneração fixa por parte do Estado.

ARTIGO 9.°
Fiscalização

A actividade dos mediadores é fiscalizada pela comissão referida no n.° 6 do artigo 33.° da Lei n.° 78/2001, de 13 de Julho.

ARTIGO 10.°
Honorários dos mediadores familiares

1 – A remuneração a auferir pelo mediador familiar por cada processo de mediação familiar, independentemente do número de sessões realizadas, é fixada nos seguintes termos:

a) € 120, quando o processo for concluído por acordo das partes alcançado através da mediação;

b) € 100, quando as partes não chegarem a acordo na mediação;

c) € 25, quando, apesar das diligências comprovadamente efectuadas pelo mediador familiar, não se obtenha consentimento, se verifique que não existem condições para a realização da mediação familiar ou venha a verificar-se algum tipo de impedimento por parte do mediador familiar.

2 – Se no processo de mediação intervierem, em co-mediação, dois ou mais mediadores familiares, o montante referido no número anterior é apenas devido ao mediador designado para o processo.

ARTIGO 11.º
Coordenação e supervisão

Sem prejuízo do disposto nos protocolos celebrados pelo Ministério da Justiça com a Ordem dos Advogados e o município de Coimbra, respectivamente, em 16 de Maio de 1997 e 21 de Maio de 2006, compete ao GRAL coordenar e supervisionar o SMF, devendo elaborar relatórios, com a periodicidade anual, sobre o funcionamento do sistema.

ARTIGO 12.º
Disposição final

O disposto no presente despacho não prejudica a existência de gabinetes de mediação familiar existentes ou objecto de protocolo com outras entidades públicas ou privadas.

ARTIGO 13.º
Revogação

São revogados:

a) O despacho n.º 12 368/97, publicado no *Diário da República*, 2.ª série, de 9 de Dezembro de 1997;

b) O despacho n.º 1091/2002, publicado no *Diário da República*, 2.ª série, de 16 de Janeiro de 2002; e

c) O despacho n.º 5524/2005, publicado no *Diário da República*, 2.ª série, de 15 de Março de 2005.

ARTIGO 14.º
Produção de efeitos

O presente despacho produz efeitos a partir de 16 de Julho de 2007.

13 de Julho de 2007.–O Secretário de Estado da Justiça, *João Tiago Valente Almeida da Silveira*.

ANEXO XI
Lei 75/98, de 19 de Novembro

Garantia dos alimentos devidos a menores

A Assembleia da República decreta, nos termos dos artigos 161.°, alínea c), e 166.°, n.° 3, e do artigo 112.°, n.° 5, da Constituição, para valer como lei geral da República, o seguinte:

ARTIGO 1.°
Garantia de alimentos devidos a menores

Quando a pessoa judicialmente obrigada a prestar alimentos a menor residente em território nacional não satisfizer as quantias em dívida pelas formas previstas no artigo 189.° do Decreto-Lei n.° 314/78, de 27 de Outubro, e o alimentado não tenha rendimento líquido superior ao salário mínimo nacional nem beneficie nessa medida de rendimentos de outrem a cuja guarda se encontre, o Estado assegura as prestações previstas na presente lei até ao início do efectivo cumprimento da obrigação.

ARTIGO 2.°
Fixação e montante das prestações

1 – As prestações atribuídas nos termos da presente lei são fixadas pelo tribunal e não podem exceder, mensalmente, por cada devedor, o montante de 4 UC.

2 – Para a determinação do montante referido no número anterior, o tribunal atenderá à capacidade económica do agregado familiar, ao montante da prestação de alimentos fixada e às necessidades específicas do menor.

ARTIGO 3.º
Disposições processuais

1 – Compete ao Ministério Público ou àqueles a quem a prestação de alimentos deveria ser entregue requerer nos respectivos autos de incumprimento que o tribunal fixe o montante que o Estado, em substituição do devedor, deve prestar.

2 – Se for considerada justificada e urgente a pretensão do requerente, o juiz, após diligências de prova, proferirá decisão provisória.

3 – Seguidamente, o juiz mandará proceder às restantes diligências que entenda indispensáveis e a inquérito sobre as necessidades do menor, posto o que decidirá.

4 – O montante fixado pelo tribunal perdura enquanto se verificarem as circunstâncias subjacentes à sua concessão e até que cesse a obrigação a que o devedor está obrigado.

5 – Da decisão cabe recurso de agravo com efeito devolutivo para o tribunal da relação.

6 – Compete a quem receber a prestação a renovação anual da prova de que se mantêm os pressupostos subjacentes à sua atribuição, sem o que a mesma cessa.

ARTIGO 4.º
Cessação ou alteração das prestações

1 – O representante legal do menor ou a pessoa à guarda de quem se encontre deve comunicar ao tribunal ou à entidade responsável pelo pagamento das prestações previstas na presente lei a cessação ou qualquer alteração da situação de incumprimento ou da situação do menor.

2 – A necessidade de cessação ou alteração das prestações pode ser comunicada ao curador por qualquer pessoa.

ARTIGO 5.º
Responsabilidade civil e criminal

1 – Dos quantitativos indevidamente recebidos cabe restituição e, em caso de incumprimento doloso do dever de informação previsto no artigo anterior, o pagamento de juros de mora.

2 – Aqueles que omitirem factos relevantes para a concessão da prestação de alimentos pelo Estado em substituição do devedor ficam sujeitos a procedimento criminal por crime de burla.

ARTIGO 6.º
Fundo de Garantia dos Alimentos Devidos a Menores

1 – É constituído o Fundo de Garantia dos Alimentos Devidos a Menores, adiante designado por Fundo, cuja inserção orgânica será definida por diploma regulamentar do Governo.

2 – O Fundo é gerido em conta especial e assegurará o pagamento das prestações fixadas nos termos da presente lei.

3 – O Fundo de Garantia dos Alimentos Devidos a Menores fica sub-rogado em todos os direitos dos menores a quem sejam atribuídas prestações, com vista à garantia do respectivo reembolso.

4 – As dotações do Fundo são inscritas anualmente no Orçamento do Estado, em rubrica própria.

ARTIGO 7.º
Regulamentação e execução

O Governo regulamentará no prazo de 90 dias, mediante decreto-lei, o disposto no presente diploma e tomará as providências orçamentais necessárias à sua execução.

ARTIGO 8.º
Entrada em vigor

O presente diploma entra em vigor na data da sua publicação e produz efeitos na data da entrada em vigor da lei do orçamento posterior à regulamentação prevista no artigo anterior.

Aprovada em 15 de Outubro de 1998.

O Presidente da Assembleia da República, *António de Almeida Santos.*

Promulgada em 5 de Novembro de 1998.

Publique-se.

O Presidente da República, JORGE SAMPAIO.

Referendada em 9 de Novembro de 1998.

O Primeiro-Ministro, *António Manuel de Oliveira Guterres.*

ANEXO XII

D.L. N.° 164/99 de 14 de Maio

Regula a garantia de alimentos devidos a menores prevista na Lei n.° 75/98, de 19 de Novembro

A Constituição da República Portuguesa consagra expressamente o direito das crianças à protecção, como função da sociedade e do Estado, tendo em vista o seu desenvolvimento integral (artigo 69.°).

Ainda que assumindo uma dimensão programática, este direito impõe ao Estado os deveres de assegurar a garantia da dignidade da criança como pessoa em formação a quem deve ser concedida a necessária protecção. Desta concepção resultam direitos individuais, desde logo o direito a alimentos, pressuposto necessário dos demais e decorrência, ele mesmo, do direito à vida (artigo 24.°). Este direito traduz-se no acesso a condições de subsistência mínimas, o que, em especial no caso das crianças, não pode deixar de comportar a faculdade de requerer à sociedade e, em última instância, ao próprio Estado as prestações existenciais que proporcionem as condições essenciais ao seu desenvolvimento e a uma vida digna.

A protecção à criança, em particular no que toca ao direito a alimentos, tem merecido também especial atenção no âmbito das organizações internacionais especializadas nesta matéria e de normas vinculativas de direito internacional elaboradas no seio daquelas. Destacam-se, nomeadamente, as Recomendações do Conselho da Europa R(82)2, de 4 de Fevereiro de 1982, relativa à antecipação pelo Estado de prestações de alimentos devidos a menores, e R(89)l, de 18 de Janeiro de 1989, relativa às obrigações do Estado, designadamente em matéria de prestações de alimentos a menores em caso de divórcio dos pais, bem como o estabelecido na Convenção sobre os Direitos da Criança, adoptada pela ONU em 1989 e assinada em 26 de Janeiro de 1990, em que se atribui especial relevância à consecução da prestação de alimentos a crianças e jovens até aos 18 anos de idade.

A evolução das condições sócio-económicas, as mudanças de índole cultural e a alteração dos padrões de comportamento têm determinado mutações profundas a nível das estruturas familiares e um enfraquecimento no cumprimento dos deveres inerentes ao poder paternal, nomeadamente no que se refere à prestação de alimentos, circunstância que tem determinado um aumento significativo de acções tendo por objecto a regulação do exercício do poder paternal, a fixação de prestação de alimentos e situações de incumprimento das decisões judiciais, com riscos significativos para os menores.

De entre os factores que relevam para o não cumprimento da obrigação de alimentos assumem frequência significativa a ausência do devedor e a sua situação sócio-económica, seja por motivo de desemprego ou de situação laboral menos estável, doença ou incapacidade, decorrentes, em muitos casos, da toxicodependência, e o crescimento de situações de maternidade ou paternidade na adolescência que inviabilizam, por vezes, a assunção das respectivas responsabilidades parentais.

Estas situações justificam que o Estado crie mecanismos que assegurem, na falta de cumprimento daquela obrigação, a satisfação do direito a alimentos.

Ao regulamentar a Lei n.° 75/98, de 19 de Novembro, que consagrou a garantia de alimentos devidos a menores, cria-se uma nova prestação social, que traduz um avanço qualitativo inovador na política social desenvolvida pelo Estado, ao mesmo tempo que se dá cumprimento ao objectivo de reforço da protecção social devida a menores.

Institui-se o Fundo de Garantia dos Alimentos Devidos a Menores, gerido pelo Instituto de Gestão Financeira da Segurança Social, a quem cabe assegurar o pagamento das prestações de alimentos em caso de incumprimento da obrigação pelo respectivo devedor, através dos centros regionais de segurança social da área de residência do alimentado, após ordem do tribunal competente e subsequente comunicação da entidade gestora. A intervenção destas entidades no processo em causa resulta justificada, no que concerne ao Instituto de Gestão Financeira da Segurança Social, pela própria natureza da prestação e, no que respeita aos centros regionais de segurança social, pela proximidade territorial do alimentado, podendo estes assegurar, melhor que outro serviço, a rápida e eficaz satisfação da garantia de alimentos devidos ao menor.

Através da articulação de diversas entidades intervenientes, em colaboração com o tribunal, visa-se assegurar a plena eficácia e rapidez do procedimento ora criado, bem como, em obediência ao princípio da segurança, a efectivação regular da prova da subsistência dos pressupostos e requisitos que determinaram a intervenção do Fundo de Garantia e a prestação de alimentos a cargo do Estado.

Assim:

Nos termos da alínea a) do n.° 1 do artigo 198.° da Constituição, o Governo decreta, para valer como lei geral da República, o seguinte:

CAPÍTULO I
Objecto

ARTIGO 1.º
Objecto

O presente diploma regula a garantia de alimentos devidos a menores prevista na Lei n.º 75/98, de 19 de Novembro.

CAPÍTULO II
Da competência e da atribuição de prestações de alimentos

ARTIGO 2.º
Entidades competentes

1 – É constituído, no âmbito do Ministério do Trabalho e da Solidariedade, o Fundo de Garantia dos Alimentos Devidos a Menores, adiante designado por Fundo, gerido em conta especial pelo Instituto de Gestão Financeira da Segurança Social.

2 – Compete ao Fundo assegurar o pagamento das prestações de alimentos atribuídas a menores residentes em território nacional, nos termos dos artigos 1.º e 2.º da Lei n.º 75/98, de 19 de Novembro.

3 – O pagamento das prestações referidas no número anterior é efectuado pelo Instituto de Gestão Financeira da Segurança Social, na qualidade de gestor do Fundo, por ordem do tribunal competente, através dos centros regionais de segurança social da área de residência do alimentado.

ARTIGO 3.º
Pressupostos e requisitos de atribuição

1 – O Fundo assegura o pagamento das prestações de alimentos referidas no artigo anterior até ao início do efectivo cumprimento da obrigação quando:

a) A pessoa judicialmente obrigada a prestar alimentos não satisfizer as quantias em dívida pelas formas previstas no artigo 189.º do Decreto-Lei n.º 314/ /78, de 27 de Outubro; e

b) O menor não tenha rendimento líquido superior ao salário mínimo nacional nem beneficie nessa medida de rendimentos de outrem a cuja guarda se encontre.

2 – Entende-se que o alimentado não beneficia de rendimentos de outrem a cuja guarda se encontre, superiores ao salário mínimo nacional, quando a capitação de rendimentos do respectivo agregado familiar não seja superior àquele salário.

3 – As prestações a que se refere o n.° 1 são fixadas pelo tribunal e não podem exceder, mensalmente, por cada devedor, o montante de 4 UC, devendo o tribunal atender, na fixação deste montante, à capacidade económica do agregado familiar, ao montante da prestação de alimentos fixada e às necessidades específicas do menor.

ARTIGO 4.°
Atribuição das prestações de alimentos

1 – A decisão de fixação das prestações a pagar pelo Fundo é precedida da realização das diligências de prova que o tribunal considere indispensáveis e de inquérito sobre as necessidades do menor, oficiosamente ou a requerimento do Ministério Público.

2 – Para os efeitos do disposto no número anterior, o tribunal pode solicitar a colaboração dos centros regionais de segurança social e informações de outros serviços e de entidades públicas ou privadas que conheçam as necessidades e a situação sócio-económica do alimentado e da sua família.

3 – A decisão a que se refere o n.° 1 é notificada ao Ministério Público, ao representante legal do menor ou à pessoa a cuja guarda se encontre e respectivos advogados e ao Instituto de Gestão Financeira da Segurança Social.

4 – O Instituto de Gestão Financeira da Segurança Social deve de imediato, após a notificação, comunicar a decisão do tribunal competente ao centro regional de segurança social da área de residência do alimentado.

5 – O centro regional de segurança social inicia o pagamento das prestações, por conta do Fundo, no mês seguinte ao da notificação da decisão do tribunal.

CAPÍTULO III
Do reembolso

ARTIGO 5.°
Garantias de reembolso

1 – O Fundo fica sub-rogado em todos os direitos do menor a quem sejam atribuídas prestações, com vista à garantia do respectivo reembolso.

2 – O Instituto de Gestão Financeira da Segurança Social notifica o devedor para, no prazo mínimo de 40 dias a contar da data do pagamento da primeira prestação, efectuar o reembolso.

3 – Decorrido o prazo para reembolso sem que este tenha sido efectuado, se o devedor não iniciar o pagamento das prestações de alimentos devidos ao menor, o Instituto de Gestão Financeira da Segurança Social pode, desde logo, requerer a execução judicial para reembolso das importâncias pagas, nos termos da lei do processo civil, salvo se se verificar existir manifesta e objectiva impossibilidade de pagamento.

4 – Para efeitos do disposto no número anterior, considera-se que se verifica manifesta e objectiva impossibilidade de pagamento por parte do devedor quando este se encontre numa situação de ausência ou insuficiência de recursos que lhe permitam pagar a prestação de alimentos, nomeadamente por razões de saúde ou por se encontrar desempregado.

5 – A notificação a que se refere o n.° 2 é comunicada de imediato ao centro regional de segurança social da sua área de residência, com indicação do início do prazo para reembolso da dívida.

6 – Compete ao devedor, até ao termo do prazo referido no n.° 2, comprovar, perante o centro regional de segurança social da sua área de residência, a impossibilidade de pagamento, podendo este solicitar-lhe as informações que julgue necessárias para verificação dessa impossibilidade.

ARTIGO 6.°
Formas e modalidades de reembolso

O devedor pode efectuar o reembolso directamente ao Instituto de Gestão Financeira da Segurança Social ou através do centro regional de segurança social da área da sua residência, em dinheiro ou mediante cheque ou vale postal à ordem daquele ou ainda através de meios electrónicos de pagamento, quando existentes.

ARTIGO 7.°
Manutenção da obrigação principal

O reembolso não prejudica a obrigação de prestar alimentos previamente fixada pelo tribunal competente.

ARTIGO 8.°

Constituem receitas próprias do Fundo as importâncias provenientes do reembolso efectuado nos termos dos artigos anteriores.

CAPÍTULO IV
Da manutenção e da cessação das prestações

ARTIGO 9.°
Articulação entre as entidades competentes

1 – O montante fixado pelo tribunal mantém-se enquanto se verificarem as circunstâncias subjacentes à sua concessão e até que cesse a obrigação a que o devedor está obrigado.

2 – O Instituto de Gestão Financeira da Segurança Social, os centros regionais da área de residência do devedor ou do alimentado, o representante legal do menor ou a pessoa à guarda de quem se encontre devem comunicar ao tribunal qualquer facto que possa determinar a alteração ou a cessação da prestação de alimentos a cargo do Estado.

3 – Para efeitos dos números anteriores, deve o Instituto de Gestão Financeira da Segurança Social comunicar ao tribunal competente os reembolsos efectuados pelo devedor.

4 – A pessoa que receber a prestação deve, no prazo de um ano a contar do pagamento da primeira prestação, renovar, perante o tribunal competente, a prova de que se mantêm os pressupostos subjacentes à sua atribuição.

5 – Caso a renovação da prova não seja realizada, o tribunal notifica a pessoa que receber a prestação para a fazer no prazo de 10 dias, sob pena da cessação desta.

6 – O tribunal notifica o Instituto de Gestão Financeira da Segurança Social da decisão que determine a cessação do pagamento das prestações.

ARTIGO 10.°
Responsabilidade civil

1 – Se o representante legal ou a pessoa a cuja guarda o menor se encontre receberem indevidamente prestações do Fundo, designadamente porque o devedor iniciou o cumprimento da obrigação de prestações de alimentos, deverão aqueles proceder de imediato à sua restituição.

2 – Se o pagamento indevido de prestações pelo Fundo ficar a dever-se ao incumprimento doloso do dever de informação, o representante legal ou a pessoa a cuja guarda o menor se encontre fica obrigado à restituição das importâncias indevidamente recebidas e ao pagamento dos correspondentes juros de mora.

3 – À restituição das importâncias indevidamente recebidas e ao pagamento de juros de mora aplica-se, com as devidas adaptações, o disposto no artigo 6.° deste diploma.

4 – As importâncias provenientes das restituições e do pagamento de juros de mora constituem receitas próprias do Fundo.

CAPÍTULO V

Disposição final

ARTIGO 11.°

Entrada em vigor

O presente diploma entra em vigor no dia imediato ao da sua publicação e produz efeitos na data de entrada em vigor da Lei do Orçamento do Estado para o ano 2000.

Visto e aprovado em Conselho de Ministros de 25 de Março de 1999. – *António Manuel de Oliveira Guterres – António Luciano Pacheco de Sousa Franco – Jorge Paulo Sacadura Almeida Coelho – José Eduardo Vera Cruz Jardim – Eduardo Luís Barreto Ferro Rodrigues.*

Promulgado em 29 de Abril de 1999.

Publique-se.

O Presidente da República, JORGE SAMPAIO.

Referendado em 4 de Maio de 1999.

O Primeiro-Ministro, *António Manuel de Oliveira Guterres.*

ANEXO XIII
Artigos 249.° e 250.° do Código Penal

As alterações introduzidas pelo artigo 7.° da Lei n.° 61/2008, de 31 de Outubro encontram-se assinaladas a bold.

ARTIGO 249.°
Subtracção de menor

1 – Quem:

a) Subtrair menor;

b) Por meio de violência ou de ameaça com mal importante determinar menor a fugir; ou

c) **De um modo repetido e injustificado, não cumprir o regime estabelecido para a convivência do menor na regulação do exercício das responsabilidades parentais, ao recusar, atrasar ou dificultar significativamente a sua entrega ou acolhimento**;

é punido com pena de prisão até dois anos ou com pena de multa até 240 dias;

2 – **Nos casos previstos na alínea c) do n.° 1, a pena é especialmente atenuada quando a conduta do agente tiver sido condicionada pelo respeito pela vontade do menor com idade superior a 12 anos.**

3 – O procedimento criminal depende de queixa.

Anotações:

1. Contém as alterações introduzidas pelos seguintes diplomas:
- Lei n.° 59/2007, de 04 de Setembro
- Lei n.° 61/2008, de 31 de Outubro

2. Versões anteriores deste artigo:
- 1.ª versão: D.L. n.° 48/95, de 15 de Março
- 2.ª versão Lei n.° 59/2007, de 04 de Setembro:

"Artigo 249.°
Subtracção de menor

1 – Quem:

a) Subtrair menor;

b) Por meio de violência ou de ameaça com mal importante determinar menor a fugir; ou

c) Se recusar a entregar menor à pessoa que sobre ele exercer poder paternal ou tutela, ou a quem ele esteja legitimamente confiado;
é punido com pena de prisão de um a cinco anos.

2 – O agente é punido com pena de prisão até dois anos ou com pena de multa até 240 dias, se for ascendente, adoptante ou tiver exercido a tutela sobre o menor.

3 – O procedimento criminal depende de queixa".

ARTIGO 250.°
Violação da obrigação de alimentos

1 – **Quem, estando legalmente obrigado a prestar alimentos e em condições de o fazer, não cumprir a obrigação no prazo de dois meses seguintes ao vencimento, é punido com pena de multa até 120 dias.**

2 – **A prática reiterada do crime referido no número anterior é punível com pena de prisão até um ano ou com pena de multa até 120 dias.**

3 – Quem, estando legalmente obrigado a prestar alimentos e em condições de o fazer, não cumprir a obrigação, pondo em perigo a satisfação, sem auxílio de terceiro, das necessidades fundamentais de quem a eles tem direito, é punido com pena de prisão até dois anos ou com pena de multa até 240 dias.

4 – **Quem, com a intenção de não prestar alimentos, se colocar na impossibilidade de o fazer e violar a obrigação a que está sujeito criando o perigo previsto no número anterior, é punido com pena de prisão até dois anos ou com pena de multa até 240 dias.**

5 – O procedimento criminal depende de queixa

6 – Se a obrigação vier a ser cumprida, pode o tribunal dispensar de pena ou declarar extinta, no todo ou em parte, a pena ainda não cumprida

Anotações:

1. Contém as alterações introduzidas pelos seguintes diplomas:
– Lei n.° 61/2008, de 31 de Outubro

2. Versões anteriores deste artigo:
– 1.ª versão: D.L. n.° 48/958, de 15de Março:

"Artigo 250.°
Violação da obrigação de alimentos

1 – Quem, estando legalmente obrigado a prestar alimentos e em condições de o fazer, não cumprir a obrigação, pondo em perigo a satisfação, sem auxílio de terceiro, das necessidades fundamentais de quem a eles tem direito, é punido com pena de prisão até dois anos ou com pena de multa até 240 dias.

2 – Na mesma pena incorre quem, com a intenção de não prestar alimentos, se colocar na impossibilidade de o fazer e violar a obrigação a que está sujeito criando o perigo previsto no número anterior.

3 – O procedimento criminal depende de queixa.

4 – Se a obrigação vier a ser cumprida, pode o tribunal dispensar de pena ou declarar extinta, no todo ou em parte, a pena ainda não cumprida".

ANEXO XIV

Mensagem do Presidente da República à Assembleia da República proferida na sequência do veto do Decreto n.° 232/X da Assembleia da República

Mensagem do Presidente da República à Assembleia da República referente ao diploma que altera o Regime Jurídico do Divórcio

Senhor Presidente da Assembleia da República
Excelência,

Tendo recebido, para ser promulgado como lei, o Decreto n.° 232/X, da Assembleia da República, que aprova o Regime Jurídico do Divórcio, decidi, nos termos do n.° 1 do artigo 136.° da Constituição da República Portuguesa, não promulgar o referido diploma e solicitar que o mesmo seja novamente apreciado, pelos seguintes fundamentos:

1. O Decreto n.° 232/X introduz uma alteração muito profunda no regime jurídico do divórcio actualmente vigente em Portugal e contém um conjunto de disposições que poderão ter, no plano prático, consequências que, pela sua gravidade, justificam uma nova ponderação por parte dos Senhores Deputados à Assembleia da República.

2. Assim, tenho como altamente aconselhável, a todos os títulos, que sejam levados em linha de conta alguns dos efeitos a que o novo regime jurídico do divórcio pode conduzir, designadamente as suas implicações para uma indesejável desprotecção do cônjuge ou do ex-cônjuge que se encontre numa situação mais fraca – geralmente, a mulher –, bem como, indirectamente, dos filhos menores.

3. Partindo a lei do pressuposto de que existe actualmente uma tendência para uma maior igualdade entre cônjuges aos mais diversos níveis, importa, todavia, não abstrair por completo da consideração da realidade da vida matrimonial no Portugal contemporâneo, onde subsistem múltiplas situações em que um dos cônjuges – em regra, a mulher – se encontra numa posição mais débil, não devendo a lei, por acção ou por omissão, agravar essa fragilidade, bem como, por arrastamento, adensar a desprotecção que indirectamente atingirá os filhos menores.

4. Possuindo inteira liberdade para dispor sobre o regime do casamento, do divórcio e para modular os seus respectivos efeitos, considero que, para não agravar a desprotecção da parte mais fraca, o legislador deveria ponderar em que medida não seria preferível manter-se, ainda que como alternativa residual, o regime do divórcio culposo, a que agora se põe termo de forma absoluta e definitiva.

5. Essa ponderação quanto à manutenção do divórcio por causas subjectivas, fundado na culpa de um dos cônjuges, parece tanto mais necessária quanto o legislador, como é natural e desejável, mantém o conjunto dos deveres conjugais previsto no artigo 1672.° do Código Civil, embora não associando, estranhamente, qualquer sanção, no quadro do processo de divórcio, ao seu incumprimento intencional.

6. Na verdade, é no mínimo singular que um cônjuge que viole sistematicamente os deveres conjugais previstos na lei possa de forma unilateral e sem mais obter o divórcio e, sobretudo, possa retirar daí vantagens aos mais diversos níveis, incluindo patrimonial. Assim, por exemplo, numa situação de violência doméstica, em que o marido agride a mulher ao longo dos anos – uma realidade que não é rara em Portugal –, é possível aquele obter o divórcio independentemente da vontade da vítima de maus tratos. Mais ainda: por força do crédito atribuído pela nova redacção do n.° 2 do artigo 1676.°, o marido, apesar de ter praticado reiteradamente actos de violência conjugal, pode exigir do outro o pagamento de montantes financeiros. Se, por comum acordo do casal, apenas o marido contribuiu financeiramente para as despesas familiares, é possível que, após anos de faltas reiteradas aos deveres de respeito, de fidelidade ou de assistência, ele possua ainda direitos de crédito sobre a sua ex-mulher e que esta, dada a sua opção de vida, terá grandes dificuldades em satisfazer. O novo regime do divórcio não só é completamente alheio ao modelo matrimonial e familiar que escolheram como as contribuições em espécie que a mulher deu para a economia comum são de muito mais difícil contabilização e prova. A este propósito, sempre se coloca o problema de saber à luz de que critérios contabilizarão os nossos tribunais o valor monetário do trabalho desenvolvido por

uma mulher no seio do lar. Este conjunto de efeitos a que, na prática, o novo regime poderá conduzir, não deixará, decerto, de suscitar a devida ponderação dos Senhores Deputados.

7. Noutro plano, são retiradas à parte mais frágil ou alvo da violação dos deveres conjugais algumas possibilidades que actualmente detém para salvaguardar o seu «poder negocial», designadamente a alegação da culpa do outro cônjuge ou a recusa no divórcio por mútuo consentimento. Doravante, à mulher vítima de maus-tratos, por exemplo, só restará a via de, após o divórcio, intentar uma acção de responsabilidade contra o seu ex-marido, com todos os custos financeiros e até psicológicos daí inerentes. E, como é óbvio, nessa acção ter-se-á de provar a culpa do ex-cônjuge pelo que, em bom rigor, a culpa não desaparece de todo da vida conjugal: deixa de existir para efeitos de subsistência do vínculo matrimonial mas reemerge no momento do apuramento das responsabilidades, nos termos do disposto no novo artigo 1792.°, mas sempre de um modo claramente desfavorável à parte mais frágil, à parte não culpada pela violação de deveres conjugais ou, enfim, à parte lesada pelo ex-cônjuge.

8. Por outro lado, o novo regime jurídico do divórcio poderá vir a projectar-se sobre a própria vivência conjugal na constância do matrimónio. Assim, por exemplo, um cônjuge economicamente mais débil poderá sujeitar-se a uma violação reiterada de deveres conjugais sob a ameaça de, se assim não proceder, o outro cônjuge requerer o divórcio unilateralmente. Em casos-limite, o novo regime, ao invés de promover a igualdade entre cônjuges, pode perpetuar situações de dependência pessoal e de submissão às mais graves violações aos deveres de respeito, de solidariedade, de coabitação, entre outros.

9. Como é do conhecimento dos Senhores Deputados, no regime actualmente vigente – mais precisamente, nos termos do artigo 1676.°, n.° 2 do Código Civil – existe a presunção de que cada um dos cônjuges renuncia ao direito de exigir do outro qualquer compensação por todas as contribuições dadas no quadro da comunhão de vida que o casamento consagra. O novo regime do divórcio, introduzindo uma alteração de paradigma de grande alcance, vem pôr termo a essa presunção, o que implica que as contribuições dadas para os encargos da vida conjugal e familiar são susceptíveis de gerar direitos de crédito sobre o outro cônjuge – ficando todavia em aberto inúmeras questões, nomeadamente a de saber se o crédito de compensação agora criado é renunciável. Além de a vivência conjugal e familiar não estar suficientemente adaptada a uma realidade tão nova e distinta, podendo mesmo gerar-se situações de autêntica «imprevisão» ou absoluta «surpresa» no momento da extinção do casamento, o novo modelo de divórcio corresponde também, até certo ponto, a

um novo modelo de casamento, no seio do qual são ou podem ser contabilizadas todas e quaisquer contribuições dadas para a vida em comum.

10. Mesmo a admitir-se a adopção deste novo modelo de casamento, não pode deixar de se salientar o paradoxo que emerge desta visão «contabilística» do matrimónio, uma vez que a filosofia global do casamento gizada pelo novo regime do divórcio corresponde a uma concepção do casamento como espaço de afecto. Sempre que um dos cônjuges entenda que desapareceu esse afecto, permite-se agora que unilateralmente ponha termo à relação conjugal, sem qualquer avaliação da culpa ou de eventuais violações de deveres conjugais. Ora, a par desta visão «afectiva» do casamento, pretende-se que a seu lado conviva uma outra, dir-se-ia «contabilística», em que cada um dos cônjuges é estimulado a manter uma «conta-corrente» das suas contribuições, e apenas a prática poderá dizer qual delas irá prevalecer. Existe uma forte probabilidade de aquela «visão contabilística» ser interiorizada pelos cônjuges, gerando-se situações de desconfiança algo desconformes à comunhão de vida que o casamento idealmente deve projectar.

11. É ainda possível afirmar, com algum grau de certeza, que o desaparecimento da culpa como causa de divórcio não fará diminuir a litigiosidade conjugal e pós-conjugal, existindo boas razões para crer que se irá processar exactamente o inverso, até pelo aumento dos focos de conflito que o legislador proporcionou, quer no que se refere aos aspectos patrimoniais, quer no que se refere às responsabilidades parentais e aos inúmeros conceitos indeterminados que as fundamentam (v.g., «orientações educativas mais relevantes»). Não é de excluir uma diminuição do número de divórcios por mútuo consentimento e um correlativo aumento dos divórcios não consensuais. O aumento da litigância em tribunal poderá levar a grandes demoras no ressarcimento dos danos, de novo em claro prejuízo da parte mais débil.

12. Por último, é também extremamente controverso, por aquilo que implica de restrição à autonomia privada e à liberdade contratual, o disposto no artigo 1790.°, segundo o qual «em caso de divórcio nenhum dos cônjuges pode, na partilha, receber mais do que receberia se o casamento tivesse sido celebrado segundo o regime da comunhão de adquiridos». A circunstância de, mesmo contra a vontade manifestada por ambos os nubentes no momento do casamento, se impor agora na partilha um regime diverso daquele que foi escolhido (a saber, o da comunhão geral de bens), consubstancia, por assim dizer, uma «revogação retroactiva» de uma opção livre. E, mais do que isso, consubstancia uma limitação que sempre virá beneficiar um dos cônjuges em detrimento do outro, impondo no momento da partilha de bens um regime distinto daquele que foi

estabelecido de comum acordo. Por exemplo, o cônjuge violador dos deveres conjugais que deu causa ao divórcio pode prevalecer-se desta disposição, requerendo unilateralmente o divórcio e conseguindo que na partilha o outro receba menos do que aquilo a que teria direito nos termos do regime de bens em que ambos escolheram casar.

Nestes termos, decidi, de acordo com o n.° 1 do artigo 136.° da Constituição da República Portuguesa, solicitar nova apreciação do Decreto n.° 232/X, devolvendo-o para esse efeito à Assembleia da República.

Com elevada consideração,

O Presidente da República
ANÍBAL CAVACO SILVA
20.08.2008

ANEXO XV

Comunicado do Presidente da República relativo à promulgação do Decreto n.° 245/X da Assembleia da República que deu lugar à Lei n.° 61/2008, de 31 de Outubro

Comunicado sobre a promulgação do diploma que altera o Regime Jurídico do Divórcio

O Presidente da República promulgou como lei o Decreto n.° 245/X, da Assembleia da República, o qual aprovou, por uma expressiva maioria, o novo regime jurídico do divórcio.

Não obstante, o Presidente da República considera essencial prestar os seguintes esclarecimentos aos Portugueses:

1 – Ao contrário do que alguns sectores pretenderam fazer crer junto da opinião pública, os fundamentos do veto do Decreto n.° 232/X, bem como os motivos subjacentes à emissão do presente comunicado, não têm por base qualquer concepção ideológica sobre o casamento.

2 – Como resulta claramente da mensagem então enviada à Assembleia da República, entende-se, isso sim, que o novo regime jurídico do divórcio irá conduzir na prática a situações de profunda injustiça, sobretudo para aqueles que se encontram em posição de maior vulnerabilidade, ou seja, como é mais frequente, as mulheres de mais fracos recursos e os filhos menores.

3 – Esta convicção do Presidente da República decorre da análise a que procedeu da realidade da vida familiar e conjugal no nosso País, e é partilhada por diversos operadores judiciários, com realce para a Associação Sindical dos Juízes Portugueses, por juristas altamente qualificados no âmbito do Direito da Família e por entidades como a Associação Portuguesa das Mulheres Juristas.

4 – A este propósito, deve destacar-se, até por não lhe ter sido dado o relevo que merecia, o parecer emitido em 15 de Setembro último pela Associação Por-

tuguesa das Mulheres Juristas, o qual manifesta «apreensão» pelo novo regime jurídico do divórcio, afirmando, entre o mais, que o mesmo «assenta numa realidade social ficcionada» de «uma sociedade com igualdade de facto entre homens e mulheres» e não acautela «os direitos das mulheres vítimas de violência doméstica e das que realizaram, durante a constância do casamento, o trabalho doméstico e o cuidado das crianças». Tendo sido oportunamente enviado aos diversos grupos parlamentares, este documento encontra-se disponível em www.apmj.pt.

5 – Na verdade, num tempo em que se torna necessário promover a efectiva igualdade entre homens e mulheres e em que é premente intensificar o combate à violência doméstica, o novo regime jurídico do divórcio não só poderá afectar seriamente a consecução desses objectivos como poderá ter efeitos extremamente nefastos para a situação dos menores.

6 – A profunda injustiça da lei emerge igualmente no caso de o casamento ter sido celebrado no regime da comunhão geral de bens, podendo o cônjuge que não provocou o divórcio ser, na partilha, duramente prejudicado em termos patrimoniais.

7 – Para mais, o diploma em causa, incluindo a alteração agora introduzida no artigo 1676.° do Código Civil, padece de graves deficiências técnico-jurídicas e recorre a conceitos indeterminados que suscitam fundadas dúvidas interpretativas, dificultando a sua aplicação pelos tribunais e, pior ainda, aprofundando situações de tensão e conflito na sociedade portuguesa.

8 – Por fim, ao invés de diminuir a litigiosidade, tudo indicia o novo diploma a fará aumentar, transferindo-a para uma fase ulterior, subsequente à dissolução do casamento, com consequências especialmente gravosas para as diversas partes envolvidas, designadamente para as que cumpriram os deveres conjugais e para as que se encontram numa posição mais fragilizada, incluindo os filhos menores.

9 – Em face do exposto – e à semelhança do que sucedeu noutras situações, com realce para os efeitos do regime da responsabilidade extracontratual do Estado –, o Presidente da República considera ter o imperativo de assinalar aos agentes políticos e aos cidadãos os potenciais efeitos negativos do presente diploma, em particular as profundas injustiças para as mulheres a que pode dar lugar.

10 – A aplicação prática do diploma deve, por isso, ser acompanhada de perto pelo legislador, com o maior sentido de responsabilidade e a devida atenção à realidade do País.

21.10.2008

ÍNDICE GERAL

TÍTULO I
Modalidades de Divórcio

TÍTULO II

O anterior poder paternal e as actuais responsabilidades parentais

TÍTULO III
O direito a alimentos dos ex-cônjuges

TÍTULO IV
O direito a alimentos dos menores

TÍTULO V
Formulários